主力行为盘口解密
（二）
第三版

翁 富 著

图书在版编目（CIP）数据

主力行为盘口解密.2/翁富著.—3版.—北京：地震出版社，2015.1(2019.7重印)

ISBN 978-7-5028-4468-4

Ⅰ.①主… Ⅱ.①翁… Ⅲ.①股票投资-基本知识 Ⅳ.F830.91

中国版本图书馆CIP数据核字（2014）第222791号

地震版 XM4437

主力行为盘口解密（二） 第三版
翁 富 著

责任编辑：朱 叶
责任校对：孔景宽

出版发行：地震出版社

北京市海淀区民族大学南路9号　　邮编：100081
发行部：68423031　68467993　　传真：88421706
门市部：68467991　　　　　　　　传真：68467991
总编室：68462709　68423029　　传真：68455221
证券图书事业部：68426052　68470332
http://www.dzpress.com.cn
E-mail:zqbj68426052@163.com

经销：全国各地新华书店
印刷：北京市兴星伟业印刷有限公司

版（印）次：2015年1月第三版　2019年7月第三次印刷

开本：787×1092　1/16

字数：328千字

印张：17.75

书号：ISBN 978-7-5028-4468-4/F（5159）

定价：47.00元

版权所有　翻印必究

（图书出现印装问题，本社负责调换）

再 版 序

《主力行为盘口解密(一)(二)(三)》自出版后深受广大投资者喜爱，多次重印，影响之大，非笔者始料所及。本书的雏形是笔者操盘过程中所思所想的记录，初版推出时的构想是希望满足一小批专业投资者在盘口分析书籍方面的需要，并希望通过自己的努力对主力行为在盘口的表现做一些规律性的总结和探索。

主力行为随着时间和环境的变化也在不断地变化，笔者对主力行为的研究也越来越深入，借《主力行为盘口解密(四)》出版之际，对《主力行为盘口解密(一)(二)(三)》中的一些观点和论述做了一些修饰，更换了一些内容，对之前部分文章写得不足够明白的多处内容进行了修正。

衷心感谢广大读者对《主力行为盘口解密》系列图书的喜爱。

前　言

欢迎阅读本书！《主力行为盘口解密（一）》出版后，笔者接到了许多读者的来信，大家惊讶之余纷纷表达了对笔者的敬畏和佩服之情。市面上证券类图书中介绍股票盘口知识和主力操纵行为内容的书难得一见，即使有也是在个别书中有零星的介绍。类似笔者如此全面、详细、深入介绍盘口知识和主力操纵行为的书以前从未见过，也从未看到一个作者能如此长时间细致地跟踪主力，并能敏锐地从主力在盘口的操作中发现主力操纵背后的真实意图。

众多读者认为，《主力行为盘口解密（一）》一书独特的分析角度是空前的，这样的书让人看了耳目一新、深受启发！不少在股票市场中打拼时间超过10年的老股民也感慨万分。阅读本书使他们深刻地认识到，在技术分析领域中，不得不惊叹盘口语言、主力行为分析的重要性，不得不承认对市场中持绝对优势的大资金大机构的分析研究才是真正最有效和含金量最高的分析方法。

在读者的迫切期待和要求下，笔者执笔写了《主力行为盘口解密（二）》。第二册和第一册同样是对股市中超级主力操纵行为的解读，是对盘口语言知识的续写。在内容上更丰富，在实例上更具体，所介绍的判断方法和技巧也更全面完整。对于股市一般投资者而言，第一册为经典，第二册更是不可不读！对于股市中担任主力机构操盘手一职的"朋友"而言，阅读本书方知自己运作操纵个股时，所使用的方法、伎俩仅仅是小巫见大巫！

笔者始终认为，在技术分析领域对股票进行分析研究，把握个股短期的波动方向在判断与预测分析主力机构的行为上最为重要！个股主力机构的活动在某种程度上是决定或者说影响这只股票未来涨跌还是盘整的关键。通过盘口研究分析，在主力买入建仓完毕展开拉升时跟进，在主力展开减仓出逃时跟随卖出。看懂主力的操作意图我们就会成为股市中的常胜将军！

实战中主力机构为了实现利益最大化，为了操作得心应手，在运作过程中主力操盘手总是在盘面操作上利用各种手法刻意掩盖自己的操作行为和真正目的，并利用各种手法引诱或者恐吓市场其他机构和一般投资者。一般投资者很难发现主力的行踪，更难辨别主力操纵行为背后的真实意图。

但无论主力操盘手是多么聪明和狡猾，日常的操纵总会在盘口留下其操作活动的痕迹，这些细微的操纵痕迹就是我们破译主力真实意图的密码。主力运作一只股票，在盘口买卖挂单、盘面单笔成交、个股分时走势等中无论是刻意还是无意总会留下其磨灭不掉的痕迹，我们可以根据这些痕迹寻找和分析主力的操盘意图。

在笔者日常看盘中发现，日常交易时间中两市每天大约有20%的个股盘面上都有主力在活动，这些股票当中又大概有20%的个股主力的活动（操纵）是相当明显的，更有小部分表现得非常暴露出格。每日盘中都不缺乏机构操纵拉升的个股，问题的关键在于你是否具备发现和看懂它的专业知识和水平！同样，每日盘中都不缺乏机构操纵出货派发的个股，如果你看不懂主力的操纵意图，你就有可能随时落入操盘手布下的陷阱！

盘口语言不是主力在盘面上声明他要拉升或者打压，也不是主力机构在电视上、广播电台中公开宣布的他会如何操作某只股票。真正的盘口语言是一种无形的语言！这种无形的语言在一定条件下利用专业知识是可以读懂的、可以预知了解的。

本系列图书所介绍的就是如何看懂盘口语言的各种专业知识。

目 录

再版序	1
前　言	1

第一章 ... 1

- 主力行为盘口语言另一窗口：成交量 ... 3
- 主力行为分析原理与途径 ... 7
- 主力临收盘大幅拉高偷袭揭秘 ... 10
- 最成功的主力运作手法 ... 13
- 巨单换手后的涨停秘密 ... 18
- 拉高吸筹之经典——跟踪(一) ... 22
- 拉高吸筹之经典——跟踪(二) ... 29
- 拉高吸筹之经典——跟踪(三) ... 31
- 坐庄对敲交易行为解密(一) ... 33
- 坐庄对敲交易行为解密(二) ... 41

第二章 ... 45

- 认识操盘手的"老鼠仓"行为 ... 47
- 恐慌性跳水行为与底部特征 ... 51
- 主力展示实力吸引眼球的盘口特征 ... 59
- 从尾盘打压盘口中寻找黑马 ... 64
- 利用公开交易数据分析机构进出和预测个股未来 ... 69
- 公开数据中单一机构坐庄品种机会 ... 79
- 散户推动上升的股票及其表现 ... 85
- 主力行为学——老谋深算的洗盘(一) ... 87
- 主力行为学——老谋深算的洗盘(二) ... 90
- 大庄隐蔽神秘交易行为 ... 93
- 资金为王的股票市场跟庄操作策略 ... 97

第三章 101
- 主力洗盘提高市场成本的基本原理 103
- 短线跟庄涨停套利卖出法 106
- 主力给散户从分鱼分肉到下毒 109
- 判断个股底部经典技巧 112
- 盘中拉高吸筹之经典 114
- 主力尾盘打压洗盘招式 122
- 广汽集团上市首日大股东巨资护航细节 124
- 识别同一主力长线坐庄的波段+短线操盘技巧 132
- 分时走势中洞悉美的电器主力动向 136
- 主力操盘预料之外的惊喜 139
- 主力对倒行为研究 142
- 涨停后的看盘研究思路 154

第四章 157
- 大同煤业主力运作盘口(一) 159
- 大同煤业主力运作盘口(二) 174
- 大同煤业主力运作盘口(三) 201
- 大同煤业主力运作盘口(四) 217
- 大同煤业主力运作盘口(五) 226
- 大同煤业主力运作盘口(六)——从盘口分析到实战 227
- 大同煤业主力运作盘口(七)——看盘高手思维技巧实践培训 231
- 大同煤业主力运作盘口(八)——从实战回到盘口分析 240
- 大同煤业主力运作盘口(九)——从实战中再回到盘口分析 242
- 大同煤业主力运作盘口(十)——再上一台阶之大同煤业 243
- 大同煤业后记 245

后 记 273

第一章

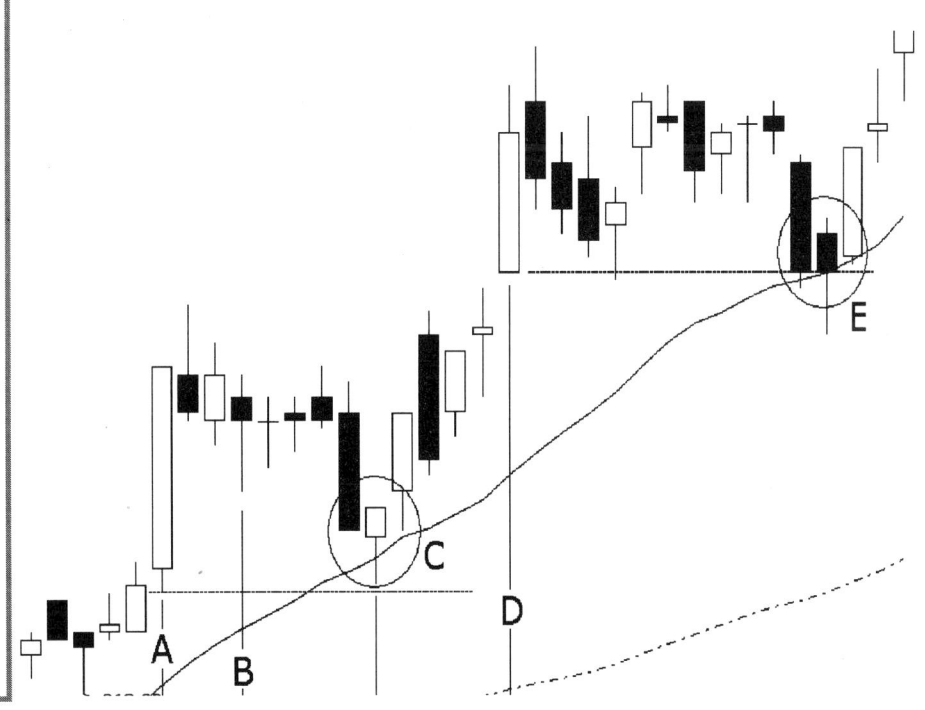

主力行为盘口语言另一窗口：成交量

广义的盘口语言并不是指单纯的动态盘口语言，它同样包括静态盘口分析，日K线及其成交量的分析同样是盘口语言分析的一部分。动态盘口分析包括盘口挂单、单笔成交、分时走势等，这些都是构成更高一级别——日K线及其成交量等的基本要素。日K线及其成交量真正意义的分析是盘口语言分析另一区域的分析。静态盘口分析和动态盘口分析并不矛盾，很多时候两者结合一起分析能起到更好的效果（图1-1、图1-2）。

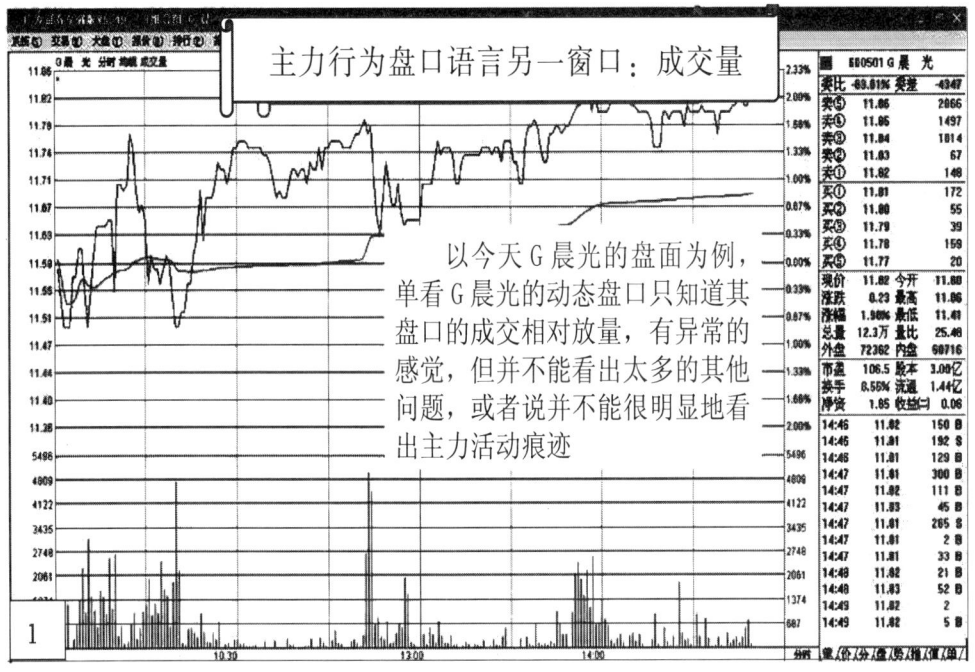

图1-1

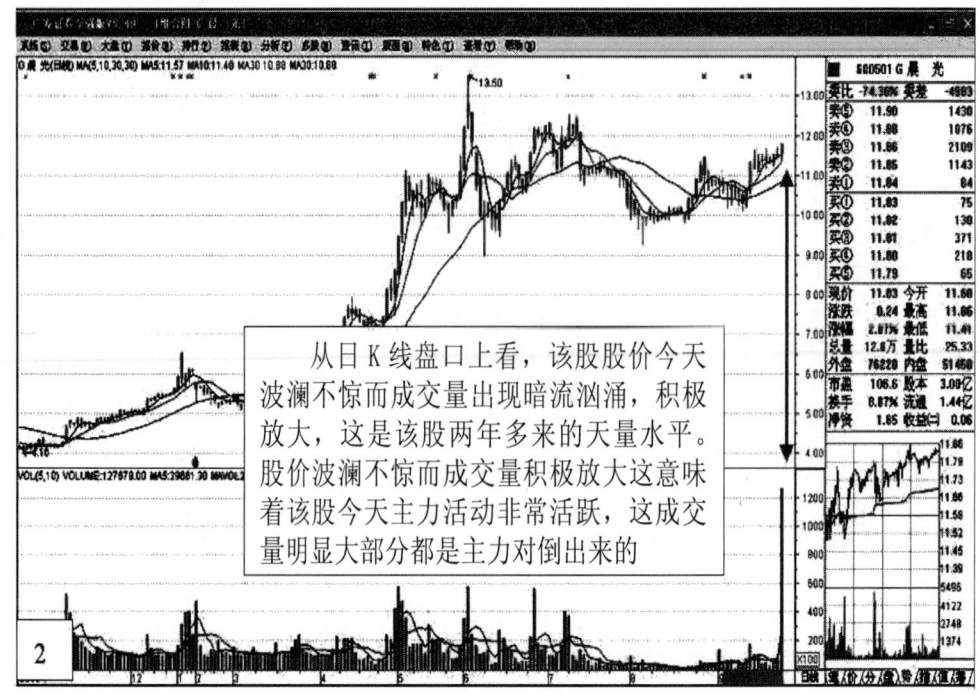

图 1-2

　　股价波澜不惊而成交量积极放大这意味着该股今天主力活动非常活跃,这种异常的盘口也就等于主力自己在说:"我又出来活动了!"盘口语言是主力在运作个股做盘过程中有意或者无意之间泄露出来的。异常行为中可以辨别出主力做盘的行为目的、方向等。盘口语言不是主力打电话告诉你他要拉升或者打压,也不是主力在 CCTV 电视台、中央人民广播电台上公开宣布他会如何操作某只股票,真正的盘口语言是一种无形的语言!这种无形的语言在一定条件下是可以预知或者被了解的。实际上盘口语言主力行为与人的平常生活行为有着极相似的地方,一种行为或一个动作出现后,有时是可以预知下一个行为动作的发展的。例如,一个老烟民嘴巴叼着一支香烟,双手插进衣袋里乱摸时,不用他用语言表达,你就可以知道他在找打火机。大热天下,一个满头大汗的小伙子在拧矿泉水瓶盖时,不用他用语言表达,你就可以知道下一步是喝水,当然也有可能是准备用矿泉水洗手。

　　在一种行为一个动作出现后判断后面的发展是需要根据多方面的条件的。在股票上,盘口语言需要看盘者有丰富的经验才能获析。如现在高科技产品一样,电视电波信号的传播,如果你没有先进的接收设备(丰富的知识经验),用黄麻袋、铁罐头、塑料桶是装不下、接收不了,也肯定显示不了声音和图像(图 1-3 至图 1-6)。

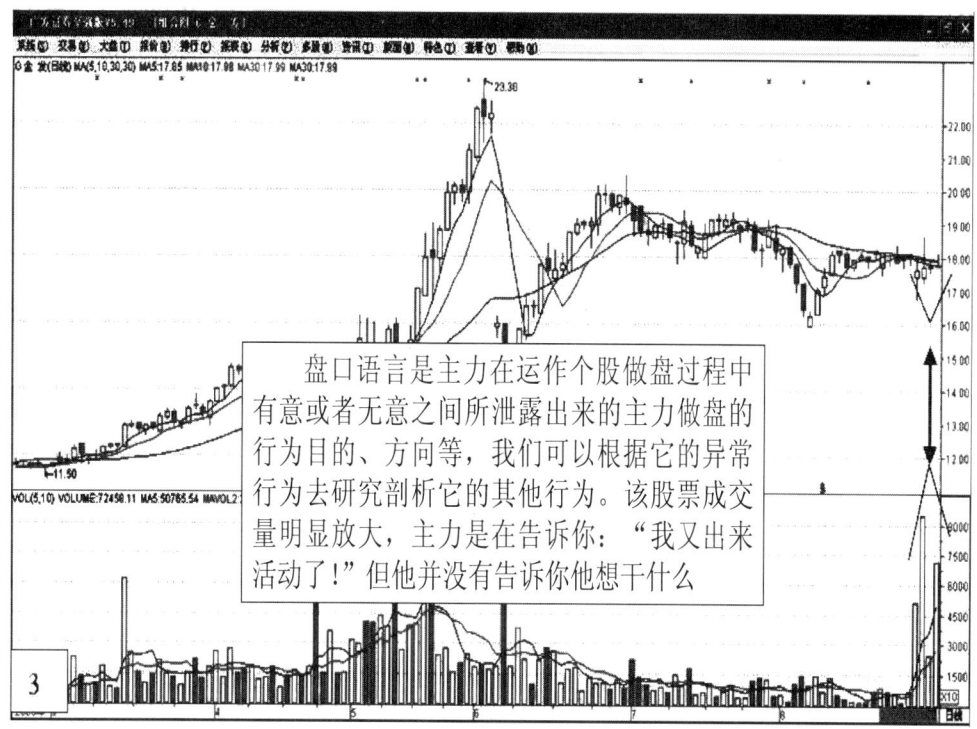

图 1-3

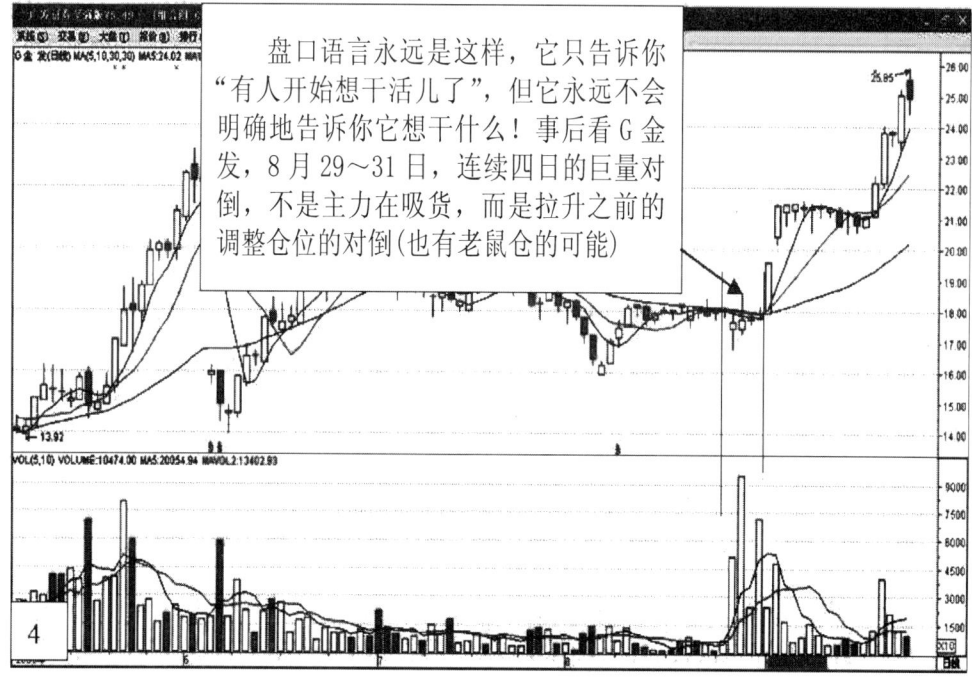

图 1-4

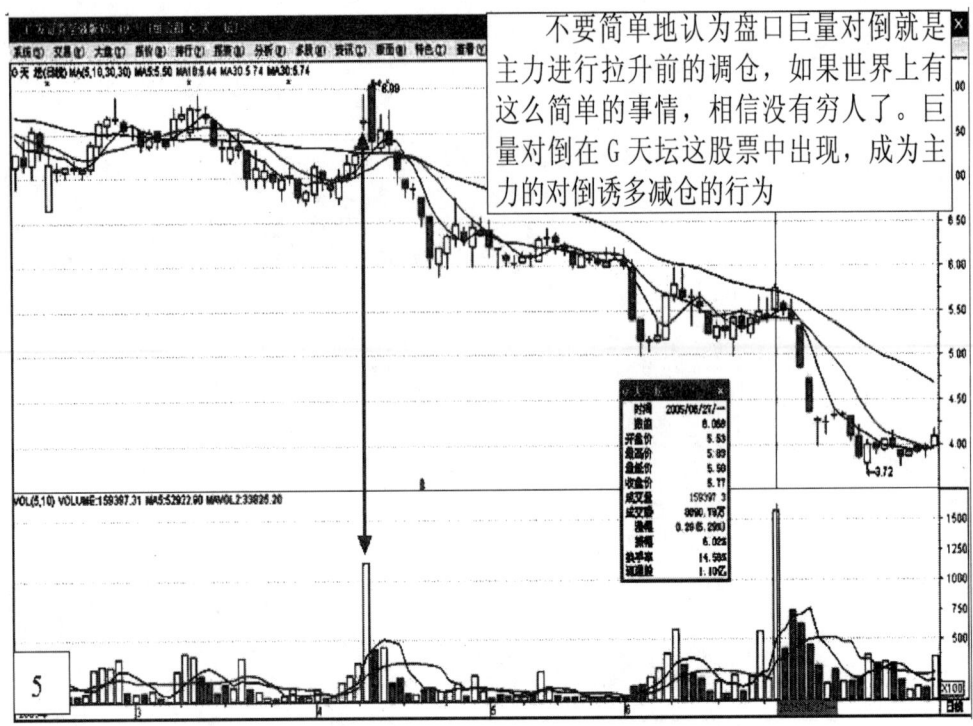

图 1-5

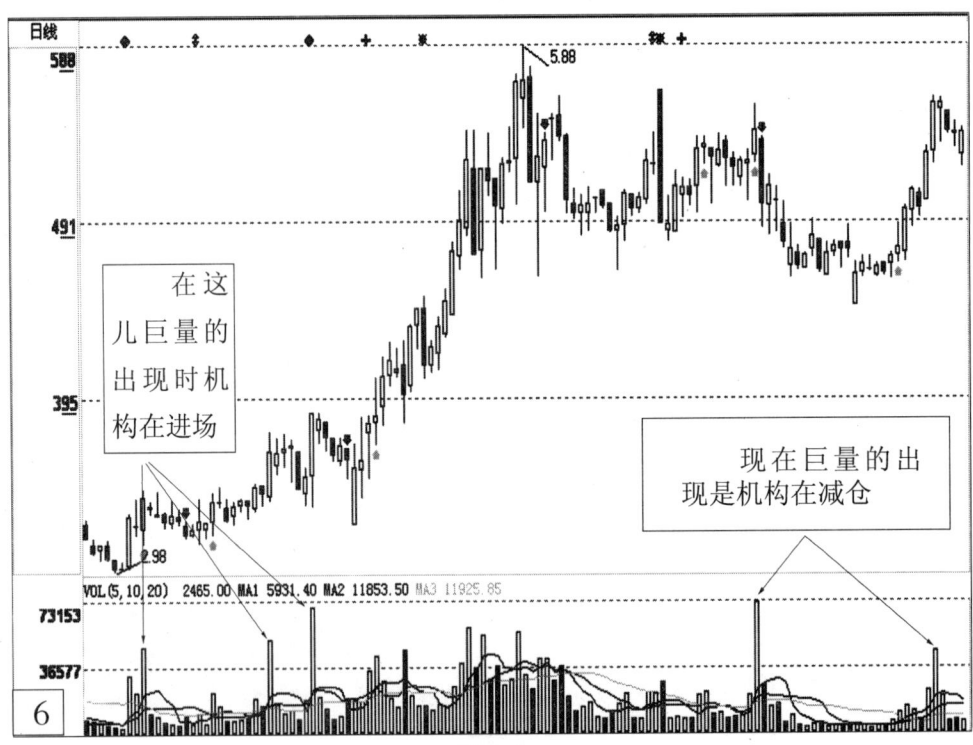

图 1-6

主力行为分析原理与途径

一只股票的涨跌与资金的进入和流出有着直接的联系，这些资金当中以大型集团作战资金的进出对股价影响最大。对于个股的分析，特别是对个股的中短线表现分析，研究大型集团作战大资金的进出甚为重要。这些大资金以投资或投机为目的自然正常的进出行为对个股价格足以产生较大的影响。如果某些机构怀着集中优势资金、以操纵股价谋利为目标进入某只股票，那么该股股价必然会在该机构的操纵下，产生更大而且具有一定控制性的波动。利用资金优势不断或者长期操纵干预股价行为就是坐庄行为。

实践证明，不管是什么类别的机构，只要它有足够的实力，现正对某股票展开有组织有计划刻意操纵，那么该股股价就会直接受到操纵力量的影响，往操纵者既定的方向运动！如果该机构某段时间内持续操纵和干预该股，那么该股股价就会持续性的受到影响。至于目标股票受到影响后的升跌幅度大小程度、受到的影响强弱视多种情况而定，除了大市因素影响，另一最大的影响因素就是操纵机构的实力和操纵计划与目标。

通过盘口买卖盘、盘口成交、分时走势去分析主力的活动情况，为我们操作提供更多的判断依据是非常有用的。主力行为学盘口分析不仅仅是用来做短线的，部分股友对此有片面的认识。盘口分析是来分析大资金进出个股对股价产生的影响，和这些大资金的操作意图的分析研究。通过分析了解确定主力的进出情况，以此作为个人买卖的重要参考依据。笔者前期发表了大量文章进行剖析，拥有巨量资金的主力进出对个股股价的影响情况。主力进场可能导致价格不断上升；主力出货可能导致价格不断下跌，这是主力进出行为影响股价涨跌的直接体现！

盘口分析，例如对主力的建仓操作行为的分析，当发现某股有主力在积极建仓，通过跟踪观察如果发现该庄属于实力一般的短线庄，那么这短线庄建仓的该股未来可能就是一般的短线行情。如果发现该主力资金实力雄厚，盘面实施大规模的建仓，那么该股未来的表现就不一定只是短线行情了，可能是中线或长线机会。什么样的行情，什么样的机会具体看主力类别性质和实力决定的。看盘时分清该主力属什么类型、资金实力如何、目前在做什么、后面的目的是什么？当投资者通过分析研究解决明白这些问题后，那么该投资者面对该股自然就有了相应的操作策略！所以研究分析盘口，研究主力机构在盘口上的操纵分析并不是只用来做短线或做长线那么简单。主力行为盘口分析，是分析对股价涨跌影响甚大的主力，了解其操盘方方面面情况，为自己的买卖操作提供重要参考为目的分析。

一般投资者很难直接接触到主力，对主力坐庄吸筹、拉升、洗盘、出货的操作行为知之甚少，因此分析研究主力坐庄行为看上去是相当困难的。不少投资者感叹既没有正面的接触，也没有第一手公开的交易数据，研究主力行踪根本无从入手！

主力行为分析途径

通过什么途径去研究主力的进出和操纵行为？这自然是有方法的！主力操盘手无论是多聪明和狡猾，建仓与出货等都需要通过买卖来完成。日常操纵股价时总会在盘面留下一些做盘活动痕迹。这些细微操纵痕迹就是破译主力操盘意图的密码。通过观察分析主力运作一只股票时在交易盘面上买卖盘挂单变化、盘中单笔成交状态、操纵性异常分时走势等痕迹入手（这些操纵痕迹有时是主力刻意留下的，有时是无意中留下的），我们可以寻找和分析主力的操盘意图。部分主力操作痕迹收盘后在日K线上、在分时走势中仍然清楚可见。盘口分析不一定要连续盯盘才管用，盘后通过对个股历史走势的研究同样能看出主力的活动痕迹与操作意图！当然，如盘口挂单这些主力操纵做盘细节，如果不盯盘事后是看不见的。

如投资者若能在股票市场中看透部分主力在个股中的进出操作情况，就可以跟随该主力共进退。主力入场建仓随即跟进，发现主力开始减仓出货后马上撤退离场。由于个人资金相对较小，操作灵活性远比主力强。主力资金量大，操作无论进还是出都需要一段时间来实施操作。作为个体投资者有足够的时间去充分剖析主力的操作情况，然后决定自己的进出操作，多时可以先在主力完成一次操作前完成自己的买卖。看透主力的操作行为意图，跟随主力同步进出这才是真正的与庄共舞！

具体案例见图1-7至图1-9。

例

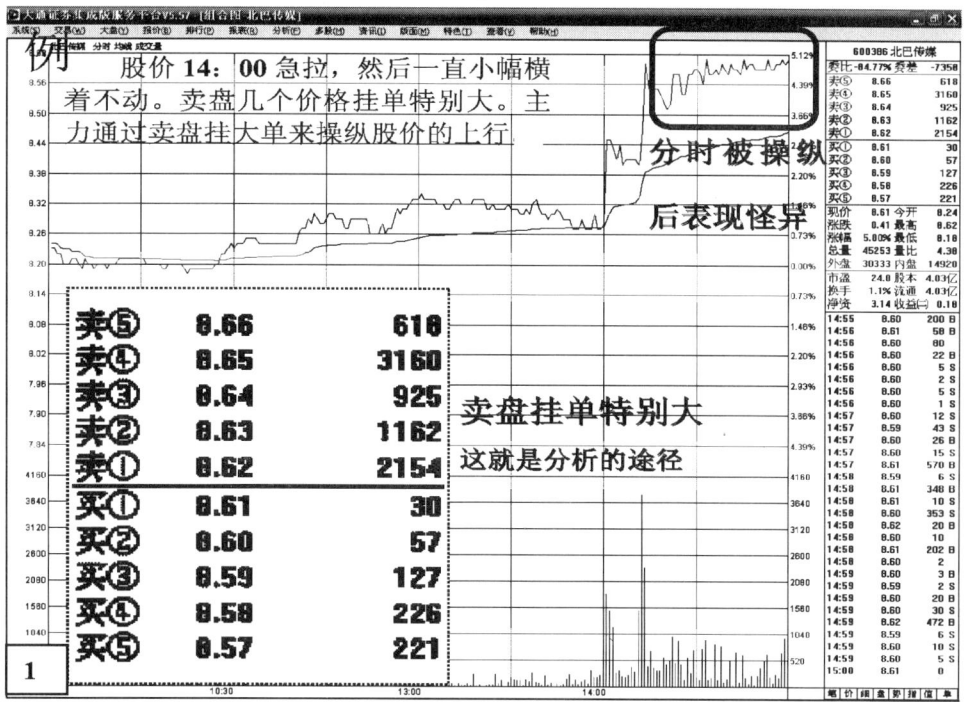

图 1-7

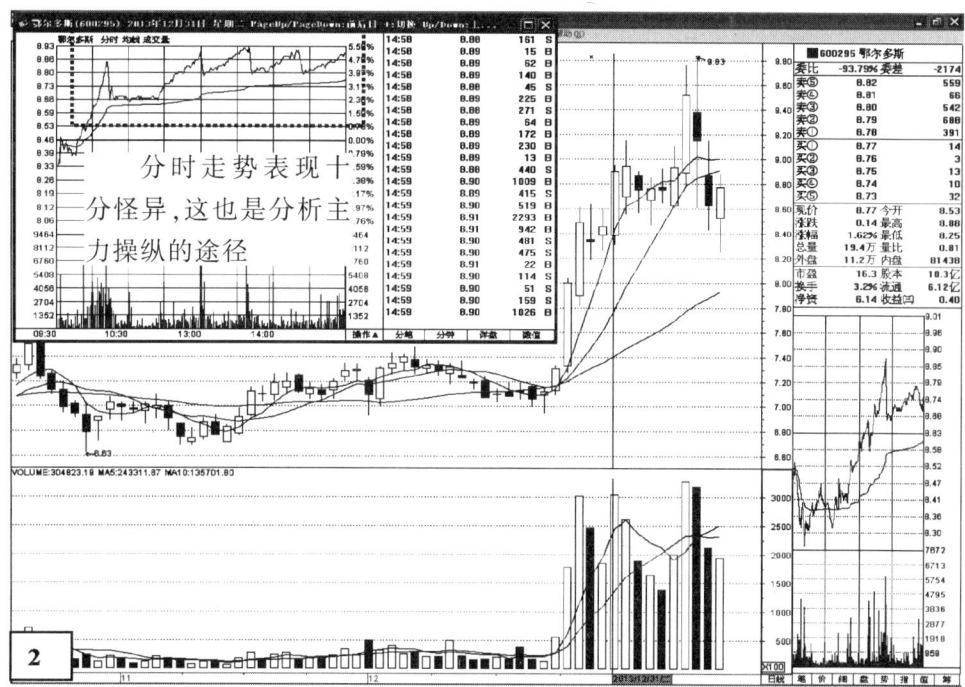

图 1-8

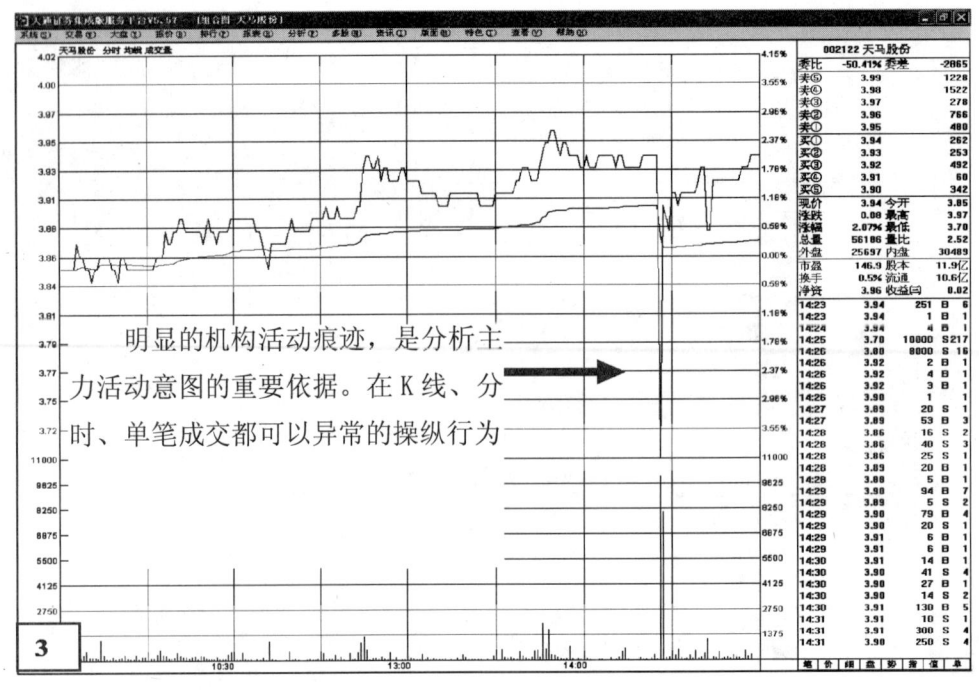

图1-9

主力临收盘大幅拉高偷袭揭秘

常见投资者讨论主力画图行为，股票市场的确存在主力操纵股价画图现象。

个股分时走势图、日K线图、部分投资者常用的指标等都是根据股价绘制出来的。主力如要画图通过操纵股价就能绘制出其想要的图形走势。

主力画图有三种途径：①操纵股价绘画分时走势图；②操纵股价绘画K线走势图；③通过对敲买卖操纵成交量绘画成交量放量状态。

主力画图结果有两方面：一是将图表画好画完美；二是破坏图表走势。

主力画图行为最终目的也有两方面：将图表画好画完美是为了吸引跟风盘或者稳定场内投资者信心。如刻意绘画破坏原有图表走势，目的是为了制造恐慌将场内投资者赶出去。主力画图有时仅仅是为了做图表，但不全部都是如此。有时因为自身的内在需要故意拉高或砸盘从而形成画图，这是内在需要和画图双方面结合的操盘。

最常见的主力画图是在尾盘，通过尾盘操纵股价往往能让目标股票收出主力想要的日K线。快速拔高可以制造小阳线、中阳线、大阳线。尾盘快速打压一般用于绘画中阴线、大阴线较多。个股如有主力在盘口刻意画图，那肯定是有目的的。下面通过实例介绍一种主力尾盘临收盘前拔高做图陷阱(图1-10至图1-14)。

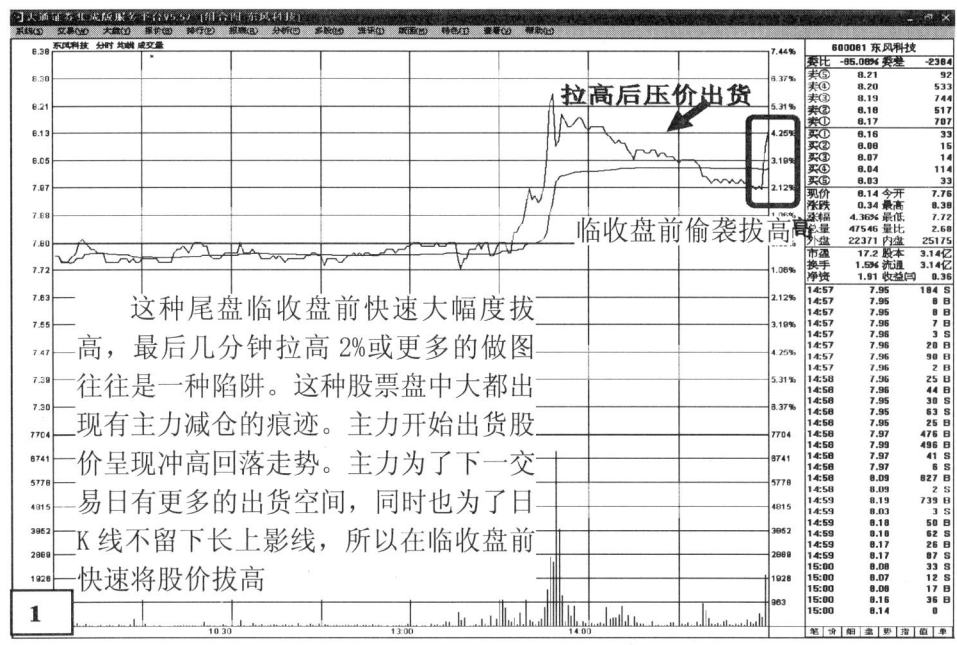

图 1-10

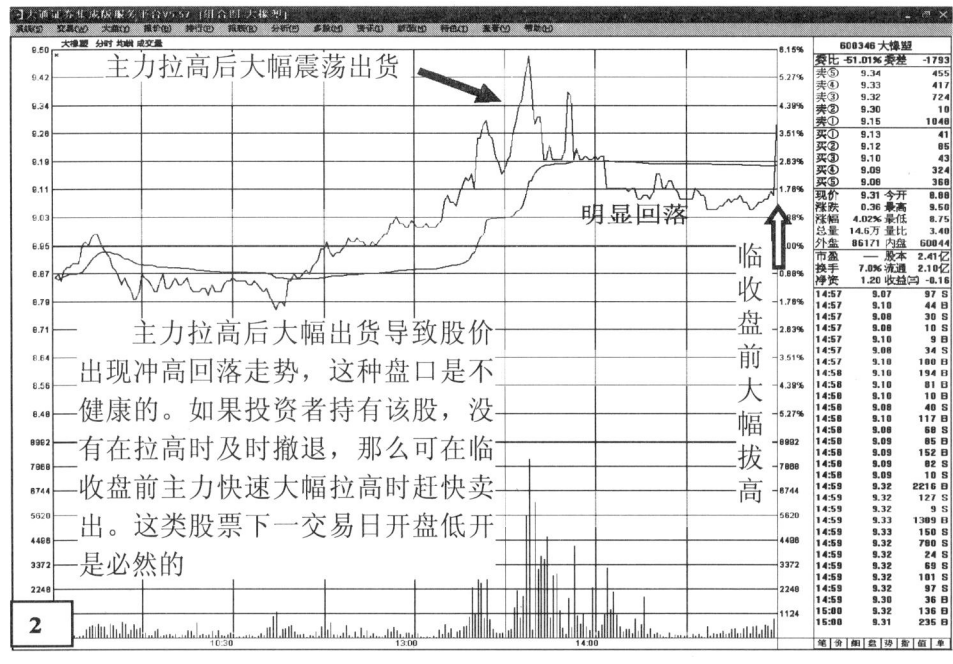

图 1-11

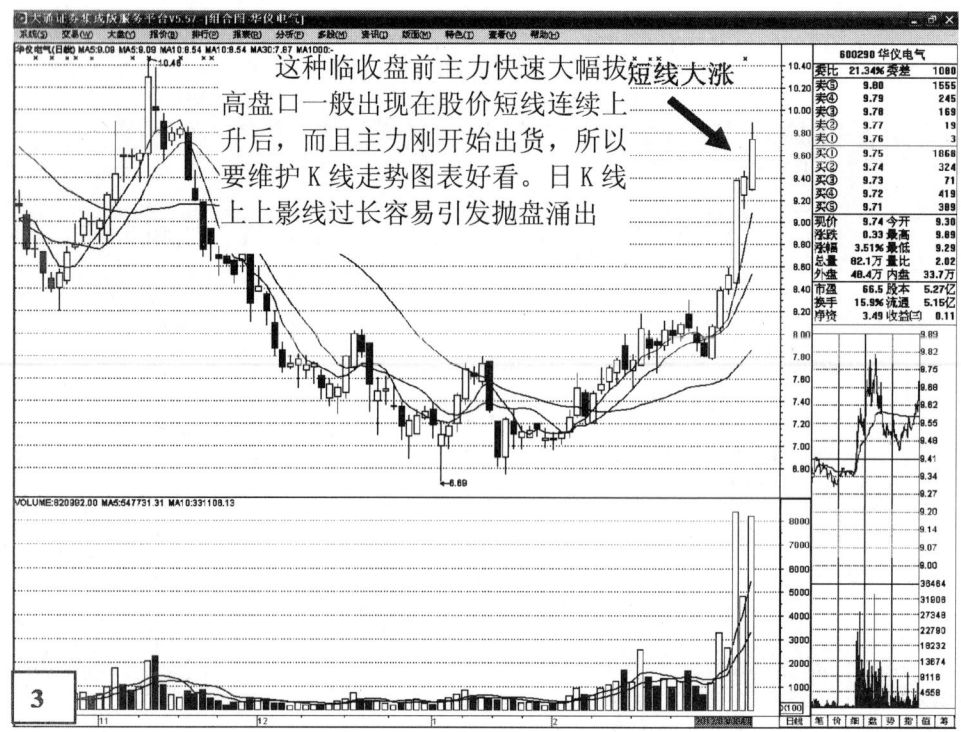

图 1-12

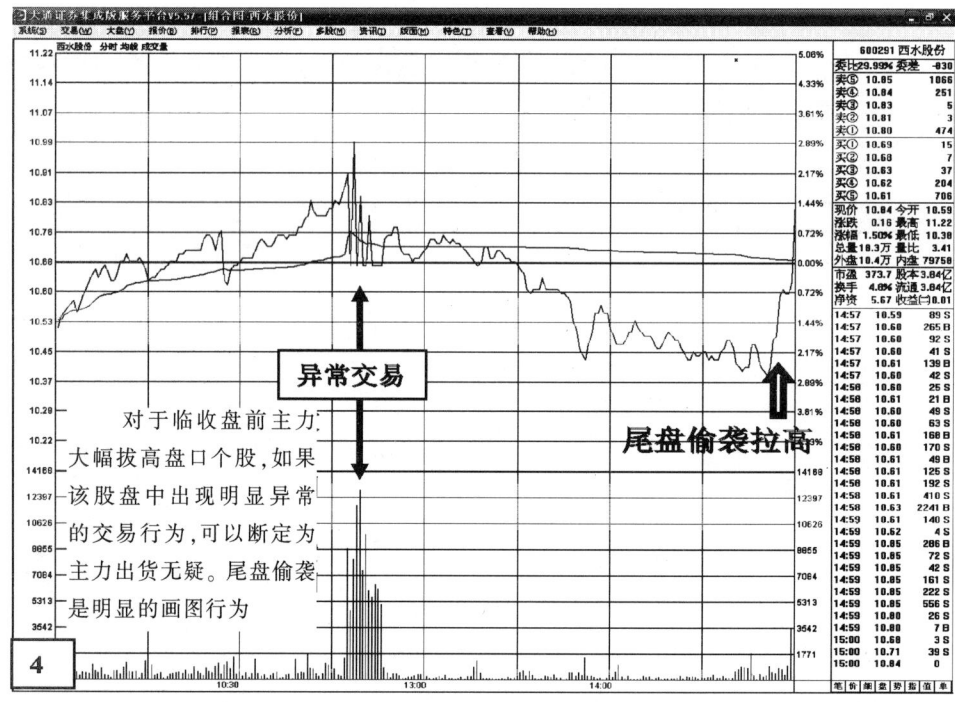

图 1-13

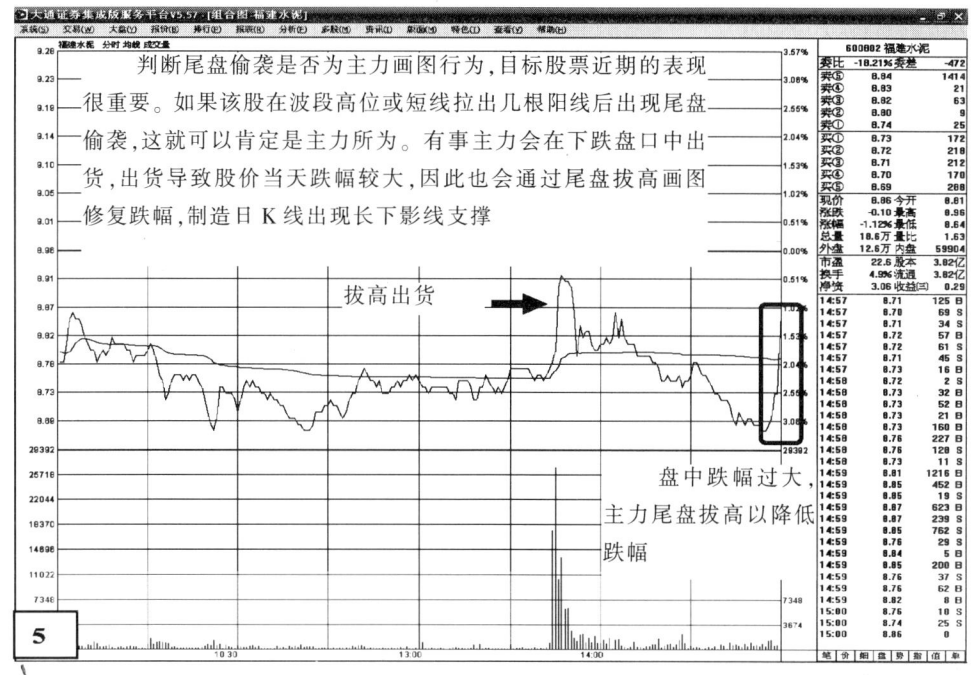

图1-14

最成功的主力运作手法

笔者经常光顾的一家餐厅有一个大鱼缸,鱼缸放养多种观赏鱼。有时见餐厅员工把小鱼往鱼缸里放。数日后再光顾该餐厅时,鱼缸里的小鱼全都不见了。有一次在餐厅员工往鱼缸里放养小鱼时,笔者好奇站在一旁边观察。小鱼进鱼缸后立即成群被其他体积较大的观赏鱼追赶着回来转。仔细一看才发现,大鱼追小鱼并不是闹着玩,追上了张嘴就将活生生的小鱼一口吞掉。大鱼吃小鱼这事早有所闻,而这大鱼吃小鱼的生吞现场笔者还是第一次亲眼所见。

股票市场鱼龙混杂,机构也是三教九流什么样的都有。常言道,主力鱼肉散户。实际股市中大主力吃小主力如大鱼吃小鱼是常见之事。大主力在运作过程中减仓出货时需要有资金入场接货。入场接货的资金不论大小主力都欢迎。当然,如果都是一些如散户般的小鱼小虾来接盘那是远远不够的。所以,大主力在出货时总是想方设法吸引其他资金量较大的机构来接盘。

要说大主力吸引投资者或其他机构等入场接盘,方法实在是太多了,大概可以分为以下三大类:

①操纵个股技术走势吸引买盘。

②散布利好消息吸引买盘。

③直接介入经营上市公司，把业绩做好，把价格做高，通过改变基本面，把垃圾股做成优质股，吸引资金入场接盘。

大主力操纵个股走势如制造大资金建仓、活跃成交、关键位置突破等——这技术层面的东西已屡见不鲜。散布利好消息刺激股价上升获利卖出，甚至制造虚假利好消息也见多不怪了。2008年深宝安(000009)"石墨矿门"、深国商(000056)与东海证券之间的"乌龙假研报"事件，就是制造发布虚假利好消息案例。

大主力直接介入经营上市公司，幕后运作流通股票。把该上市公司业绩做好，把该公司股价做高；通过改变上市公司基本面由坏变优的操作吸引投资者和其他机构入场接盘。这样的运作手法一般人根本无法想象，更别说熟悉。事实上包括国际和国内都存在不少这样的公司成功个案。如A股历史上的盐湖股份、中国船舶、华仪电气等就是经典代表。

这些超级主力选择一些基本面很烂或者经营平淡无奇的上市公司作为目标，股价处于暴跌低位时进入二级市场大量吸筹。拿到足够的流通筹码后，该主力通过开展一系列的收购、并购、借壳等方式介重组介入目标上市公司。幕后收集大量流通筹码、公开收购大股东股权双管齐下！主力入主这些公司后展开一系列的资产置换，资产注入运作。大手笔操刀一家基本面一般或者已经面临破产的上市公司使其起死回生，丑小鸭变白天鹅。在公司基本面扭转亏损、大幅盈利变成优质公司时，股价少则翻数番，多则涨幅超10倍以上！

主力通过一系列运作把一家烂公司变为优质公司，期间也是真正做了大量的工作，当然也付出了较重的成本。但其在二级市场以超低价建仓筹码已经翻10倍20倍的利润，除去重组所花成本，大主力还是赚爆了。另外主力重组时从大股东中拿的股份这一笔巨大的财富还没有算入收益呢！

一般情况下主力把一家业绩差的公司变为优质公司后，不会把重组时从大股东手中拿到的股份马上卖掉。因为烂公司的确变为优质公司，未来两三年还有发展空间，主力还可以好好享受花钱出力的成果。但之前在二级市场超低价建仓的筹码就会获利了结，以回收重组时付出的巨大成本本金。主力要出货暴涨后的股价谁来接盘？解决问题的方法永远多于面前的困难！ 主力要出货一般通过以下三种渠道：

①通过正常的二级市场交易渠道慢慢卖出。

②业绩差的公司变为优质公司，自然就有机构看好，有机构积极去做调研并大量买入，这样一来就为主力卖出增加了接盘的增量资金。

③大主力找来其他机构接盘。

重组后烂公司变成优质公司这是千真万确的事实。业绩好，未来发展有希望！因此主力很容易通过各种关系找来一些以"价值投资，价值增长"为投资理念的机构入场接盘。这些机构也可以名正言顺地投资买入该股，因为这家上市公司的确成为了一家业绩好、未来发展前景好的公司，完全符合这些机构的投资要求。实际上对于这些属于主力主动去找上门邀请来投资的机构，大主力进行筹码让利便宜批发，合作机构每买入一股，就按照每股给多少钱作为该负责人的报酬。这有点儿像现代商业行为中的公司业务采购，采购员光顾大卖场购买东西，大卖场主人按照购买数量私下给采购员一定的回扣！采购东西的钱是老板的，回扣是采购员自己的！如此顺理成章的投资品种+利益诱惑面前，主力不怕找不到接盘对象。具体案例见图1-15至图1-19。

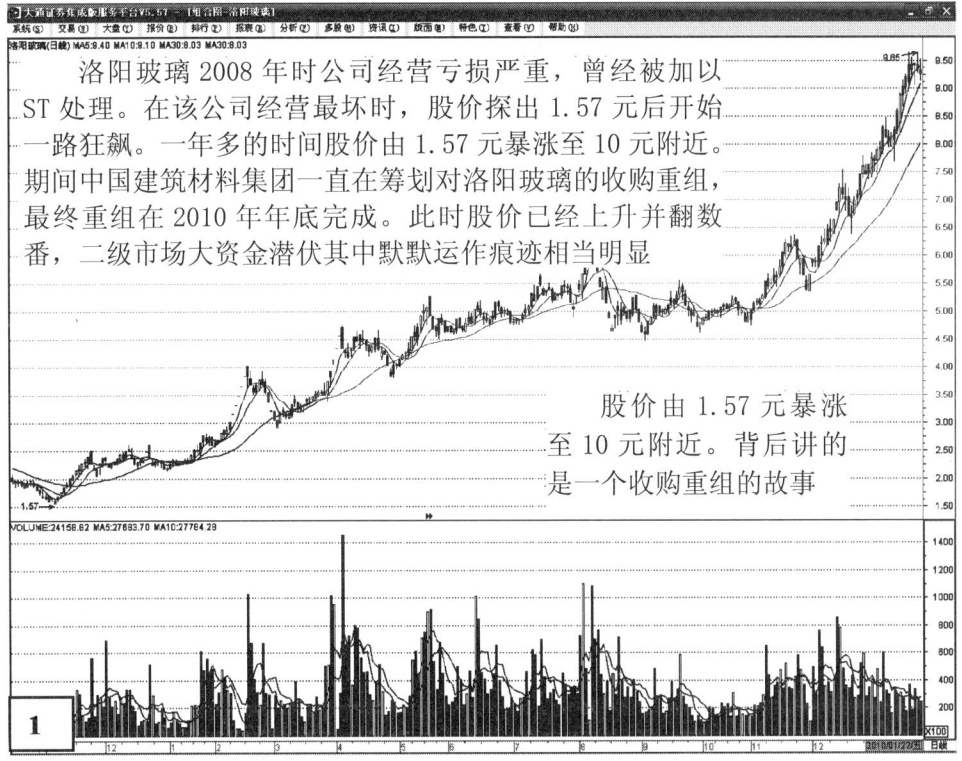

图1-15

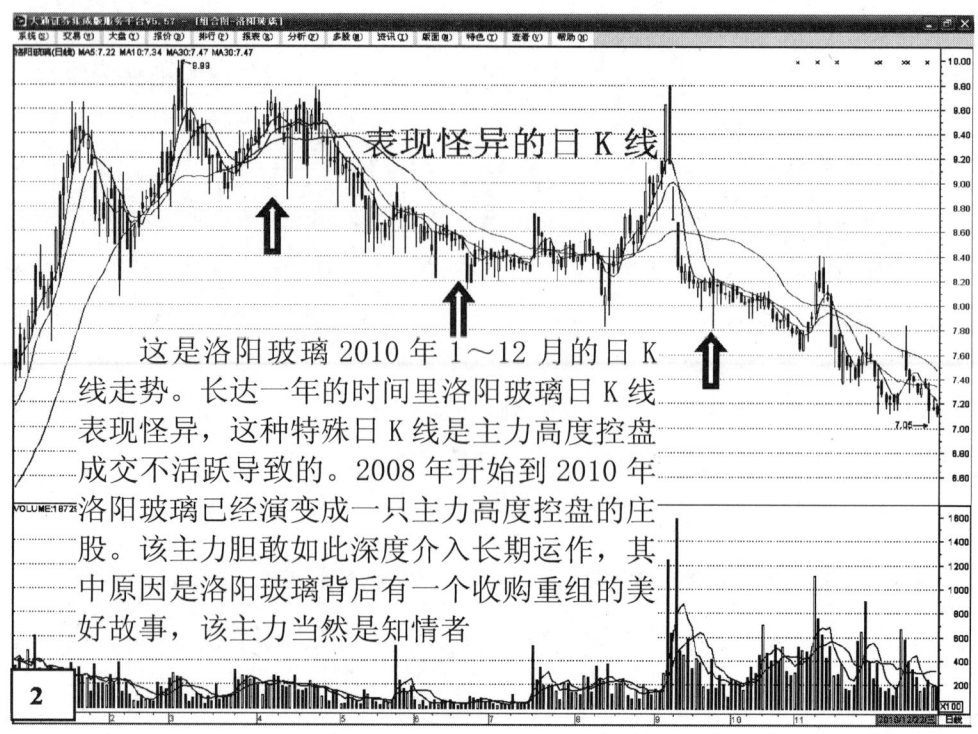

图 1-16

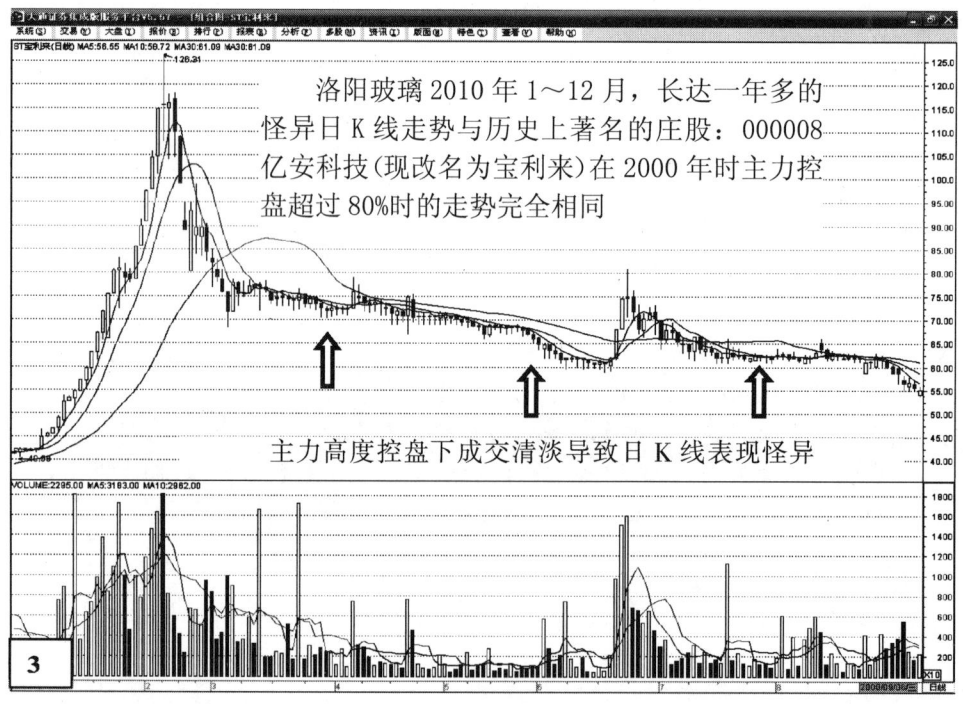

图 1-17

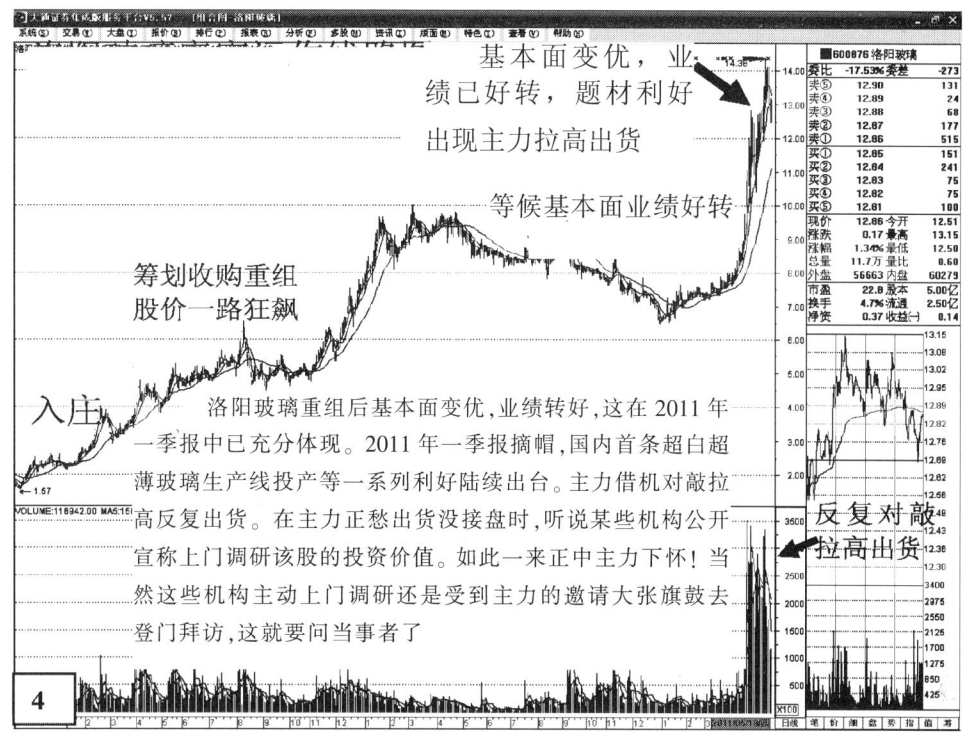

图 1-18

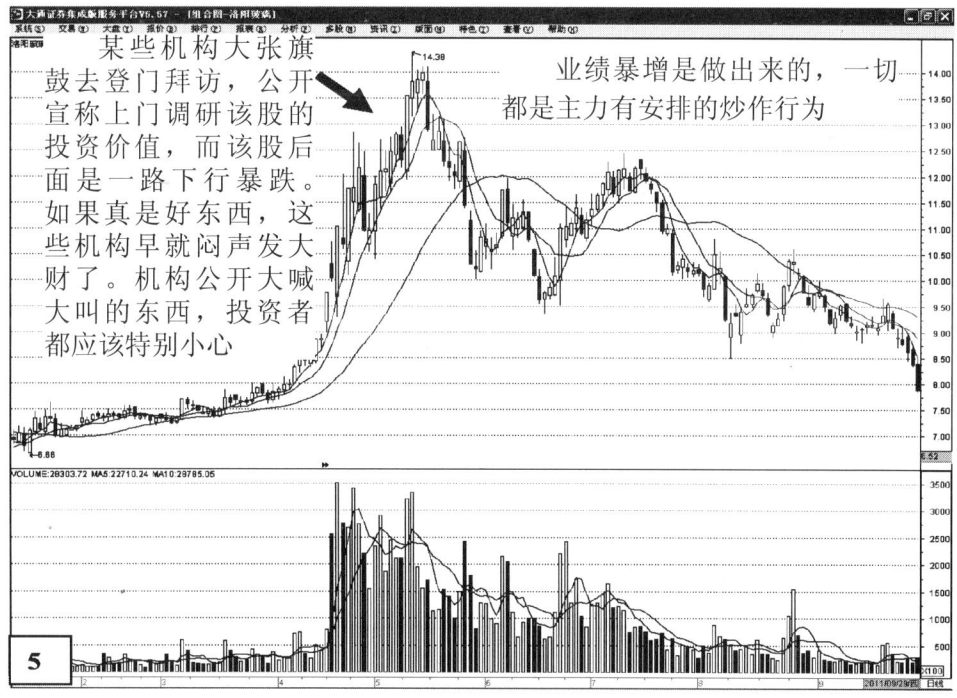

图 1-19

巨单换手后的涨停秘密

股市中坐庄行为普遍存在是毫无疑问的，主力大胆露骨操纵股价屡见不鲜。一般投资者难以看懂坐庄行为，大部分主力明显操纵的盘口交易细节，除当事者之外也无人知晓。2011年2月24日通策医疗(600763)盘面出现的神秘一幕便是如此(图1-20至图1-26)。

通策医疗盘口出现神秘交易过程是如此的：该股2月24日早盘9:57在股价震荡下滑时盘中突然出现一笔28000余手的大卖单以18.05元砸出。因买盘没有多少接盘未能成交而挂单在18.05元一直不动。5分钟后到10:03，买盘突然出现一张27000余手巨大买单，以18.05元一次性将这张挂在18.05元的大卖单全部吃掉。随后通策医疗股价出现垂直快速拉高，到上午收盘股价拉升以涨停板报收。

28000余手，18.05元的价格，这张巨单市值达到5000余万，金额巨大。一个交易并不活跃的小盘股中，短短几分钟内出现这一次性一卖一买巨单交易是很神秘的！以下通过通策医疗盘中动态盘口表现去分析这一神秘交易行为背后的神秘行为。

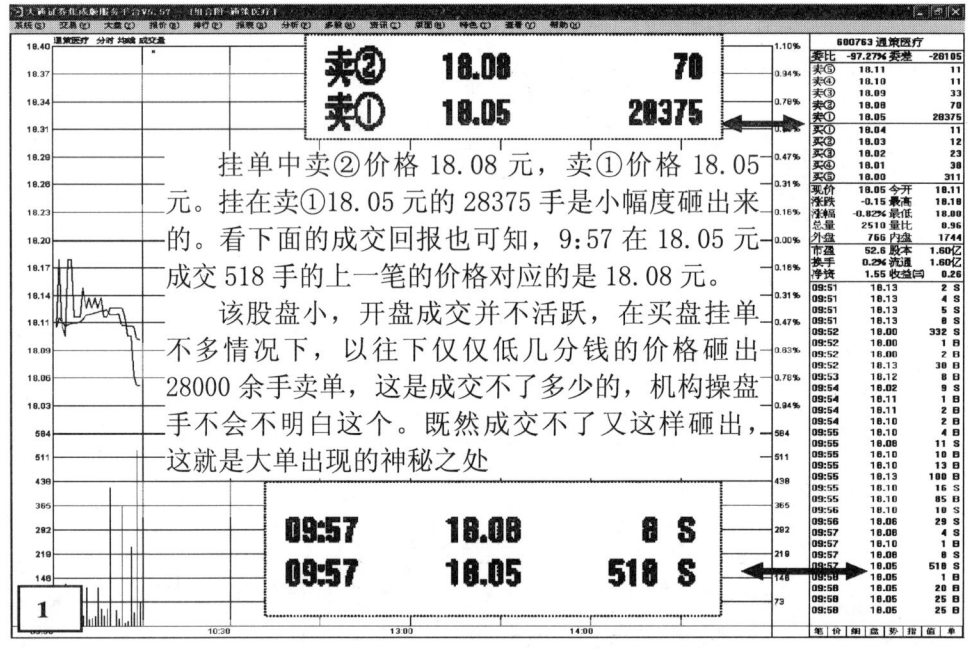

图1-20

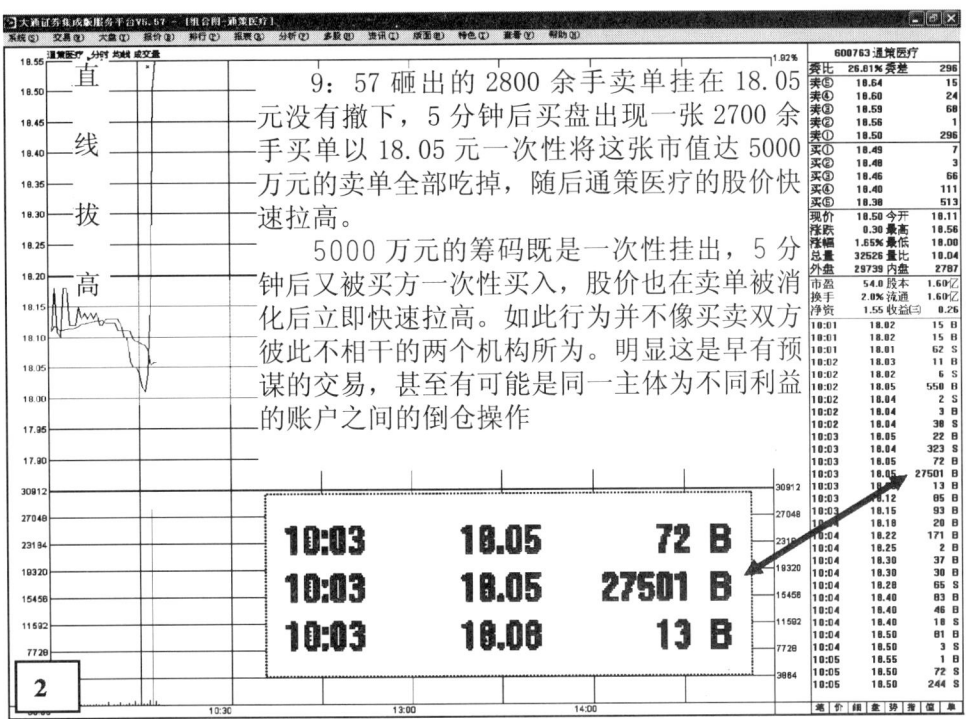

图 1-21

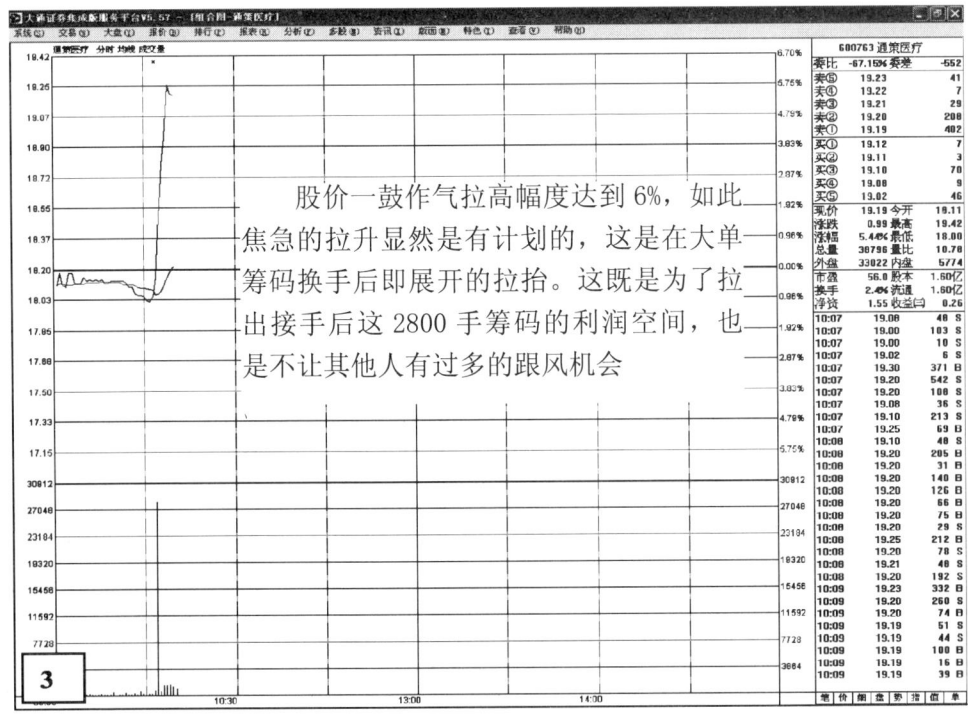

图 1-22

主力行为 盘口解密(二)

十大股东(截止日期：2010-09-30 单位：万股) A 户数:14961 人均持股: 10716				
股东名称	持股数	占总股本%	增减情况	股本性质
杭州宝群实业集团有限公司	5411.60	33.75	未变	A股流通股
鲍正梁	1208.20	7.54	未变	A股流通股
中国银行—华夏行业精选股票型证券投资基金（LOF）	567.21	3.54	新增	A股流通股
中国银行股份有限公司—嘉实回报灵活配置混合型证券投资基金	361.45	2.25	新增	A股流通股
中国建设银行股份有限公司—广发内需增长灵活配置混合型证券投资基金	289.55	1.81	未变	A股流通股
全国社保基金六零四组合	223.64			
中国光大银行股份有限公司—泰信先行策略开放式证券投资	210.72			
何谷	115.28			
中国银行股份有限公司—华泰柏瑞盛世中国股票型开放式证券投资基金	105.41			
	104.80			

4

> 分析通策医疗 2010 年 9 月 30 日公布的十大流通股东持股数据，持股达到 280 万股的流通股东只有 5 位，3 个基金、1 家公司、1 位个人。这说明能一次性挂出 280 万股的机构或者个人投资者并不多。至于今天通策医疗的巨单属于谁的，除了当事人，外人无法搞清楚。除非调阅交易所的个人数据

图 1-23

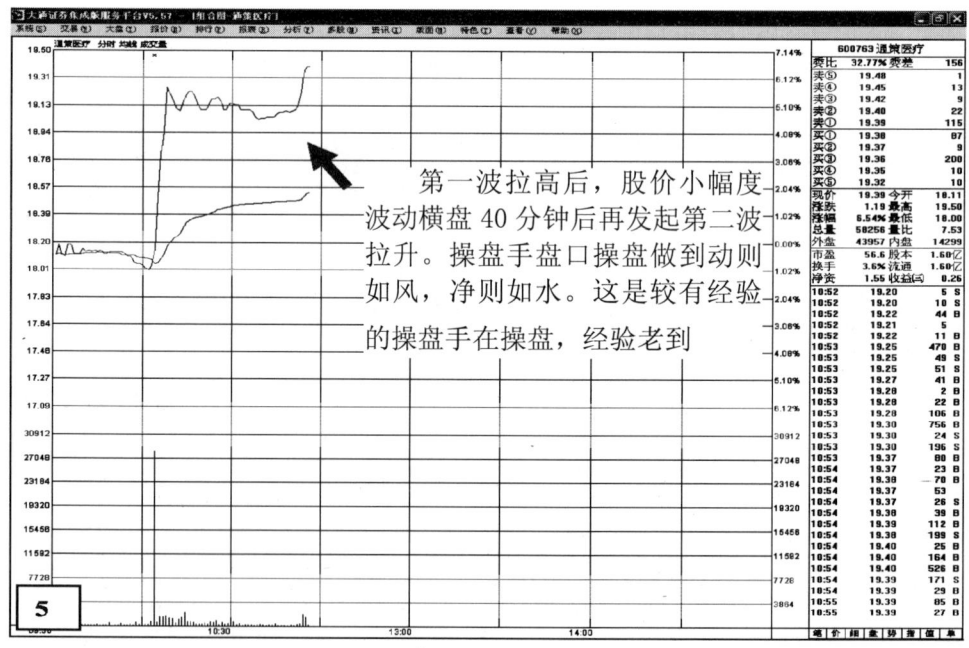

第一波拉高后，股价小幅度波动横盘 40 分钟后再发起第二波拉升。操盘手盘口操盘做到动则如风，净则如水。这是较有经验的操盘手在操盘，经验老到

5

图 1-24

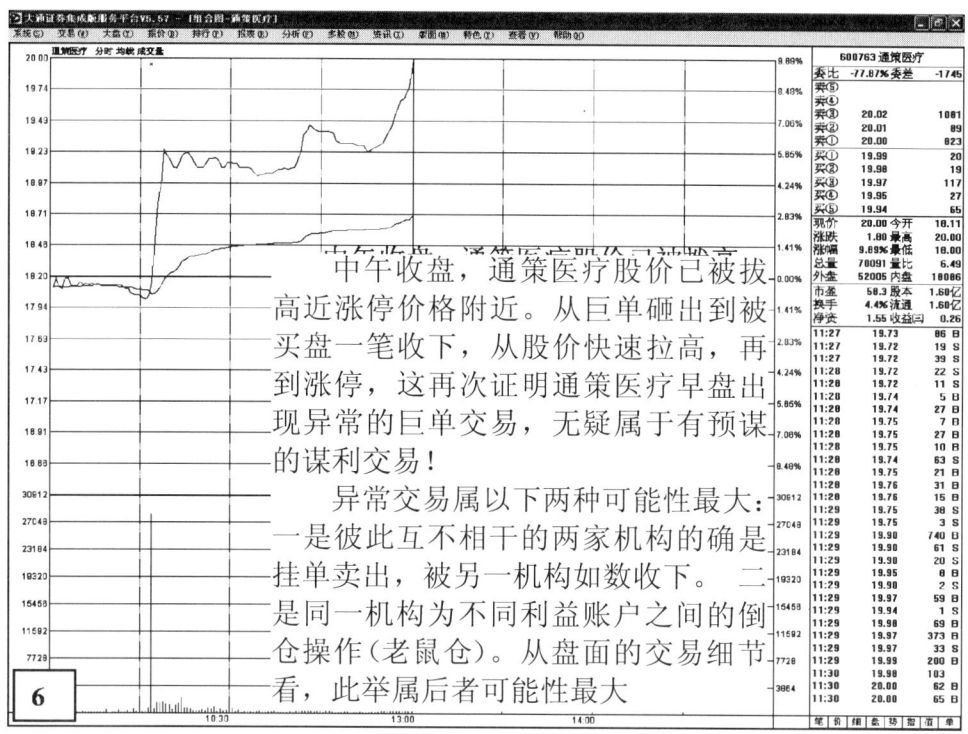

图 1-25

中午收盘，通策医疗股价已被拔高近涨停价格附近。从巨单砸出到被买盘一笔收下，从股价快速拉高，再到涨停，这再次证明通策医疗早盘出现异常的巨单交易，无疑属于有预谋的谋利交易！

异常交易属以下两种可能性最大：一是彼此互不相干的两家机构的确是挂单卖出，被另一机构如数收下。二是同一机构为不同利益账户之间的倒仓操作（老鼠仓）。从盘面的交易细节看，此举属后者可能性最大

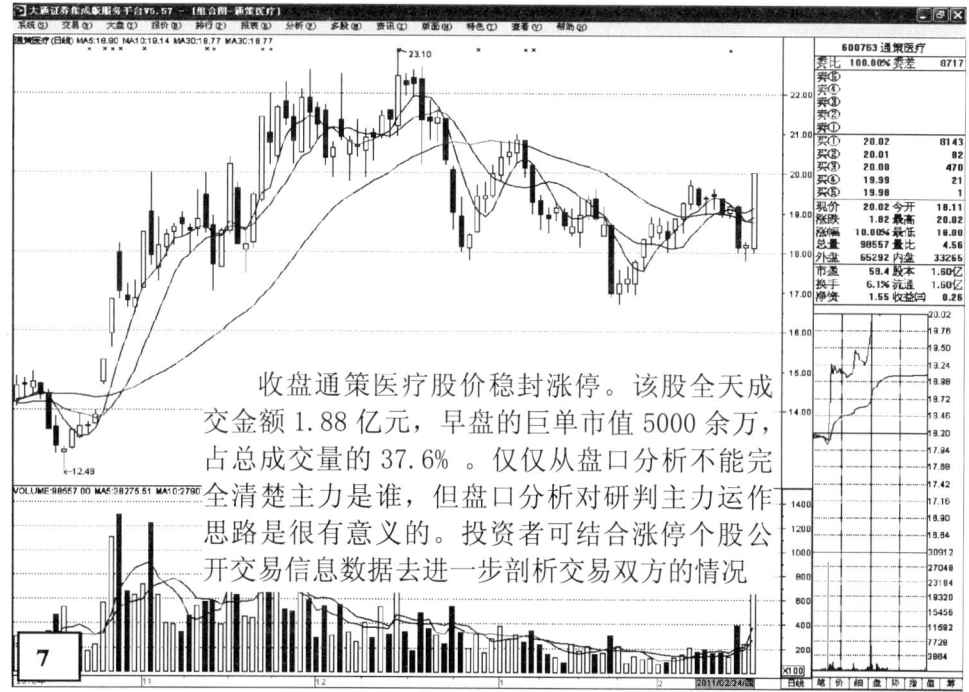

图 1-26

收盘通策医疗股价稳封涨停。该股全天成交金额1.88亿元，早盘的巨单市值5000余万，占总成交量的37.6%。仅仅从盘口分析不能完全清楚主力是谁，但盘口分析对研判主力运作思路是很有意义的。投资者可结合涨停个股公开交易信息数据去进一步剖析交易双方的情况

拉高吸筹之经典——跟踪(一)

见图 1-27 至图 1-41。

图 1-27

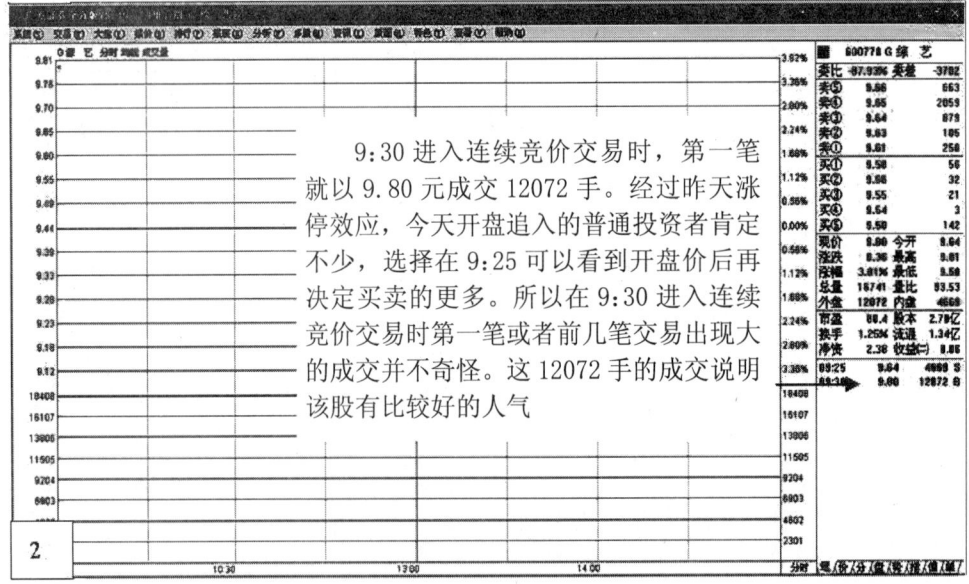

图 1-28

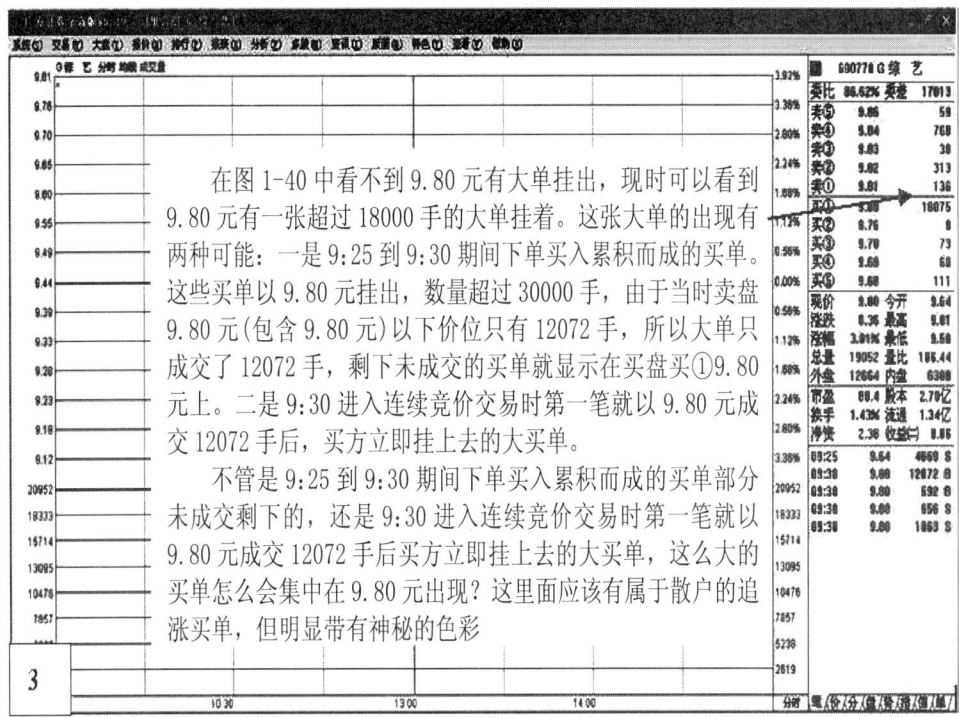

图 1-29

图 1-30

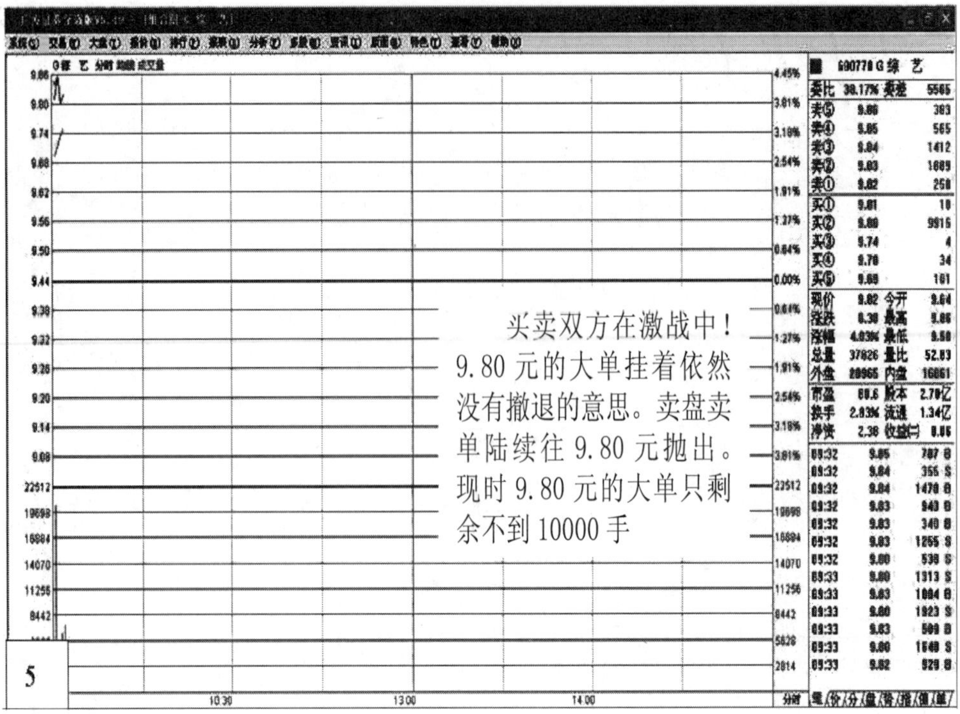

主力行为 盘口解密(二)

买卖双方在激战中！9.80元的大单挂着依然没有撤退的意思。卖盘卖单陆续往9.80元抛出。现时9.80元的大单只剩余不到10000手

图 1-31

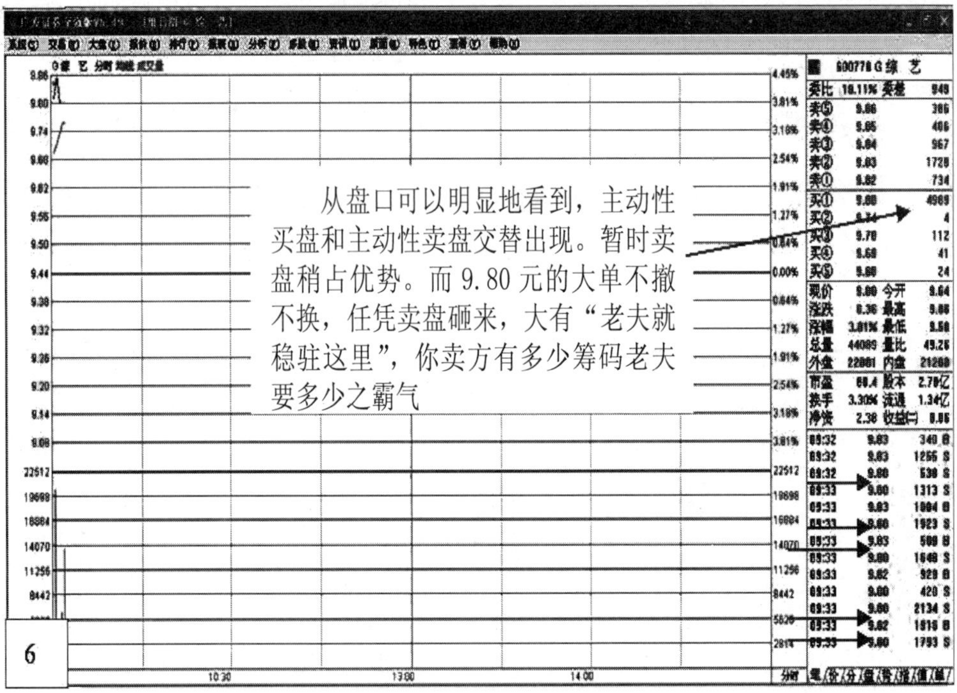

从盘口可以明显地看到，主动性买盘和主动性卖盘交替出现。暂时卖盘稍占优势。而9.80元的大单不撤不换，任凭卖盘砸来，大有"老夫就稳驻这里"，你卖方有多少筹码老夫要多少之霸气

图 1-32

24

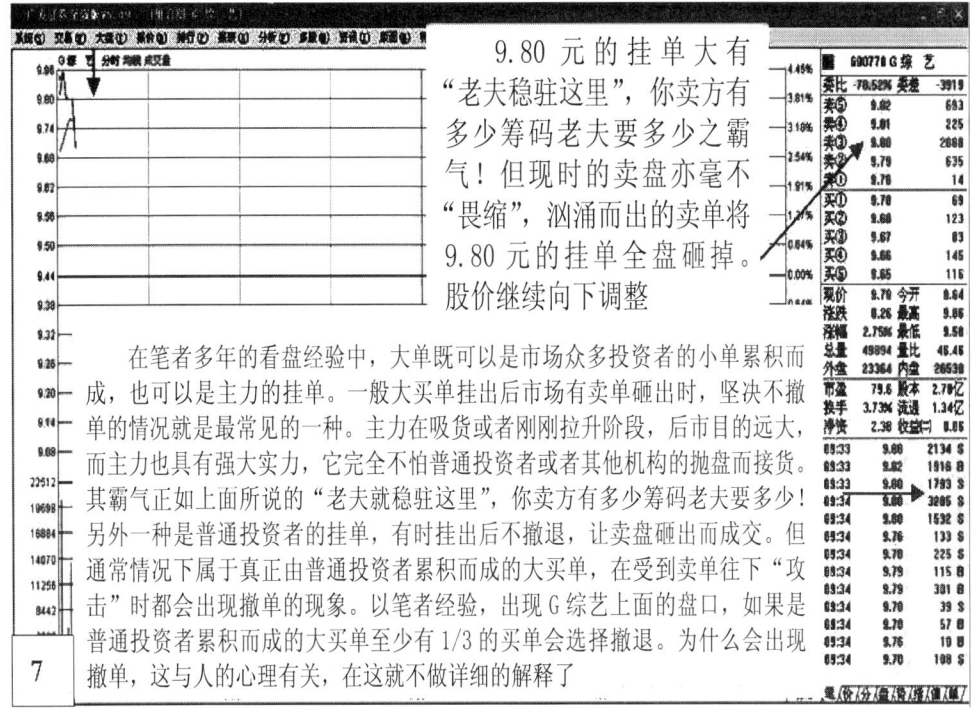

图 1-33

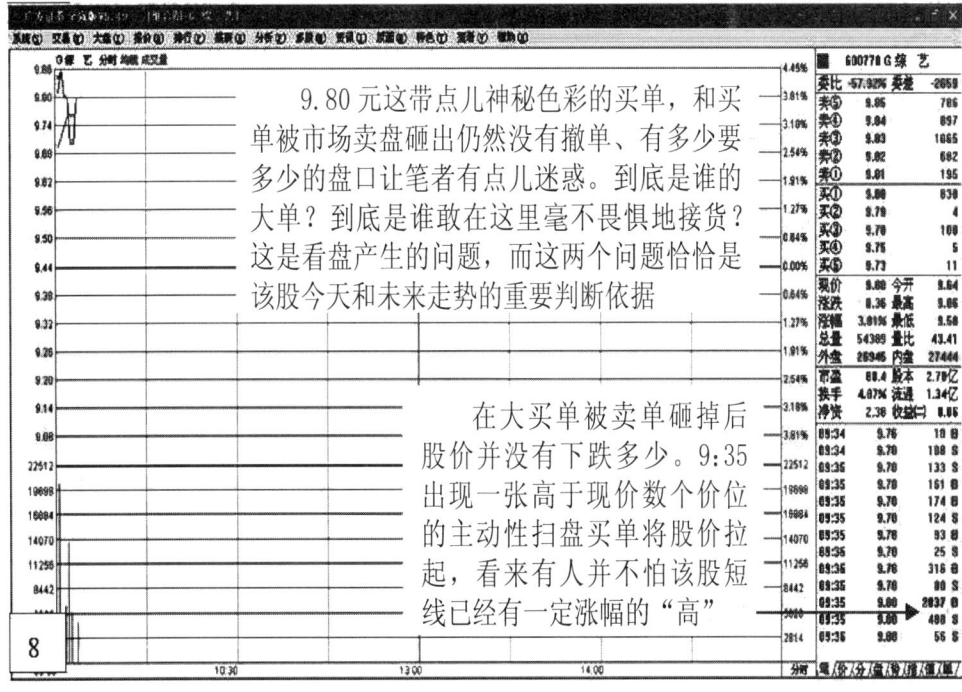

图 1-34

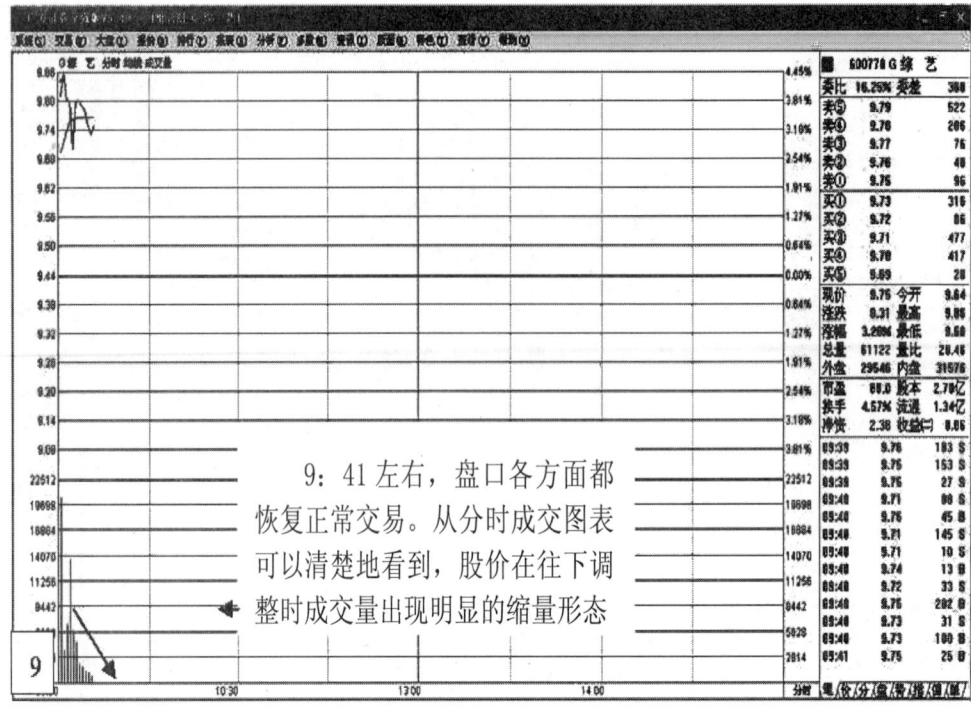

图 1-35

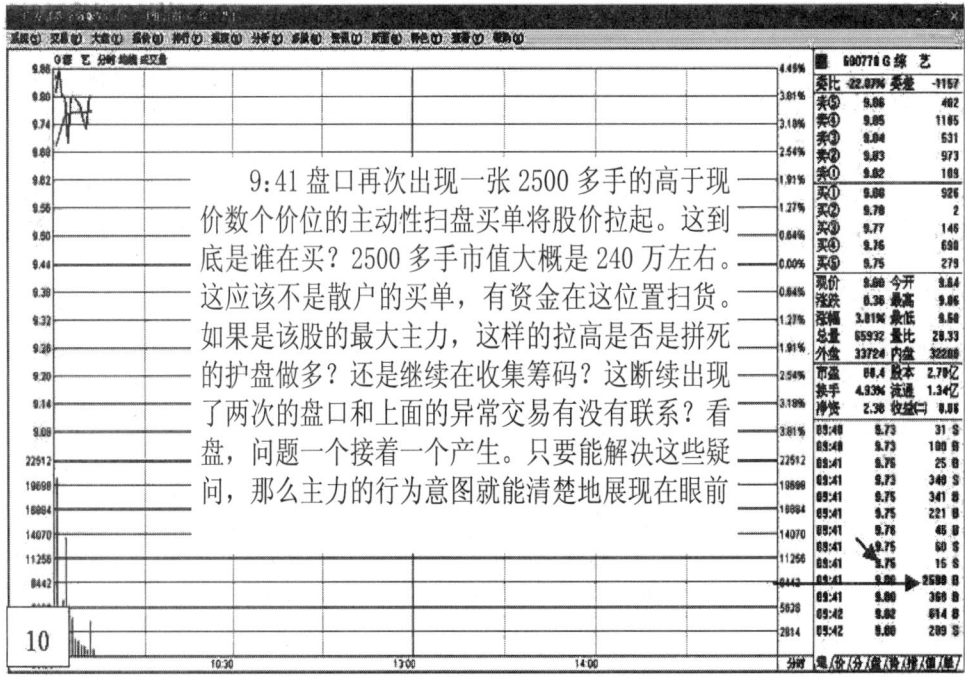

图 1-36

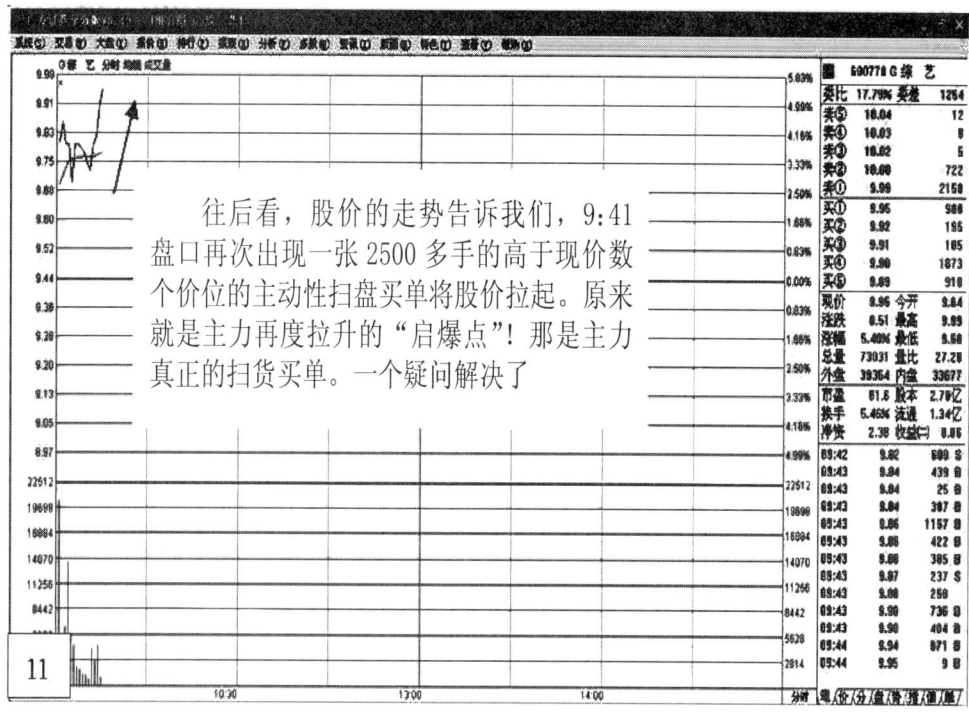

图 1-37

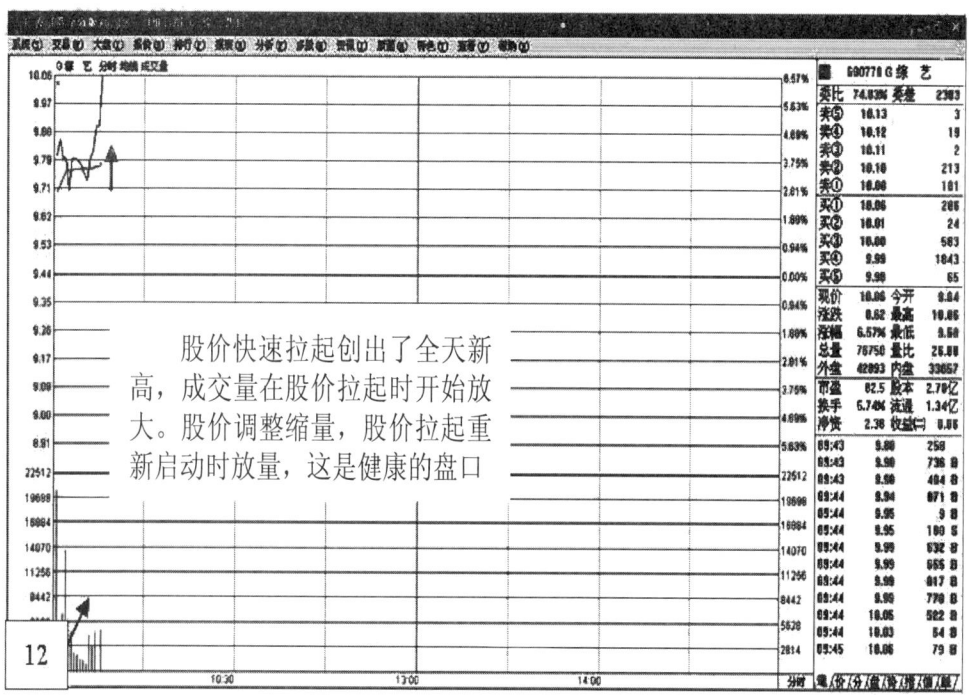

图 1-38

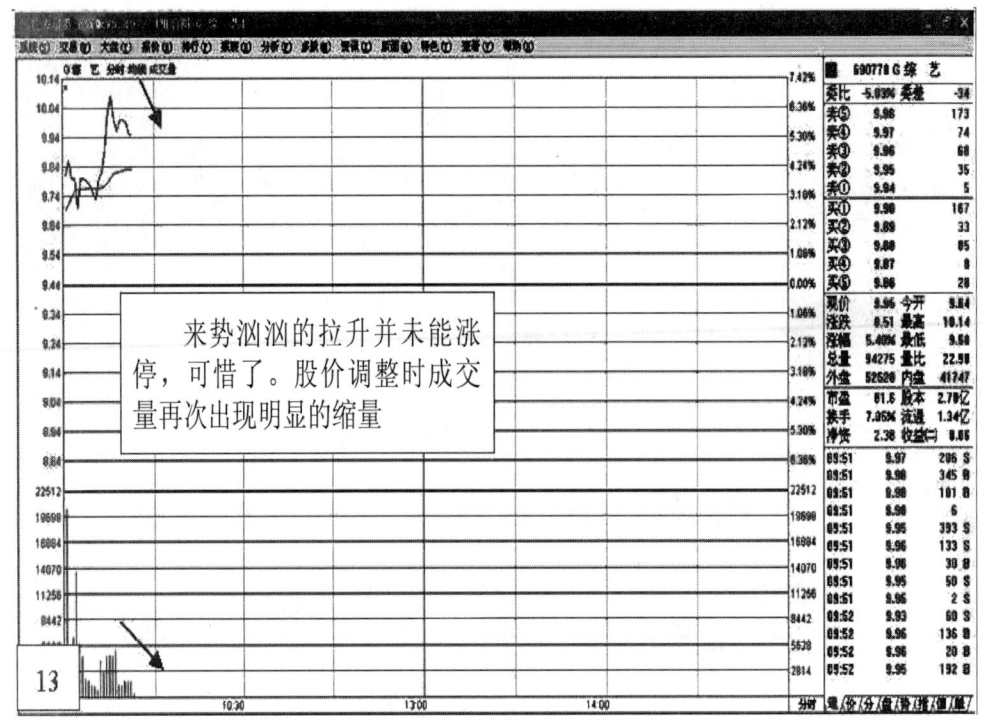

图 1-39

图 1-40

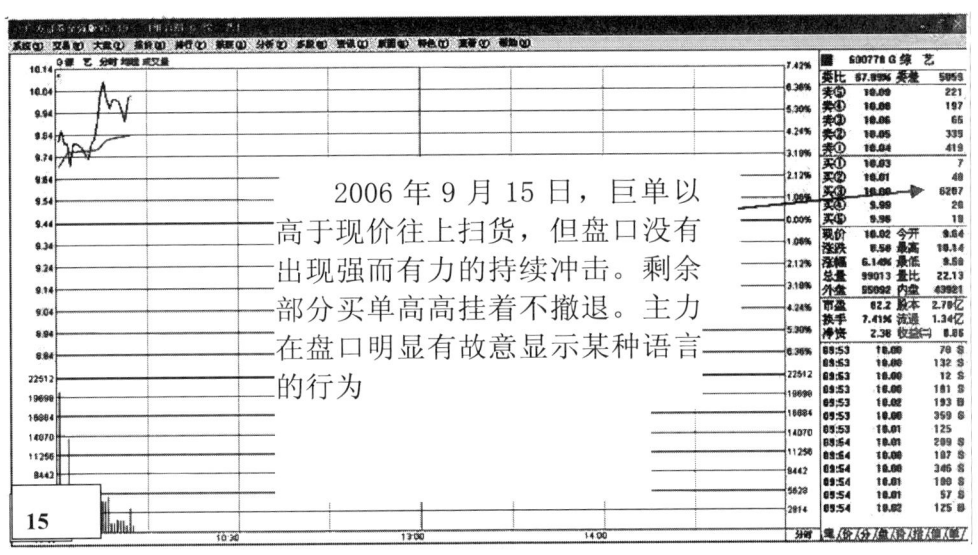

图 1-41

拉高吸筹之经典——跟踪(二)

在股市形态学中,下降旗形属于一种后市看涨形态。下降旗形在个股中形成的主要原因有三方面:

(1)目标个股主力在迅速拉高股价后刚好碰上大市出现调整,主力如果在这位置继续做多必须付出非常大的成本,于是主力放弃原来的做多计划转为和大盘同步调整。调整的目的是回避大盘下跌时做多付出更大的成本和吃进过多主力自己并不想要的流通筹码。

(2)目标个股可能正是当时的热点或者是上市公司恰巧公告重大的利好消息引起市场投资者的高度关注,主力在迅速拉高股价时跟风盘过于庞大超出主力允许的跟风量。主力是不会轻易让过多的跟风盘免费坐轿的,所以在拉高股价时如果主力操盘手知道跟风盘过于庞大他往往就会选择停止拉升进行洗盘。

(3)主力在迅速拉高股价时如果发现卖盘抛压过大也会先停止拉升,进行震荡洗盘以消化抛盘的压力。

无论主力的洗盘目的是哪一种,个股日 K 线在走下降旗形形态调整时主力几乎是每天都在盘中对股价进行引导性的操作,或者说始终控制着股价的总体波动范围。从下面实例 600770 综艺股份的日 K 线图(图 1-42)中可以清晰地看到,该股经过9月13～15日的大幅度拉升之后(形成旗杆)，9月18～29日K线出现隔阴隔阳的回调。调整时股价整体重心向下，K线排列明显有序，这就是主力有力控制股价波动的显著体现。

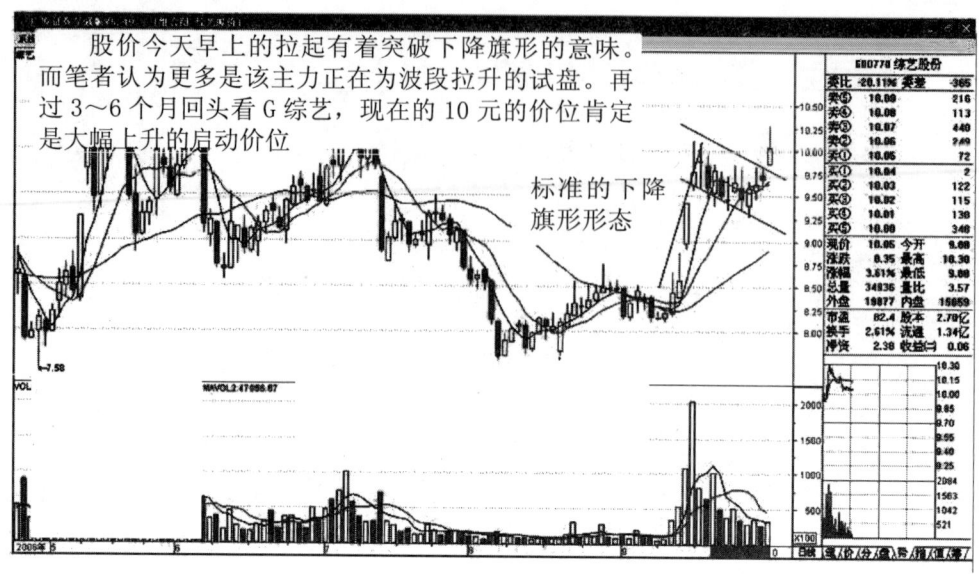

图1-42

下降旗形的调整对主力在该股中对洗盘的尺度、拉升的时间上的把握是非常有利的。下降旗形调整的时间可长可短，在日K线级别上调整时间一般在7～10天。在这时间段里，主力可以清楚地了解自己的洗盘情况，观察大盘整体环境的变化方向，从而制定后市的操作方案和操作策略以及再次做多的时间。一方面，下降旗形调整虽然看上去是股价在下跌，但其跌幅一般不超过10%。这种形态的调整既可以满足主力的洗盘、回避大盘下跌遇到沉重抛压等的需求，也可以避免主力大幅度打压股价洗盘丢失手上的筹码。另一方面，主力目标本是做多，个股中下降旗形的出现只是主力有意或者是操作中必须进行的一种调整行为。下降旗形导致股价下跌并不是主力真正的目的，它是主力操纵股价过程中的一个有意或为操作的顺利而展开的一种操盘手法！

下降旗形的另一优点就是避免已经拉高的股价再度大幅下跌甚至打回原形。

上面为大家介绍了下降旗形形态和下降旗形形成与操盘主力有关的原理。下降旗形是个股K线形态中的一种常见形态，在实战运用过程中可以不考虑市场人为的因素。但笔者作为主力行为研究者，在自然形态中加以主力行为进行研究是必需的。通过上面介绍的下降旗形形成与操盘主力有关的原理可以知道，真正意义上的下降旗形形态是属于主力的操纵而形成的，小部分出现在个股中的下降旗形形态才是属于跟着大盘的走势自然形成的。所以在下降旗形形态的分析和运用中，加以主力行为的分析是非常必要的，是提高分析成功率和操作成功率的关键！

在之前已经介绍了600770综艺股份主力当前拉高吸筹行为。该股在9月13～15日大幅度拉升之后（旗杆），9月18～29日K线出现隔阴隔阳的回调形成一个下降旗形形态。结合该股之前的吸筹行为和该股拥有巨大潜力的"龙芯"概念题材去判断，该形态在这位置的出现明显是主力洗盘的一个标志。股价今天早上的拉起有着突破下降旗形的意味。而笔者更多地认为这是主力正在为波段拉升进行试盘。再过3～6个月回头看现在的综艺股份，现在的10元的价位肯定是大幅上升之后处于山沟中的启动价位。

拉高吸筹之经典——跟踪（三）

就600770综艺股份而言，2006年9月14日公开发表《盘中拉高吸筹之经典》，9月15日公开发表《盘中拉高吸筹之经典——跟踪》，10月9日公开发表《盘中拉高吸筹之经典——跟踪二》，三篇文章已经相对详细地介绍了综艺股份主力入场吸货的经典盘口和一些拉升时的试盘行为。现在回头看，当时的分析可以说是完全正确的。从9月中旬至今，相信已有为数不少的股友早已买入该股并且一直持有。因为无论是在论坛公开交流还是在其他交流上几乎每日都有众多股友向笔者问及综艺股份的情况。笔者也没有怠慢各位，有问必答，而答案始终是"中线坚定持股"。曾几何时，因为以上三帖点击率特别高和众多股友"过度热情"对综艺股份的咨询，笔者疑惑综艺股份在10月17日和10月27日两次的狠狠打压洗盘是否是因为笔者的推荐，众股友买入的资金过于庞大而引发的洗盘。

过去的就不多说，今日600770综艺股份走势股价又到了关键时刻，很需要做必要的跟踪分析。首先综艺股份大主力再度入场是从8月中旬开始，一直到上周五，笔者仍然认为主力在拉高时强势反反复复震荡中收集筹码。按照近3个月以来的筹码换手均价，这段时间主力收集的筹码成本在10.00～10.50元。这是一个估计值，但偏差也不会很大。该股主力如此耐心地收集筹码可以说目标远大，目标远大的理由在综艺股份公司的基本面看好和实质性题材的存在，至于基本面的研究这就有劳于各位对该股票有兴趣的投资者细心研究了。以现时主力如此耐心收集筹码的态度和主力操盘手的老炼手法，笔者保守地预测：综艺股份明年股价见30元以上(个人观点，不构成任何操作建议！股市高风险，操作盈亏自负)。

立眼于中长线，回望于近日走势！看了综艺股份今日的涨停，其实可能是对之前平台和昨天主力用心良苦的洗盘(图1-43至图1-45)。

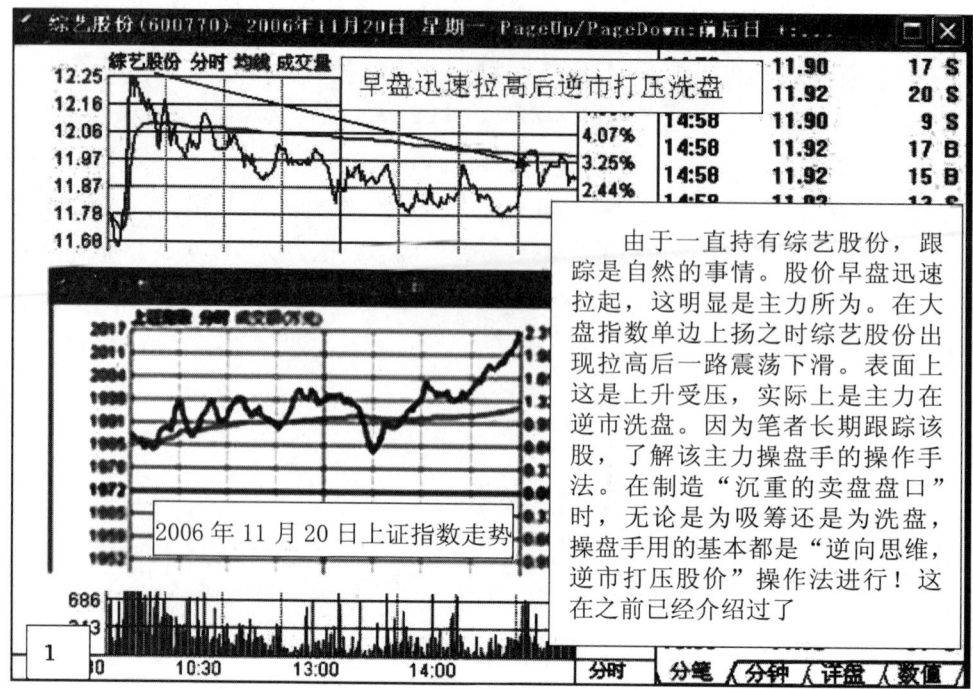

图1-43

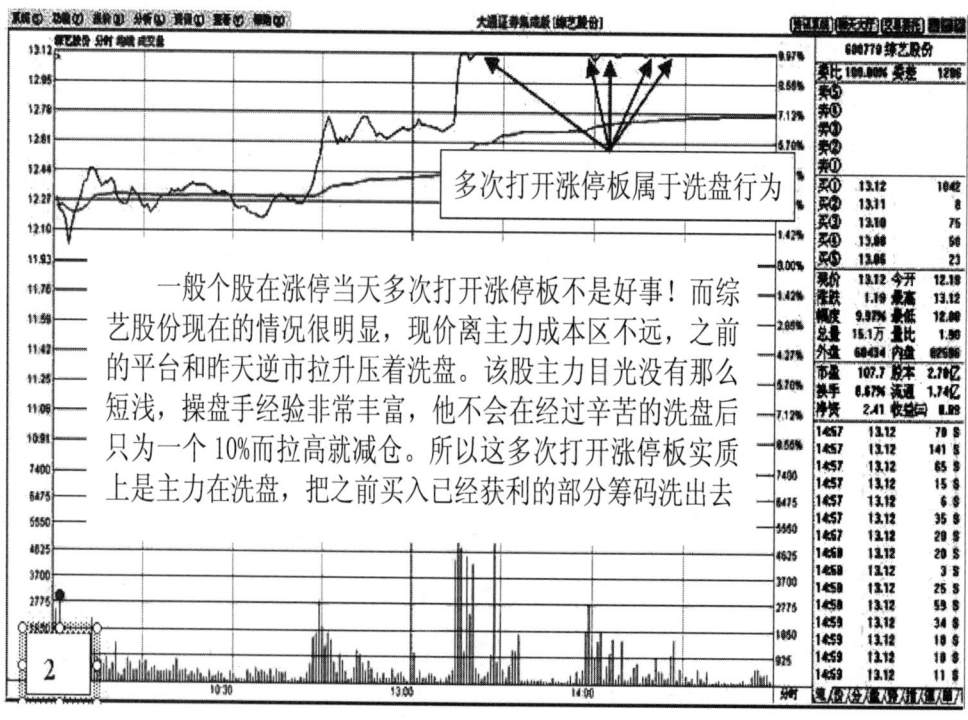

图1-44

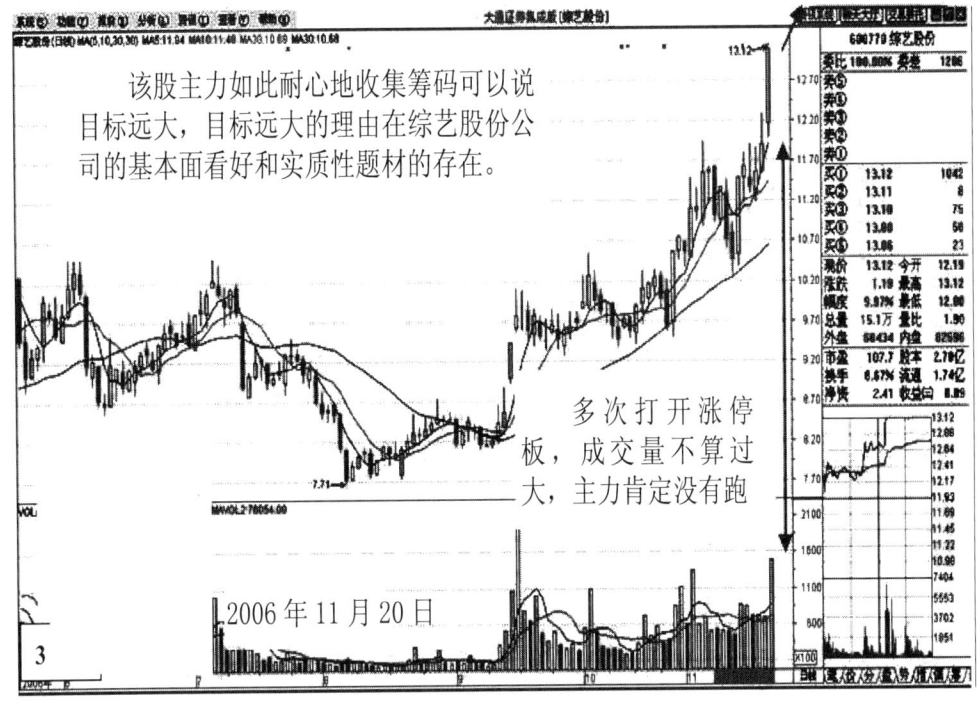

图 1-45

坐庄对敲交易行为解密(一)

对敲,是主力坐庄操盘中经常用到的手法。通俗地说就是自买自卖,左手出右手进,筹码从主力旗下管理的甲乙两个(或是多个)账户之间来回倒。

股市中主力没有目的没有意图一般是不会进行对敲操作的。因为对敲是有成本的,需要付出手续费和印花税。但为了顺利完成每个操作细节,对敲操作在证券市场现阶段中成为"坐庄"不可缺少的操盘需要。下面详细阐述这些操作的目的。

(1)对敲制造交投活跃气氛,吸诱投资者参与,以确保目标股票的日常交易活跃。

(2)上升时对敲制造交投活跃吸诱投资者买入,借其力推高股价。

(3)洗盘时对敲制造大量卖盘制造恐慌气氛恐吓心态不稳投资者出局。

(4)出货时对敲制造大量买盘、制造盘口虚假繁荣吸引投资者接货。

(5)主力机构利用对敲操作买卖虚虚实实迷惑他人。

(6) 主力操作时拉高需要买入,拉高后为赚取差价卖出部分筹码,这进与出也形成对敲交易操作。

以上是对主力坐庄过程中对敲操作目的的总结。主力运作处于不同的阶段,股价处于不同的位置,主力对敲目的自然不同。实践中具体个案具体分析。下面笔者具体分析中茵股份自2011年3月中旬以来,主力多次对敲操纵股价细节。

了解中茵股份主力对敲操纵行为,可以从交易所公开交易数据中寻找主力活动的蛛丝马迹。3月以来频繁操作中茵股份来自上海的主力,分别通过国泰君安上海多家不同证券营业部开户进行交易。具体主力是谁除证监会外一般人无从追查,该主力是通过国泰君安上海多个营业部交易的,所以下面笔者就把该主力简称为"国泰君安·上海"。

了解主力对敲操纵行为先从交易所公开交易数据中分析入手!

2011年3月11日中茵股份交易所公开交易数据

证券代码:600745　　　　　　　　　　　　　　证券简称:中茵股份

买入营业部名称:	累计买入金额(元):
(1) 国泰君安证券股份有限公司上海商城路证券营业部	37288927.60
(2) 国泰君安证券股份有限公司上海打浦路证券营业部	31721425.33
(3) 国泰君安证券股份有限公司上海虹桥路证券营业部	10670347.59
(4) 中信建投证券有限责任公司上海市北京西路证券营业部	3782347.57
(5) 东吴证券股份有限公司苏州石路证券营业部	3353968.00

卖出营业部名称:	累计卖出金额(元):
(1) 南京证券有限责任公司上海西藏南路证券营业部	36082219.58
(2) 国泰君安证券股份有限公司上海打浦路证券营业部	9947162.62
(3) 东兴证券股份有限公司北京复兴路证券营业部	5747386.56
(4) 齐鲁证券有限公司聊城卫育南路证券营业部	4664819.84
(5) 齐鲁证券有限公司武汉徐东大街证券营业部	4502508.58

查阅中茵股份2011年以来的所有公开交易数据,"国泰君安·上海"多个营业部买卖交易从2011年3月11日开始。在3月11日中茵股份成交异常的公开数据中,当日国泰君安上海三家营业部:上海商城路证券营业部买入3728万元,上海虹桥路营业部买入1067万元,上海打浦路营业部既买入3174万元,同时又卖出 994万元。这是公开数据我们可见主力建仓的开始。实际上由同一家证券营部中有买又有卖的情况分析,说明该主力早已持有该股筹码(图1-46、图1-47)。

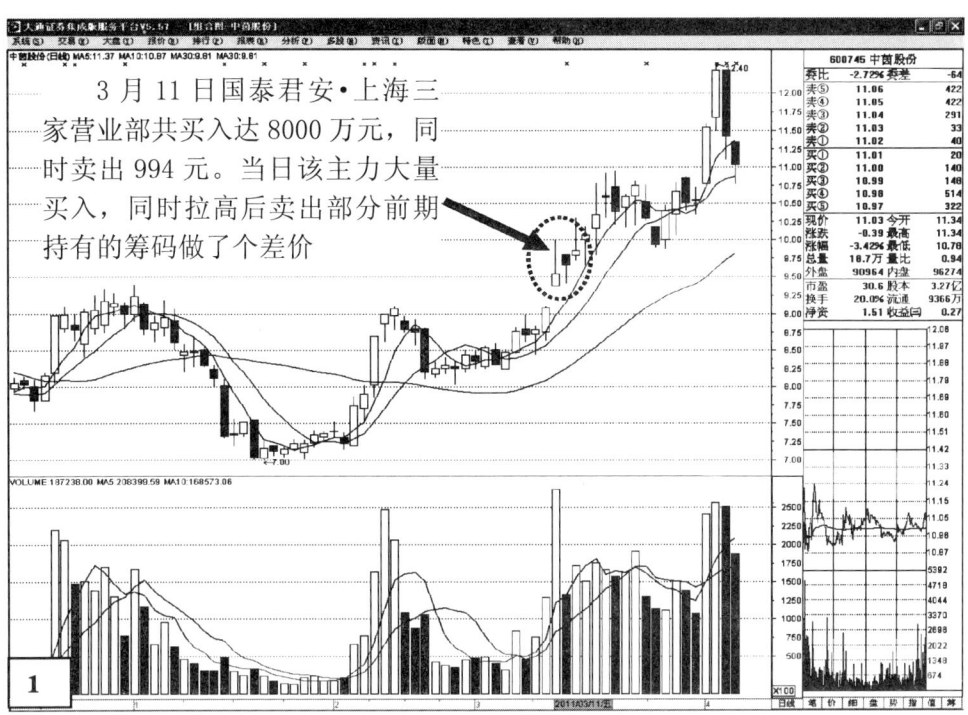

图 1-46

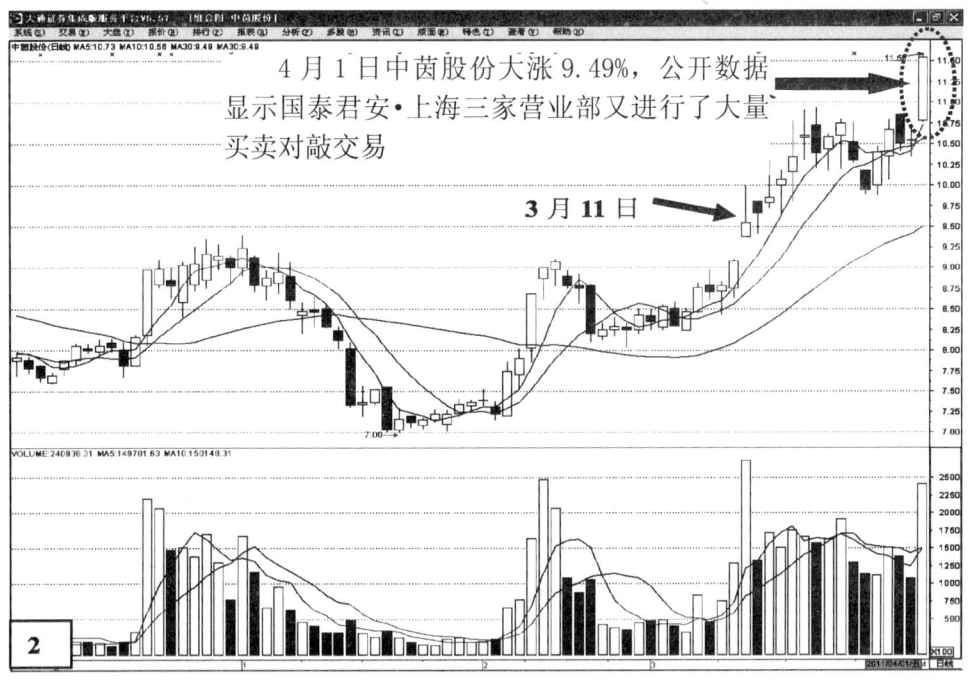

图 1-47

2011年4月1日中茵股份交易所公开交易数据

证券代码: 600745　　　　　　　　　　　　　　证券简称: 中茵股份

买入营业部名称:	累计买入金额(元):
(1) 国泰君安证券股份有限公司上海打浦路证券营业部	18439083.16
(2) 国泰君安证券股份有限公司上海商城路证券营业部	18072129.40
(3) 国泰君安证券股份有限公司上海虹桥路证券营业部	17270285.36
(4) 中信金通证券有限责任公司湖州环城西路证券营业部	5941609.92
(5) 中信建投证券有限责任公司武汉市中北路证券营业部	4898411.00

卖出营业部名称:	累计卖出金额(元):
(1) 国泰君安证券股份有限公司上海打浦路证券营业部	17044916.00
(2) 国泰君安证券股份有限公司上海虹桥路证券营业部	16443619.14
(3) 国泰君安证券股份有限公司上海商城路证券营业部	5146057.00
(4) 国信证券股份有限公司上海北京东路证券营业部	4279794.41
(5) 中信建投证券有限责任公司上海市北京西路证券营业部	4061571.54

由4月1日中茵股份大涨9.49%，交易所公开中茵股份当日交易数据分析，国泰君安上海三家营业部又进行大量交易，交易情况如下：

上海打浦路营业部，买1844万，卖1704万。

上海商城路营业部，买1807万，卖515万。

上海虹桥路营业部，买1727万，卖1644万。

三家营业部共买入5378万元，卖出3863万元。每家营业部都有卖有买，主力在买入拉高是同时也边拉边减，买卖轮换实施操作行为非常明显。对于主力而言，其旗下所管理的账户，在同一天买卖一只股票就属于对敲交易(图1-48)。

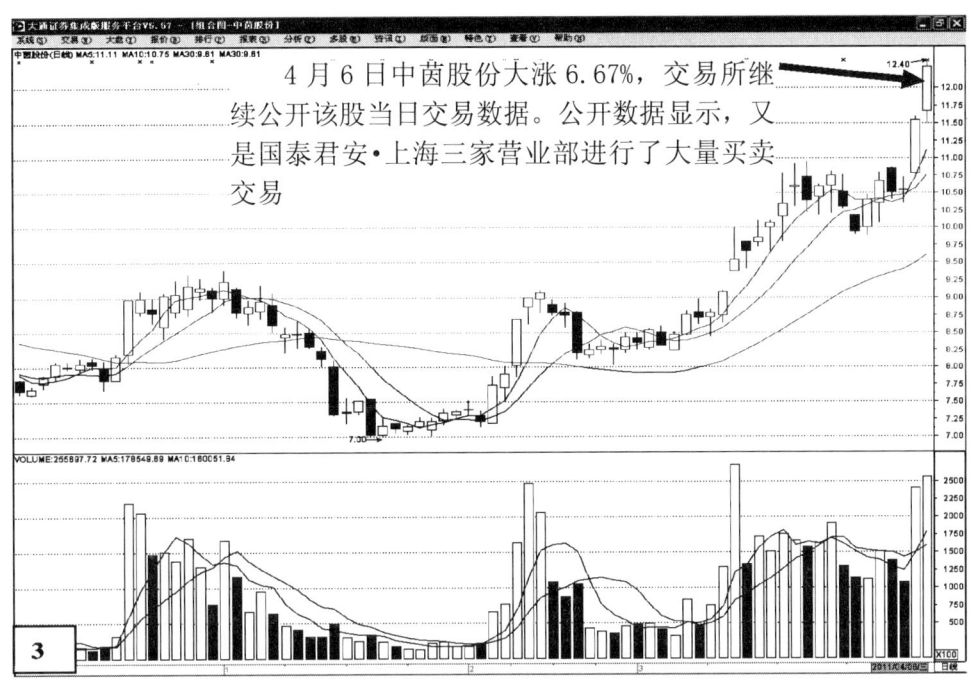

图 1-48

2011年4月6日中茵股份交易所公开交易数据

证券代码：600745　　　　　　　　　　　　　　　证券简称：中茵股份

买入营业部名称：	累计买入金额(元)：
(1) 国泰君安证券股份有限公司上海商城路证券营业部	41068393.97
(2) 国泰君安证券股份有限公司上海打浦路证券营业部	29566831.35
(3) 国泰君安证券股份有限公司上海虹桥路证券营业部	15205939.77
(4) 中信金通证券有限责任公司湖州环城西路证券营业部	9515006.54
(5) 光大证券股份有限公司深圳深南中路证券营业部	5298890.36
卖出营业部名称：	累计卖出金额(元)：
(1) 国泰君安证券股份有限公司上海商城路证券营业部	19512316.58
(2) 国泰君安证券股份有限公司上海打浦路证券营业部	19223539.30
(3) 国泰君安证券股份有限公司上海虹桥路证券营业部	18610426.71
(4) 中信金通证券有限责任公司湖州环城西路证券营业部	6399065.44
(5) 中信建投证券有限责任公司武汉市中北路证券营业部	4951016.81

上海打浦路营业部，买 2957 万，卖 1922 万。

上海商城路营业部，买 4106 万，卖 1851 万。

上海虹桥路营业部，买 1520 万，卖 1861 万。

相同的国泰君安·上海三家营业部共买入达 8583 万元，卖出达 5634 万元；三家营业部中每家营业部都有卖有买，整体当日买入量大于卖出量。这其中原因比较复杂，主力为了推高股价就必需大量买入消化卖盘才能推高股价。至于当天又卖出的重要原因是主力不想大量增加仓底筹码而卖出。为了推高股价主力买入才能拉高，但如果主力只是一味不断买入，那么手上的筹码就会通过累积越来越多，如此会导致主力资金耗尽或资金紧张。为了解决既达到拉高股价又不出现越买越多导致主力资金耗尽或资金紧张的情况。主力操盘手一般在展开拉升时，当日实施既买又卖的方式边拉边出的操作，只要控制好了自己的卖出量不出现股价被自己砸低，这样就可以达到既推高了股价，仓底筹码又没有出现大幅增加。这是主力同一日自买自卖同一只股票的原因之一，一般没有运作过大资金的投资者无法理解主力这种操作行为(图 1-49)。

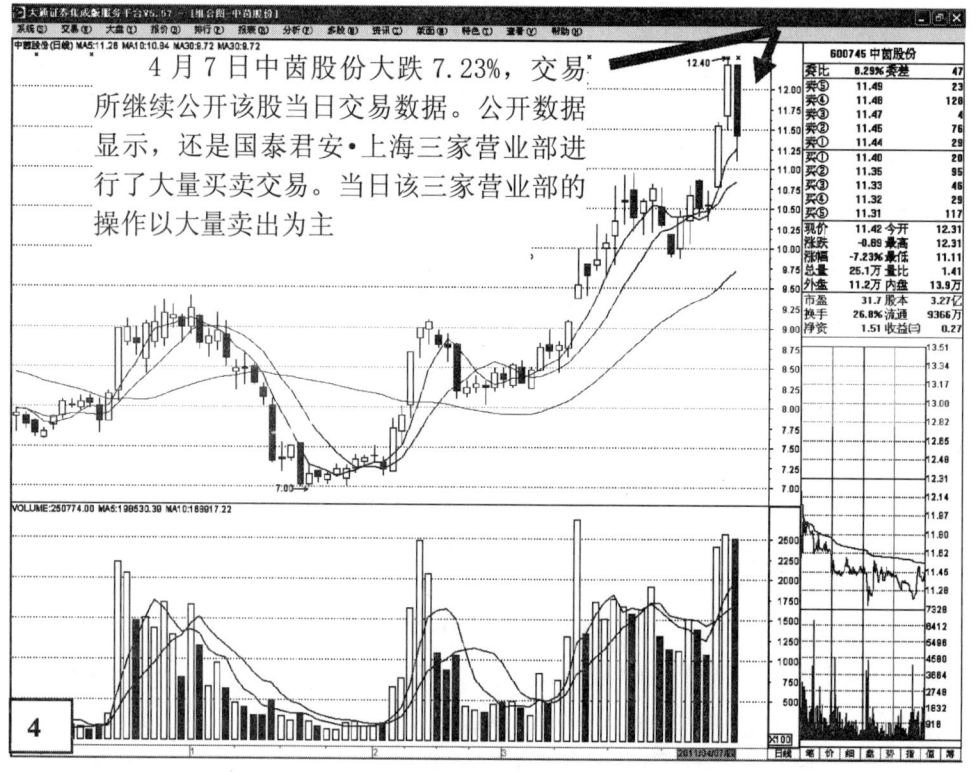

图 1-49

2011年4月7日中茵股份交易所公开交易数据

证券代码: 600745　　　　　　　　　　　　　　　证券简称: 中茵股份

买入营业部名称:	累计买入金额(元):
(1) 国泰君安证券股份有限公司上海虹桥路证券营业部	19147235.35
(2) 国泰君安证券股份有限公司上海商城路证券营业部	10570167.28
(3) 方正证券股份有限公司温州小南路证券营业部	2778520.00
(4) 广发证券股份有限公司南海天佑三路证券营业部	2771506.12
(5) 东吴证券股份有限公司沈阳滂江街证券营业部	2678346.00

卖出营业部名称:	累计卖出金额(元):
(1) 国泰君安证券股份有限公司上海打浦路证券营业部	29729229.41
(2) 国泰君安证券股份有限公司上海商城路证券营业部	25049987.67
(3) 国泰君安证券股份有限公司上海虹桥路证券营业部	14764474.24
(4) 中信金通证券有限责任公司湖州环城西路证券营业部	9359601.85
(5) 兴业证券股份有限公司漳州延安北路证券营业部	5726051.75

从4月7日中茵股份交易所公开交易数据分析，国泰君安•上海三家营业部中全部都有卖出交易记录，卖出量一共6952万元。另外只有两家营业部买入，买入量一共2971万元。按照买入总量减卖出总量计算，主力当日一卖一买中整体出货量为3981万元。主力操盘考虑的是当天买卖操作整体交易量的结果，一卖一买中整体卖出量大于买入量就是出货了(图1-50、图1-51)。

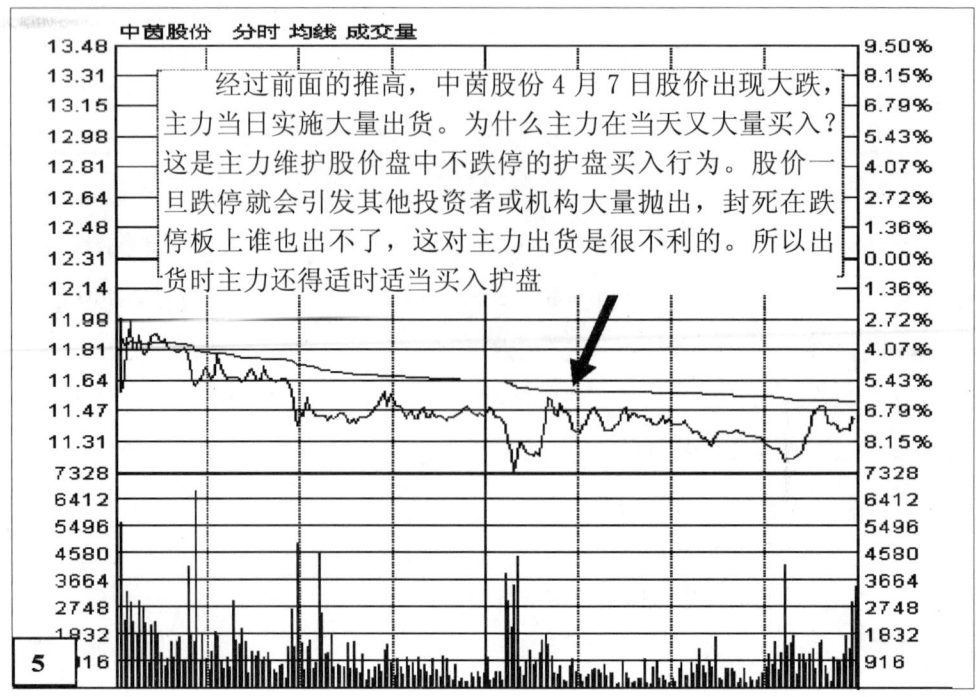

图 1-50

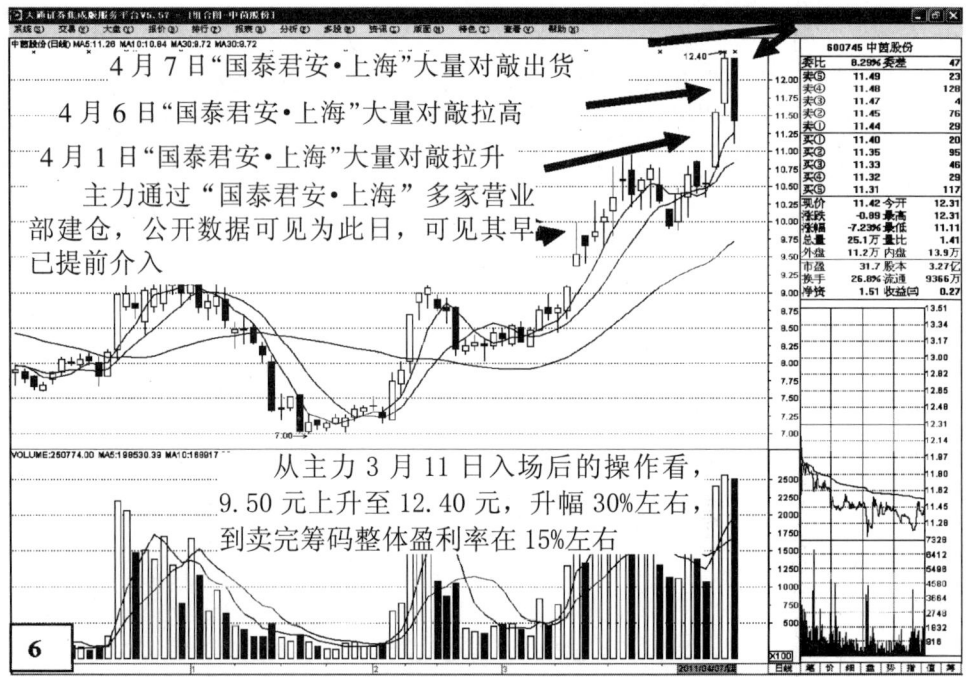

图 1-51

坐庄对敲交易行为解密(二)

在上一篇"坐庄对敲交易行为解密(一)"文章中，笔者以中茵股份 2011 年 3 月中旬以来的公开交易数据为例，剖析了主力对敲交易的详细情况。一般软件所提供的数据都是自行统计的，可参考但不可全信，但交易所公开交易数据是真实可信的。对中茵股份主力交易对敲的分析只是对主力坐庄行为其中一种对敲行为的分析，这并不代表全部。在坐庄行为中对敲交易还存在多种情况。

本文以潜伏在 002485 希努尔之中的主力 2011 年 4 月 13 日异常操盘交易为例，再次深入剖析主力操盘的另一种对敲交易"通过对敲制造交投活跃气氛，制造盘口繁荣交投盘面，吸诱投资者参与确保目标股票股日常交易活跃"。

下面从希努尔 4 月 13 日量价表现入手，通过盘面异常成交细节去了解主力此次对敲操纵行为(图 1-52 至图 1-55)。

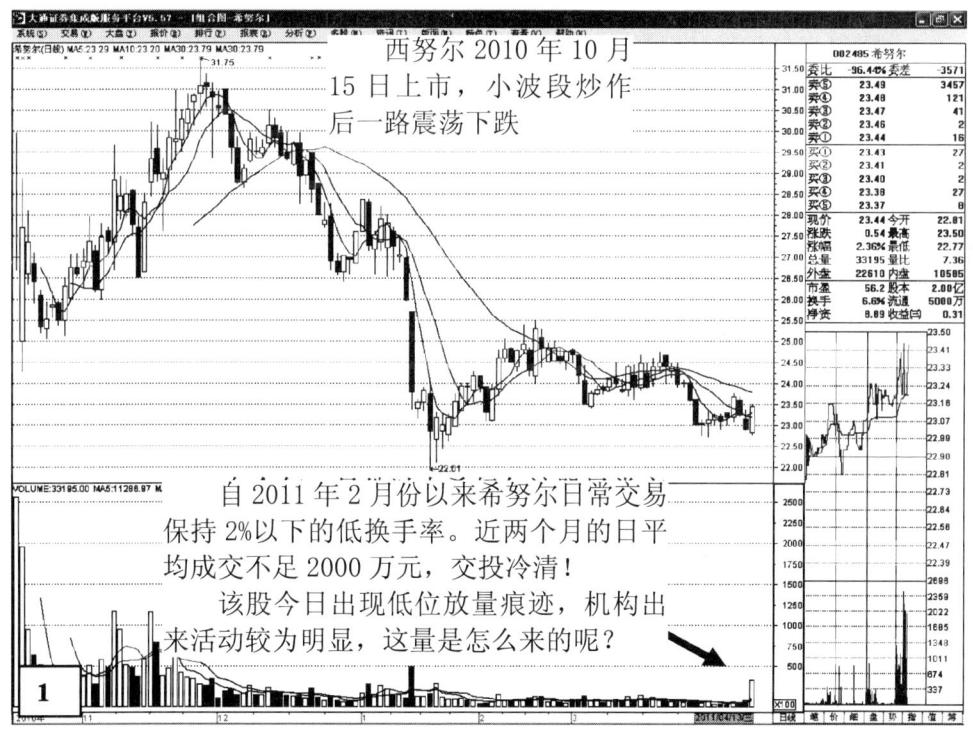

图 1-52

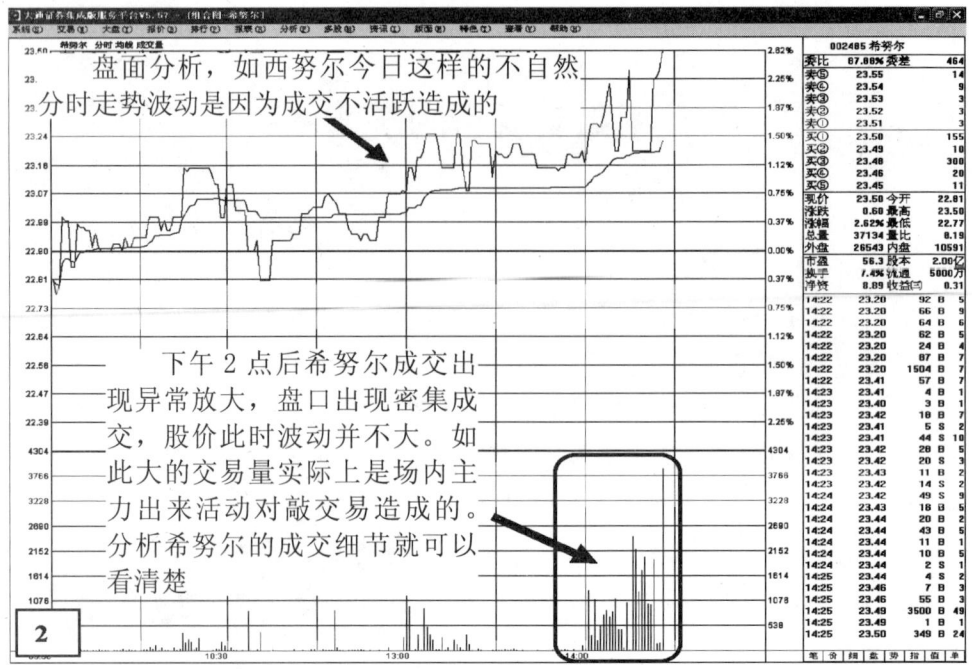

图 1-53

图 1-54

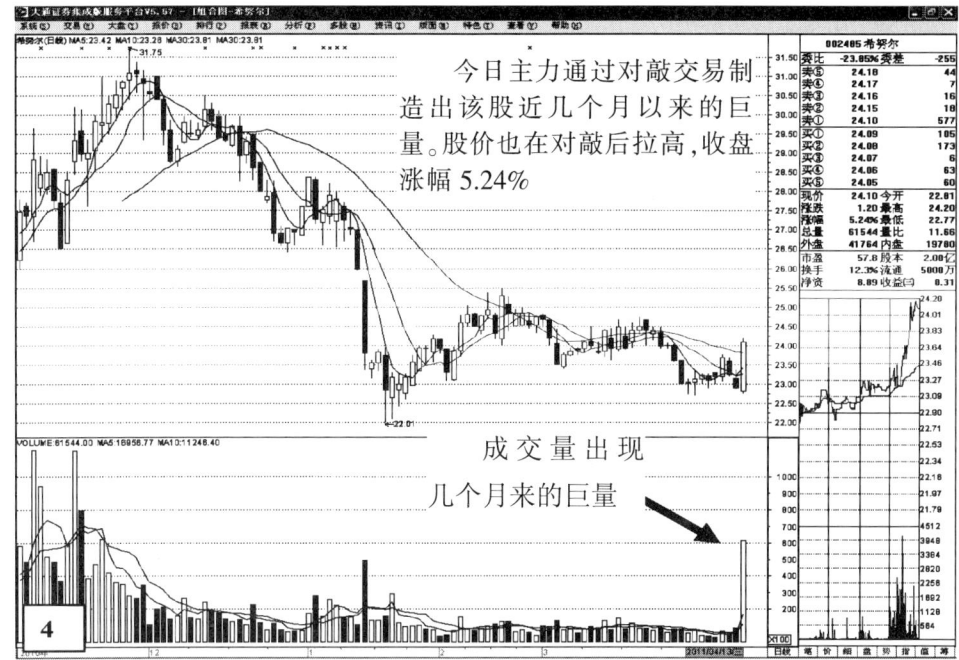

图 1-55

希努尔今日换手率达到 12.3%，是近 3 个月以来均量的 10 倍，成交金额达到 1.44 亿元，如此巨量的出现不是市场真正自然交易成交。通过分析该股今日的分时走势，和分析盘中大部分筹码都集中在 23.20 元和 23.50 元这两个价格异常成交就可清晰分辨清楚，这属于非正常自然交易。

今日巨量是潜伏在希努尔的主力对敲制造的。主力为什么要折腾对敲制造如此巨量？这当然是有目的的，由于该股流通盘不大股价也偏高，所以该股近几个月来日成交一直都不活跃。潜伏在该股中的主力已经被套，无量也无法出货，不活跃连高抛低吸的操作也展开不了。

外部环境中今日两市低开高走，股指由调整转向上升并越走越强，大盘短线该跌不跌盘中走强走好，这刺激了潜伏在希努尔的主力的神经。该主力因此产生借助大盘走强时机，出来拉抬希努尔做一波反弹自救的操作。但由于希努尔成交一直不活跃，主力操盘手担心拉高了没有接盘同样无法减仓。所以操盘手把手上持有的大量筹码通过对敲制造大量吃货的成交，制造该股有机构入场活跃盘口，以吸引投资者日后参与。这是为了反抽自救做好准备。把量做大了，把盘口做活跃了，自然就有其他投资者参与进来。吸引大量投资者参与股性才能活跃；股性活跃了主力才能进行高抛低吸做差价；同样拉高了减仓才有人接盘。这就是潜伏在希努尔的主力今日大量对敲做量思路！

第二章

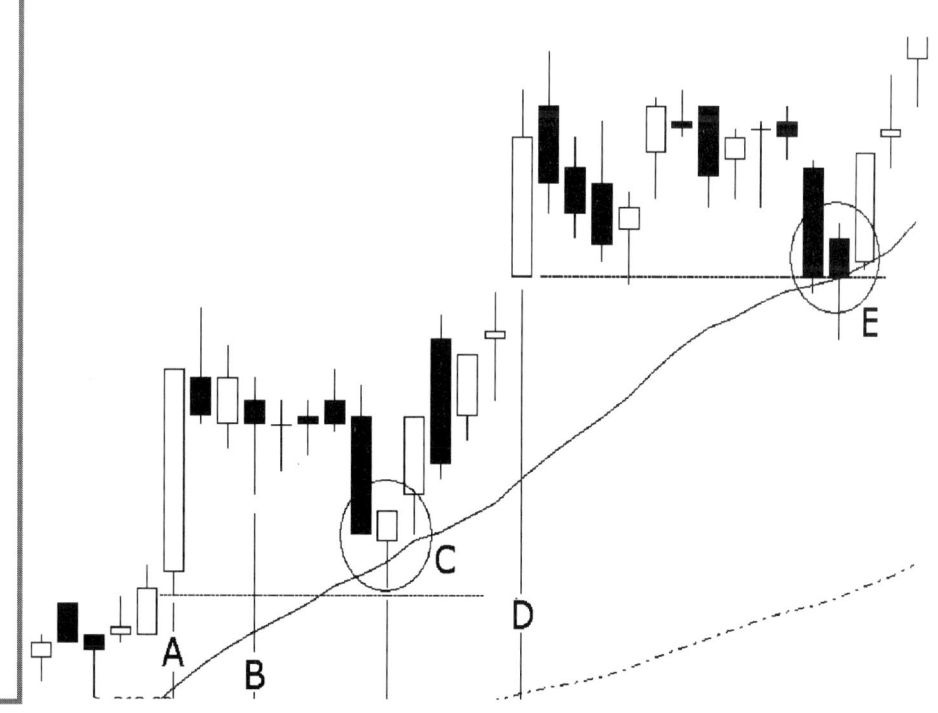

认识操盘手的"老鼠仓"行为

在股市中,主力机构分很多种,例如公募基金、券商、QFII、企业资金、私募资金等,不同的机构代表着不同的利益团体。在这些机构中,操盘手也分为多种,他们的收入构成也各有不同。在职业"权力"与个体利益面前怎么获得最大的收入是机构和操盘手思考的问题,想法也自然各有千秋。操盘手在操盘过程中利用职业之便为自己做"老鼠仓"操作便是获得丰厚收入的一种手法。

因为"老鼠仓"是关乎到操盘手个人职业道德、职业职位、法律法规的事情,一般情况下操盘手运作"老鼠仓"都是秘密进行,局外人很难知道,而经验丰富的老手可以从盘面洞悉其部分操作行为。

下面我们共同认识一个比较经典的例子——000807 云铝股份(图 2-1 至图 2-5)。

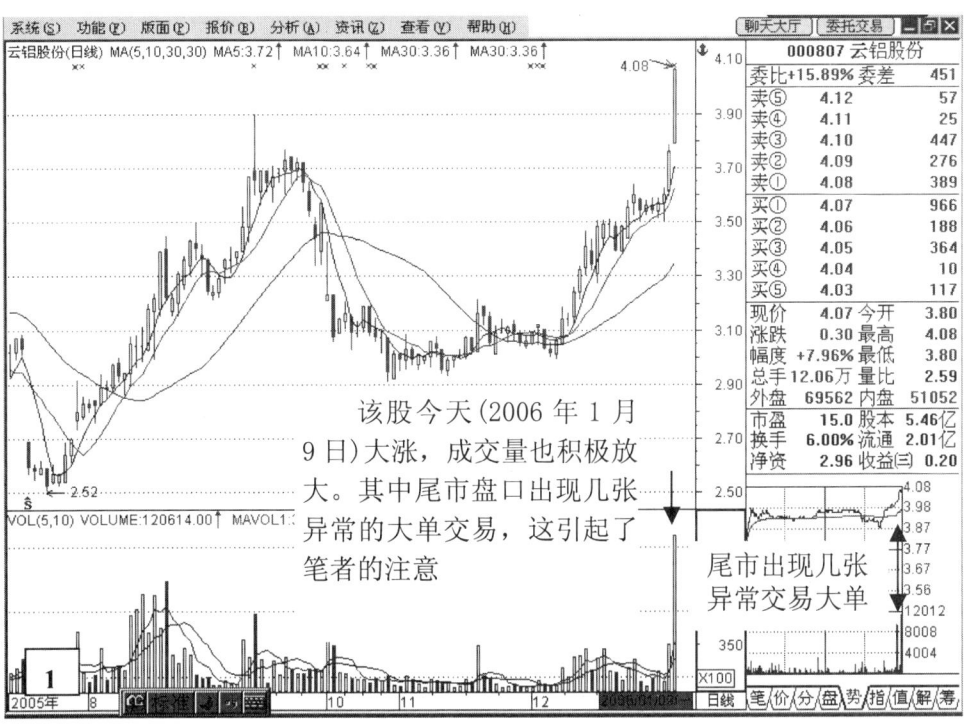

图 2-1

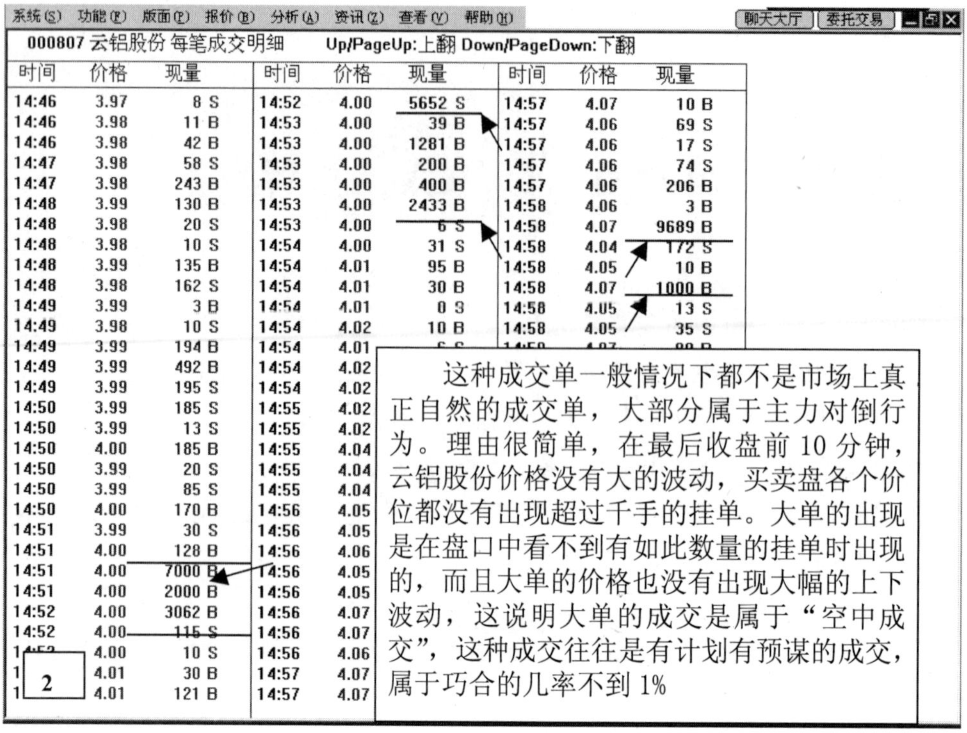
系统(S) 功能(F) 版面(P) 报价(B) 分析(A) 资讯(Z) 查看(V) 帮助(H)
聊天大厅 委托交易
000807 云铝股份 每笔成交明细 Up/PageUp:上翻 Down/PageDown:下翻
这种成交单一般情况下都不是市场上真正自然的成交单，大部分属于主力对倒行为。理由很简单，在最后收盘前 10 分钟，云铝股份价格没有大的波动，买卖盘各个价位都没有出现超过千手的挂单。大单的出现是在盘口中看不到有如此数量的挂单时出现的，而且大单的价格也没有出现大幅的上下波动，这说明大单的成交是属于“空中成交”，这种成交往往是有计划有预谋的成交，属于巧合的几率不到 1%
2

时间	价格	现量	时间	价格	现量	时间	价格	现量
14:46	3.97	8 S	14:52	4.00	5652 S	14:57	4.07	10 B
14:46	3.98	11 B	14:53	4.00	39 B	14:57	4.06	69 S
14:46	3.98	42 B	14:53	4.00	1281 B	14:57	4.06	17 S
14:47	3.98	58 S	14:53	4.00	200 B	14:57	4.06	74 S
14:47	3.98	243 B	14:53	4.00	400 B	14:57	4.06	206 B
14:48	3.99	130 B	14:53	4.00	2433 B	14:58	4.06	3 B
14:48	3.98	20 S	14:53	4.00	6 S	14:58	4.07	9689 B
14:48	3.98	10 S	14:54	4.00	31 S	14:58	4.04	172 S
14:48	3.99	135 B	14:54	4.01	95 B	14:58	4.05	10 B
14:48	3.98	162 S	14:54	4.01	30 B	14:58	4.07	1000 B
14:49	3.99	3 B	14:54	4.01	0 S	14:58	4.05	13 S
14:49	3.98	10 S	14:54	4.02	10 B	14:58	4.05	35 S
14:49	3.99	194 B	14:54	4.01				
14:49	3.99	492 B	14:54	4.02				
14:49	3.99	195 S	14:54	4.02				
14:50	3.99	185 S	14:55	4.02				
14:50	3.99	13 S	14:55	4.02				
14:50	4.00	185 B	14:55	4.04				
14:50	3.99	20 S	14:55	4.04				
14:50	3.99	85 S	14:55	4.04				
14:50	4.00	170 B	14:56	4.05				
14:51	3.99	30 S	14:56	4.05				
14:51	4.00	128 B	14:56	4.06				
14:51	4.00	7000 B	14:56	4.05				
14:51	4.00	2000 B	14:56	4.05				
14:52	4.00	3062 B	14:56	4.07				
14:52	4.00	115 S	14:56	4.07				
1	4.00	10 S	14:56	4.06				
1	4.01	30 B	14:57	4.07				
1	4.01	121 B	14:57	4.07				

图 2-2

至于对倒的目的是什么，这必须依据个股具体分析。000807 云铝股份今天在这里出现这几张异常成交单，笔者判断这属于操盘手在拉升过程中自己给自己“老鼠仓”倒的货。

14:51 开始，7000+2000+3062+5652+1281+2433+9689+1000≈30000 手(不足千手不用计算)，4 元×30000 手 =1200 万元。

该股今天成交仅仅 4700 多万元，其中 1200 万元就是最后几分钟给“老鼠仓”倒的货，这可不是小数目。

操盘手在操盘过程中基本掌握操作个股的走向，有计划的拉升也让操盘手知道目标股票什么时间展开拉升，这就为老鼠仓操作的倒货提供了相对准确的时间。在准备做多拉升前悄悄给自己“老鼠仓”倒货，拉高就出，赢取差价，操盘手可以在神不知鬼不觉的情况下就获得丰厚的收入。特别是现在那些掌握着“公募基金”或者是做亏了不用负任何责任的操盘手，和拥有这种职业权利的“一把手”负责人，在资金运作过程中利用“老鼠仓”谋利可以说是家常便饭的事情。

“老鼠仓”有的做得比较明显，在盘面上可以看得出，但大部分是非常秘密的，除了当事人其他人很难知道。今天的 000807 属于比较明显的一种，当然，没有一定的经验也同样看不出来。

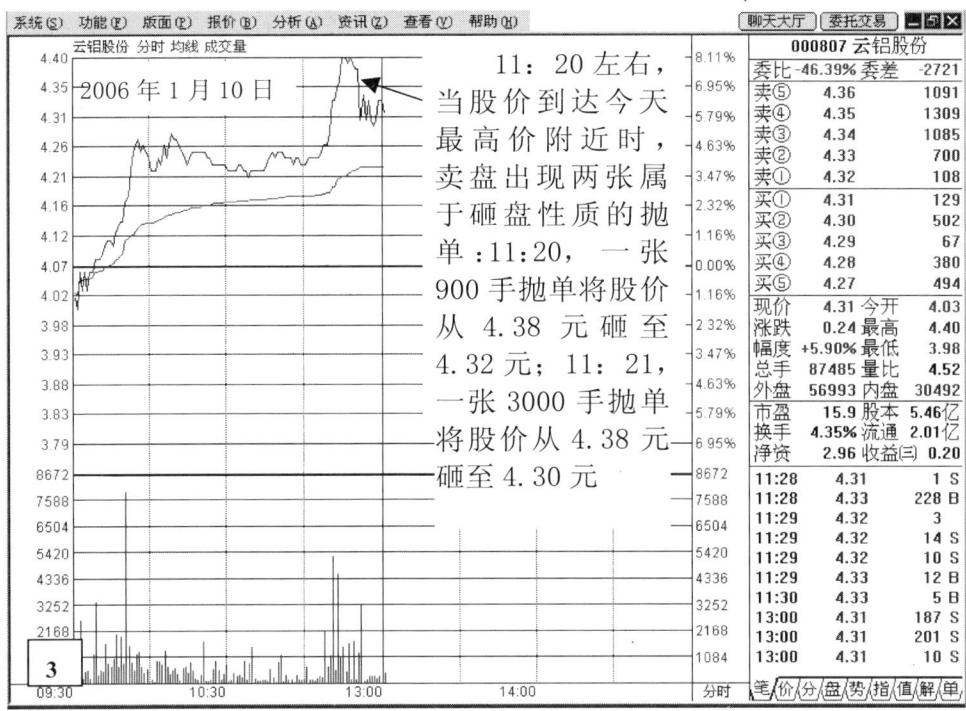

图 2-3

图 2-4

如果我们没有发现昨天该股票尾盘的几笔异常成交买单,这砸单的出现也许很平常。而昨天该股票尾盘几笔异常买单成交后,在今天的股价上涨到最高价时出现这两张抛单。这就使我们不得不想,这砸单为什么在今天最高价时出现?

这样准时,这样凶狠,这是市场巧合行为还是有预谋、有计划、有安排的刻意行为?

如果是有预谋有计划的行为,这与昨天该股票尾盘的几笔异常成交有没有关系?是什么关系?

研究分析的思路就在这里,至于是什么关系,读者应该自己思考思考!行为学研究的就是最小单位量的细微"动作"(昨天尾盘的"老鼠仓",今天明显可以看到已经出来的是几千手,还有部分可能在今天边拉边出了,也许还没有出,等候更高价再派发)。

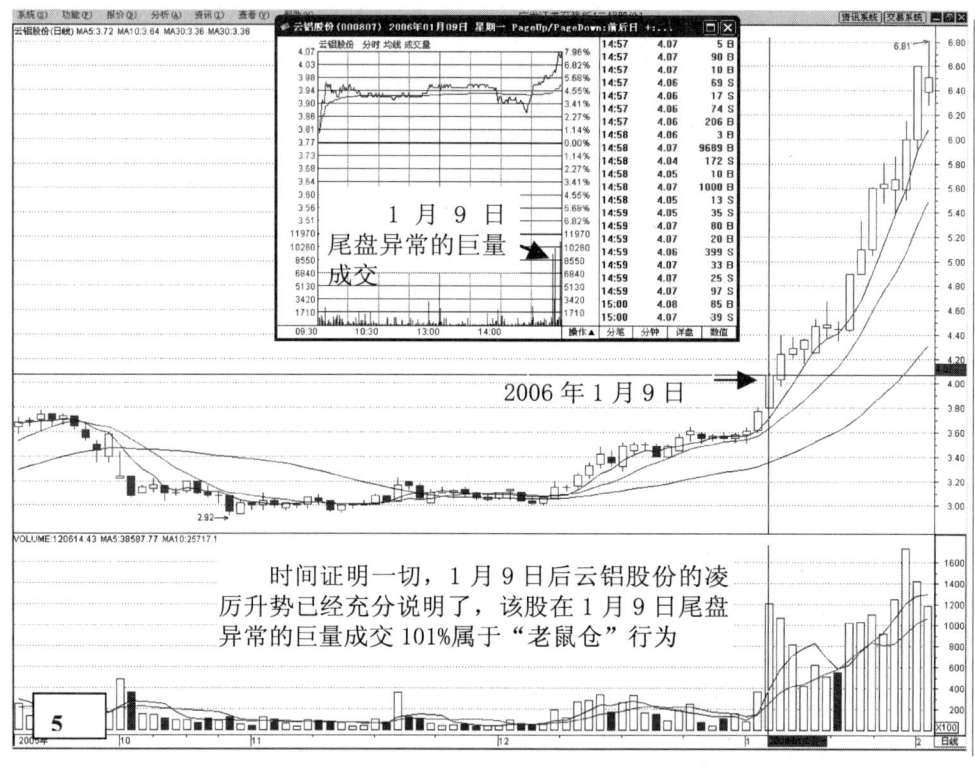

图 2-5

恐慌性跳水行为与底部特征

从心理学上分析人的情绪产生恐慌，往往是在受外界因素影响下的自我意识的不安！在相同客观环境的刺激下既有个体恐慌，也会引发群体性同时产生情绪上的恐慌。由个体到小群体再到大面积，恐慌情绪会蔓延，大面积恐慌情绪蔓延开后就形成羊群效应。当然，这只是羊群效应中的一种！

股票恐慌性跳水三种情况

股票市场中恐慌效应可分为三大类别：个股出现恐慌；板块出现恐慌；整个市场出现恐慌。个股出现恐慌一般是利空消息出现后，持有该股的投资者争先恐后拼命出逃形成的。板块恐慌一般是政策或者重大事件等利空消息的影响形成。如2011年3月11日的日本大地震"福岛核泄漏"事件就引发A股中的核电设备制造板块个股出现阶段性恐慌大跳水。再如2008年"三聚氰胺——奶粉事件"导致国内大部分乳制品业上市公司股价出现整体恐慌大跌。影响整个市场出现恐慌跳水的因素非常多，既有政策性的也有突发性的。无论属于哪一种都是对股票市场不利、对投资者信心造成打击的利空消息。大市有时出现恐慌砸盘跳水是大盘自身运行规律导致，不需要外界力量的影响！属于市场自身内在的运行波动调节导致的恐慌跳水是没有理由可言的。

恐慌性跳水特征

个股出现恐慌性跳水、板块出现恐慌性跳水，这可能与大盘当时走势无关。也可以是大盘出现恐慌性大跳水的影响而导致的整个市场出现恐慌性大跳水。恐慌性体现在两方面：一是大盘暴跌，二是大面积个股跟随暴跌。

个股出现暴跌恐慌性跳水有时是无量暴跌，有时则是放量下跌，这取决于当时的恐慌程度。如果恐慌程度不严重此时还是有买盘敢于入市接货的，有大量买盘敢于入市接货股价还大跌说明持有者特别恐慌，出逃者特别多。由大盘出现大跳水引发的极度恐慌，大家都只想着往外跑，敢入市的资金很少。这是导致没有多少成交量或只用几百手甚至几十手卖单就能将股价砸低几个百分点的原因。一般出现因大盘大跌而引发的个股大面积恐慌性跳水，个股往往都是无量砸盘而暴跌。无量砸盘所体现的不但是卖盘信心崩溃恐慌，同时现金持有者也对当前形势感到恐慌没有信心而不敢入市。无量跳水空跌是极度恐慌的表现！

单只个股恐慌性跳水暴跌行为

具体案例见图 2-6、图 2-7。

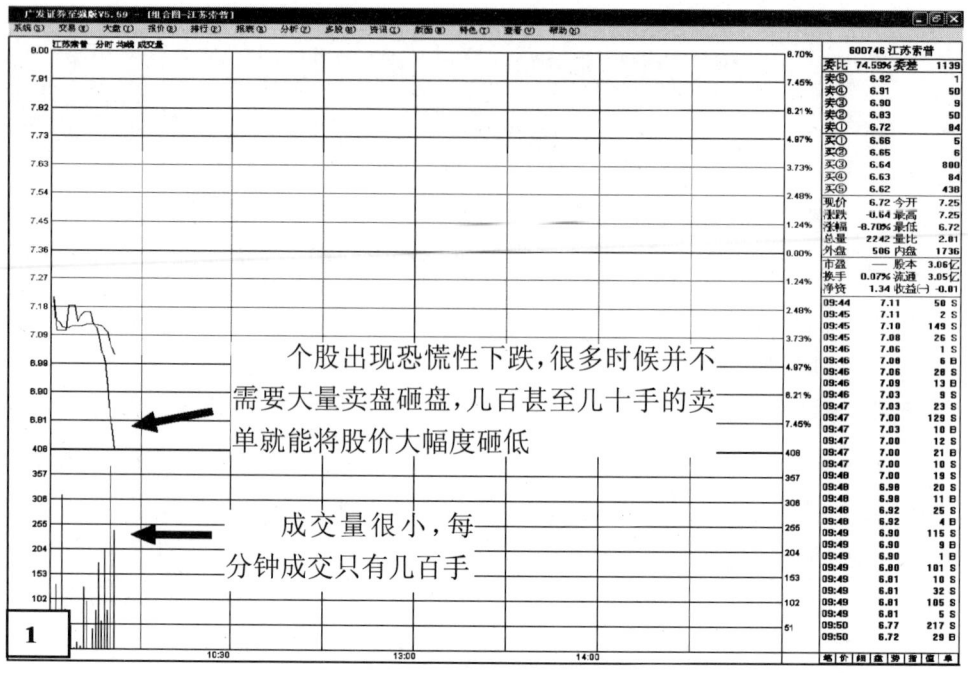

图 2-6

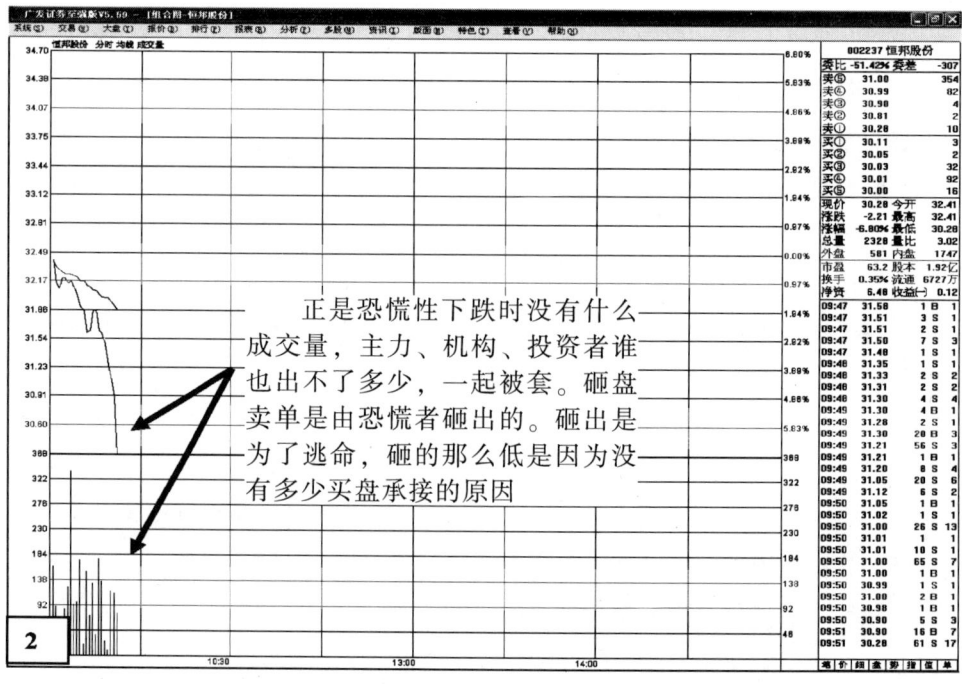

图 2-7

板块效应恐慌性跳水暴跌行为

具体案例见图2-8至图2-10。

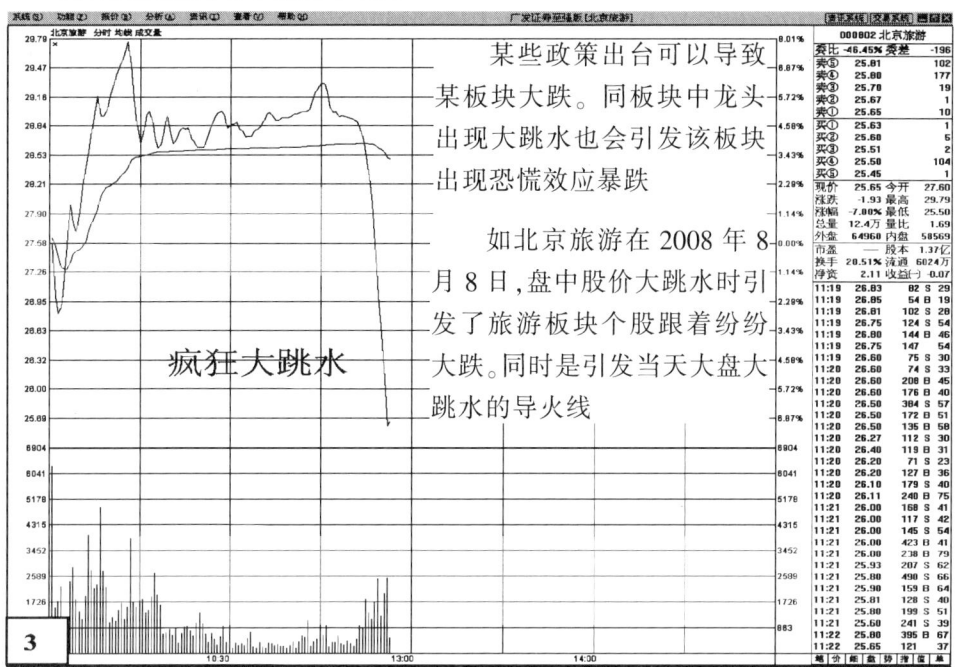

图2-8

某些政策出台可以导致某板块大跌。同板块中龙头出现大跳水也会引发该板块出现恐慌效应暴跌

如北京旅游在2008年8月8日，盘中股价大跳水时引发了旅游板块个股跟着纷纷大跌。同时是引发当天大盘大跳水的导火线

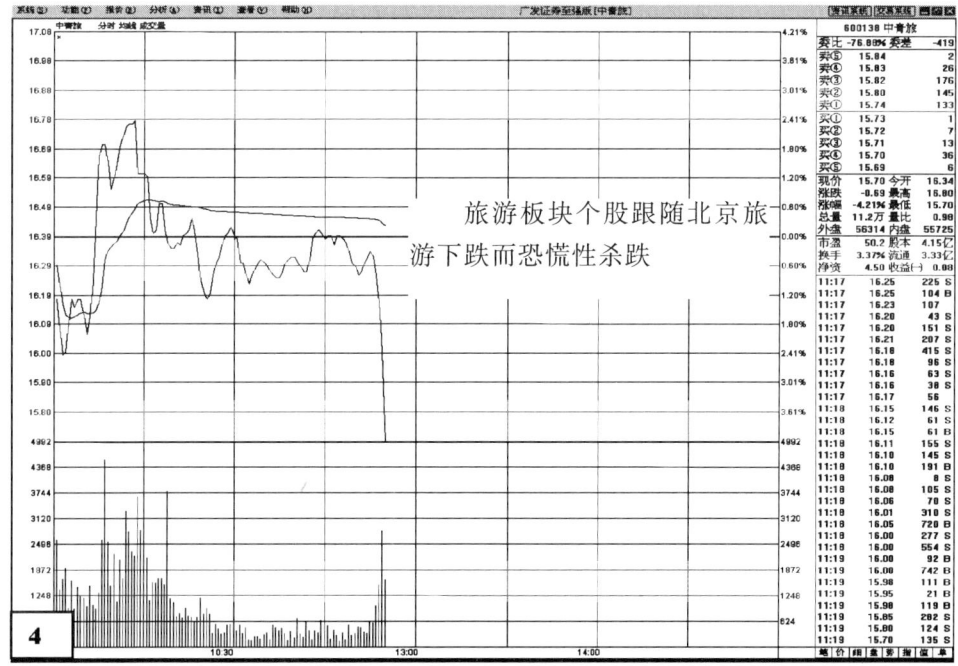

图2-9

旅游板块个股跟随北京旅游下跌而恐慌性杀跌

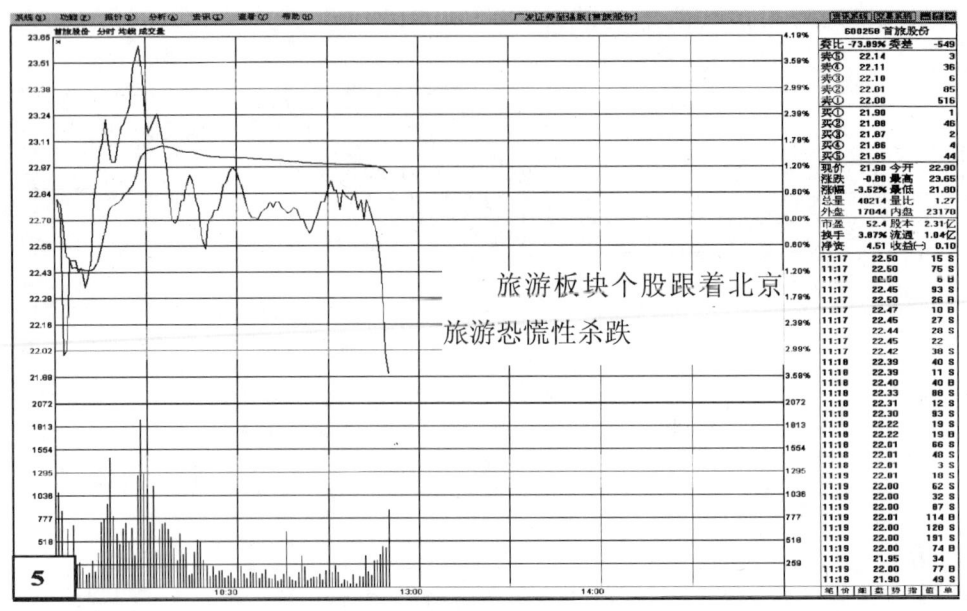

图 2-10

2011年3月11日日本大地震"福岛核泄漏"事件后,3月16日,温总理主持召开国务院常务会议,宣布立即停建不符合安全标准的核电站,核安全规划批准前,暂停审批核电项目等。此消息一出本来已经大跌的核电板块雪上加霜,次日开盘核电板块个股纷纷暴跌。这是一次利空消息影响板块恐慌性暴跌(图2-11至图2-13)。

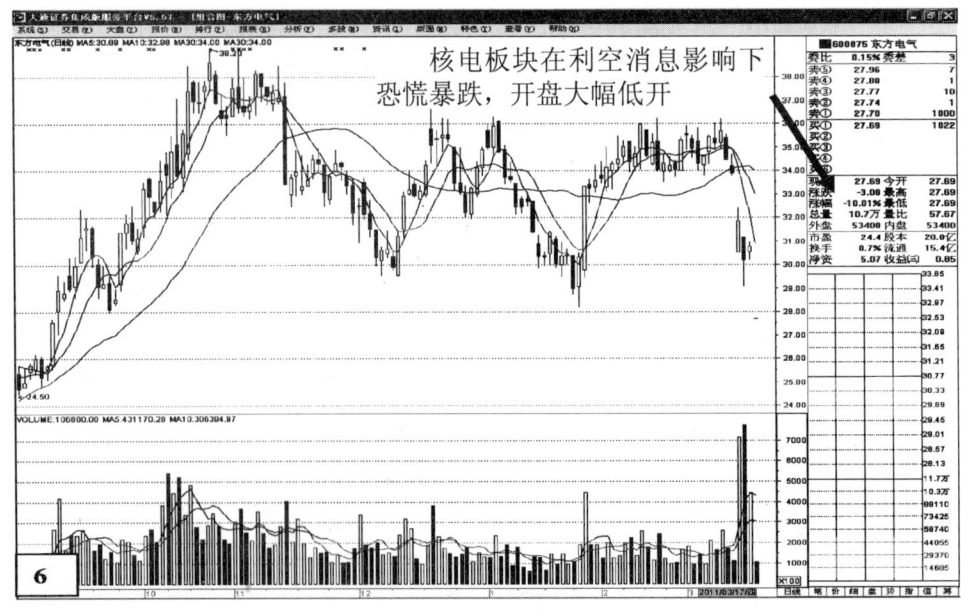

图 2-11

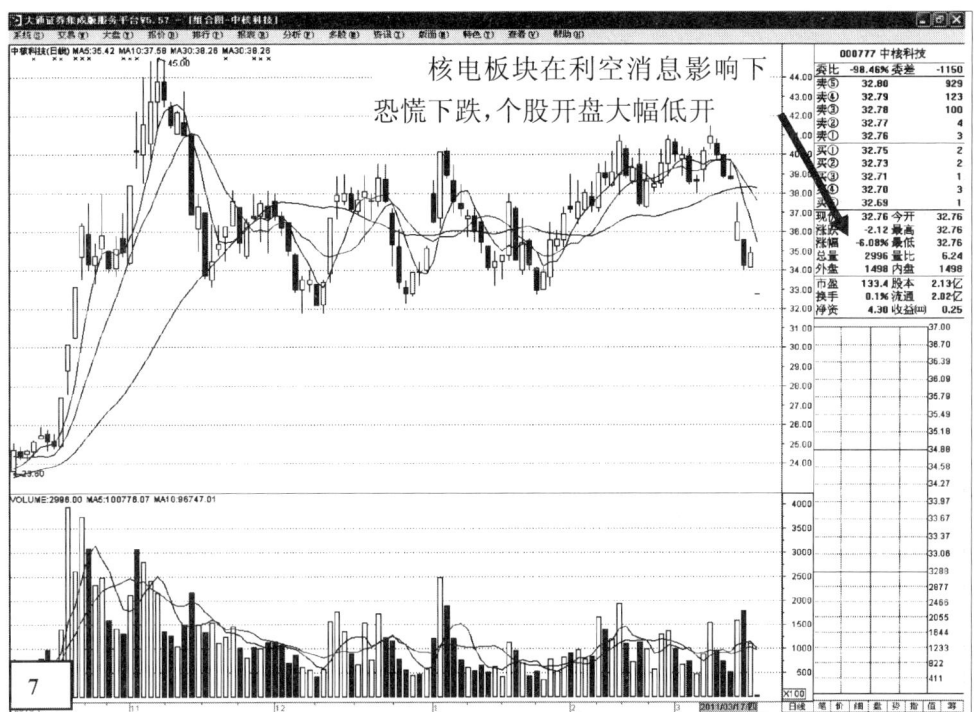

图 2-12

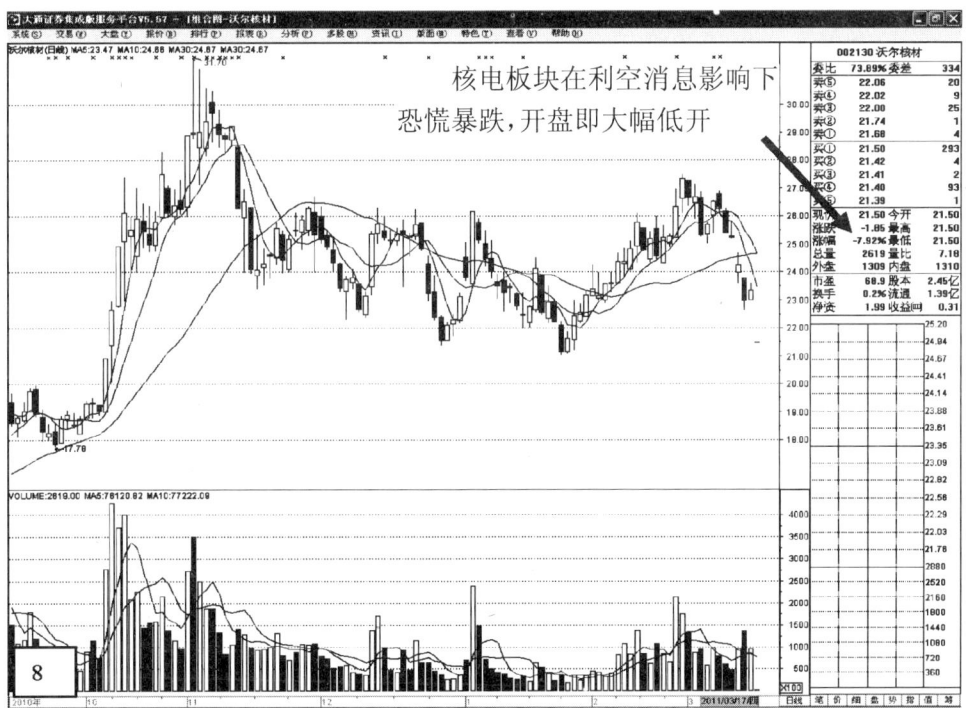

图 2-13

大盘下跌导致整个市场出现恐慌性跳水行为

具体案例见图 2-14 至图 2-17。

图 2-14

▼	代码	名称		涨幅%																流通股本
713	600363	联创光电		-9.93																37080.67
714	600615	丰华股份		-9.93																15219.54
715	600291	西水股份		-9.94																32000.00
716	600745	中茵股份		-9.94	7.07	-0.78	7.07	7.08	20556											6835.74
717	600302	标准股份		-9.94	5.80	-0.64	—	5.80	83570	40	0.00	2.42	6.21	6.44	20.37	6.24	5.80	4963.68万	6.83	34600.98
718	600297	美罗药业		-9.94	7.34	-0.81	—	7.34	18.6万	10	0.00	11.98	7.70	8.15	92.11	7.89	7.34	1.39亿	6.75	15560.00
719	600675	中华企业		-9.94	13.32	-1.47	13.32	13.33	22.8万	20	0.00	3.04	14.50	14.79	29.74	14.58	13.31	3.09亿	8.59	74891.61
720	600126	杭钢股份		-9.95	5.52	-0.61	—	5.52	15.7万	35	0.00	3.81	6.06	6.13	72.61	6.06	5.52	8912.15万	8.81	41108.00
721	600102	莱钢股份		-9.95	9.68	-1.07	—	9.68	84258	2	0.00	3.60	10.51	10.75	—	10.55	9.68	8347.29万	8.09	23376.99
722	600143	金发科技		-9.96	8.41	-0.93	—	8.41	24.9万	3	0.00	3.78	9.16	9.34	51.13	9.16	8.41	2.16亿	8.03	65976.63
723	600231	凌钢股份		-9.96	9.22	-1.02	—	9.22	11.8万	4	0.00	3.18	9.80	10.24	—	9.80	9.22	1.10亿	5.66	37252.89
724	600228	昌九生化		-9.96	6.96	-0.77	—	6.96	59065	4	0.00	2.45	7.70	7.73	—	7.70	6.96	4185.78万	9.57	24132.00
725	600305	恒顺醋业		-9.96	9.31	-1.03	—	9.31	34263	5	0.00	2.69	10.07	10.34	38.04	10.07	9.31	3237.06万	7.35	12715.00
726	600299	蓝星新材	×	-9.96	11.66	-1.29	—	11.66	14.0万	10	0.00	5.17	12.50	12.95	—	12.50	11.66	1.65亿	6.49	27153.67
727	600775	南京熊猫		-9.96	7.14	-0.79	7.14	7.18	36241	239	0.00	2.52	7.80	7.93	461.90	7.80	7.14	2678.51万	8.32	14380.15
728	600408	安泰集团	×	-9.96	7.23	-0.80	—	7.23	27.0万	25	0.00	3.25	7.68	8.03	—	7.80	7.23	1.98亿	7.10	82980.00
729	600052	浙江广厦	×	-9.96	7.23	-0.80	—	7.23	13.7万	1	0.00	3.24	7.88	8.03	—	7.88	7.23	1.01亿	8.09	42232.37
730	600561	江西长运		-9.96	9.67	-1.07	—	9.67	56139	11	0.00	3.02	10.08	10.74	13.89	10.08	9.67	5511.94万	3.82	18572.40
731	600724	宁波富达		-9.96	7.50	-0.83	7.50	7.51	70575	1658	0.00	1.87	8.11	8.33	333.96	8.25	7.50	5421.85万	9.00	37726.23
732	600293	三峡新材		-9.96	7.50	-0.83	—	7.50	20.7万	24	0.00	9.64	8.09	8.33	—	8.09	7.50	1.57亿	7.08	21459.41
733	601600	中国铝业	×	-9.96	12.74	-1.41	—	12.74	55.5万	156	0.00	1.41	13.92	14.15	—	13.92	12.74	7.23亿	8.34	393130.50
734	600642	申能股份		-9.97	10.57	-1.17	—	10.57	36.9万	453	0.00	1.28	11.52	11.74	13.70	11.58	10.57	4.00亿	8.60	288963.16
735	601666	平煤股份		-9.97	25.47	-2.82	25.47	25.48	19.9万	60	0.03	3.51	27.50	28.29	21.62	27.50	25.46	5.16亿	7.21	56768.53
736	600395	盘江股份	×	-9.97	22.85	-2.53	22.86	22.87	14.5万	41	0.04	5.41	24.50	25.38	35.19	24.80	22.84	3.36亿	7.72	26875.73
737	600148	长春一东		-9.97	8.67	-0.96	—	8.67	15618	20	-0.34	1.10	9.30	9.63	—	9.50	8.67	1400.98万	8.62	14151.63
738	600805	悦达投资		-9.97	5.87	-0.65	—	5.87	16.1万	36	-0.17	3.78	6.44	6.52	122.86	6.48	5.87	9853.34万	9.36	42577.32
739	600460	士兰微		-9.97	5.87	-0.65	—	5.87	11.3万	10	0.00	2.79	6.47	6.52	—	6.47	5.87	6756.17万	9.20	40408.00
740	600549	厦门钨业		-9.97	15.35	-1.70	—	15.35	79820	3	0.00	1.19	16.81	17.05	885.55	16.81	15.35	1.25亿	8.56	67336.75
741	600176	中国玻纤		-9.97	15.44	-1.71	—	15.44	50901	10	0.00	1.87	17.06	17.15	129.25	17.06	15.44	8041.23万	9.45	27273.71
742	601918	国投新集		-9.97	13.63	-1.51	—	13.63	16.5万	1	0.00	1.57	15.00	15.14	19.09	15.00	13.63	2.28亿	9.05	104777.61
743	600863	内蒙华电		-9.97	6.95	-0.77	—	6.95	36.5万	18	0.00	6.37	7.63	7.72	—	7.63	6.95	2.58亿	8.81	57293.53
744	600292	九龙电力		-9.98	7.67	-0.85	7.67	7.68	32186	5	-0.26	0.96	8.05	8.52	43.73	8.45	7.67	2540.46万	9.15	33450.00
745	601166	兴业银行	×	-9.98	27.88	-3.09	27.95	27.97	48.8万	28	0.03	1.23	30.40	30.97	11.85	30.40	27.87	14.05亿	8.17	398000.00
746	600277	亿利能源		-9.98	12.09	-1.34	—	12.09	24727	2	0.00	1.42	13.20	13.43	—	13.20	12.09	3090.66万	8.27	17380.00
747	600317	营口港	×	-9.98	13.98	-1.55	—	13.98	19.6万	7	0.00	8.36	15.04	15.53	27.95	15.23	13.98	2.84亿	8.05	23416.96
748	600428	中远航运		-9.98	9.38	-1.04	—	9.38	31.8万	27	0.00	2.43	10.27	10.42	34.65	10.27	9.38	3.07亿	8.54	131040.00
749	600470	六国化工		-9.98	9.47	-1.05	—	9.47	83771	1	0.00	3.71	10.40	10.52	65.48	10.40	9.47	8117.33万	8.84	22600.00
750	600373	鑫新股份		-9.98	9.56	-1.06	—	9.56	13.5万	100	0.00	7.19	10.25	10.62	—	10.25	9.56	1.33亿	6.50	18750.00
751	600369	西南证券	×	-9.98	14.52	-1.61	—	14.52	13.1万	60	0.00	5.45	15.90	16.13	31.40	15.90	14.52	1.96亿	8.56	24045.51
752	600569	安阳钢铁		-9.98	4.96	-0.55	—	4.96	22.1万	36	0.00	1.10	5.41	5.51	—	5.42	4.96	1.12亿	8.35	201823.53
		保利地产		-9.98	20.74	-2.30	—	20.74	47.1万	5	0.00	1.48	22.75	23.04	55.36	22.75	20.74	9.92亿	8.72	318804.63
		安徽合力		-9.98	10.46	-1.16	—	10.46	10.0万	10	0.00	4.05	11.40	11.62	—	11.44	10.46	1.08亿	8.43	24740.81

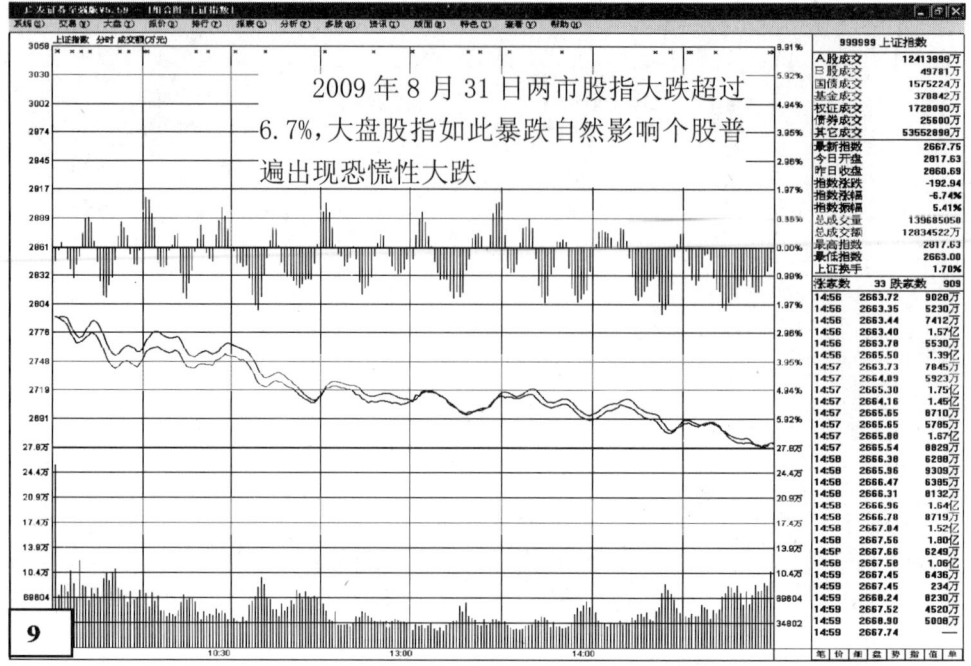

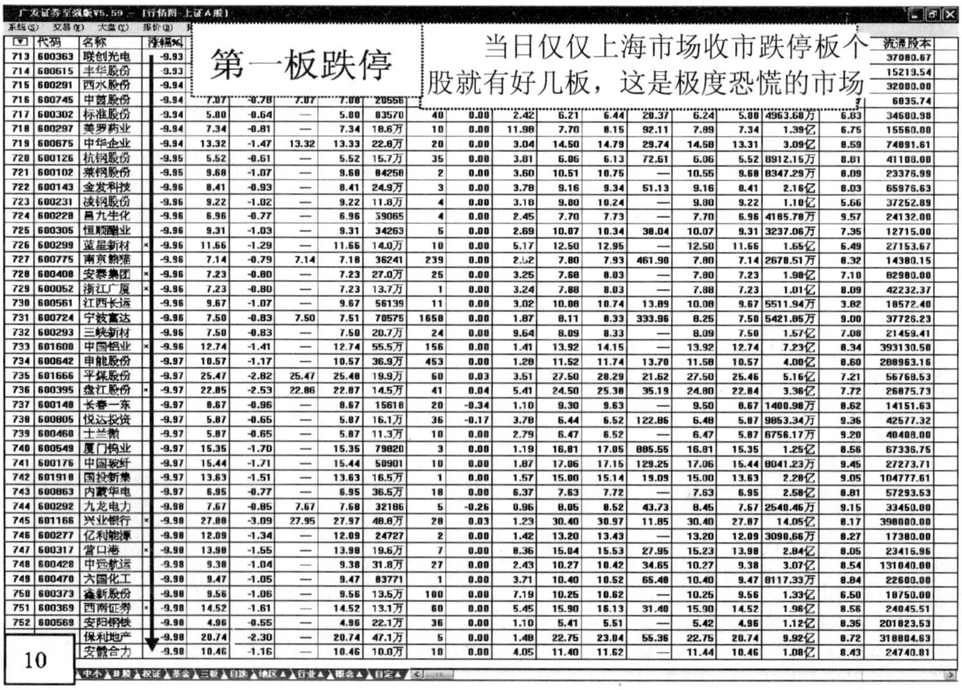

图 2-15

第二板跌停

▼	代码	名称	涨幅%							涨速%	换手%	今开	昨收	市盈率	最高	最低	总金额	振幅%	流通股本
755	600503	华丽家族	-9.98							0.00	2.48	11.86	12.12	88.88	11.98	10.91	2919.15万	8.83	10666.70
756	600387	海越股份	-9.98							0.00	2.86	12.46	12.52	6.28	12.46	11.27	9130.23万	9.42	26366.81
757	600756	浪潮软件	-9.98							0.00	4.47	12.61	13.02	307.60	12.86	11.72	9877.68万	8.60	10503.16
758	600289	亿阳信通	-9.99	12.62	-1.40	—	12.62	76732	20	-0.15	3.76	13.80	14.02	81.62	13.80	12.62	1.00亿	8.06	20382.26
759	600784	鲁银投资	-9.99	6.49	-0.72	—	6.49	53810	84	0.00	2.69	7.01	7.21	116.94	7.00	6.49	3609.67万	8.10	20036.16
760	600160	巨化股份	-9.99	6.67	-0.74	—	6.67	14.3万	10	0.00	2.57	7.36	7.41	—	7.36	6.67	9795.14万	9.18	55680.00
761	600632	华阳科技	-9.99	6.86	-0.76	6.86	6.86	38008	8	-0.14	2.50	7.30	7.61	—	7.30	6.86	2688.38万	6.96	15210.00
762	600782	新钢股份 ×	-9.99	7.12	-0.79	—	7.12	37780	52	0.00	1.21	7.74	7.91	95.17	7.74	7.12	2750.19万	7.84	31156.21
763	600713	南京医药	-9.99	7.21	-0.80	—	7.21	13.2万	13	-0.13	5.56	7.70	8.01	52.97	7.83	7.21	9882.42万	7.74	23772.43
764	601699	潞安环能 ×	-9.99	36.68	-4.07	—	36.68	16.0万	1	0.00	4.17	40.20	40.75	15.18	40.20	36.68	5.92亿	8.83	38250.00
765	600075	新疆天业	-9.99	7.66	-0.85	—	7.66	13.8万	10	0.00	3.14	8.00	8.51	—	8.20	7.66	1.08亿	6.35	43869.19
766	600740	山西焦化	-9.99	7.75	-0.86	—	7.76	10.8万	10	0.00	4.11	8.39	8.61	—	8.40	7.76	1.40亿	7.56	45803.28
767	600818	中路股份	-9.99	17.48	-1.94	—	17.48	45560	20	0.00	2.86	19.00	19.42	44.19	19.20	17.48	8265.53万	8.86	17125.67
768	600640	中卫国脉	-9.99	9.55	-1.06	—	9.56	55097	79	0.00	2.87	10.46	10.61	—	10.46	9.55	5469.94万	8.50	20640.63
769	600326	西藏天路	-9.99	9.64	-1.07	9.64	9.65	17.2万	6	-0.10	6.11	10.50	10.71	849.92	10.60	9.64	1.71亿	8.03	33650.01
770	600383	金地集团	-9.99	11.89	-1.32	—	11.89	95.2万	66	0.00	4.46	12.98	13.21	110.39	12.98	11.89	11.55亿	8.25	213372.63
771	600576	万好万家	-9.99	14.68	-1.63	—	14.68	96176	36	0.00	9.18	15.83	16.31	—	15.90	14.68	1.42亿	7.48	10382.19
772	600566	中珠控股	-9.99	14.96	-1.66	—	14.96	38810	500	0.00	4.64	16.00	16.61	42.67	15.97	14.96	5860.74万	6.14	8648.66
773	601958	金钼股份	-9.99	16.84	-1.87	16.84	16.85	38.4万	7	0.00	6.84	18.32	18.71	168.30	18.32	16.84	6.60亿	7.91	64680.00
774	600432	吉恩镍业	-10.00	28.99	-3.22	—	28.99	19.7万	29	0.00	2.80	31.40	32.21	—	31.40	28.99	5.81亿	7.48	70530.70
775	601001	大同煤业	-10.00	31.05	-3.45	—	31.05	26.1万	6	0.00	3.11	33.75	34.50	11.89	33.75	31.05	8.24亿	7.83	83605.00
776	600969	郴电国际	-10.00	10.08	-1.12	—	10.08	26660	3	0.00	2.89	10.86	11.20	44.37	11.19	10.08	2762.97万	9.91	9240.00
777	600815	厦工股份 ×	-10.00	6.48	-0.72	—	6.48	72803	1	0.00	1.04	6.75	7.20	115.97	6.78	6.48	4751.65万	4.17	69927.35
778	600790	轻纺城	-10.00	7.29	-0.81	—	7.29	19.1万	100	0.00	4.19	7.94	8.10	85.89	7.94	7.29	1.42亿	8.02	45717.73
779	600739	辽宁成大	-10.00	26.28	-2.92	—	26.28	23.0万	11	0.00	2.55	28.90	29.20	19.49	28.90	26.28	6.14亿	8.97	90131.35
780	600595	中孚实业	-10.00	19.35	-2.15	—	19.35	13.8万	12	0.00	3.02	21.20	21.50	77.85	21.20	19.35	2.71亿	8.60	45725.55
781	600468	百利电气	-10.00	15.84	-1.76	—	15.84	82700	5	0.00	4.04	17.00	17.60	339.76	17.19	15.84	1.01亿	7.67	15523.20
782	600396	金山股份	-10.00	7.47	-0.83	—	7.47	10.1万	18	0.00	3.56	8.29	8.30	21.94	8.30	7.47	7742.19万	10.00	28299.15
783	600376	首开股份	-10.00	17.64	-1.96	—	17.64	47618	20	0.00	2.84	19.31	19.60	88.68	19.31	17.64	8585.32万	8.52	18815.91
784	600307	酒钢宏兴 ×	-10.00	10.89	-1.21	—	10.89	12.3万	2	0.00	1.41	11.80	12.10	291.84	11.80	10.89	1.37亿	7.52	87380.00
785	600295	鄂尔多斯	-10.00	11.70	-1.30	—	11.70	11.0万	42	0.00	5.74	12.85	13.00	92.84	12.85	11.70	1.32亿	8.85	19200.00
786	600272	开开实业	-10.00	7.74	-0.86	—	7.74	93895	8	0.00	6.75	8.35	8.60	223.48	8.38	7.74	7529.92万	7.44	13919.01
787	600230	沧州大化	-10.00	17.73	-1.97	—	17.73	48190	27	0.00	1.78	19.80	19.70	54.77	19.07	17.73	8455.02万	6.80	25933.18
788	600211	西藏药业	-10.00	9.27	-1.03	—	9.27	40408	4	0.00	5.87	9.90	10.30	351.84	9.93	9.27	3845.95万	6.41	6079.00
789	600203	福日电子 ×	-10.00	5.49	-0.61	—	5.49	72422	10	0.00	4.98	6.09	6.10	—	6.00	5.49	4063.41万	8.36	14545.90
790	600169	太原重工	-10.00	13.86	-1.54	—	13.86	11.6万	10	0.00	3.05	15.00	15.40	19.94	15.00	13.86	1.64亿	7.40	38899.23
791	600971	恒源煤电 ×	-10.00	26.81	-2.98	—	26.81	84153	13	0.00	6.92	29.10	29.79	21.53	29.18	26.81	2.30亿	7.96	12153.18
792	600754	锦江股份 ×	-10.00	20.51	-2.28	—	20.51	10320	4	0.00	0.23	20.51	22.79	31.20	20.51	20.51	2118.83万	0.00	44724.07
793	600997	开滦股份	-10.00	19.79	-2.20	19.79	19.80	28.1万	13	0.00	3.98	21.40	21.99	26.86	21.40	19.79	5.30亿	7.32	86043.90
794	600536	中国软件	-10.00	18.89	-2.10	—	18.89	30725	1	0.00	1.98	20.40	20.99	392.80	20.40	18.89	5992.54万	7.19	18131.11
		中天科技 ×	-10.00	18.98	-2.11	—	18.98	61120	221	0.00	2.26	20.86	21.09	27.83	20.86	18.98	1.20亿	8.91	27080.30
		兰花科创	-10.01	33.19	-3.69	—	33.19	11.8万	2	0.00	2.07	36.00	36.88	18.55	36.08	33.19	4.03亿	7.84	57120.00

11

图 2-16

第三板跌停

▼	代码	名称	涨幅%						现量	涨速%	换手%	今开	昨收	市盈率	最高	最低	总金额	振幅%	流通股本
797	600139	西部资源	-10.01						11	0.00	8.38	32.00	32.48	104.15	32.00	29.23	1.89亿	8.53	7498.29
798	600575	芜湖港	-10.01						2	0.00	2.85	14.26	14.69	252.02	14.48	13.22	1.37亿	8.58	35580.00
799	600459	贵研铂业	-10.01	24.91	-2.77	—	24.91	25295	4	0.00	3.82	27.00	27.68	—	27.00	24.91	6455.87万	7.55	6623.50
800	600159	大龙地产	-10.01	11.87	-1.32	—	11.87	88326	2	0.00	2.13	13.22	13.19	82.47	13.28	11.87	1.08亿	10.69	41500.16
801	600836	界龙实业	-10.01	11.51	-1.28	11.51	11.52	96722	50	0.00	3.14	12.69	12.79	—	12.70	11.51	1.16亿	9.30	30816.33
802	600348	国阳新能	-10.01	34.44	-3.83	—	34.44	17.9万	3	0.00	1.86	37.61	38.27	24.24	37.61	34.44	6.30亿	8.28	96200.00
803	600612	老凤祥	-10.01	22.30	-2.48	—	22.30	69058	4	0.00	8.82	24.58	24.78	42.35	24.77	22.30	1.61亿	9.97	7828.66
804	600362	江西铜业	-10.01	33.27	-3.70	—	33.27	25.9万	109	-0.06	7.34	36.71	36.97	165.66	36.71	33.27	8.82亿	9.30	35327.67
805	600456	宝钛股份	-10.01	20.68	-2.30	—	20.68	83965	14	0.00	4.15	22.19	22.98	141.12	22.22	20.68	1.79亿	6.70	20254.47
806	600219	南山铝业	-10.01	9.80	-1.09	—	9.80	38.6万	112	0.00	7.78	10.80	10.89	53.58	10.80	9.80	3.89亿	9.18	49681.64
807	600581	八一钢铁	-10.01	9.44	-1.05	—	9.44	88211	132	0.00	1.15	10.34	10.49	—	10.34	9.44	8519.02万	8.58	76644.89
808	600687	刚泰控股	-10.01	8.18	-0.91	—	8.18	35974	3	0.00	2.86	8.90	9.09	198.63	8.92	8.18	3040.37万	8.14	12570.37
809	600391	成发科技	-10.01	23.19	-2.58	—	23.19	26634	3	0.00	3.71	25.00	25.77	107.09	25.00	23.19	6328.15万	7.02	7180.12
810	600520	三佳科技	-10.01	14.47	-1.61	—	14.47	38934	20	0.00	3.44	15.50	16.08	—	15.69	14.47	5831.59万	7.59	11304.00
811	600339	天利高新	-10.01	7.19	-0.80	—	7.19	17.0万	1	0.00	4.12	7.75	7.99	—	7.78	7.19	1.25亿	7.38	41278.25
812	600546	中油化建	-10.01	21.12	-2.35	—	21.12	71423	11	0.00	3.95	23.00	23.47	483.50	23.45	21.12	1.55亿	9.93	18073.38
813	600191	华资实业	-10.01	6.92	-0.77	6.92	6.93	11.7万	10	0.00	2.41	7.52	7.69	19.82	7.70	6.92	8435.49万	10.14	48493.19
814	601003	柳钢股份	-10.01	6.74	-0.75	—	6.74	15.2万	2	0.00	3.70	7.29	7.49	—	7.29	6.74	1.04亿	7.34	41004.00
815	600478	科力远	-10.01	13.48	-1.50	—	13.48	12.6万	100	0.00	6.35	14.62	14.98	202.28	14.70	13.48	1.74亿	8.14	19862.02
816	600748	上实发展	-10.01	13.30	-1.48	—	13.30	90196	10	0.00	1.04	14.70	14.78	99.20	14.70	13.30	1.23亿	9.47	87094.35
817	600707	彩虹股份	-10.01	6.65	-0.74	—	6.65	12.3万	7	-0.29	2.99	7.39	7.39	—	7.39	6.65	8359.06万	10.01	41082.87
818	600508	上海能源	-10.01	18.42	-2.05	18.42	18.43	12.1万	120	0.00	4.46	20.01	20.47	17.27	20.03	18.42	2.29亿	7.87	27152.66
819	600528	中铁二局	-10.02	11.05	-1.23	11.05	11.06	22.5万	26	-0.09	1.74	12.06	12.28	32.26	12.10	11.05	2.57亿	8.55	129280.00
820	600611	大众交通	-10.02	10.60	-1.18	—	10.60	24.6万	5	0.00	3.44	11.60	11.78	41.15	11.60	10.60	2.70亿	8.49	71503.14
821	600067	冠城大通	-10.02	10.33	-1.15	—	10.33	92672	26	0.00	1.84	11.50	11.48	33.59	11.50	10.33	9835.81万	10.19	50325.57
822	600325	华发股份	-10.02	15.36	-1.71	15.37	15.38	13.7万	14	0.00	1.68	16.89	17.07	23.98	16.89	15.36	2.16亿	8.96	81704.56
823	600188	兖州煤业	-10.02	15.27	-1.70	—	15.27	17.6万	37	0.00	4.88	16.80	16.97	22.58	16.80	15.27	2.73亿	9.02	35995.82
824	600184	新华光	-10.02	19.13	-2.13	—	19.13	42798	10	0.00	7.65	20.60	21.26	317.57	21.10	19.13	8499.09万	9.27	5594.81
825	600480	凌云股份	-10.02	9.16	-1.02	—	9.16	61174	44	0.00	2.95	9.80	10.18	30.88	10.00	9.16	5821.93万	8.25	20748.00
826	600723	西单商场	-10.02	8.89	-0.99	—	8.89	21.0万	1	0.00	7.58	9.58	9.88	49.04	9.74	8.89	1.94亿	8.60	27678.41
827	600328	兰太实业	-10.02	8.26	-0.92	—	8.26	56697	13	0.00	2.59	9.03	9.18	—	9.12	8.26	4842.94万	9.37	21859.28
828	600516	方大炭素	-10.02	7.90	-0.88	—	7.90	42.4万	20	-0.12	6.88	8.65	8.78	61.85	8.65	7.90	3.41亿	8.54	61680.94
829	600331	宏达股份	-10.02	15.62	-1.74	—	15.62	27.2万	9	0.00	4.48	16.81	17.36	609.09	16.91	15.62	4.34亿	7.43	60800.00
830	600810	神马实业	-10.02	7.45	-0.83	—	7.45	89713	10	0.00	4.31	8.09	8.28	—	8.10	7.45	6816.41万	7.85	20810.78
831	600028	中国石化	-10.02	11.13	-1.24	—	11.13	166万	289	0.00	1.29	12.01	12.37	21.56	12.01	11.13	18.74亿	7.11	1283415.00
832	600586	金晶科技	-10.03	13.19	-1.47	—	13.19	13.3万	34	0.00	3.67	14.54	14.66	214.78	14.54	13.19	1.79亿	9.21	36228.46
833	601999	出版传媒	-10.03	9.42	-1.05	—	9.42	10.2万	10	0.00	6.91	10.25	10.47	39.50	10.69	9.42	9879.85万	12.13	14800.00
834	600409	三友化工	-10.03	6.10	-0.68	—	6.10	18.1万	13	0.00	1.93	6.73	6.78	—	6.73	6.10	1.13亿	9.29	93913.60
835	600026	中海发展	-10.03	11.48	-1.28	11.48	11.49	19.4万	19	0.00	0.92	12.52	12.76	30.74	12.59	11.48	2.30亿	8.70	210855.23
836	600760	东安黑豹	-10.03	5.65	-0.63	5.65	5.66	68436	783	0.00	3.35	6.29	6.28	56.95	6.29	5.65	3986.37万	10.19	20446.91
		北京城乡	-10.03	8.34	-0.93	8.34	8.35	90531	502	0.00	4.37	8.99	9.27	23.65	9.02	8.34	7816.74万	7.34	20697.33
		福耀玻璃	-10.04	9.68	-1.08	—	9.68	18.9万	255	0.00	1.89	10.69	10.76	46.85	10.69	9.68	1.88亿	9.39	99987.29

12

图 2-17

恐慌性跳水出现，可分为初次、二次、最后三种情况

在一轮大熊市暴跌中，大盘与个股下跌可以出现多次恐慌性跳水。大熊市中股指并不一路下跌中间也有反弹，每一个下跌阶段股指由震荡下跌到出现恐慌性急跌，急跌后指数随之出现反抽，这是判断阶段性下跌到急跌见底的一个重要特征。一个完整大熊市从开始到结束，期间一般都经历初次、二次和最后三种恐慌性跳水，最后第三次恐慌性跳水出现后股指将见底反转。

恐慌性跳水下跌是非理性行为！非理性下跌行为在跌幅上不可测，但非理性下跌行为在时间上一般是短暂的，是有时间期限的。由大盘下跌引发的个股大面积非理性暴跌，恐慌行为一般在1～3个交易日内结束。有时非理性暴跌在一个交易日就完成暴跌与反转两个绝然不同的动作。在非理性暴跌出现时要及时撤退，万万不能入市。非理性暴跌出现时往往最疯狂的5分钟暴跌就可以至命！

强势股跳水补跌行为

大盘在一轮明显的下跌中，小部分个股走势独立或者逆市上升。但往往出现在大盘见底前的最后下跌中，这些独立或者逆市上升的个股大部分会出现恐慌性补跌。这种明显的群体性补跌行为是大盘即将见底的一个信号。

大盘中级调整行情低位见底的判断信号：之前一直横盘不跌或者逆市上升的强势股在最后终于无力支撑纷纷大幅补跌，此时是大盘下跌将要见底的信号。强势补跌的时间一般在2～3个交易日(图2-18)。

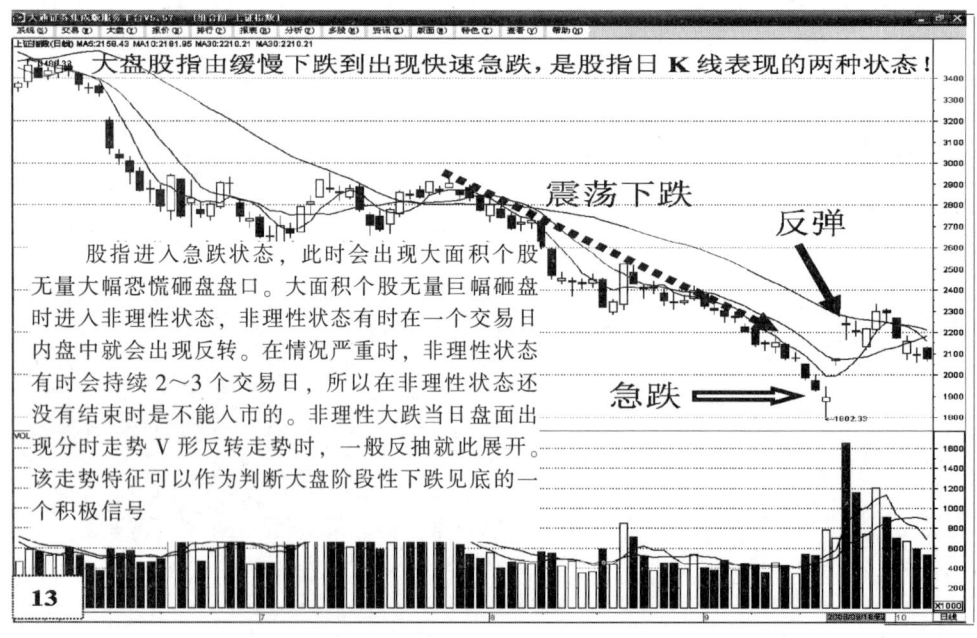

图 2-18

主力展示实力吸引眼球的盘口特征

主力操盘手法五花八门，吸筹、拉高、出货总会耍一些手段引诱或者迷惑投资者或其他同行机构。主力展示实力吸引眼球的操纵行为主要体现在动态盘口上。下面详细介绍主力展示实力吸引眼球的几种操纵行为方式：

(1)买盘挂出巨大的买单展示实力(一张买单数量达到几万手或更大)。

(2)大买单买入或制造大买单展示实力。

主力展示实力吸引眼球的几种操纵行为目的：

(1)主力吸筹完毕通过展示实力吸引其他资金介入共同推高股价。

(2)主力正在出货或准备出货，通过展示实力引诱其他资金介入接盘。

(3)主力被套其中通过展示实力去稳定持有者信心减少抛压。

(4)主力被套其中通过展示实力吸引其他资金介入共同推高股价。

主力在盘中展示实力实际就是暴露自己行踪，一般主力展示实力吸引眼球的行为，必然是已经身在其中才会做这样的动作，主力在吸筹过程中或吸筹未完成之前是不会故意暴露自己的。绝大部分主力此种展示实力行为，出现在正在出货或准备出货这一环节，展示实力目的是吸引其他资金介入接盘。

下面通过600824益民集团2011年10月12日、13日的盘口表现，去窥探主力通过盘口操纵展示实力的一些特征(图2-19至图2-26)。

图 2-19

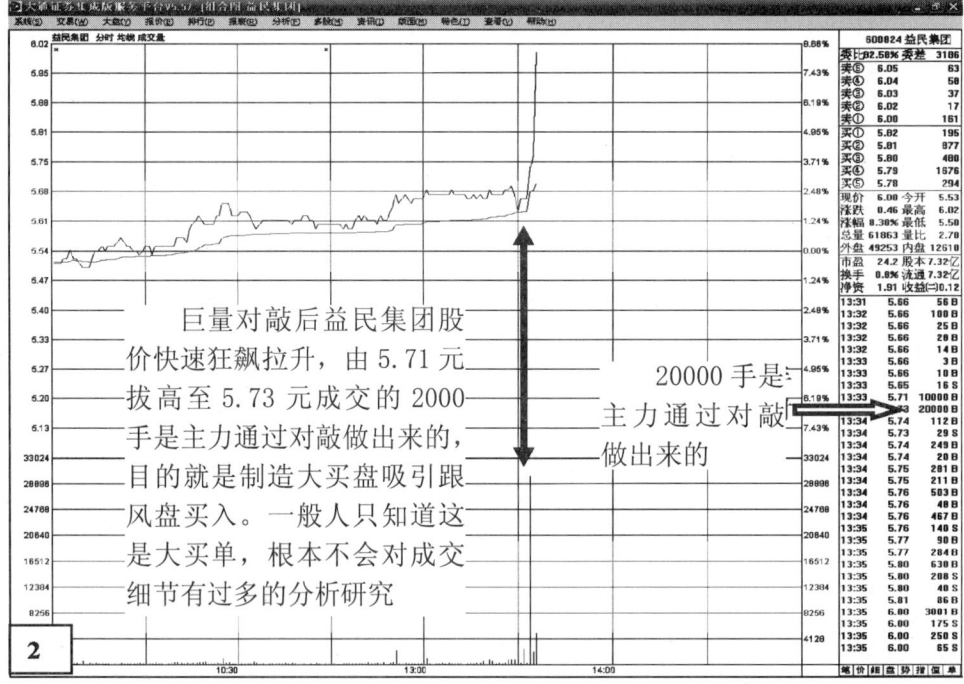

图 2-20

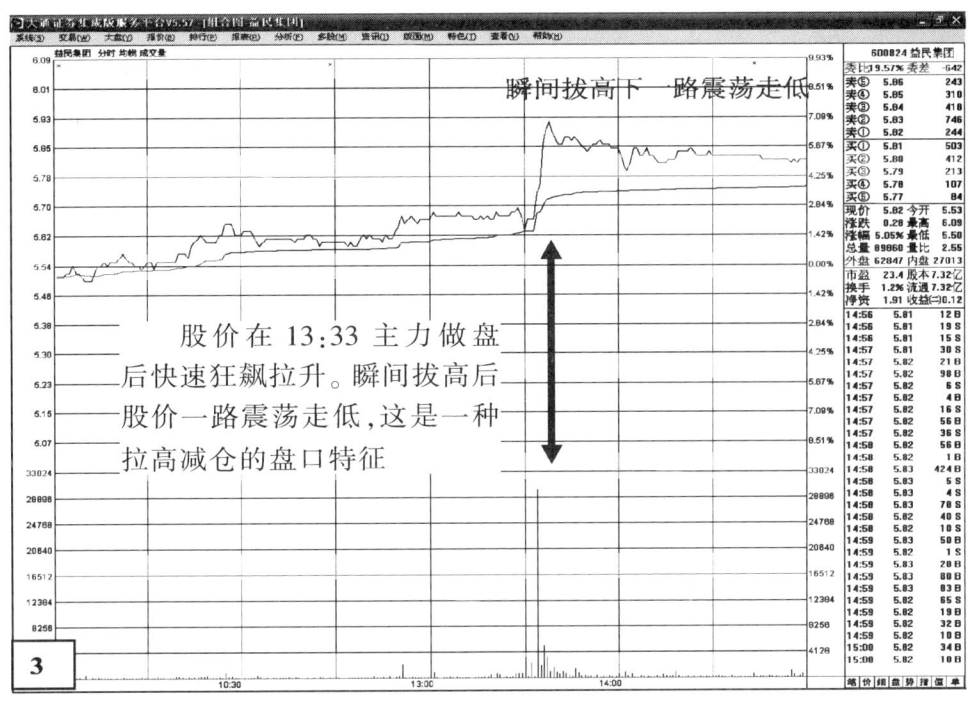

图 2-21

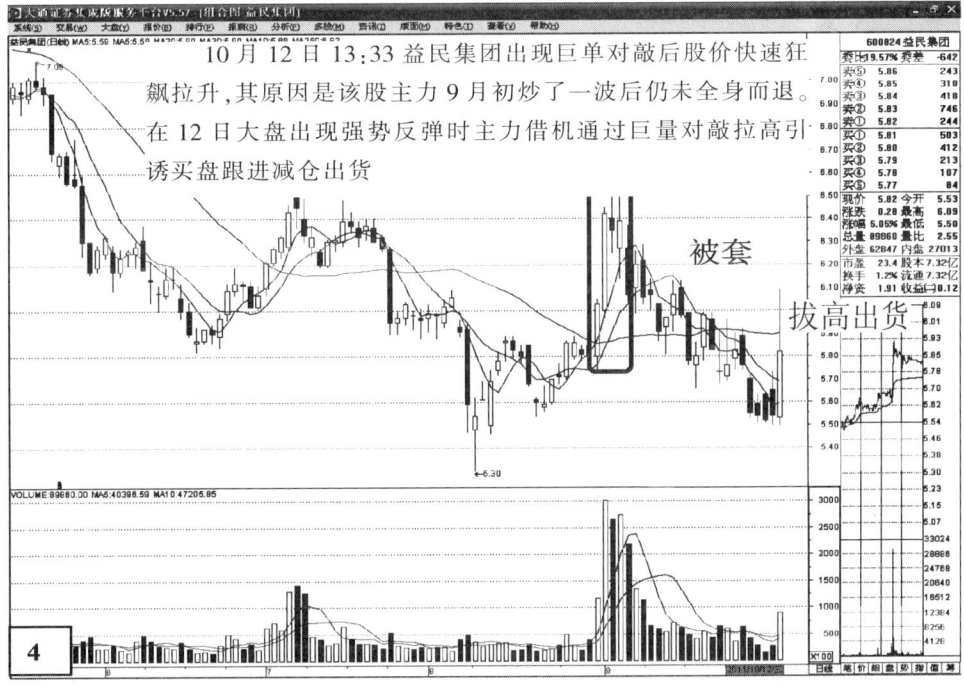

图 2-22

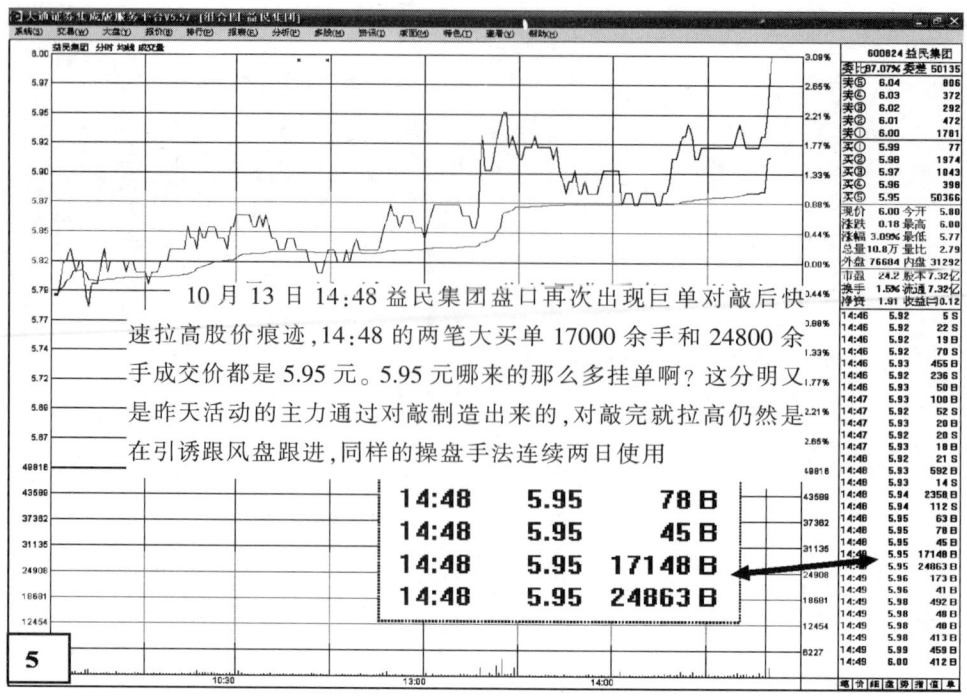

图 1-23

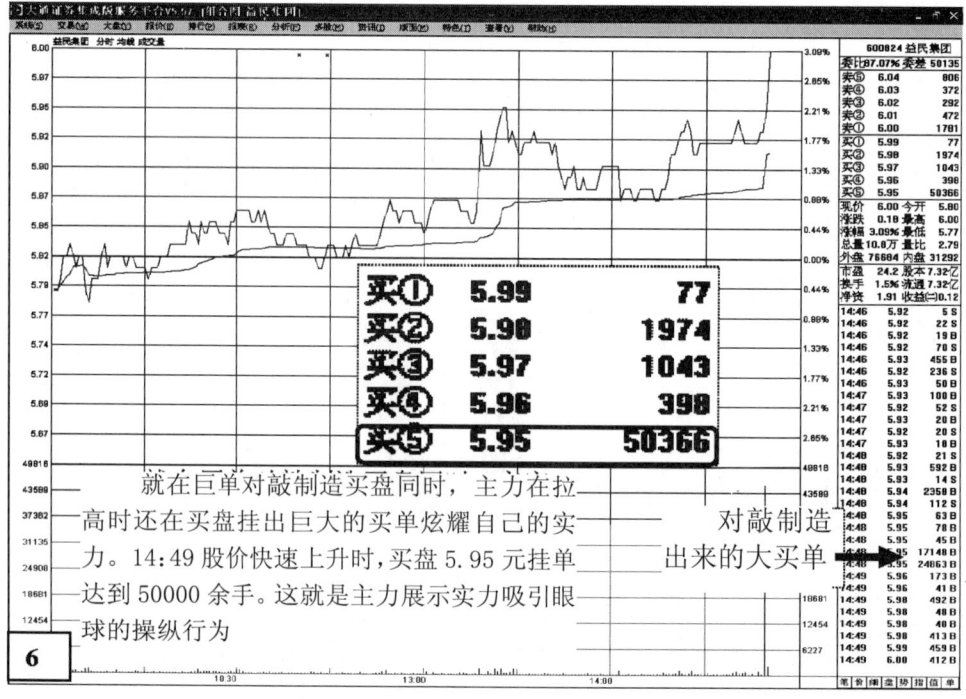

图 1-24

第二章

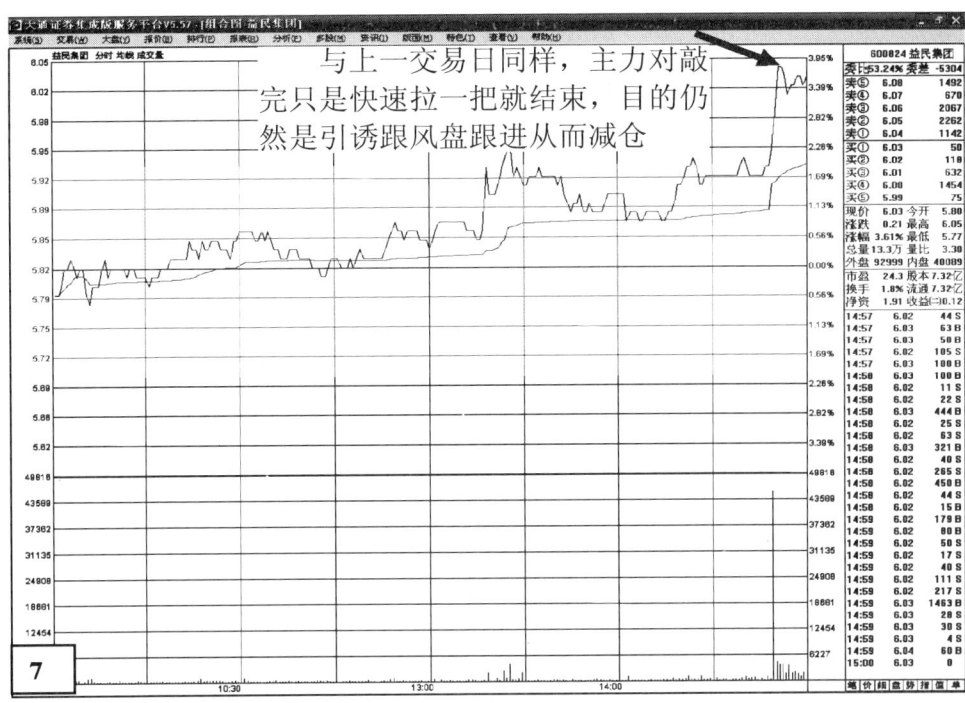

图 1-25

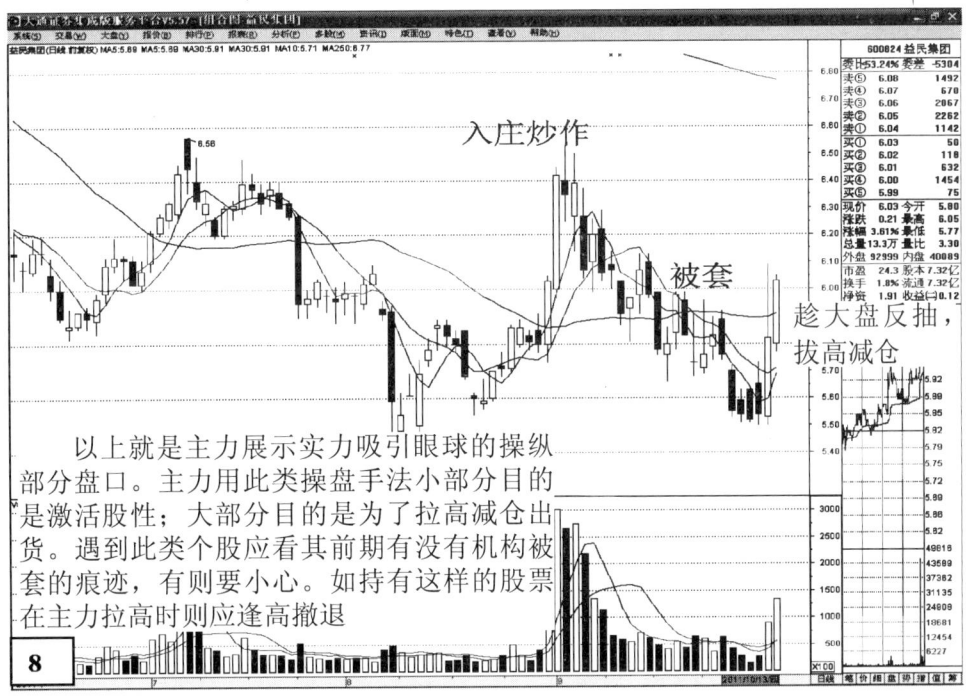

图 1-26

从尾盘打压盘口中寻找黑马

黑马在哪里？这可不好说。在股票市场中，实力机构运作的股票都有机会成为黑马。黑马的爆发时间各有不同，如吃饭，晚饭时间一般从下午6点左右开始，有的人在6点时就吃晚饭，有的人在7点时吃晚饭，有的人在10点时才有晚饭吃。捕捉个股即将拉升的机会，方法实在是太多了。下面给大家介绍的方法是利用个股的尾盘异常盘口捕捉个股即将拉升的机会。

尾盘利用一两张单打压股价是主力操盘过程中经常用到的一种手法。其打压股价的目的是多种多样的。最简单的目的是做图：①拉升之前把图表做得难看引诱不明白真相的投资者出局；②吸引投资者注意，希望更多人参与该股，从而增加该股票的活跃气氛；③操盘手在拉升之前给自己的老鼠仓送货。这是最简单的三种打压行为目的所在。

下面就看一看实例000159国际实业在2006年3月14日尾市的表现（图2-27至图2-34）。

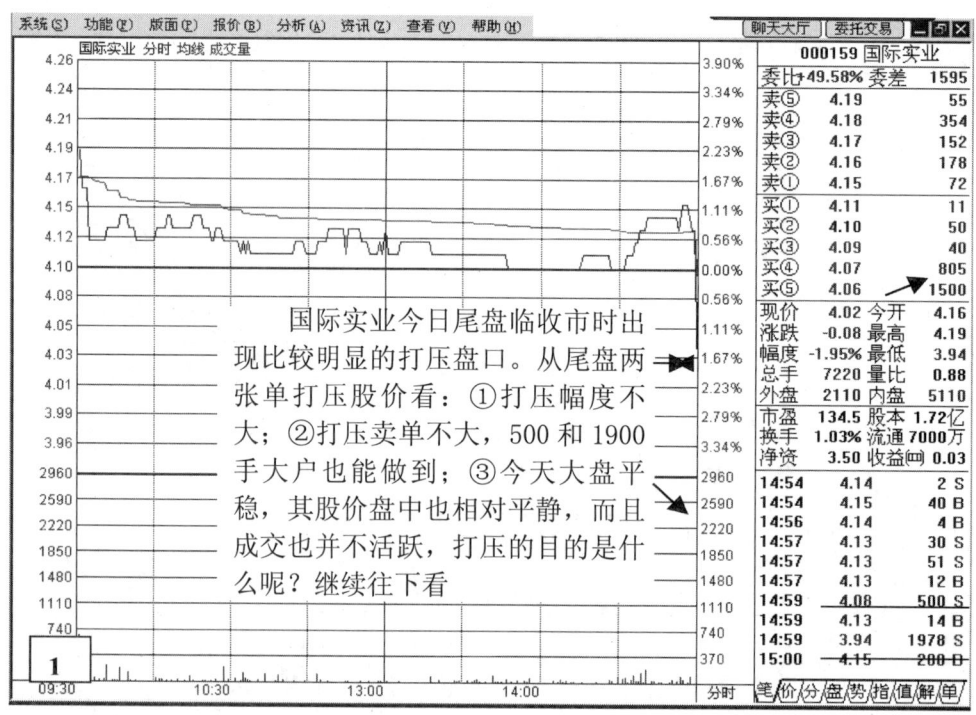

图 2-27

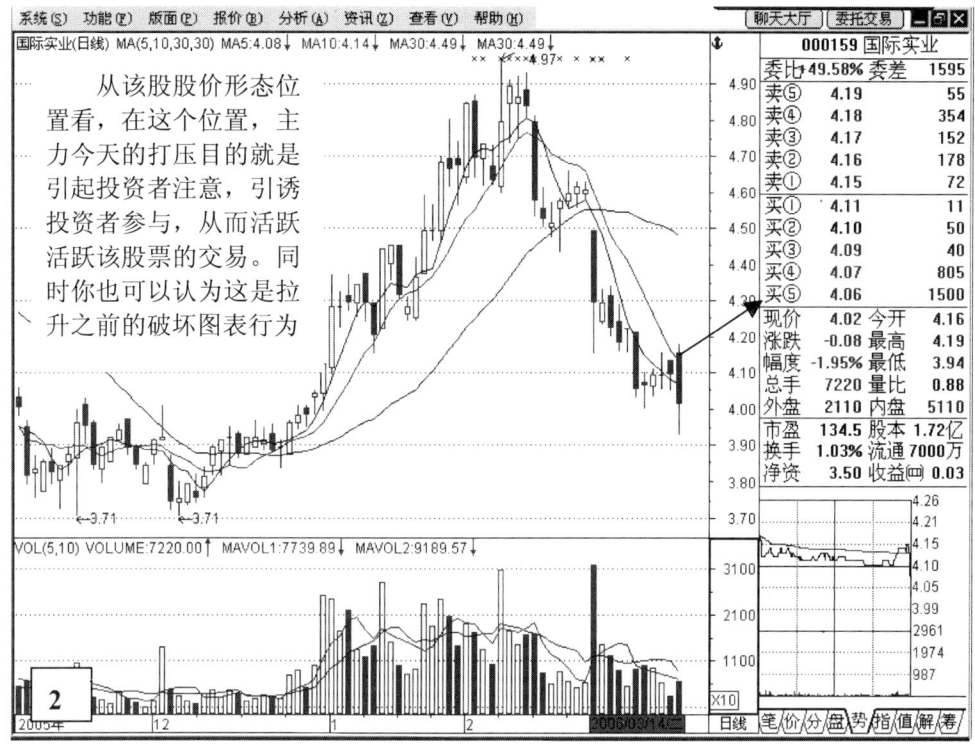

图 2-28

从经验上判断，预计该股明天会小幅高开，而明天全天如果大盘不是很差的话会有不错的表现，短线将出现一定幅度的反弹。由于该股流通盘不大，日常成交不活跃，对于大资金而言，没有参与的意义！有时明知道一只股票会涨，但不一定就会去参与。

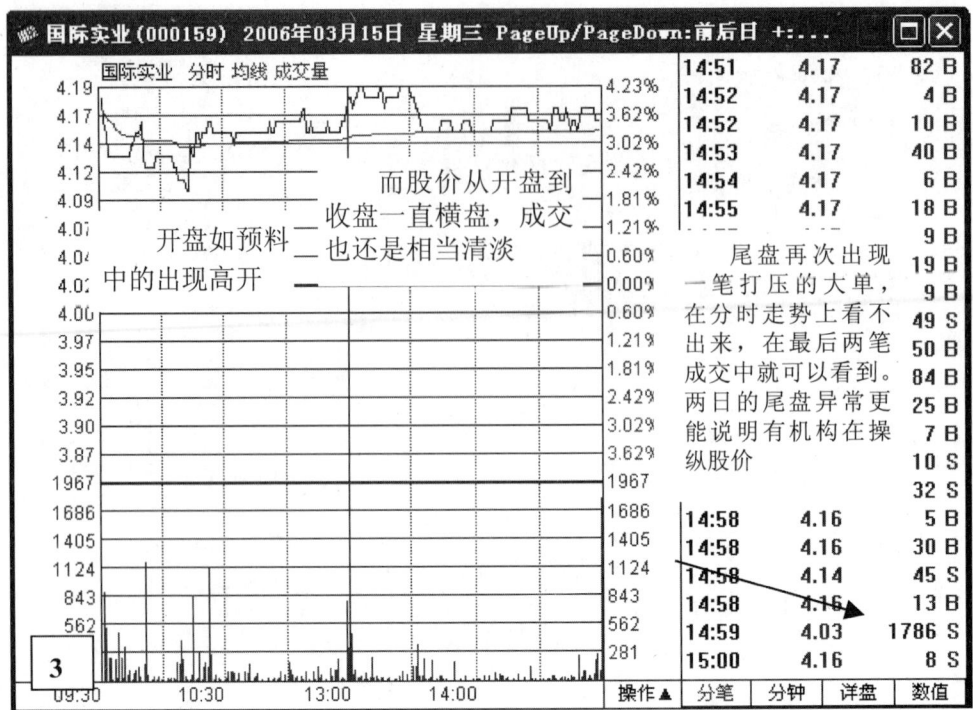

图 2-29

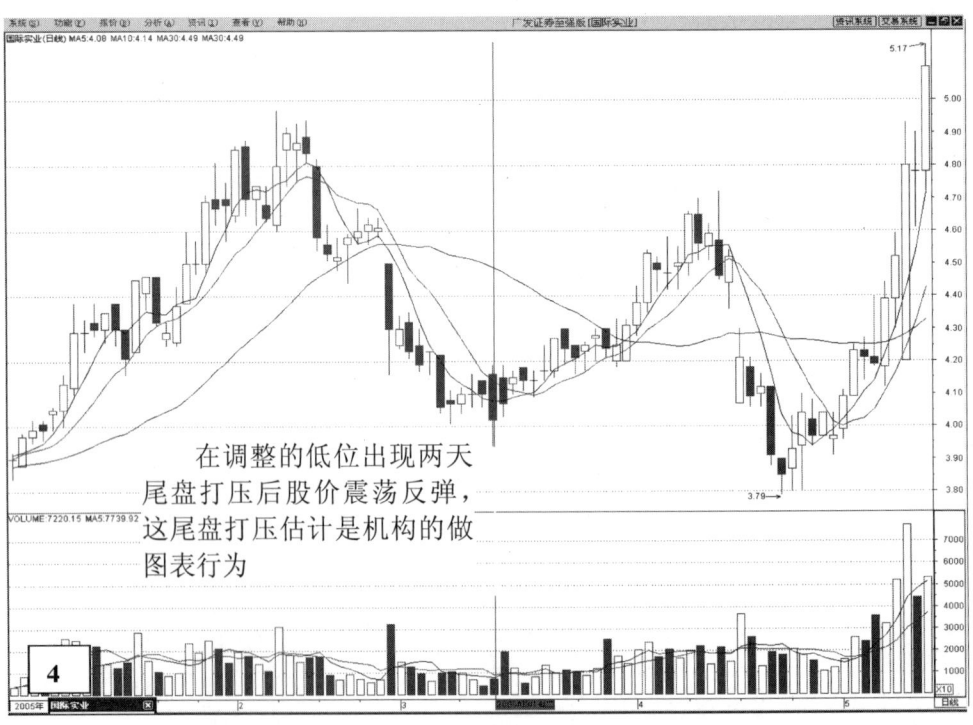

图 2-30

第二章

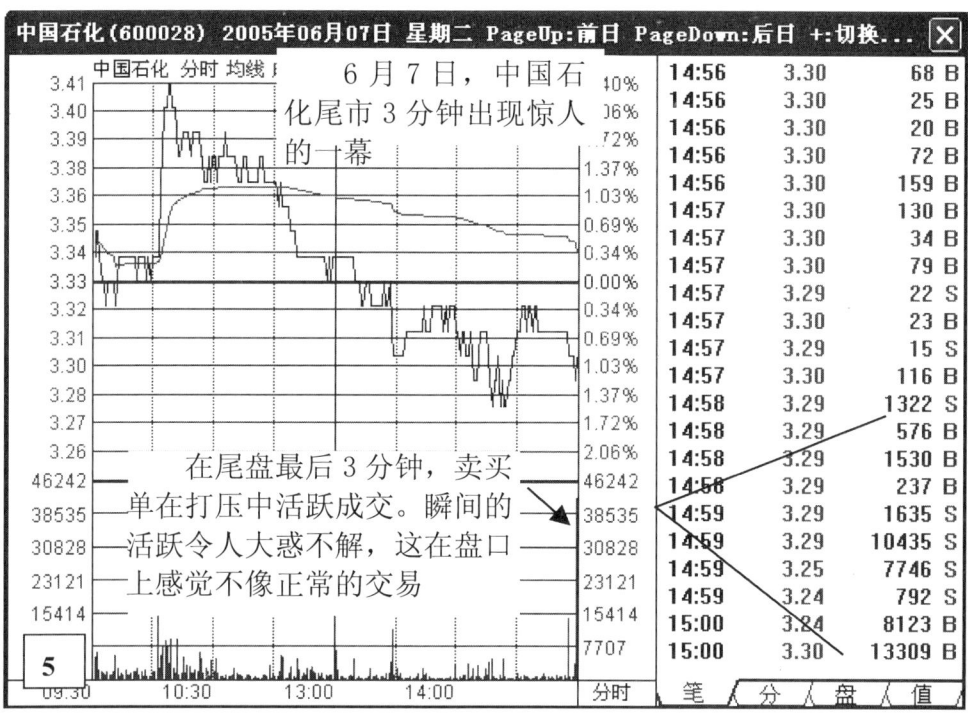

图 2-31

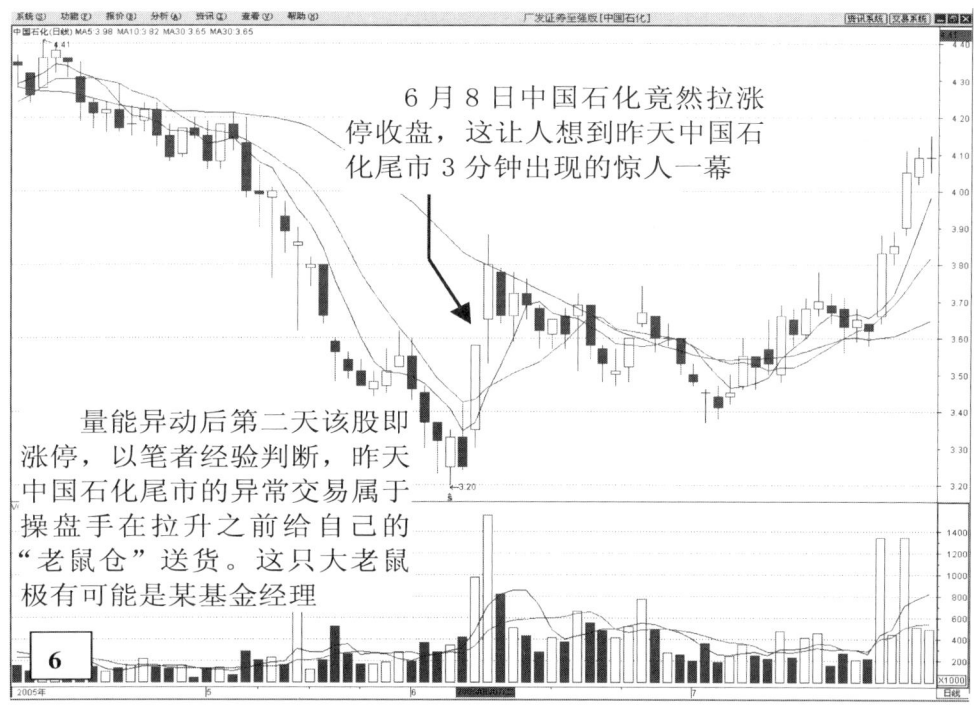

图 2-32

图 2-33

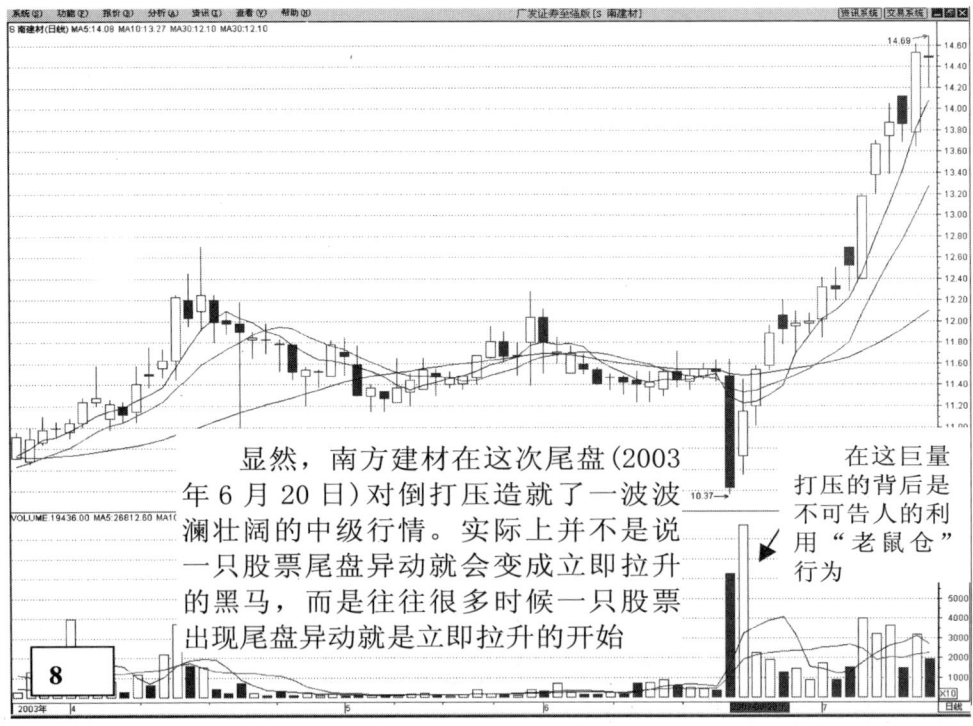

图 2-34

利用公开交易数据分析机构进出和预测个股未来

利用公开交易数据分析机构进出和预测个股未来是技术分析的一种途径。在新股次新股中，大资金的进出对股价的波动影响极大，机构与机构之间的进出搏斗也是最激烈的。分析个股的公开交易数据，就是分析大机构的进出对股价的影响和未来发展方向。下面以 2010 年 12 月 31 日上市的 601126 四方股份为例谈谈笔者的分析过程(图 2-35 至图 2-46)。

个股的公开交易数据是要该股出现符合交易所的异常标准才公布的，分析时有多少公开数据就应尽量收集完整全面研究！

2010 年 12 月 31 日公开信息　　证券代码：601126　证券简称：N 四方

买入营业部名称：	累计买入金额(元)：
(1) 机构专用	154585772.55
(2) 机构专用	60223819.69
(3) 齐鲁证券有限公司北京朝外大街证券营业部	45924812.66
(4) 机构专用	34427431.50
(5) 招商证券股份有限公司上海江苏路证券营业部	31911061.78

卖出营业部名称：	累计卖出金额(元)：
(1) 华泰证券股份有限公司南京长江路证券营业部	20881675.87
(2) 国信证券股份有限公司上海北京东路证券营业部	11247256.66
(3) 国信证券股份有限公司深圳泰然九路证券营业部	9120957.00
(4) 财通证券有限责任公司绍兴人民中路证券营业部	7801722.69
(5) 华泰联合证券有限责任公司总部	6893131.60

主力行为 盘口解密(二)

2011年1月4日公开信息　　证券代码：601126　　证券简称：四方股份

买入营业部名称：	累计买入金额(元)：
(1) 南京证券有限责任公司张家港步行街证券营业部	14799179.51
(2) 华泰证券股份有限公司常州东横街证券营业部	11039451.25
(3) 东北证券股份有限公司福州东街证券营业部	9103634.00
(4) 广发证券股份有限公司南京北京东路证券营业部	8326656.12
(5) 招商证券股份有限公司广州天河北路证券营业部	8274939.60

卖出营业部名称：	累计卖出金额(元)：
(1) 光大证券股份有限公司苏州苏惠路证券营业部	17731921.80
(2) 兴业证券股份有限公司厦门湖滨南路证券营业部	15460668.14
(3) 国泰君安证券股份有限公司上海陆家嘴东路证券营业部	11978363.00
(4) 方正证券股份有限公司杭州延安路证券营业部	11173873.90
(5) 兴业证券股份有限公司漳州延安北路证券营业部	9741411.37

2011年1月5日公开信息　　证券代码：601126　　证券简称：四方股份

买入营业部名称：	累计买入金额(元)：
(1) 机构专用	83061947.95
(2) 机构专用	11039226.75
(3) 中国银河证券股份有限公司杭州新塘路证券营业部	10203649.45
(4) 兴业证券股份有限公司福州湖东路证券营业部	6560490.80
(5) 光大证券股份有限公司深圳深南大道证券营业部	5614204.98

卖出营业部名称：	累计卖出金额(元)：
(1) 国泰君安证券股份有限公司上海福山路证券营业部	9709045.98
(2) 中山证券有限责任公司杭州杨公堤证券营业部	8458722.65
(3) 招商证券股份有限公司广州天河北路证券营业部	6747443.00
(4) 广发证券股份有限公司南京北京东路证券营业部	6580285.85
(5) 国泰君安证券股份有限公司合肥长江西路证券营业部	5546266.80

按照四方股份上市3日来公开信息分析显示：这3个交易日机构专用席位一共买入并沉淀下来的资金为3.4亿元，按照均价30元每股计算买入量为1143万股，占该股现流通盘6600万股的17.3%。

统计四方股份上市3日来每日买入最大前5名所有沉淀下来的资金约为：4.6亿元。按均价30元每股计算为1533万股。占该股现流通盘6600万股的23.2%。

四方股份今日(1月5日)股价低开高走，买入最大的仍然是两大机构专用席位，分别买入8300万元和1100万元，占今天5.13亿元的18.3%。

从12月31日、1月4日、1月5日这3日公开数据分析，3日来每日买入该股前5名机构席位和券商席位大都是只进不出，买入筹码90%沉淀下来。这是四方股份该股上市3日来的数据分析。

结论：机构看好，买入持有。

四方股份主营业务为电力系统输配电及控制设备制造，主业符合国家2011～2015年智能电网全面建设发展，未来几年公司经营发展具有一定的可预见性，这估计也是机构介入的重要看点之一。

再来看卖出情况，1月4日(上市第二日)，卖出营业部都是券商营业部，第一名卖出1773万元，第二名卖出1546万元，其他后3名各1000万元左右。

1月5日(上市第三日)，卖出营业部名都是券商营业部，第一名卖出970万元，第二名卖出845万元，其他后3名各卖出1000万左右，卖出规模不大。

结论：一些资金规模不大的短线机构进出套取差价！

从该股上市3日来的表现看，股价表现相对强势。从机构进出数据看，整体上机构是比较看好该股大量买入并持有。这些机构中也有一些规模不大的短线机构进入套取差价，但这些机构介入资金规模不大(机构大量买入并持有，从理论上分析后市短线是可以看好该股。当然，这只是理论范畴的结论)。

主力行为 盘口解密(二)

2011年1月6日公开信息　　证券代码：601126　　证券简称：四方股份

买入营业部名称：	累计买入金额(元):
(1) 兴业证券股份有限公司福州湖东路证券营业部	8488644.33
(2) 华泰证券股份有限公司南京长江路证券营业部	8065250.10
(3) 国元证券股份有限公司深圳深南大道中国凤凰大厦营业部	6687488.00
(4) 海通证券股份有限公司长沙五一大道营业部	6465689.35
(5) 兴业证券股份有限公司厦门兴隆路证券营业部	4714860.00

卖出营业部名称：	累计卖出金额(元):
(1) 海通证券股份有限公司杭州环城西路证券营业部	25038517.66
(2) 华泰证券股份有限公司常州东横街证券营业部	12335749.58
(3) 太平洋证券股份有限公司温州汤家桥路证券营业部	7391233.50
(4) 财通证券有限责任公司绍兴人民中路证券营业部	7342247.02
(5) 中国银河证券股份有限公司杭州新塘路证券营业部	7187157.22

　　从四方股份1月6日公开数据分析，卖出营业部最大的是：海通证券杭州环城西路证券营业部2503万元，该营业部一直没有在买入前5名上榜，所以应该是12月31日买入的，今天盈利卖出撤退。卖出第二名是：华泰证券常州东横街证券营业部1233万元。公开数据显示该营业部筹码是在2010年12月31日买入的，今天也盈利撤退。

　　在卖出最大前5名营业部中，第三名以后卖出量在700万元以下。综合分析显示，四方股份这几日机构席位和券商营业部介入的大资金仍然潜伏其中。

　　四方股份今日成交5.62亿元。两大营业部游资今天仅卖出3700万左右就对股价造成较严重的下跌。可见具有强烈操纵性的资金，资金量不用很大也可以对股价产生极大的影响。

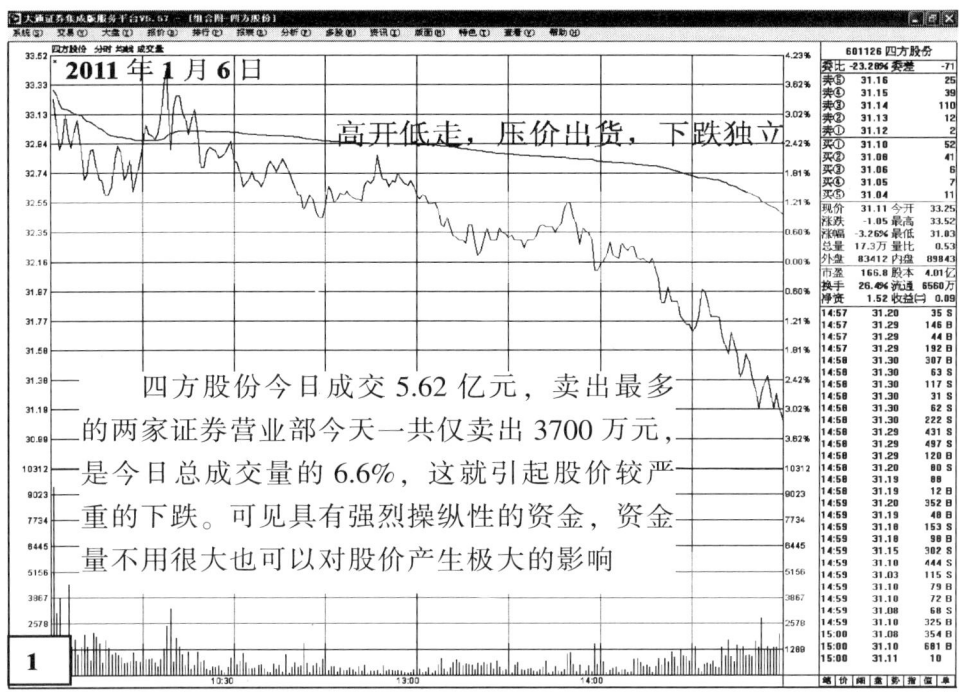

图 2-35

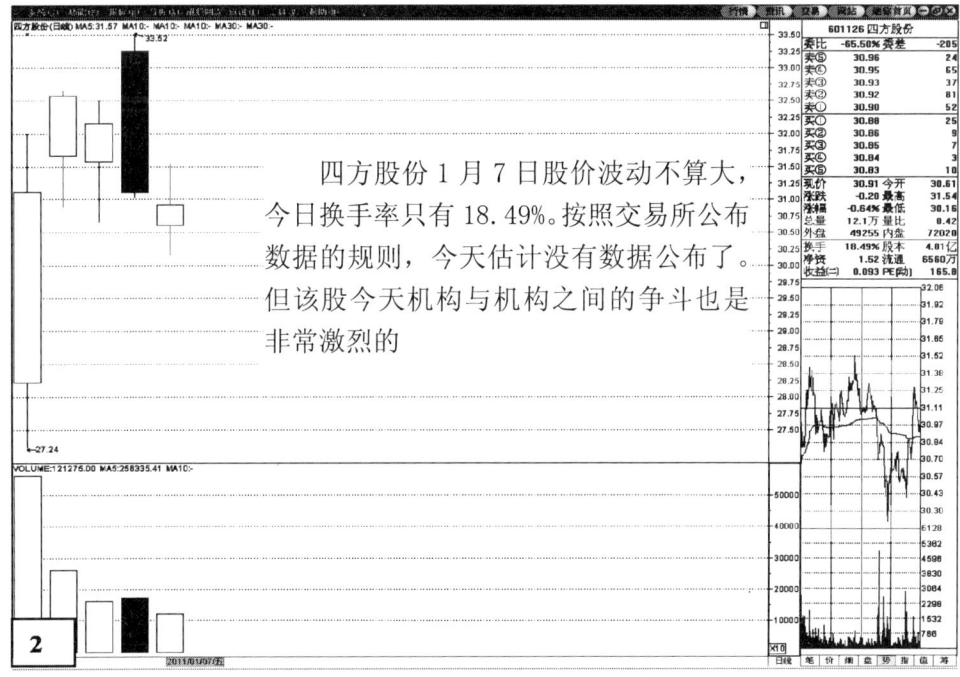

图 2-36

主力行为 盘口解密(二)

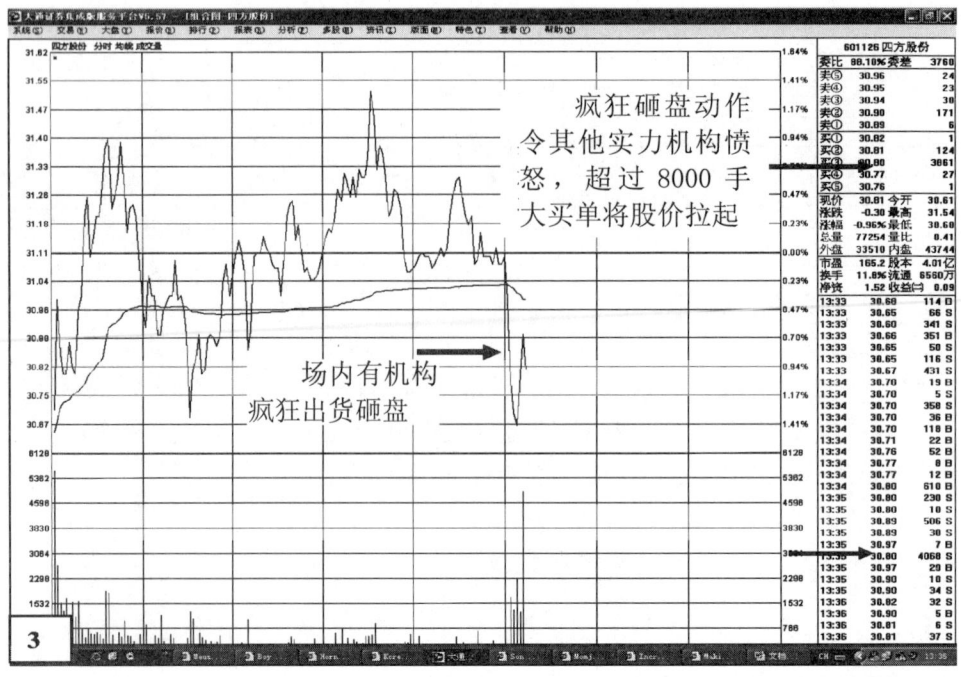

图 2-37

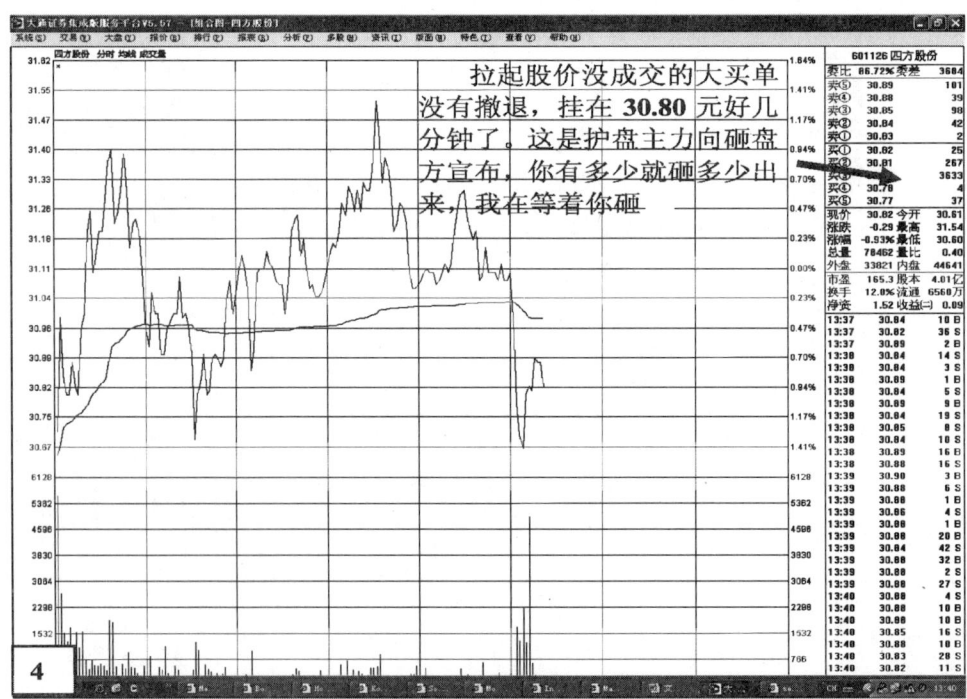

图 2-38

第二章

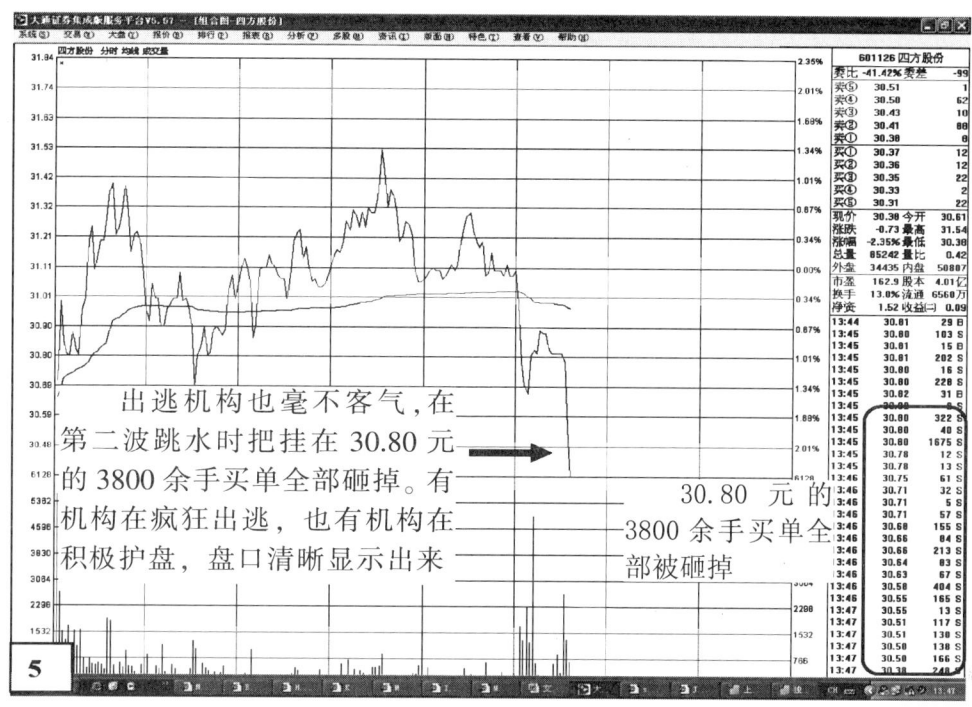

图 2-39

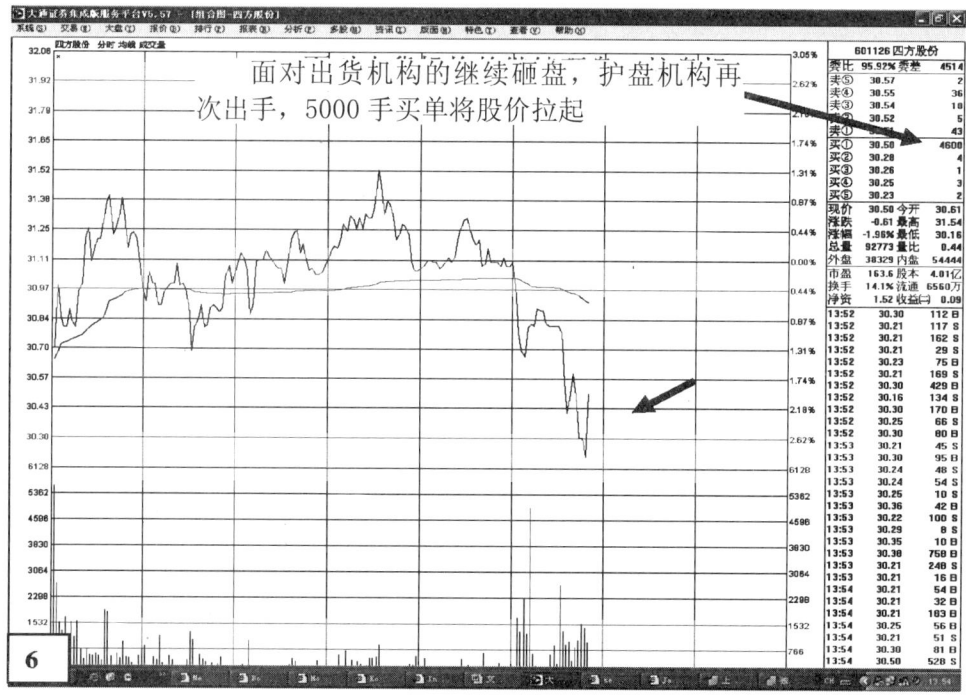

图 2-40

主力行为 盘口解密(二)

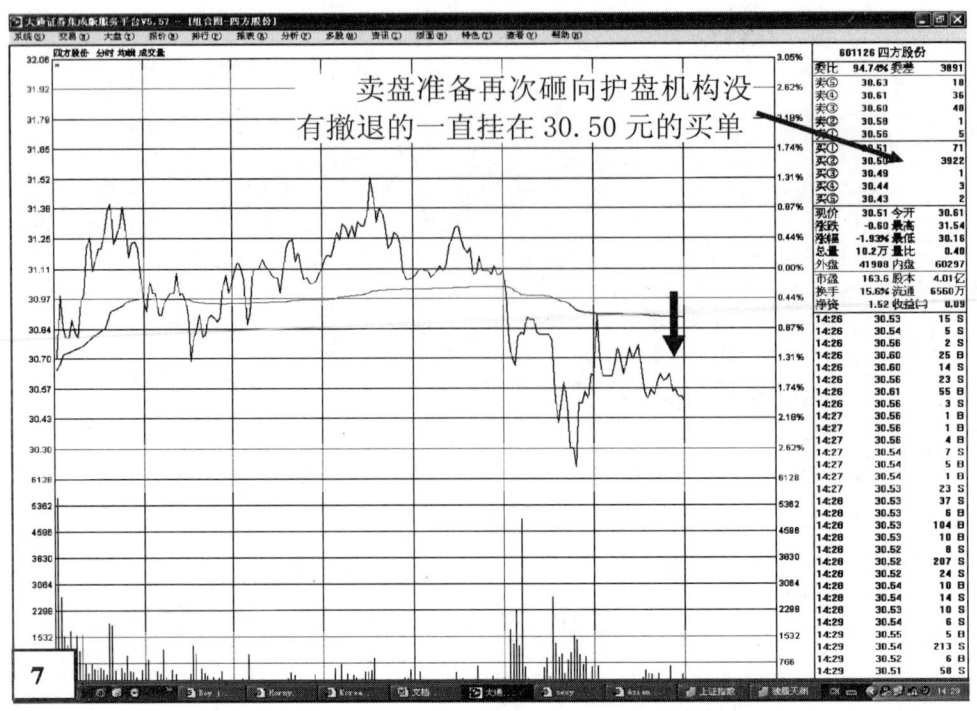

图 2-41

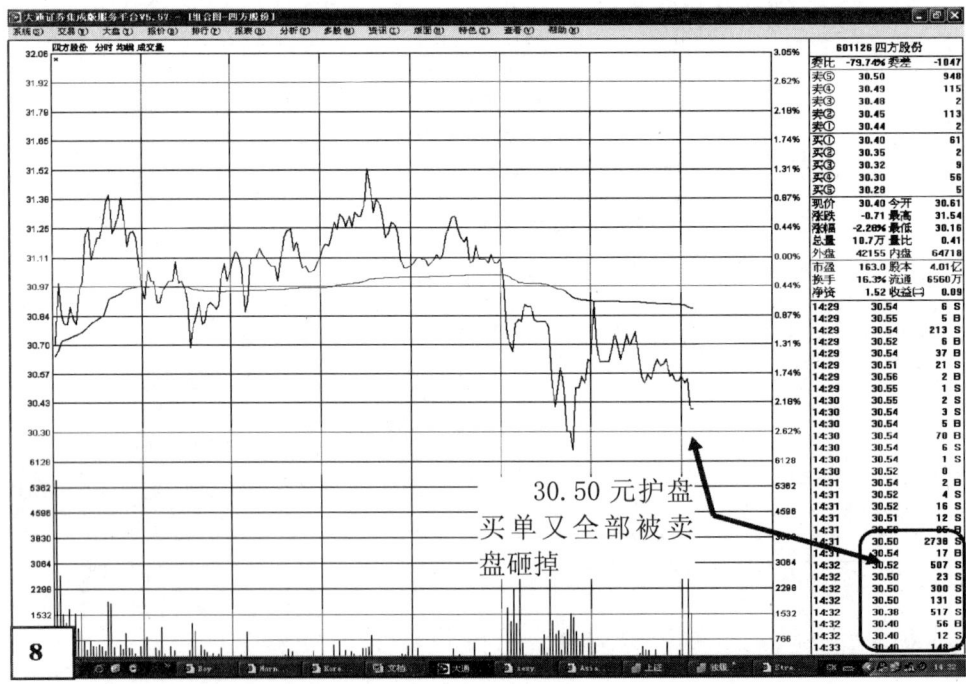

图 2-42

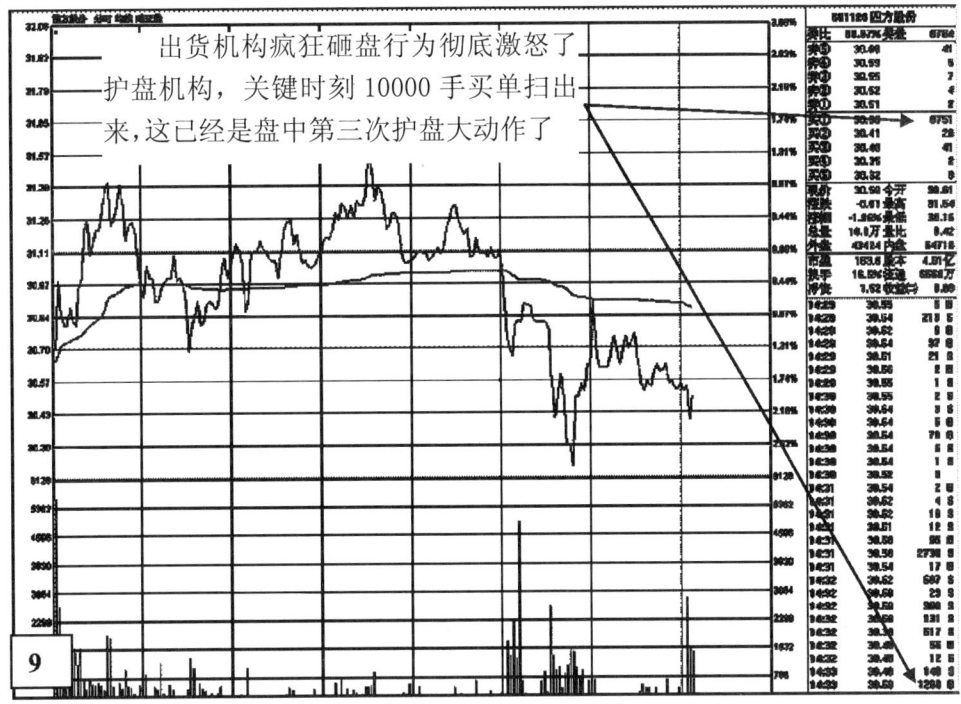

图 2-43

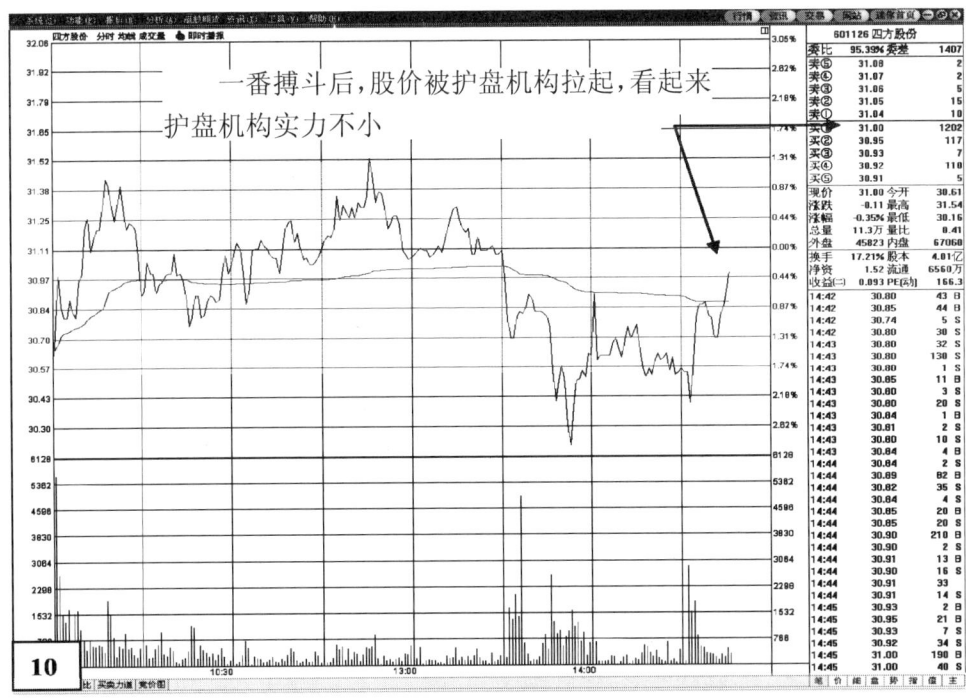

图 2-44

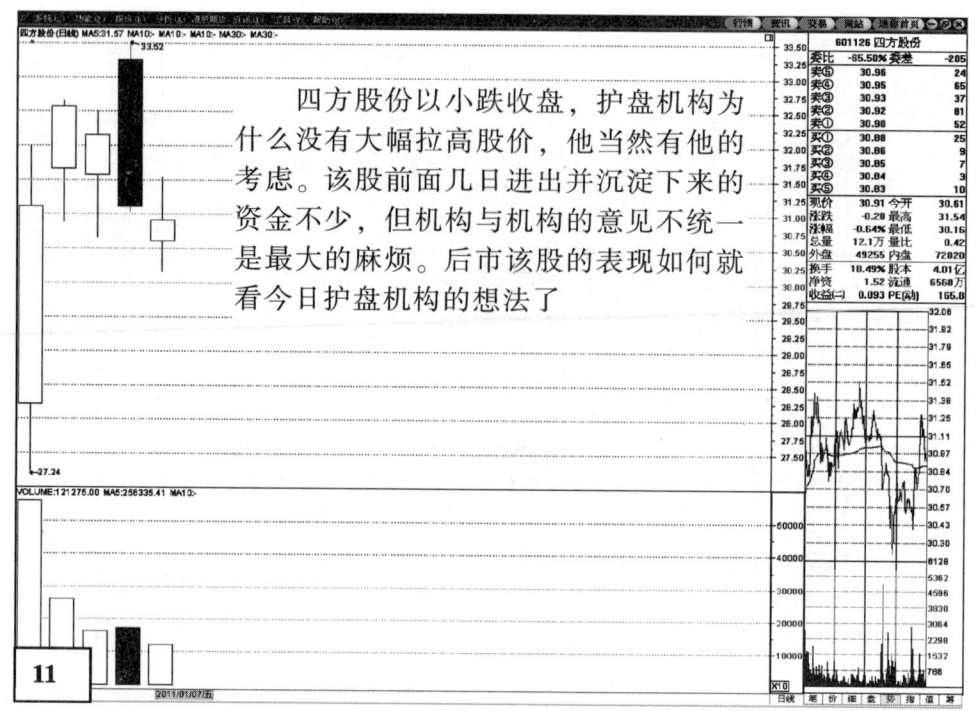

图 2-45

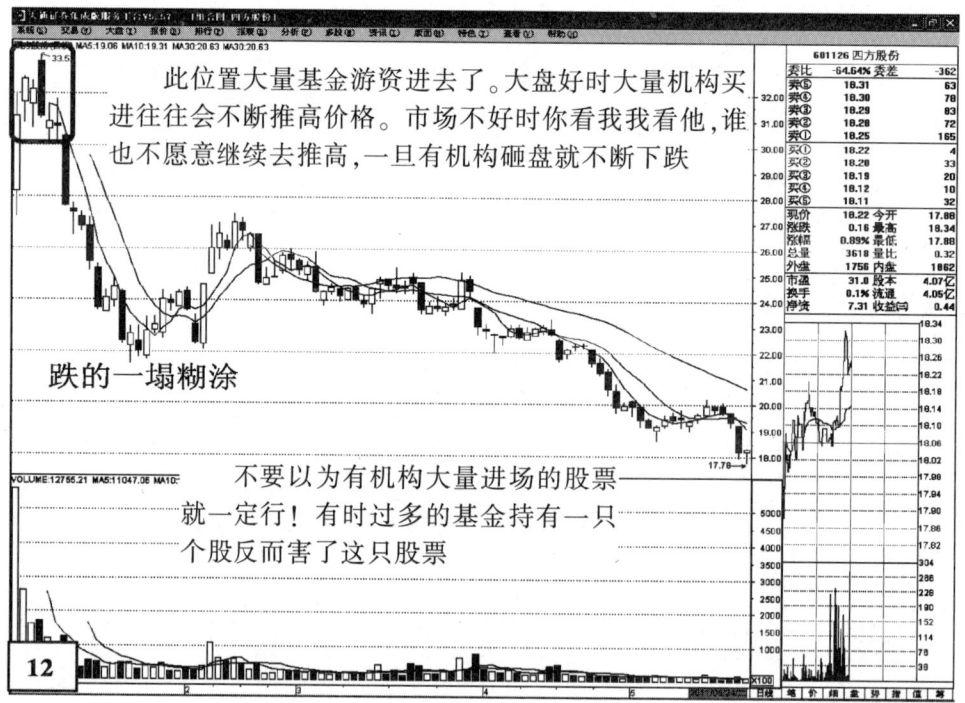

图 2-46

公开数据中单一机构坐庄品种机会

资金为王,优势资金能影响操纵股价无需再证明!股票市场上主力利用其拥有庞大的资金、掌握的高超操盘技巧实施短、中、长线坐庄行为多如牛毛。事实上一只股票只有一个大机构建仓或运作才是机会中的好机会!众多机构进入一只股票就可能发生混战。更多的是出现你想我拉,我希望你拉,有人拉高我就走的场面。这种品种一旦有机构疯狂出逃,其他的也跟着撤退形成羊群效应下跌。只有一个大机构运作的个股表现会更有力更干脆!所以跟庄最好是跟只有一个大机构坐庄的个股。

大部分主力坐庄都实行分仓持股,拉高和出货时也都实施买卖"平均"化配置。涨停时交易所公布的买卖最大各前5名证券营业部数据,多时是看不出主力真正行踪的。当然这不是全部,部分机构资金只分仓到几家证券公司或不实行分仓操盘的主力也大量存在。有主力在建仓时没注意或故意利用某一营业部某日买入量特别巨大的情况也存在。这些在交易所公开的数据中也明显体现出来。

个股只有在达到交易所规定的,如当日涨跌达到7%、换手率达到一定的程度等要求才公开当日的一些交易信息。了解个股公开交易信息可以登陆上交所和深交所网站查看。也有不少金融网站如全景网提供这些公开交易数据信息查询。

一个大机构建仓的个股往往存在着较大的机会,特别是短线机会!一只股票被一个大机构建仓可以在公开交易数据中查找,由交易所公布的这些数据是真实可信的。找到目标后,分析判断有没有机会可以从以下几方面入手:

①目标股票大涨当日买入第一名买入量超过1000万元以上;
②目标股票大涨当日买入第一名买入量占该股当日成交金额最少5%以上;
③目标股票大涨当日股价所处位置是波段低位或者是连续多日调整之后;
④目标股票次日如果高开超过3%则坚决不追高;
⑤目标股票次日或连续多日缩量调整可选择时机分批介入。

目标股票当日因被一个机构拿货量特别大,被交易所公开交易数据后次日主力往往采用两种手段操盘。一是马上拉高,一是展开震荡洗盘。要特别注意的是,目标股票次日或连续多日调整时不能出现明显大量大单出货痕迹。调整必须明显缩量越缩量越好,这样才是机会。这种品种中有不少个股属于短线机构的短线套利行为。主力当日拿货当日就大幅拉高或拉涨停,下一日冲高就展开出货。

如跟进这样的个股不是机会,而是风险。下面以同洲电子为例具体分析(图 2-47)。

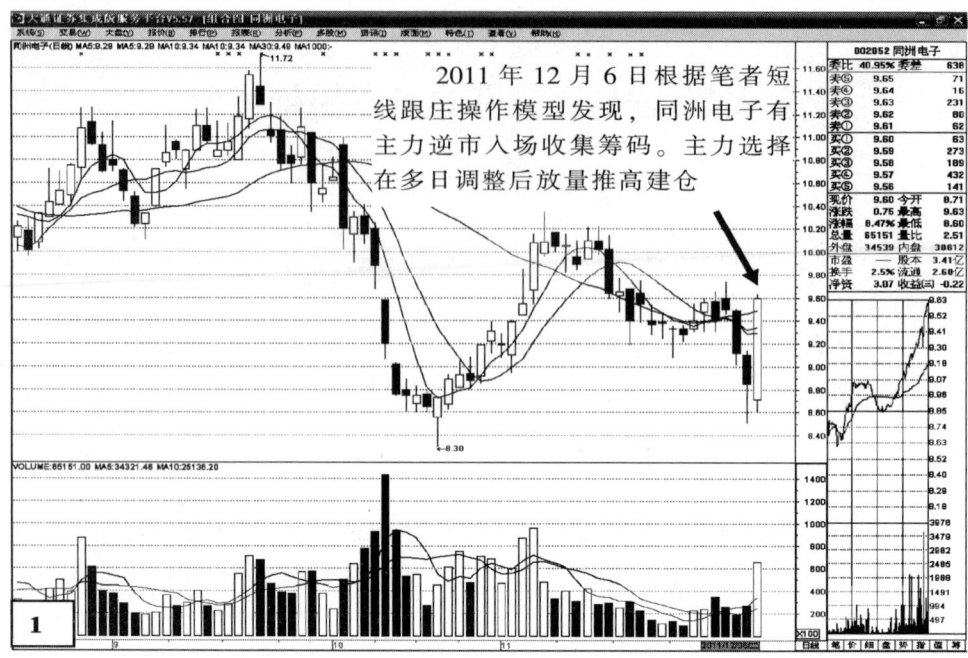

图 2-47

深圳证券市场 2011 年 12 月 6 日中小板交易公开信息

同洲电子(代码 002052)　　涨幅偏离值: 8.30%　　成交金额: 5978 万元

买入金额最大的前 5 名

营业部或交易单元名称	买入金额(元)	卖出金额(元)
兴业证券北京马甸南路证券营业部	28702071.09	184600.00
机构专用	4011153.62	0.00
海通证券南京广州路证券营业部	2146297.34	0.00
招商证券北京北三环东路证券营业部	2099379.60	0.00
国泰君安证券广州东风中路证券营业部	1361596.89	0.00

卖出金额最大的前 5 名

营业部或交易单元名称	买入金额(元)	卖出金额(元)
机构专用	0.00	12379404.61
机构专用	0.00	4683436.00
国信证券深圳福中一路证券营业部	0.00	4249120.00
中国银河证券北京金融街证券营业部	0.00	1476783.00
东北证券北京朝外大街证券营业部	0.00	1127200.00

12月6日公开交易数据显示，同洲电子当日成交金额5978万元。买入第一名兴业证券北京马甸南路证券营业部买进了2870万元，占当天总成交金额的48%。显然同洲电子当日上升就是潜伏在兴业证券北京马甸南路证券营业部的主力拉上去。其他营业部机构的买入只是跟风罢了。资金为王，优势资金能影响操纵股价已经反复证明（图2-48、图2-49）。

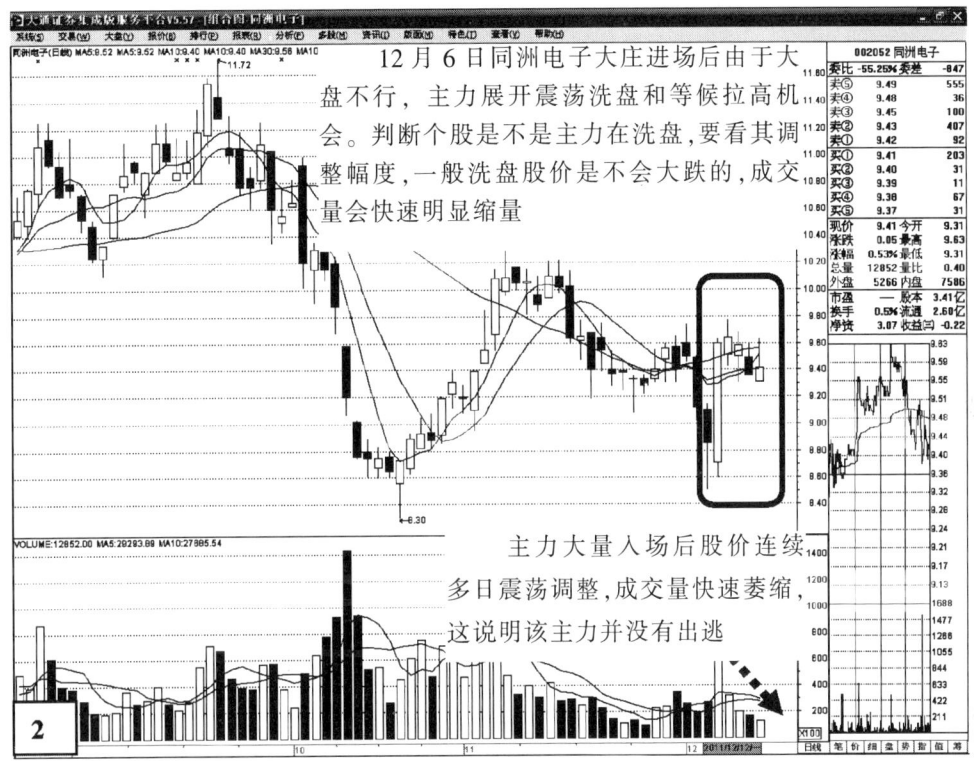

图2-48

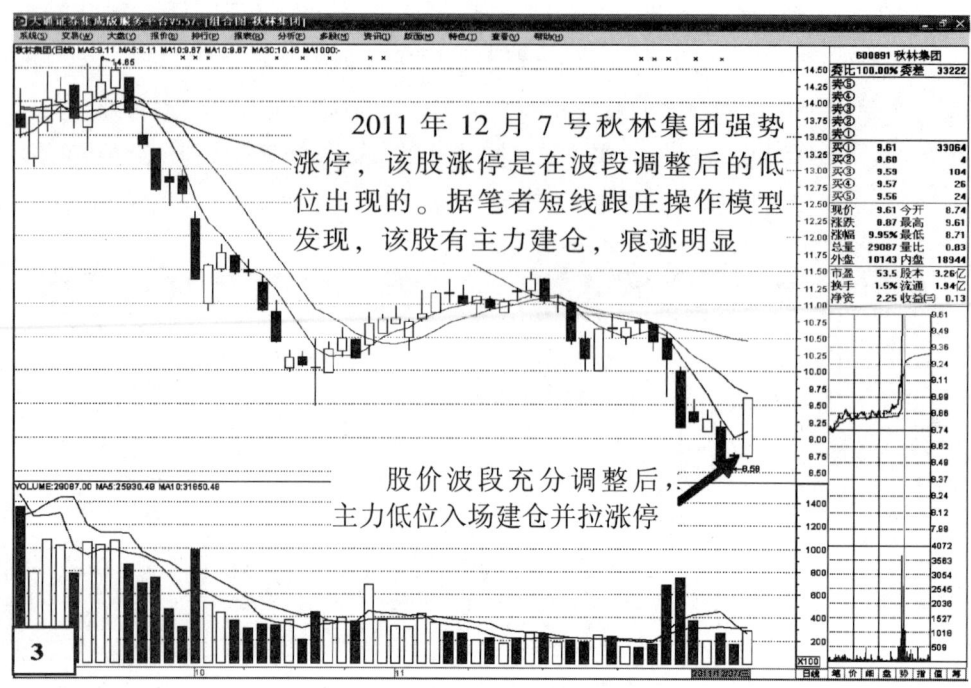

图 2-49

上海证券市场 2011 年 12 月 7 日公开信息

证券代码	证券简称	偏离值%	成交量	成交金额(万元)
600891	秋林集团	9.66%	2908717	2709.51

买入营业部名称：	累计买入金额(元)：
(1) 五矿证券深圳金田路证券营业部	9273650.00
(2) 英大证券深圳园岭三街证券营业部	2882988.00
(3) 新时代证券北京中关村东路证券营业部	908500.00
(4) 招商证券深圳福民路证券营业部	704154.00
(5) 齐鲁证券济宁运河路证券营业部	501045.35

卖出营业部名称：	累计卖出金额(元)：
(1) 中信证券上海淮海中路证券营业部	1277169.00
(2) 财达证券邯郸磁县朝阳北大街证券营业部	655950.00
(3) 广发证券深圳彩田路证券营业部	651558.00
(4) 海通证券上海南桥证券营业部	643640.00
(5) 中国银河证券扬州文昌中路证券营业部	518450.00

秋林集团12月7号涨停公开数据显示，该股当日总成交金额2709万元。买入前两名都是深圳证券营业部。这两家营业部极有可能就是上面笔者所说的是一个主力的分仓买入。两者当日买入1215万元，占当日总成交金额2709万元的44.8%，这个比例是相当高的(图2-50、图2-51)。

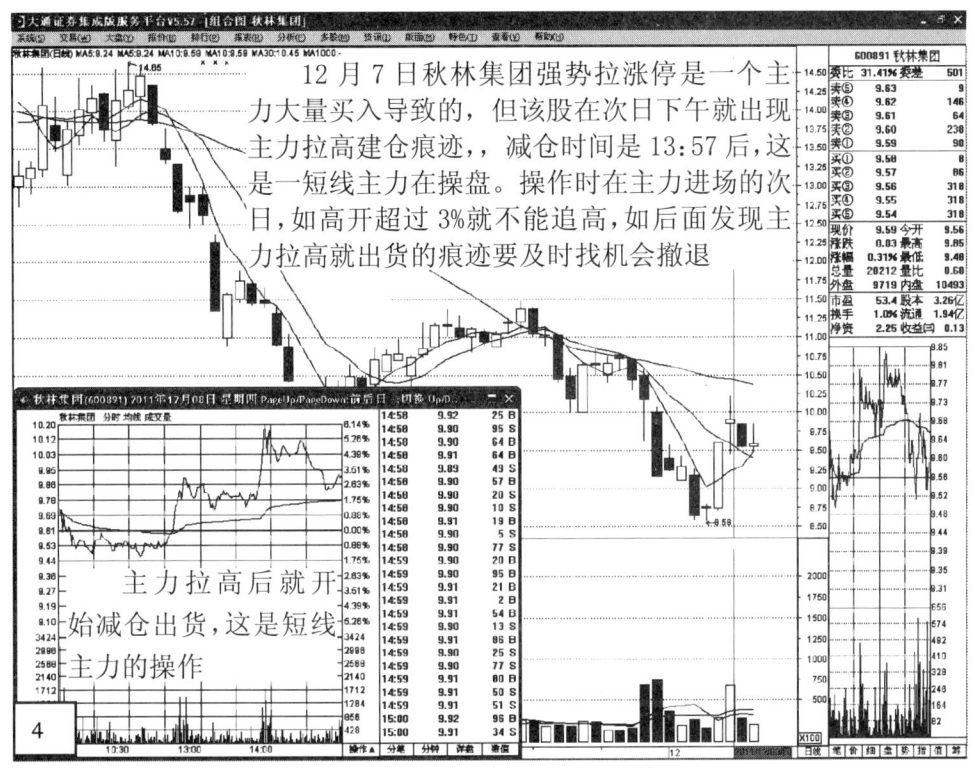

图2-50

实践中有时个股会连续公布多日交易数据，投资者跟踪这些股票时要注意连续分析这些公开数据去了解主力进出情况。

以道明光学为例，该股12月6日涨停后连续4个交易日被交易所公开当日交易数据，认真分析该股多日的交易数据就能清楚看出各大机构进出情况。

道明光学12月6日涨停成交金额1.25亿。中国建银投资证券江门堤东路证券营业部主力当日买进2912万元，占当日总成交金额的23.2%，比买入第二至第五名的买入总和还多，由此可见该股当日涨停其他机构只是配角。次日冲高中国建银投资证券江门堤东路证券营业部主力当日全部获利卖出，12月7日该股公开交易数据清晰显示这点。操作上投资者如当天跟进了，下一交易日要找机会及时撤退。如没买的则不用再跟踪了，大庄已经获利了结撤退，这样的个股后市就难有好表现了(图2-51)。

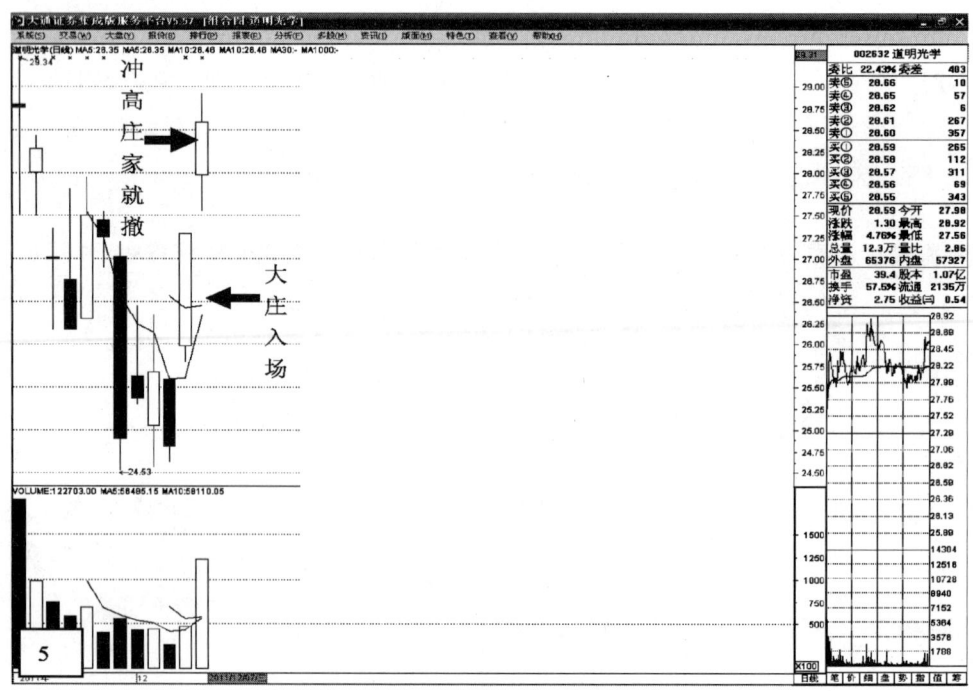

图 2-51

道明光学:2011年12月6日日涨幅偏离值达到7%。

道明光学(代码002632)涨幅偏离值:9.83%　成交量:466万股　成交金额: 12506万元

买入金额最大的前5名 营业部或交易单元名称	买入金额(元)	卖出金额(元)
中国建银投资证券江门堤东路证券营业部	29127838.74	0.00
财通证券杭州解放路证券营业部	10192811.50	0.00
金元证券杭州体育场路证券营业部	5973781.00	0.00
广发证券北京朝阳门北大街证券营业部	4268669.00	0.00
中信金通证券嵊州时代商务广场证券营业部	4191920.00	0.00

道明光学:2011年12月7日日振幅值达到15%。

道明光学(代码002632)　换手率:57.47%　成交量:1227万股　成交金额: 34612万元

卖出金额最大的前5名 营业部或交易单元名称	买入金额(元)	卖出金额(元)
中国建银投资证券江门堤东路证券营业部	33348.00	30270064.02
广发证券北京朝阳门北大街证券营业部	0.00	13293536.98
财通证券杭州解放路证券营业部	14295.00	10519171.82
东北证券武汉香港路证券营业部	0.00	6803858.95
金元证券杭州体育场路证券营业部	0.00	6100288.57

散户推动上升的股票及其表现

个股上升的原因很多，而价格的上升核心因素是资金的推动。资金的推动存在多种情况：

① 单一大机构为主的买入推高；

② 众多机构同时买入的推高；

③ 大量投资者买入的推高（大盘走好引领的上升）。

一只股票有交易就少不了有投资者的买卖参与。上述特指当日买入量谁占大头，谁是主导者。从理论和实践双角度出发，单一大机构为主的买入而推高的个股后面表现是最有潜力的。众多机构同时买入而推高的个股后市表现不好确定，因为众多机构进去了容易产生分歧。大量投资者买入而推高的个股后市大部分表现平平，投资者会追涨，敢追涨，但一般投资者是不会有组织有计划用钱去拉抬股价的。

下面以齐星铁塔（图 2-52、图 2-53）和恒信移动（图 2-54）为例具体分析。

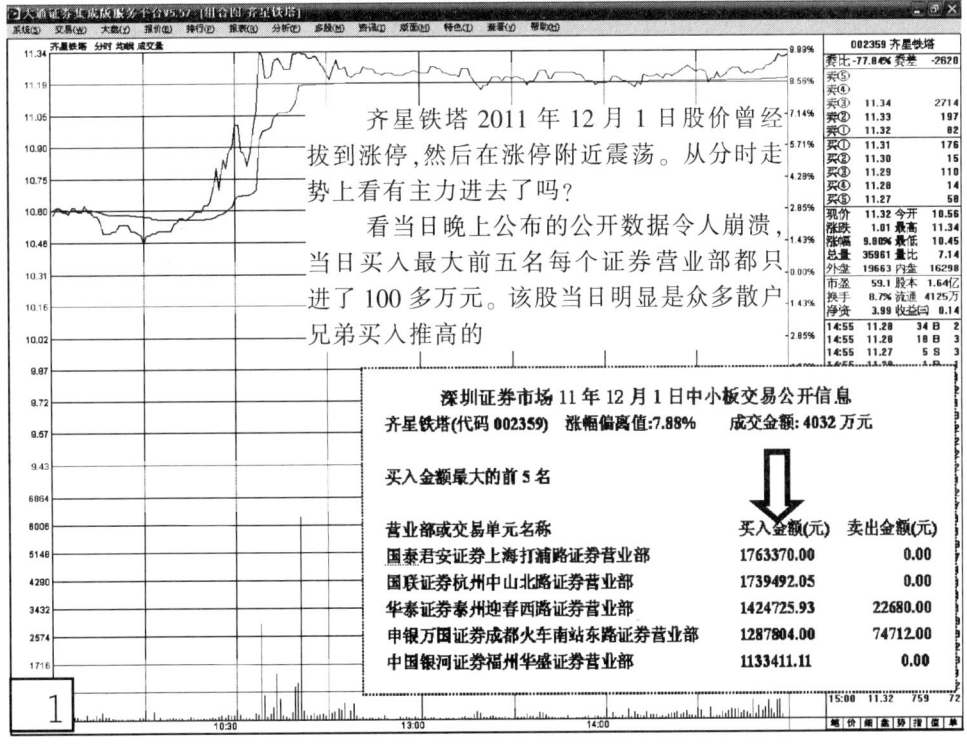

图 2-52

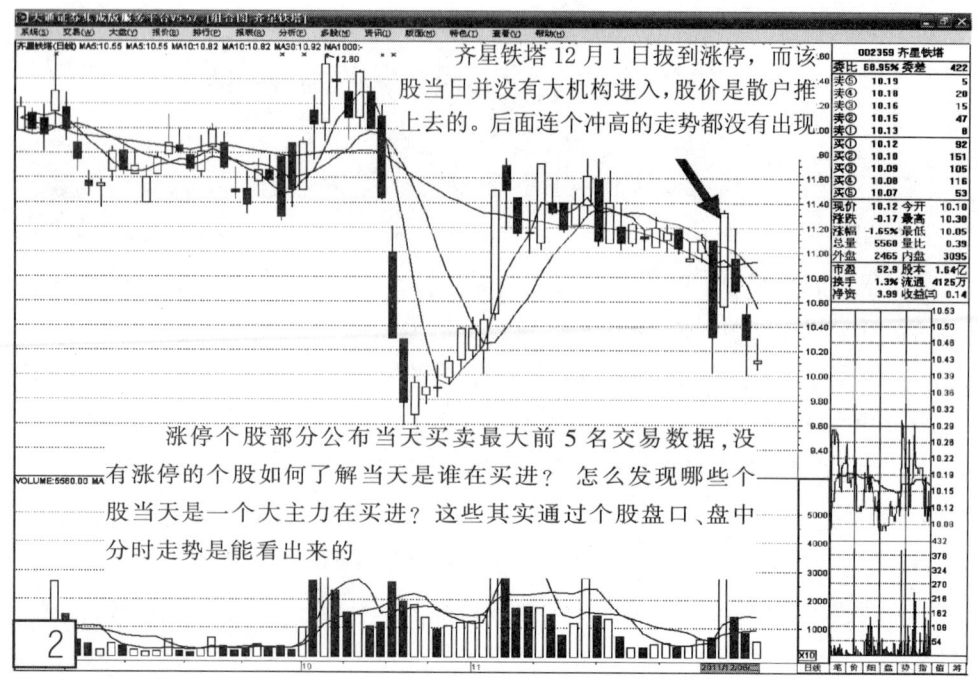

图 2-53

深圳证券市场 2011 年 12 月 9 日创业板交易公开信息

恒信移动(代码 300081) 涨幅偏离值:11.08% 成交量:789 万股 成交金额: 15325 万元

买入金额最大的前 5 名

营业部或交易单元名称	买入金额(元)	卖出金额(元)
国泰君安证券股份有限公司上海商城路证券营业部	3728647.98	71923.00
湘财证券有限责任公司上海金沙江路证券营业部	3393788.00	3377732.82
光大证券股份有限公司奉化南山路证券营业部	3337421.00	21412.60
安信证券股份有限公司北京远大路证券营业部	2717473.77	0.00
中信金通证券有限责任公司义乌城中中路证券营业部	2410363.28	9895.00

卖出金额最大的前 5 名

营业部或交易单元名称	买入金额(元)	卖出金额(元)
国泰君安证券股份有限公司成都北一环路证券营业部	0.00	8849636.44
江海证券有限公司双鸭山西平行路证券营业部	0.00	5458709.19
中信证券股份有限公司深圳福华一路证券营业部	0.00	4170304.24
中国银河证券股份有限公司广州临江大道证券营业部	9490.00	3919140.80
湘财证券有限责任公司上海金沙江路证券营业部	3393788.00	3377732.82

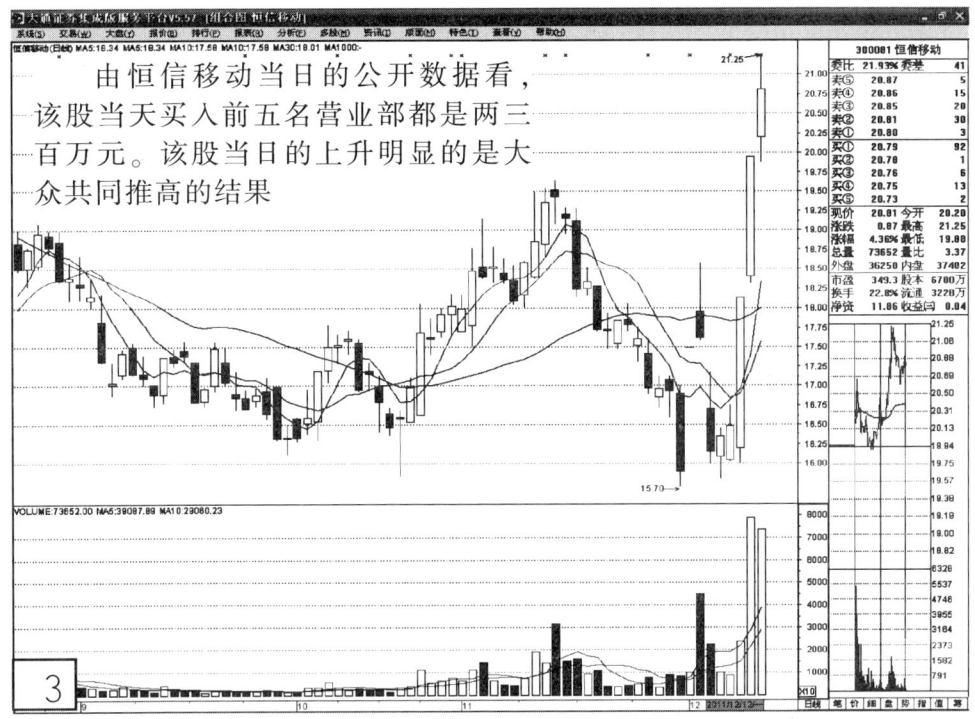

图 2-54

主力行为学——老谋深算的洗盘（一）

在交易市场中，大部分个股都有主力在运作，而主力的想法并不时时和大环境相协调，也不是时刻会顺势而为。他们更多的是结合自身的情况考虑去操纵和引导股价的走向。对于一些有实力机构运作的个股，我们不能简单地认为，其走势在大盘跌时抗跌，大盘好时比大盘强，就代表这是强庄股，这样的认识是表面的。跌时抗跌，好时表现比大盘强只是强庄某阶段的表现。

就今天的 600410 华胜天成而言，盘中走势充分体现出主力的独立性思维。全天走势中它有和大盘同步的时候也有逆大盘抗涨的时候，主力盘中控制着股价的走势，其操纵的手法非常明显。想知道华胜天成今天独立操纵盘口的目的，看下面的盘口细节就知道了(图 2-55 至图 2-58)。

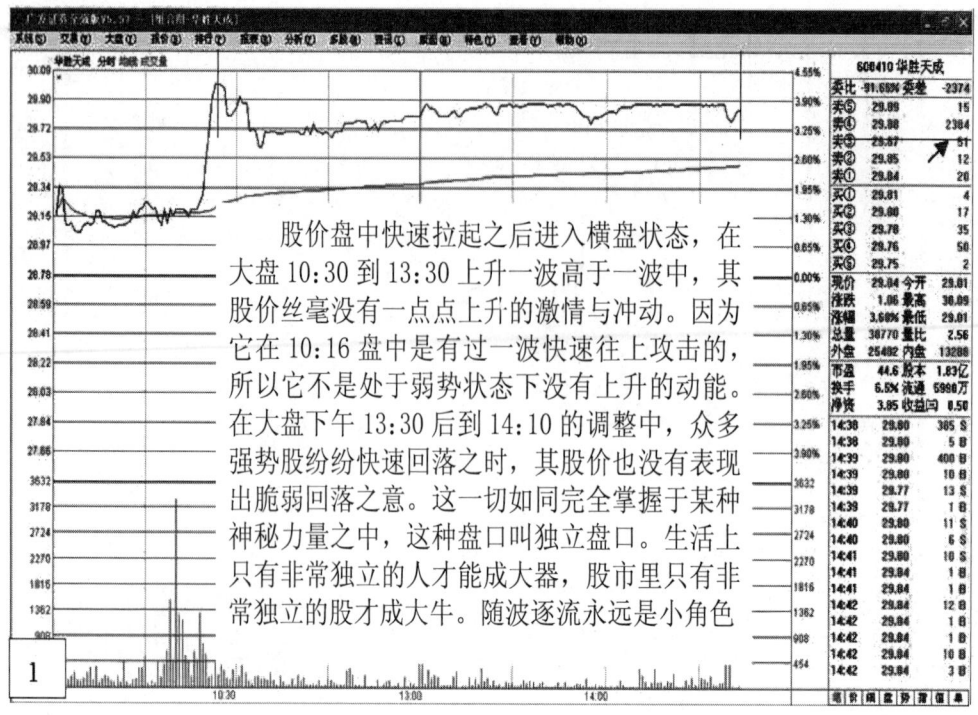

股价盘中快速拉起之后进入横盘状态，在大盘 10:30 到 13:30 上升一波高于一波中，其股价丝毫没有一点点上升的激情与冲动。因为它在 10:16 盘中是有过一波快速往上攻击的，所以它不是处于弱势状态下没有上升的动能。在大盘下午 13:30 后到 14:10 的调整中，众多强势股纷纷快速回落之时，其股价也没有表现出脆弱回落之意。这一切如同完全掌握于某种神秘力量之中，这种盘口叫独立盘口。生活上只有非常独立的人才能成大器，股市里只有非常独立的股才成大牛。随波逐流永远是小角色

图 2-55

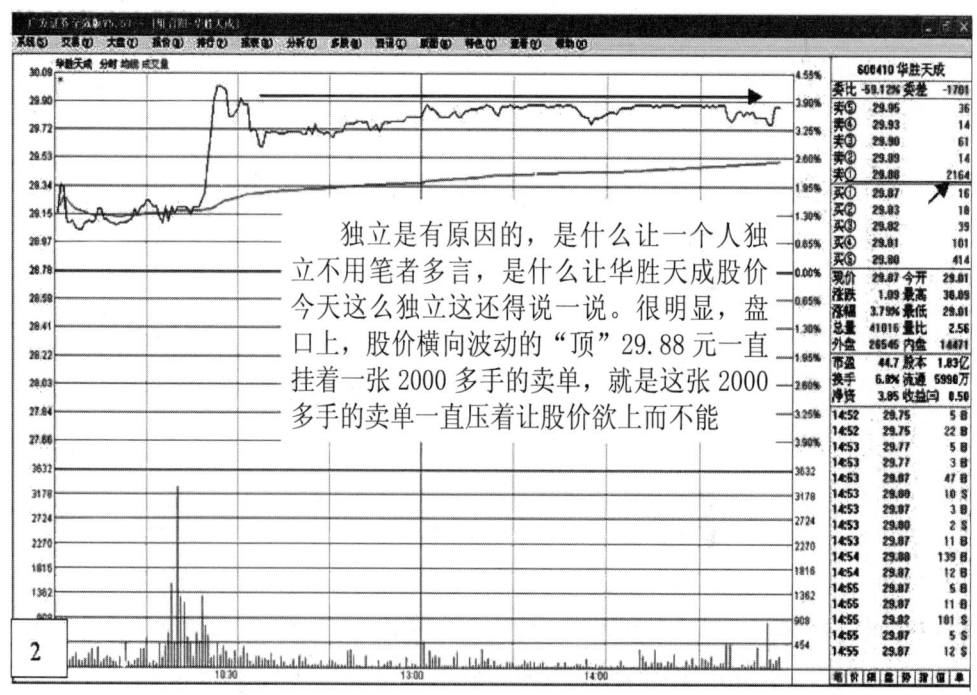

独立是有原因的，是什么让一个人独立不用笔者多言，是什么让华胜天成股价今天这么独立这还得说一说。很明显，盘口上，股价横向波动的"顶" 29.88 元一直挂着一张 2000 多手的卖单，就是这张 2000 多手的卖单一直压着让股价欲上而不能

图 2-56

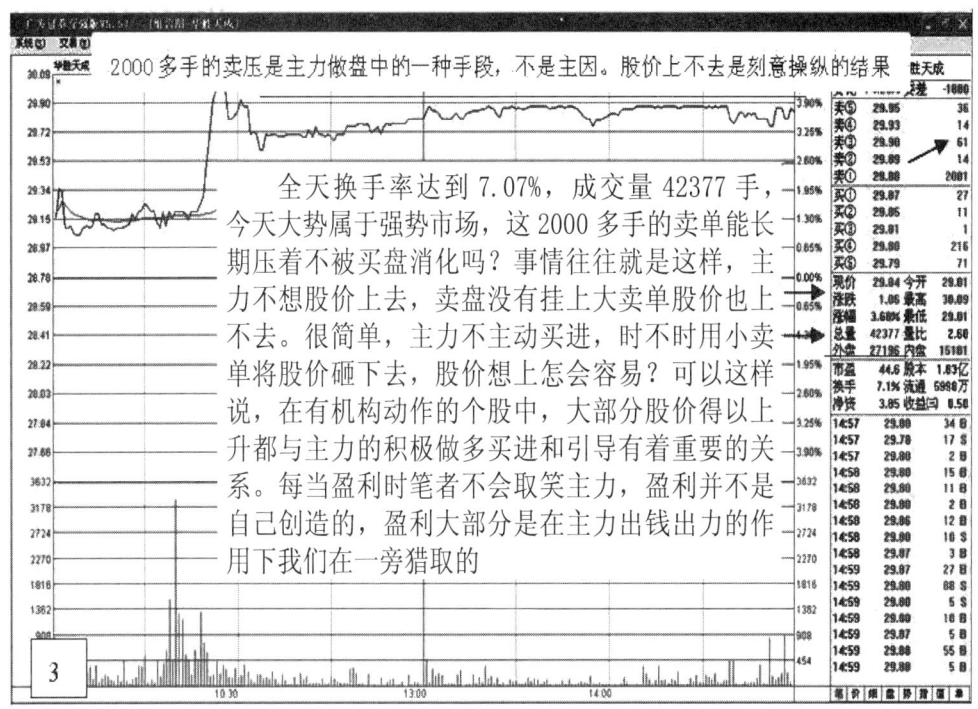

图 2-57

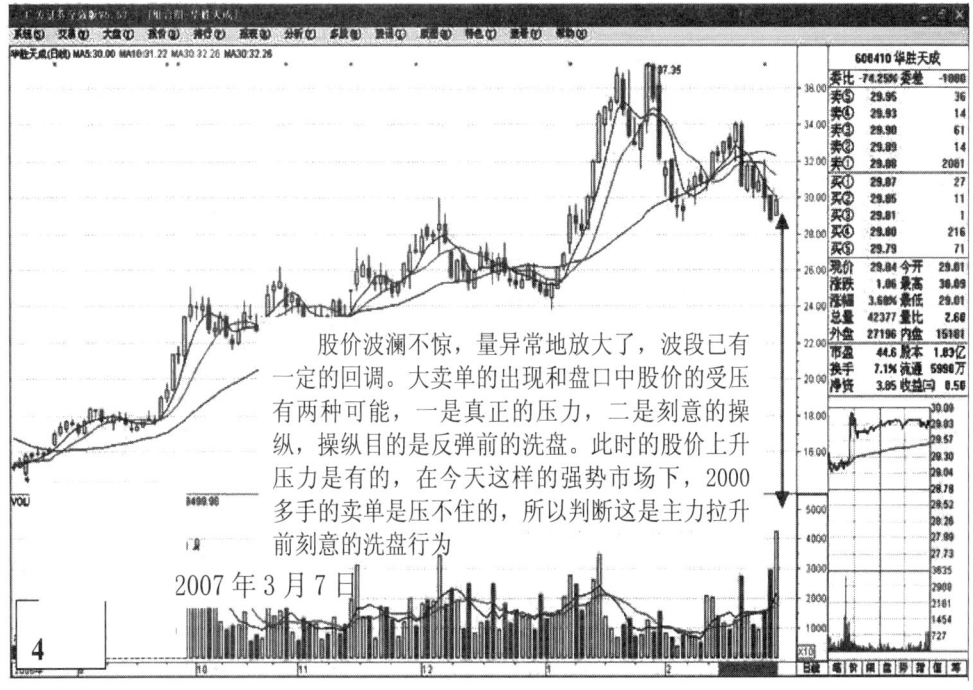

图 2-58

主力行为学——老谋深算的洗盘(二)

见图2-59至图2-64。

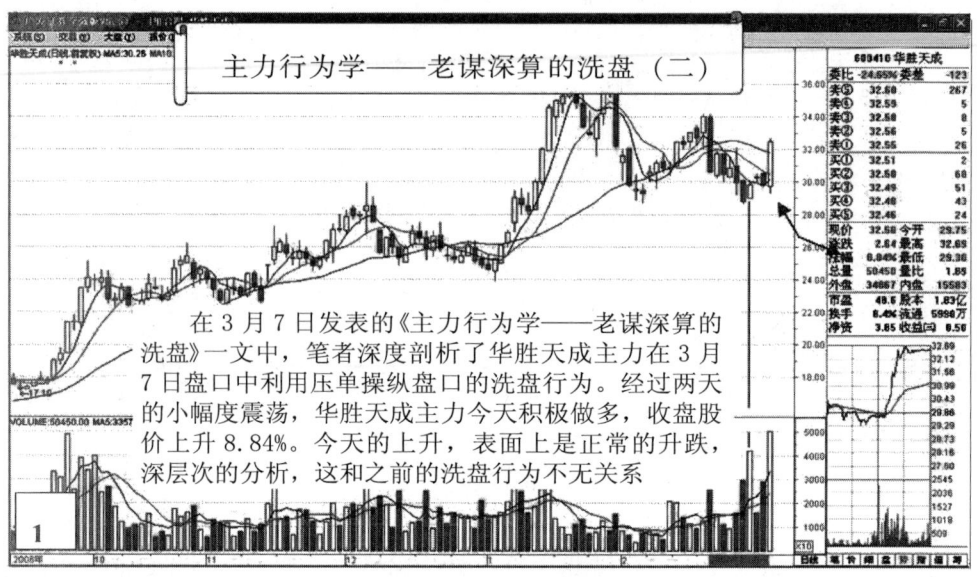

图2-59

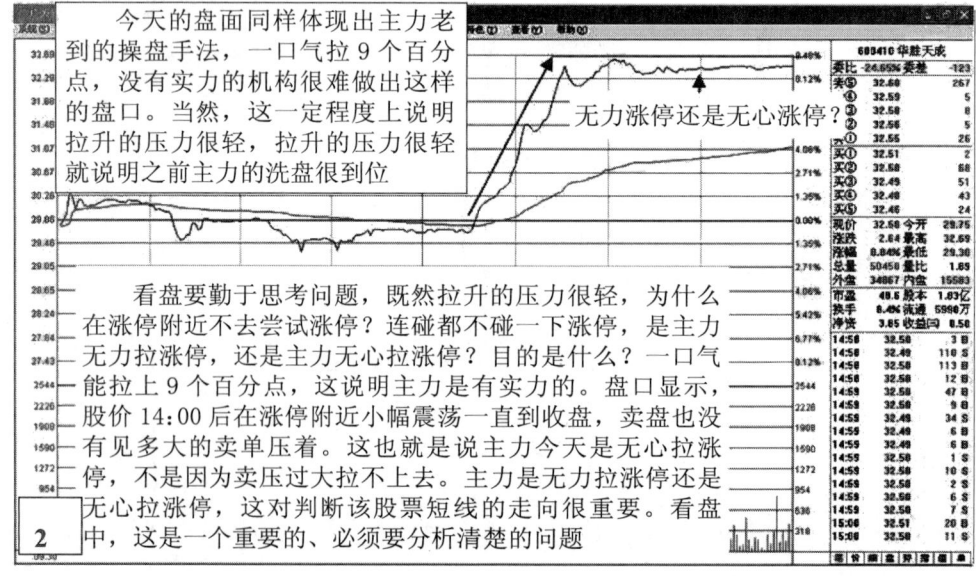

图2-60

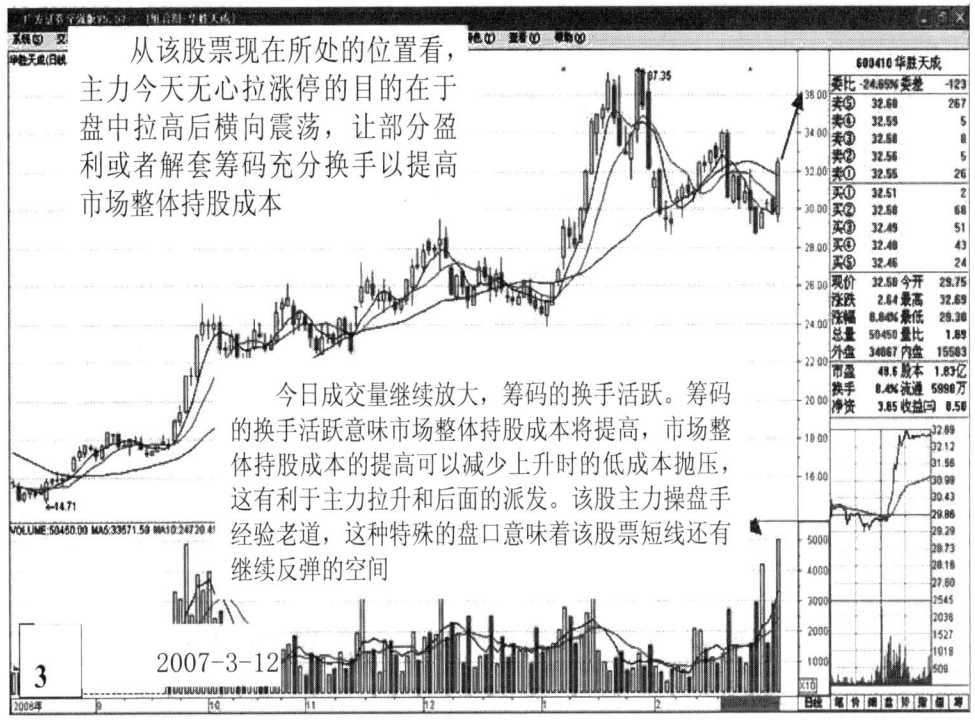

图 2-61

图 2-62

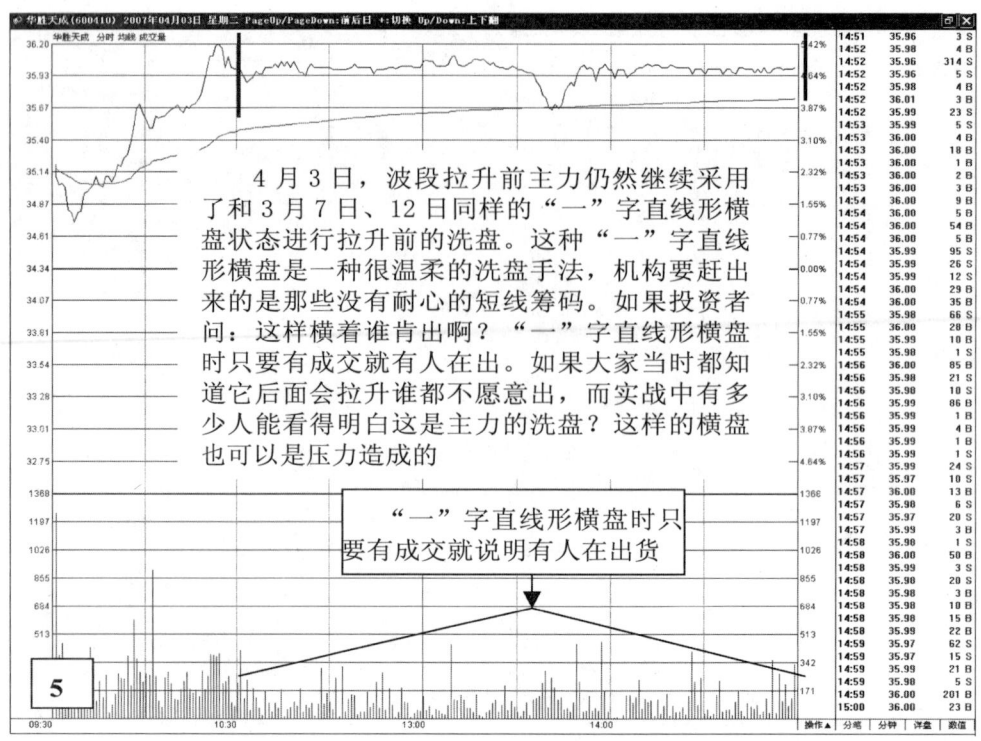

图 2-63

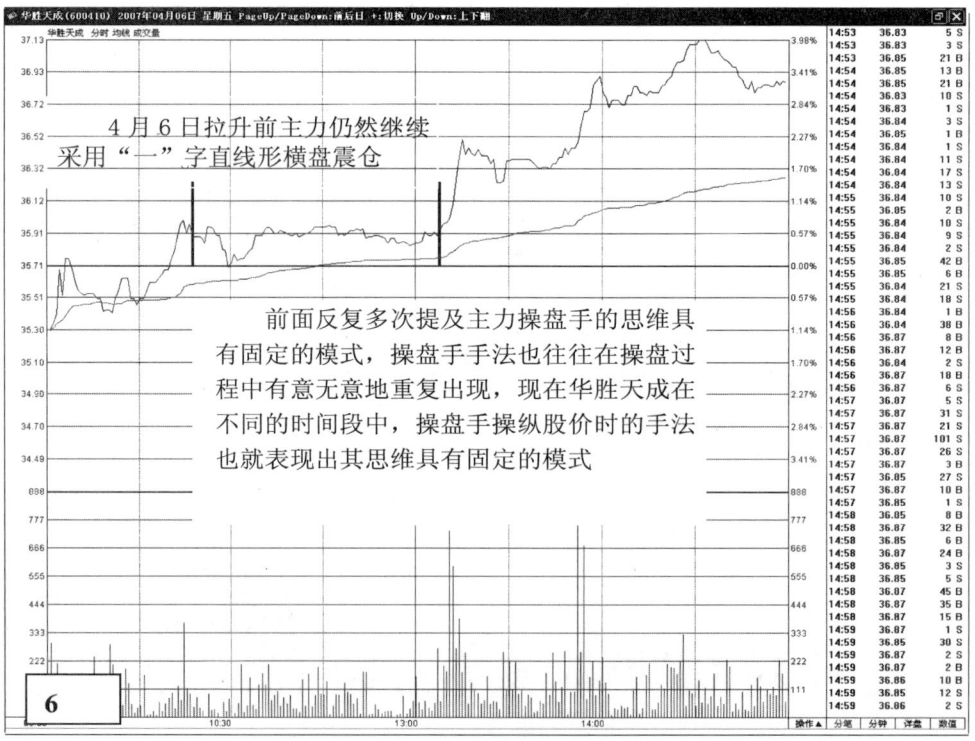

图 2-64

大庄隐蔽神秘交易行为

坐庄行为是违法的，因此真正在股市中实施坐庄的主力活动都是悄悄地进行，其行踪越少人知道越好，这是利益所在。一般机构，如券商、基金等平时正常的投资买卖行为并不违法，他们操作时可以光明正大不加掩饰地进行。但在涉及利益输送或以权谋私行为时，其操盘动作往往也是悄悄进行。

股票市场无论是利益输送还是以权谋私，实施过程都要通过交易来完成。为了避免执法机构的监督和投资者的注意，操盘者总是千方百计想尽各种各样的办法掩饰其操作痕迹。刚刚上市的次新股 601011 宝泰隆在 2011 年 5 月 10 日盘面就出现异常的不可告人的交易情况。下面通过分析宝泰隆当天的交易细节了解这种神秘的异常交易行为（图 2-65 至图 2-72）。

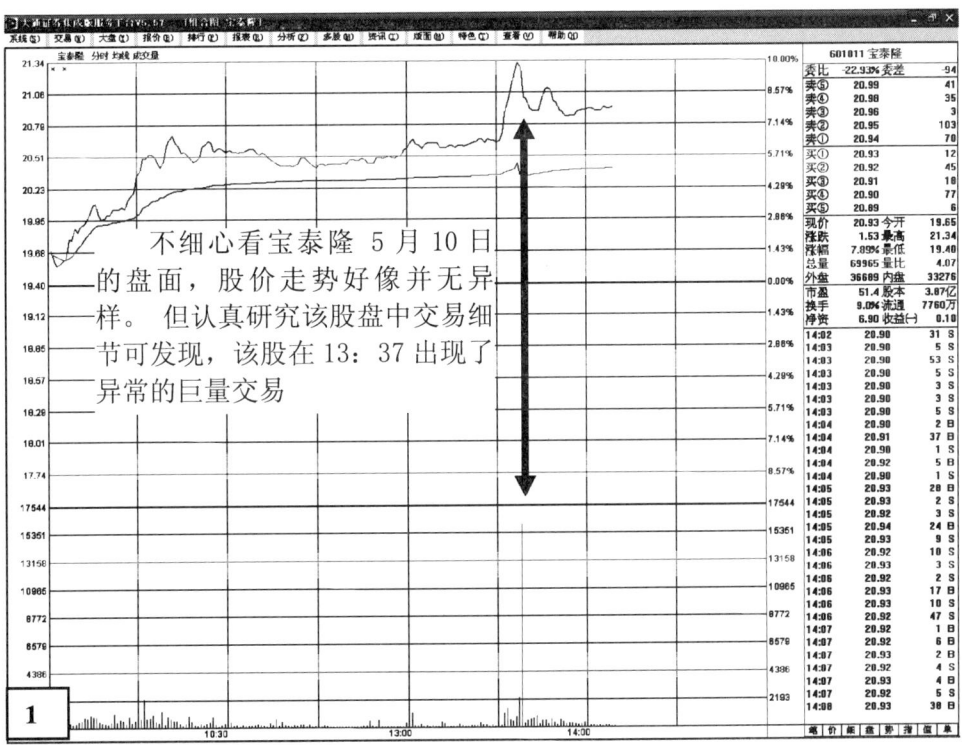

图 2-65

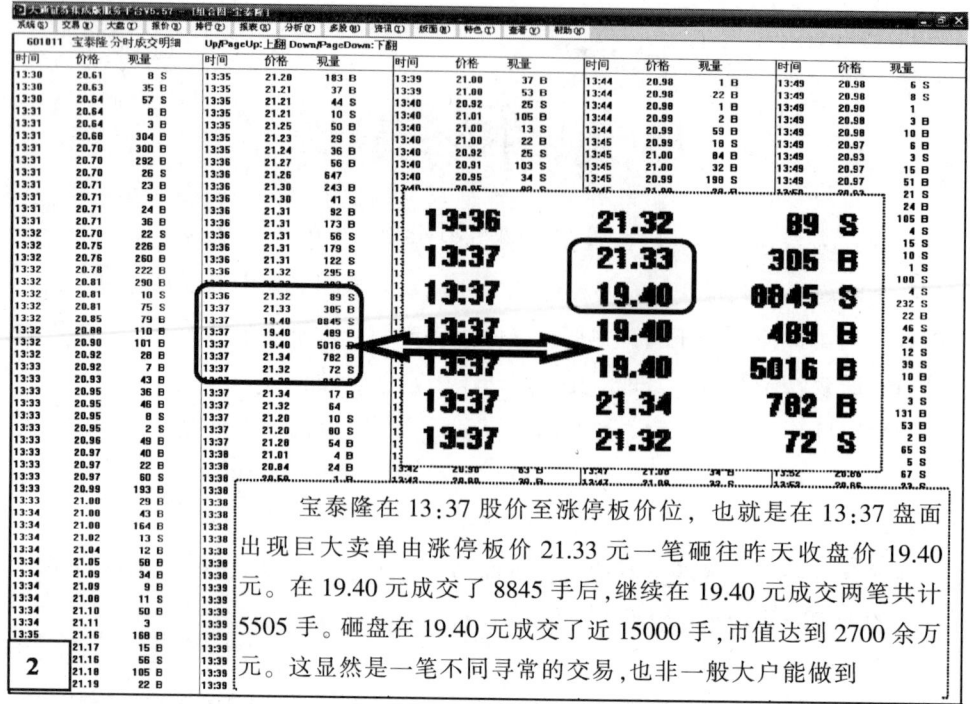

图 2-66

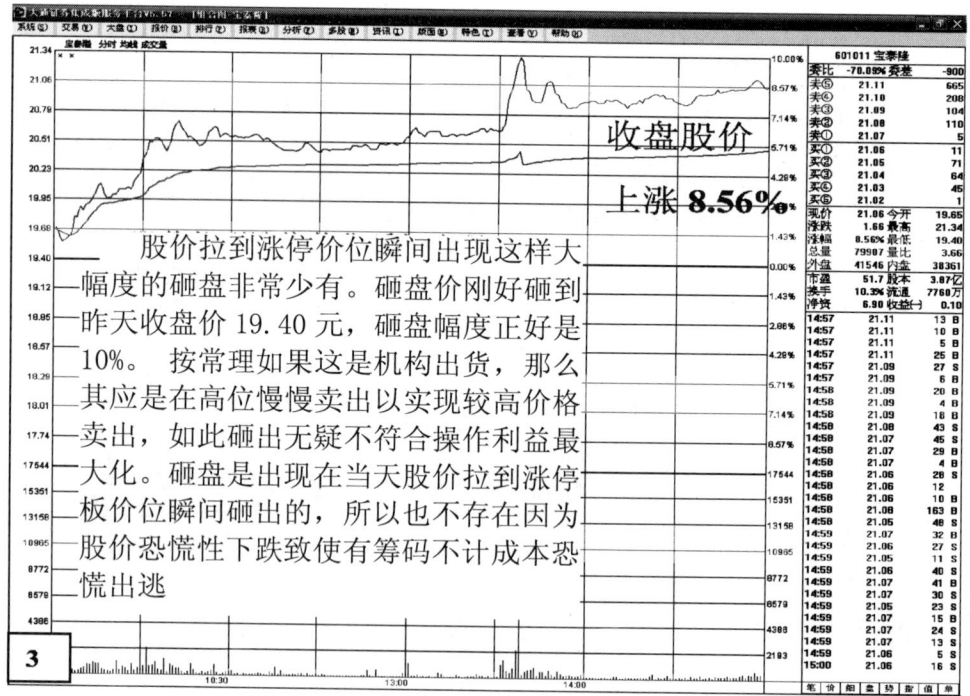

图 2-67

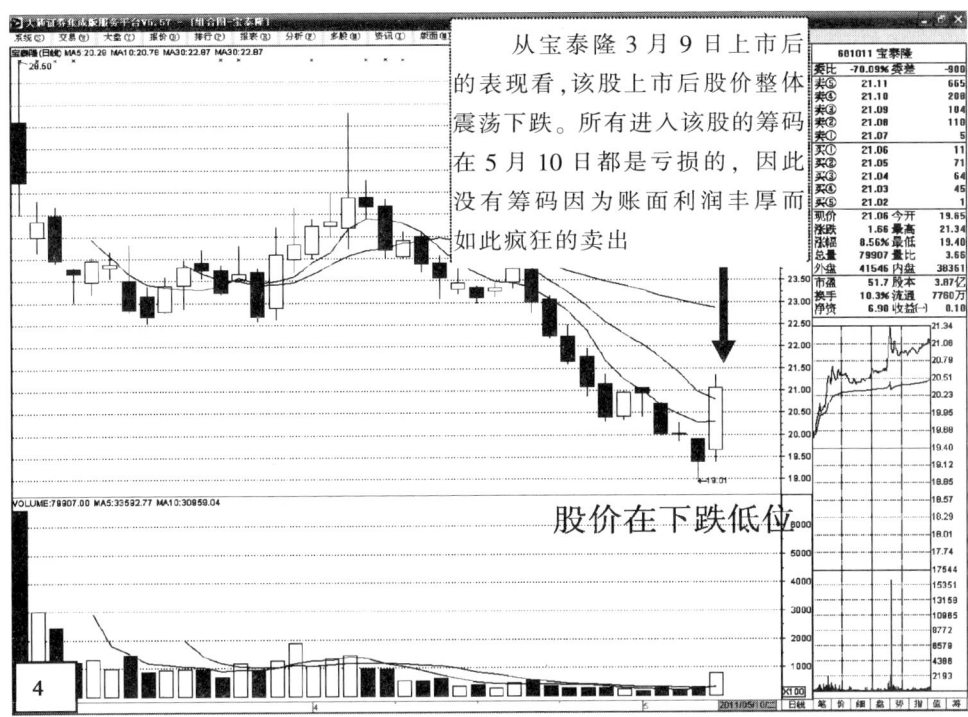

图 2-68

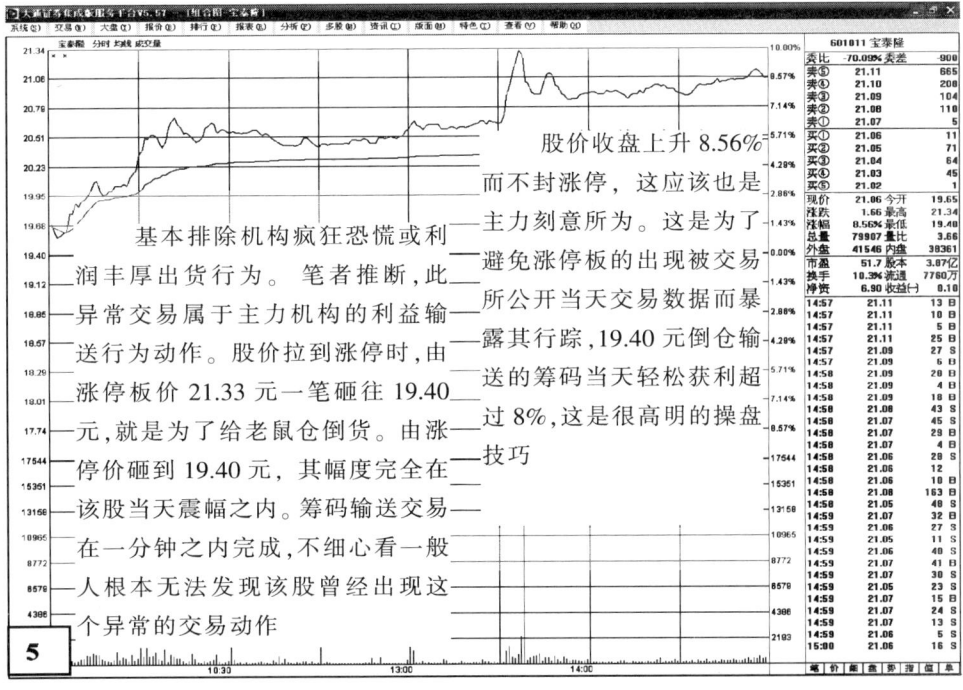

图 2-69

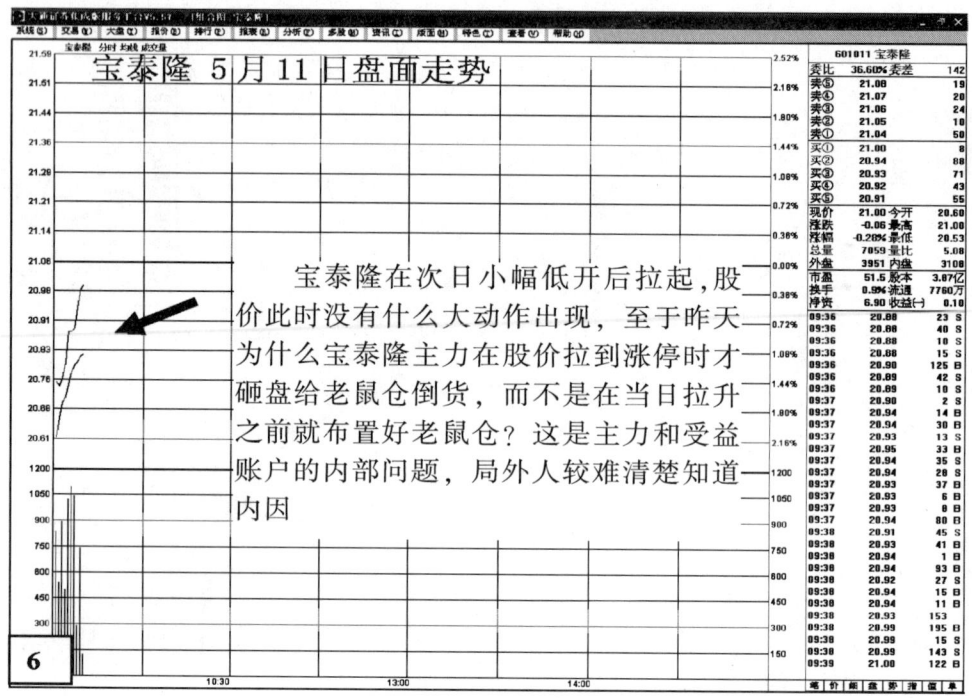

图 2-70

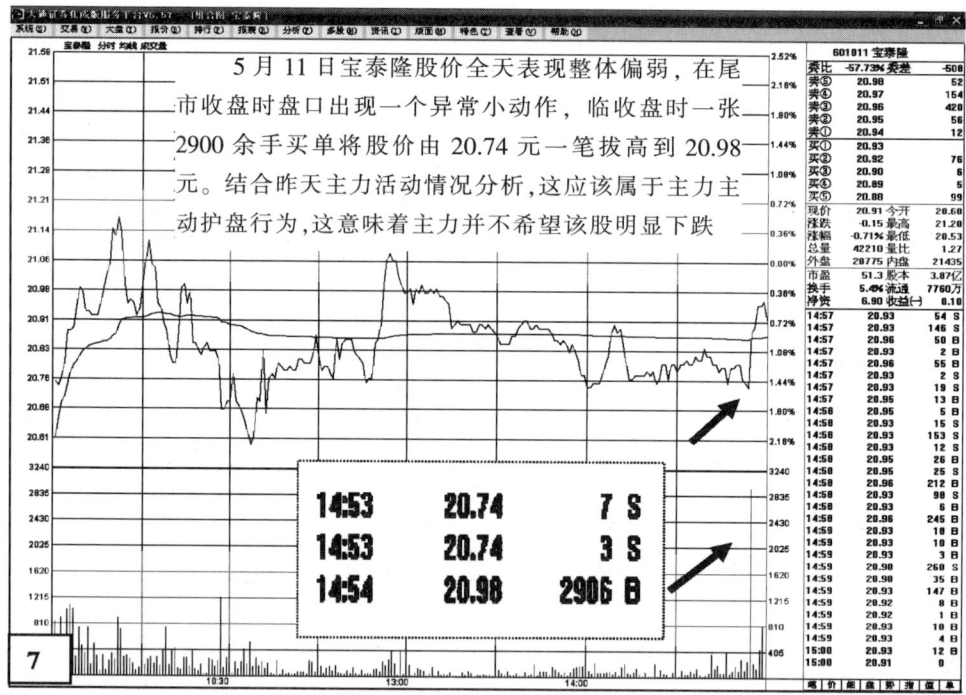

图 2-71

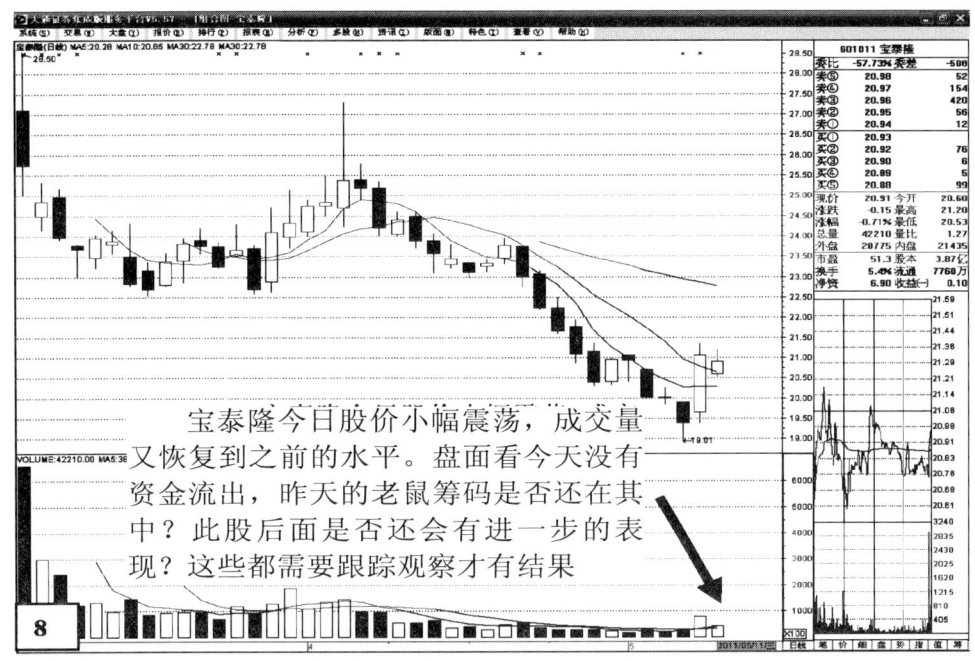

图 2-72

资金为王的股票市场跟庄操作思路

股票市场资金为王

技术分析的真正意义在于揣摩和看懂在场主力的操作意图以及动向！

投资者临盘操作，个股只要看懂了在场主力的活动痕迹与操作意图，操作自然也就心中有数了。股市实战操作如同一场没有硝烟的战争，每日都是盈利或亏损的对抗。现时仍然有不少股友使用指标、选股软件、数浪理论等作为买卖参考依据，而这些东西已是历史上过时的冷兵器。

美国如今在世界上横行霸道，几乎爱打谁就打谁，出手几乎没有输的，保证其胜出的是它的实力超强，武器先进！ 股票市场上同样，主力实力超强操盘方法先进，投资者还在拿什么指标、选股软件、数浪理论等武器去与其对抗宣战，岂有不输之理？做股票操盘同样也要与时俱进掌握新方法！

没有多少人会说现在是一个"庄股"时代，但是也没有多少人敢否定股价的上升不是主力、不是大机构的资金介入拉抬而引起的！特别是个股的大涨或连续上涨，80%以上都可以看见主力大资金进出的痕迹。没有主力的参与个股如死水一潭，"大庄"介入的个股就是金矿！无论是做短线还是中线，掌握大主力坐庄建仓、拉高、出货的手法是相当重要的。

股价的大涨是主力拉抬上去的

见图2-73。

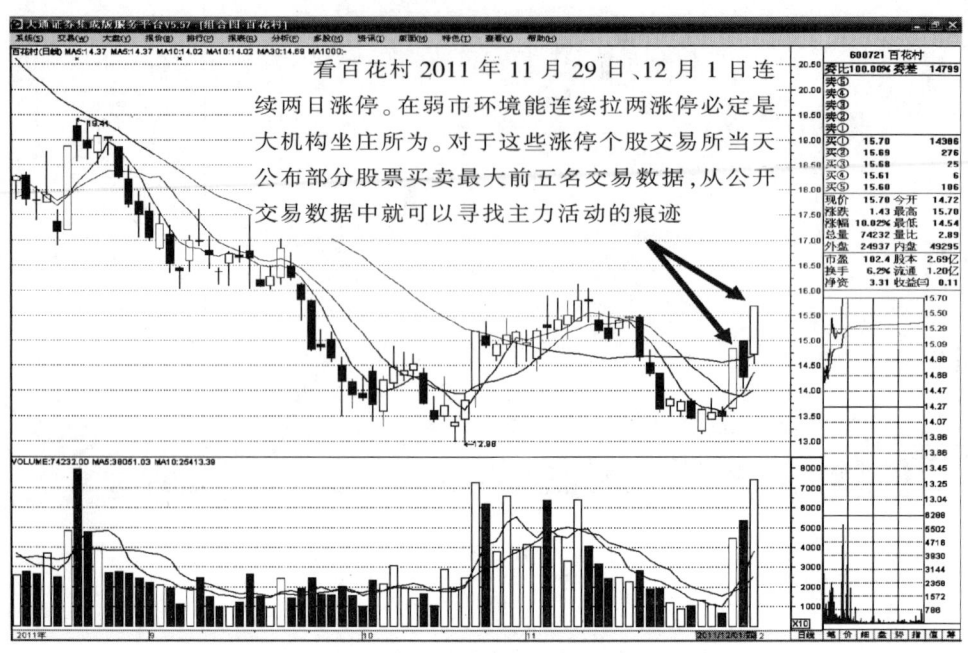

看百花村2011年11月29日、12月1日连续两日涨停。在弱市环境能连续拉两涨停必定是大机构坐庄所为。对于这些涨停个股交易所当天公布部分股票买卖最大前五名交易数据，从公开交易数据中就可以寻找主力活动的痕迹

图2-73

上海证券市场2011年11月29日公开信息

证券代码	证券简称	偏离值%	成交量	成交金额(万元)
600721	百花村	8.77%	4469514	6525.44

证券代码：600721　　　　　　　　　　　　　　证券简称：百花村

买入营业部名称：	累计买入金额(元)：
(1) 财通证券上海漕溪路证券营业部	14929040.00
(2) 东海证券南京长江路证券营业部	4560266.00
(3) 中信万通证券淄博美食街证券营业部	4093589.82
(4) 华泰证券无锡解放西路证券营业部	2054056.37
(5) 华创证券上海宜山路证券营业部	1767225.04

上海证券市场2011年12月1日公开信息

证券代码	证券简称	偏离值%	成交量	成交金额(万元)
600721	百花村	7.72%	7423233	11411.79

证券代码：600721　　　　　　　　　　　　　　证券简称：百花村

买入营业部名称：	累计买入金额(元)：
(1) 财通证券上海漕溪路证券营业部	10095759.40
(2) 五矿证券深圳金田路证券营业部	9154567.00
(3) 方正证券北京阜外大街证券营业部	3926879.39
(4) 渤海证券上海彰武路证券营业部	3376634.99
(5) 东吴证券苏州滨河路证券营业部	2992420.00

由百花村 11 月 29 日、12 月 1 日连续两日涨停公开交易数据看,潜伏在财通证券上海漕溪路证券营业部的主力操盘痕迹明显。11 月 29 日百花村当日涨停成交金额 6525 万元,该营业部买入了 1492 万元,占当日总成交金额 22.8%。其他最大买入第二、第三名每家买入量都只有几百万元以下。

12 月 1 日百花村再次放量涨停,公开交易数据潜伏在财通证券上海漕溪路证券营业部主力再次大量买入(图 2-74)。当日百花村成交金额 1.14 亿元,该营业部又买入了 1009 万元,占当日总成交金额 8.8%,仍然是当日买入量第一名。因此可见百花村两个涨停板无疑是潜伏在财通证券上海漕溪路证券营业部主力作为主角的拉抬而引起的。股价的大涨是主力大资金的介入拉抬引起的!没有主力参与的个股死水一潭,"大庄"介入的个股就是金矿。这是赤裸裸的坐庄行为,大资金就是这样影响股价的。

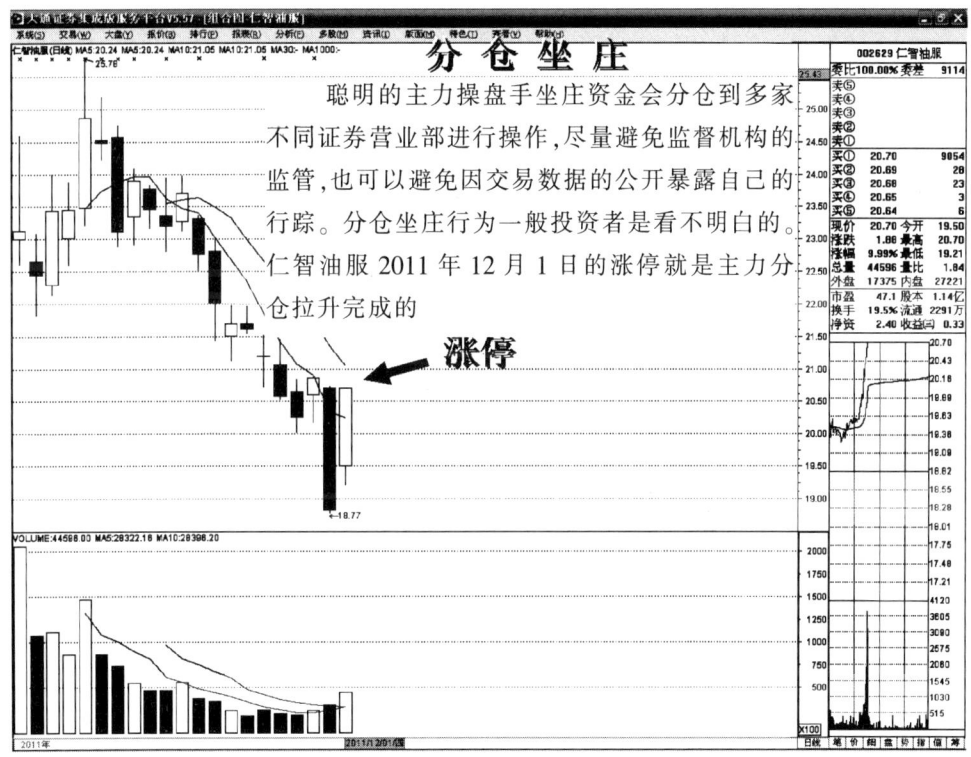

图 2-74

深圳证券市场 2011 年 12 月 1 日中小板交易公开信息

仁智油服（代码002629）　　涨幅偏离值:8.08%　　成交金额：9007万元

买入金额最大的前5名

营业部或交易单元名称	买入金额(元)	卖出金额(元)
华泰证券广州番禺繁华路证券营业部	12159180.00	25192.00
中信证券广州临江大道证券营业部	9416430.00	0.00
广发证券广州天河路证券营业部	6189040.00	0.00
中原证券上海大连西路证券营业部	2951728.53	0.00
西南证券金华丹溪路证券营业部	2659471.44	0.00

深圳证券市场 2011 年 12 月 2 日中小板交易公开信息

仁智油服（代码002629）　　换手率:31.95%　　成交金额：15362万元

卖出金额最大的前5名

营业部或交易单元名称	买入金额(元)	卖出金额(元)
华泰证券广州番禺繁华路证券营业部	0.00	12390776.41
中信证券广州临江大道证券营业部	42052.00	9546394.45
广发证券广州天河路证券营业部	6336.00	6230837.04
中原证券上海大连西路证券营业部	0.00	3118184.62
国泰君安证券杭州庆春路证券营业部	2046742.00	2719234.32

从公开数据看，仁智油服 12 月 1 日的涨停就是广州某主力分仓 3 家不同证券营业部同时出手拉涨停的。在 12 月 2 日又同时撤退，高度一致的行动说明这是分仓行为。这是较明显的分仓坐庄行为，该机构是个玩短线的主力。

2011 年 4 月后大盘一路下跌，弱市涌现出一大批进入就拉高、拉高就出货的短庄。他们的短线套利操作相当成功！如 600623 双钱股份，短庄 12 月 2 日进 5 日拔高就出。600643 爱建股份、600070 浙江富润 短庄 12 月 5 日进 6 日拔高就出。

以上仅仅是主力坐庄个案冰山一角！资金为王，优势资金能影响操纵股价无需再证明！股票市场上主力利用其拥有庞大的资金，掌握的高超操盘技巧实施短、中、长线坐庄行为多如牛毛。大部分主力坐庄都实行分仓持股，拉高和出货时也都实施买卖"平均"化配置。涨停时交易所公布的买卖最大各前 5 名证券营业部数据，多时是看不出主力真正行踪的。这就导致部分投资者认为"看清主力，跟庄操作"是不可能的事。股票市场藏龙卧虎，大多数人做不到的并不代表所有人做不到。普通的技术做不到，换一种方法利用盘口知识就可以做到。

第三章

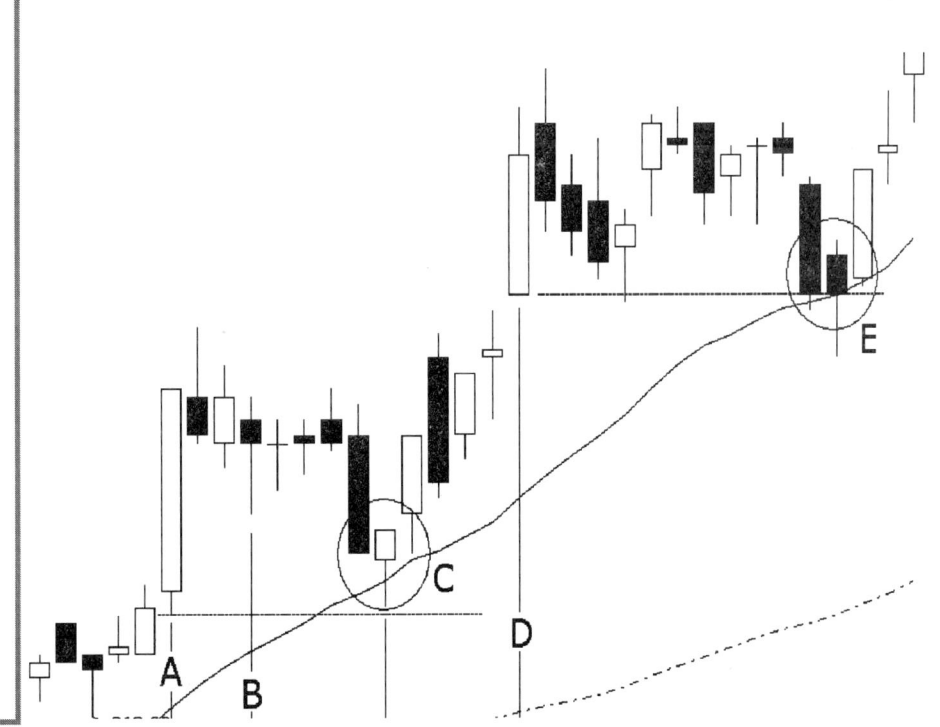

主力洗盘提高市场成本的基本原理

实盘中主力运作个股，洗盘是上升之前或者拉升过程中一个不可少的重要环节！所谓洗盘就是主力准备拉抬股价之前或者是拉抬股价中途的一种震仓欺骗投资者或其他机构卖出的行为。洗盘最重要的目的是通过各种欺骗手段让部分流通筹码在目前位置进行买卖交易充分换手，充分换手最大的好处是能达到提高整个市场非主力之外的持股成本。在主力坐庄过程中，非主力持有的筹码平均成本越高越有利于减少主力拉升时的盈利性抛压，和有利于主力拉高后的出货操作。

下面以举例的方式介绍主力为什么要在准备拉抬股价之前、拉抬股价中途洗盘和提高市场成本的基本原理。

例如，某只股票现阶段总体市场成本为10元左右（包括主力成本），主力从10元开始启动拉抬股价，目标是20元。当股价拉到12元时，投资者手上持有的部分流通筹码就产生了20%左右的利润，这时自然有部分筹码在股价上升中途就获利出局。而按照市场投资者的分类，筹码的持股性质分布分析，股价从10元拉高到12元时有一定比例的流通筹码在盈利达到20%时仍然是继续一直持股的，这是客观的事实。

在股票市场里有这么一种心态，投资者持有的个股的账面盈利越大，心态就越稳定，主力进行洗盘就越难把这部分投资者震出来。在整个主力坐庄拉升过程中，有部分这样心态稳定的投资者主力是欢迎的，因为这相当于主力找到了一批长期愿意帮他锁仓的资金，这对主力拉抬股价的过程避免过大的抛压造成过高的拉升成本是非常有利的。但如果这类型中长线持股投资者过多，或者持股资金量过于庞大，当他们的筹码在获得丰厚利润时，这对主力拉高后的出货是非常不利的。因为这部分资金获利丰厚，当主力进行出货时一旦被他们觉察到，这部分资金往往会以更低的价格大量卖出，这样的局面不但会打破主力的出货计划而且会令主力非常难堪。大量获利丰厚的筹码以更低的价格大量涌出，如果主力不去接下这些筹码，股价必然大幅下跌。出现这样后果，主力拉高股价即前功尽弃。如果主力在高位接下这些筹码，那么主力拉高后出货的计划不但没有实施完成反而在高位接了别人的货，这就相当于主力为这部分资金坐庄了。这两种局面没有哪一个坐庄的愿意看到。

在实盘中，大部分个股主力在股价每拉升一定的幅度后就会展开洗盘。洗盘的目的就是把之前在低位买入的筹码在获利后赶出去。在低位买入的筹码在卖出的同时也就是有人在这把筹码接过去。有卖的必须有买的才能成交，同样，有买的必须有卖的才能成交。就单笔交易而言，在这个交易完成后，无形中这笔筹码的成本就提高了。

举例：某股票A投资者以10元价格买进10000股，在股价上升到12元时他的成本仍然是10元，当股价拉到20元时他的成本还是10元。

当A投资者在10元价位买进的10000股在股价上升到12元卖出，另一B投资者则以12元价格接下这10000股，那么B投资者现在持有的这10000股成本就是12元。假设该股后市上升到20元时，B投资者的成本是12元而不是10元。如果B投资者在该股上升到14元卖出这10000股，另一C投资者以14元价格接下这10000股，交易一完成，那么这10000股现在的买入成本就是14元。当该股后市上升到20元时，这10000股的筹码成本是14元，不是10元也不是12元。

A投资者、B投资者和C投资者是三个不同的投资主体，通过换手(改变筹码持有者身份)就能提高市场筹码成本，这是最基本原理。

实盘中主力进行洗盘时通过股价反复震荡促使大部分筹码在震荡中换手，这样就能达到整体提高市场筹码的目的(下跌中途，通过换手所起到是作用是降低市场筹码成本)。

同一只股票，现价是12元，持有者的成本是10元的和另一持有者的成本是12元的心态、操作计划等是不相同的。这一点作为主力操盘手比我们自己还要清楚我们自己的心理！

人的心理简单地理解就是想法，深一层次理解应该叫思维。思维一般情况下只停留在单纯想的阶段，但部分思维在外界一定的环境条件影响下会转变为行为(动作)。例如，某君正乘坐海南到北京的航班，飞机正在飞行中，他感觉到无聊，突然想到看看今天的《中国证券报》，看看上证指数是不是上升到5000点了。但飞机上没有《中国证券报》，某君是不会砸烂窗户跳下去买份《中国证券报》来看的。某君想看《中国证券报》的想法在外界很难满足的环境下，思维念头只停留在脑袋中而没有转变为实质性的行为动作。但当某君想看今天的《中国证券报》的想法出现在他刚刚下了飞机的时候，可能第一时间他就跑去买。这个过程是某君先在形式思维上产生想看《中国证券报》的想法，到某君把这个想法转变为行动，跑去买《中国证券报》。对大脑中产生的思维想法转变为实质上可以看得见的行为(动作)，起关键催化作用的是某君当时所处的环境。因为在飞机上想买份《中国证券报》的想方法很难实现，所以某君的想法只停留在单纯的想，而没有进一步的行为动作，这很大程度上取决于当时的环境。当某君想看今天的《中国证券报》

的想法出现在已经下了飞机的时候,他马上跑去买份《中国证券报》,是因为下飞机了,这个想法出现在当时并不难实现的环境中而导致他把思维想法转变为行为(行动)。

  笔者举例只为说明一点,主力操盘手就是一个经验非常丰富的心理学家,他同时是一个可以制造和引导其参与目标股票者的心理学家。洗盘时,操盘手凭经验认为盘中将股价打低多少就能达到洗出想要洗出去的筹码,这是经验丰富的体现。他知道怎么做才可以达到洗盘的目的,这属于操盘手经验范畴。如果他盘中将股价打低5%没有达到他洗盘的目的,他可以将股价打低到8%甚至跌停板价位,这样他就能达到洗盘的目的。这说明什么?说明操盘手如果凭经验操盘达不到目的时他还可以凭自身的资金实力(筹码、信息等)优势确保达到洗盘的目的。不难看出,主力操盘手的经验优势、资金优势、心理优势,都很大程度优于普通者。操盘手在洗盘时通过制造出货的盘口等让该股持有者产生要卖出的思维想法,然后通过打压股价、盘中大卖单砸盘等方式创造出使普通投资者将大脑先产生的卖出思维转变为卖出的行为(动作)。

  对于个别股票,股价的波动幅度大小、横盘的时间长短、股价日常的逆向走势,操盘手都能凭自有的经验和资金实力制造出让普通投资者"把大脑中产生想卖出思维转变为实际的卖出行为(动作)"的环境!

  生活中,如果你想让一个悲伤者更悲伤,可以给他(她)讲更悲伤的事情。如果不行就放一曲悲伤的歌曲给他(她)听,他(她)的情绪将会很自然与悲伤的歌曲产生共鸣,从而一定更悲伤!如果这一曲子不能令他(她)更悲伤就换另一曲,肯定有令他(她)心碎的一曲!

  主力在洗盘的时候对普通投资者何尝不是这样?无论怎样,操盘手总能拿出让你对该股先是失望然后是绝望而离开的手段!看盘研究过程中我们必须从本质上、原理上认识到这一点!

  在实操过程中,主力洗盘的手法多种多样,主力的实力不同、市场环境的不同、操盘手的操作计划不同、操盘手的性格不同等造就了各种洗盘手法的差异。但其洗盘的目的、原理是始终不变的,只要清楚认识主力洗盘的本质所在,分析其手法是可以以不变应万变的!

短线跟庄涨停套利卖出法

涨停板是股价极端表现行为，跟进涨停板个股若操作成功可为操作者快速带来较高利润，因此，相当多投资者喜欢操作涨停板个股。对于如何在个股涨停前确认该股当日涨停机会较大以及跟进时机，每个人都有自己的分析判断方法。本文笔者谈谈涨停板当日目标个股，是由一大主力大量买入导致该股涨停的，后市高位卖出技巧。

资金是影响股价上升的直接因素！个股的涨停按介入资金的性质和影响力不同可以分为几类：一个机构大量介入起主导作用令股价涨停；多个机构的介入主导股价涨停；众多大户的介入主导股价涨停。同是涨停板但涨停是谁主导谁干的？后面该股将如何表现？这些是有很大区别的。了解个股涨停当日是什么类别资金操作的，可以通过上海、深圳证券交易所每日交易信息中查看。

例如，宁波联合 2012 年 2 月 8 日价格涨跌幅限制日收盘价格涨幅偏离值达到 7%。

证券代码	证券简称	偏离值%	成交量	成交金额(万元)
600051	宁波联合	7.63%	9145543	8879.81

买入营业部名称：	累计买入金额(元)：
(1) 中信证券上海浦东大道证券营业部	48926437.35
(2) 安信证券北京远大路证券营业部	2912810.08
(3) 东海证券南京长江路证券营业部	2903164.86
(4) 华泰证券南京户部街证券营业部	2758000.00
(5) 齐鲁证券上海苗圃路证券营业部	1251956.50

卖出营业部名称：	累计卖出金额(元)：
(1) 长江证券北京新源里证券营业部	3169730.00
(2) 海通证券南京广州路营业部	2912870.00
(3) 方正证券杭州南山路证券营业部	2820714.00
(4) 民生证券北京北蜂窝路证券营业部	2029100.00
(5) 申银万国证券湖北武汉中山路营业部	1563205.76

以上数据是宁波联合2012年2月8日价格涨幅价偏离值达到7%，上海证券交易所公报的交易信息。当日该股买入第一名中信证券上海浦东大道证券营业部买入成交金额4892万元，占当日总成交金额8879万元的55%。由此可见宁波联合当日的涨停是潜伏在中信证券上海浦东大道证券营业部的主力作为主导力量推上去的，其他证券营业部的买入都只是跟风盘角色。

个股由一个机构大量买入起主导作用令股价涨停的，该主力当日买入成交金额一般在1000万以上，买入比例超过目标股票当日成交金额的10%，最高可达70%。这类机构集中优势资金影响股价大升，大部分都属于短线主力。这类短线主力拉涨停后常用的出货手法有两种：早盘快速拔高后出货，盘中快速拔高后出货。拔高当日从开始发动拉高价为起点，一般快速拔高的幅度都达到2%以上。上一交易日已跟进者可在主力快速拔高时分批卖出获利了结（图3-1至图3-4）。

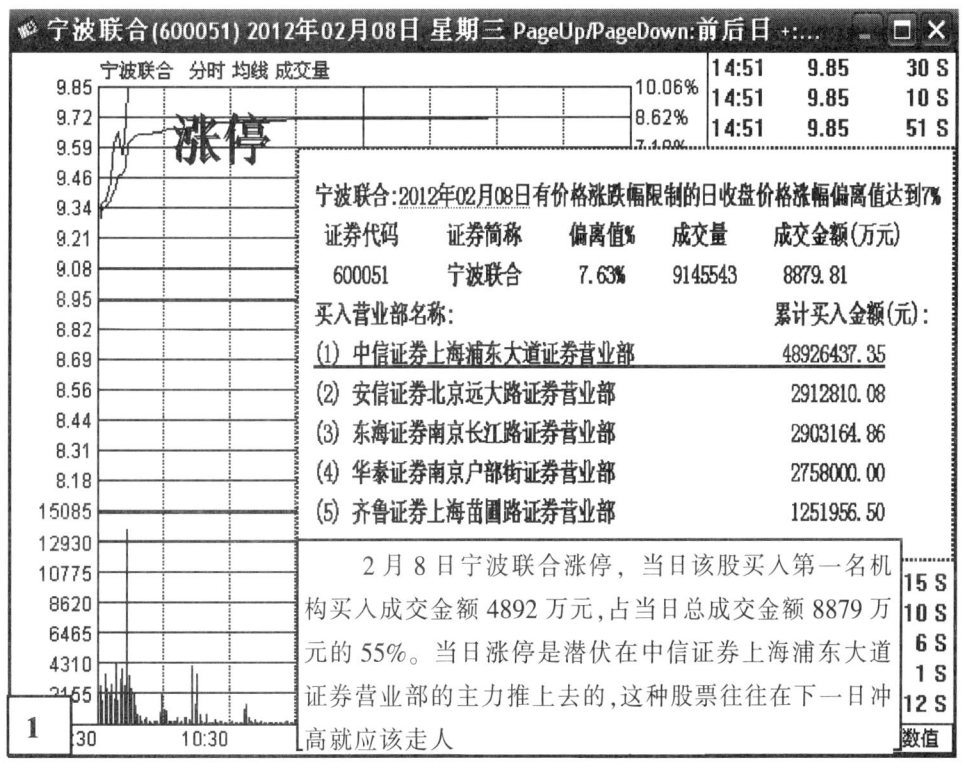

图3-1

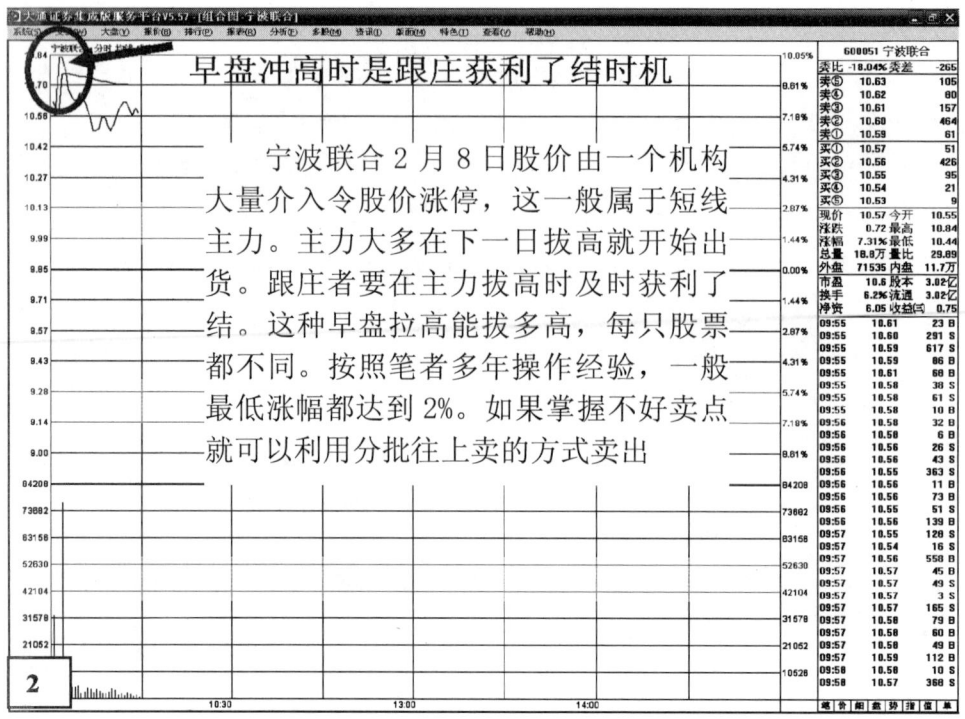

早盘冲高时是跟庄获利了结时机

宁波联合2月8日股价由一个机构大量介入令股价涨停，这一般属于短线主力。主力大多在下一日拔高就开始出货。跟庄者要在主力拔高时及时获利了结。这种早盘拉高能拔多高，每只股票都不同。按照笔者多年操作经验，一般最低涨幅都达到2%。如果掌握不好卖点就可以利用分批往上卖的方式卖出

图 3-2

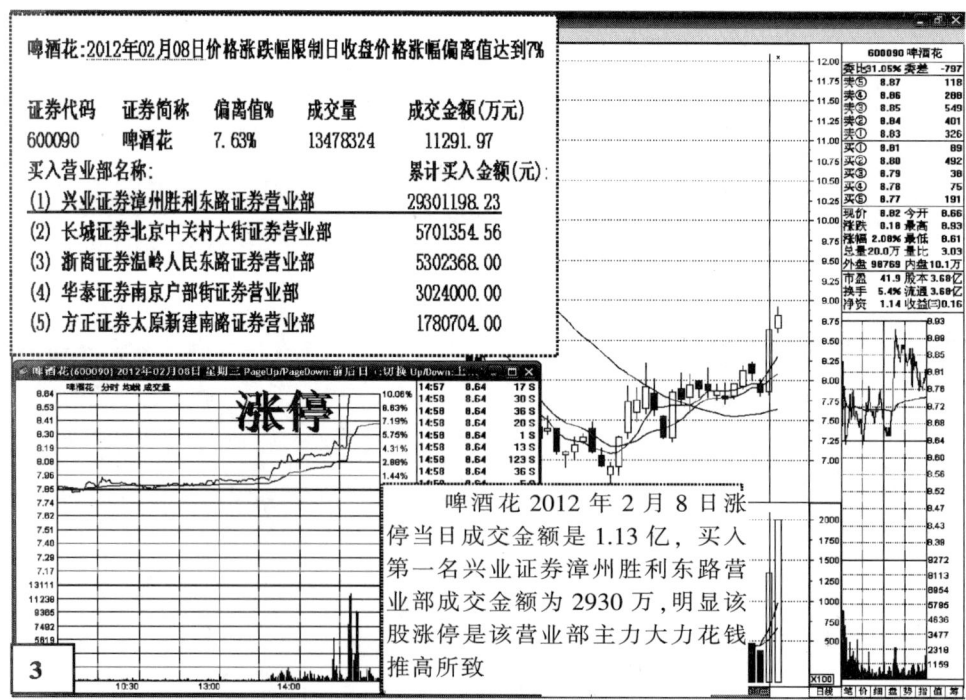

啤酒花2012年2月8日涨停当日成交金额是1.13亿，买入第一名兴业证券漳州胜利东路营业部成交金额为2930万，明显该股涨停是该营业部主力大力花钱推高所致

图 3-3

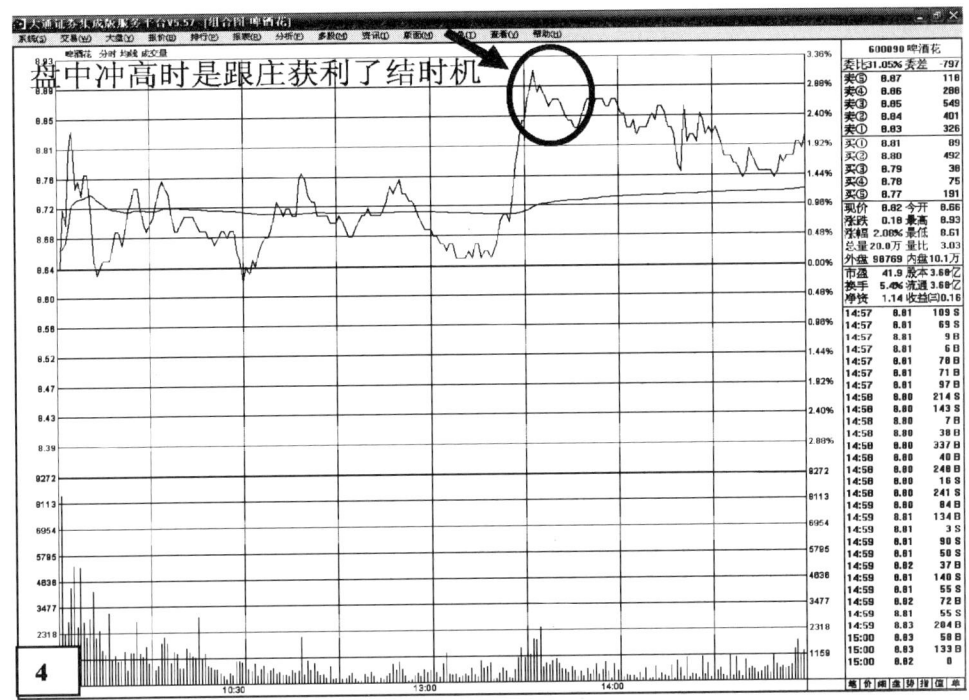

图 3-4

主力给散户从分鱼分肉到下毒

在农村,小偷偷鸡时并不是见到鸡即时动手就捉,农家的鸡一般都是放养的,在空旷的村庄里鸡在遇到危险时可以快速跑开。小偷偷鸡时为了能抓到和同时多抓几只鸡就想出一个好办法。首先是学鸡叫,引起鸡的注意后,在鸡可以看见的视野里撒上一把米,鸡看到米都会跑过去吃。鸡吃米时警戒性是最低的,小偷就是在鸡吃米吃得入神时开始动手。这白花花的大米对于鸡而言,诱惑是致命的。我们无论在什么情况下都应该清醒地知道:小偷给鸡撒把米时,并不是真正在给别人喂鸡!主力拉升也并不是为散户创造利润。

在股票市场里,个股主力想出货怎么办?手法很多,就说这先给点儿甜头养着再杀这一招吧!这在个股主力出货中是很常见的。在这先养后杀的操作招式中最容易上当的是经验不足的投资者。下面我们就来看 600200 江苏吴中主力对他的"猎物"这几天是怎么从分鱼分肉养着再到下毒毒杀的。

在中国，死刑犯执行处决前都会给一顿好吃好喝的。昨天江苏吴中的涨停，这给"猎物"的喂养也成了"处决"前一顿好吃好喝的，最后的大鱼大肉晚餐。

今天江苏吴中股价的跌停，也就是执行"处决"了（图3-5至图3-8）。

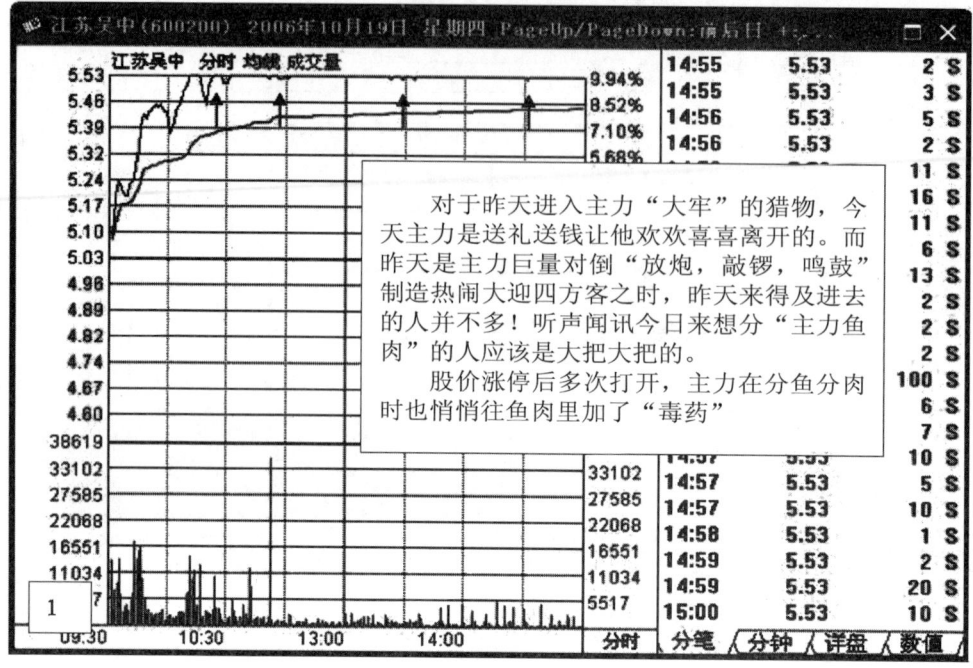

图 3-5

对于昨天进入主力"大牢"的猎物，今天主力是送礼送钱让他欢欢喜喜离开的。而昨天是主力巨量对倒"放炮，敲锣，鸣鼓"制造热闹大迎四方客之时，昨天来得及进去的人并不多！听声闻讯今日来想分"主力鱼肉"的人应该是大把大把的。

股价涨停后多次打开，主力在分鱼分肉时也悄悄往鱼肉里加了"毒药"

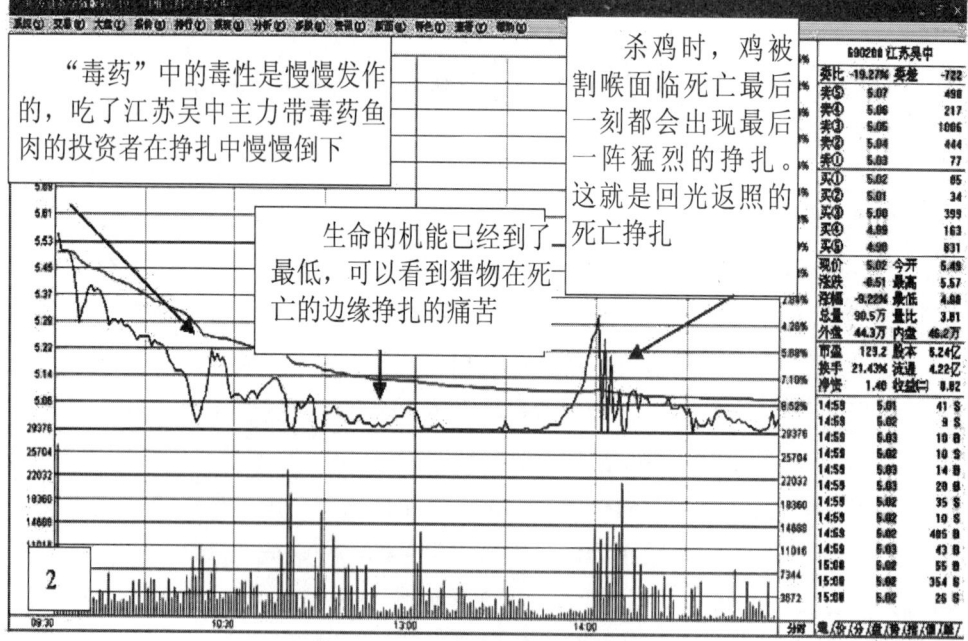

图 3-6

"毒药"中的毒性是慢慢发作的，吃了江苏吴中主力带毒药鱼肉的投资者在挣扎中慢慢倒下

生命的机能已经到了最低，可以看到猎物在死亡的边缘挣扎的痛苦

杀鸡时，鸡被割喉面临死亡最后一刻都会出现最后一阵猛烈的挣扎。这就是回光返照的死亡挣扎

第三章

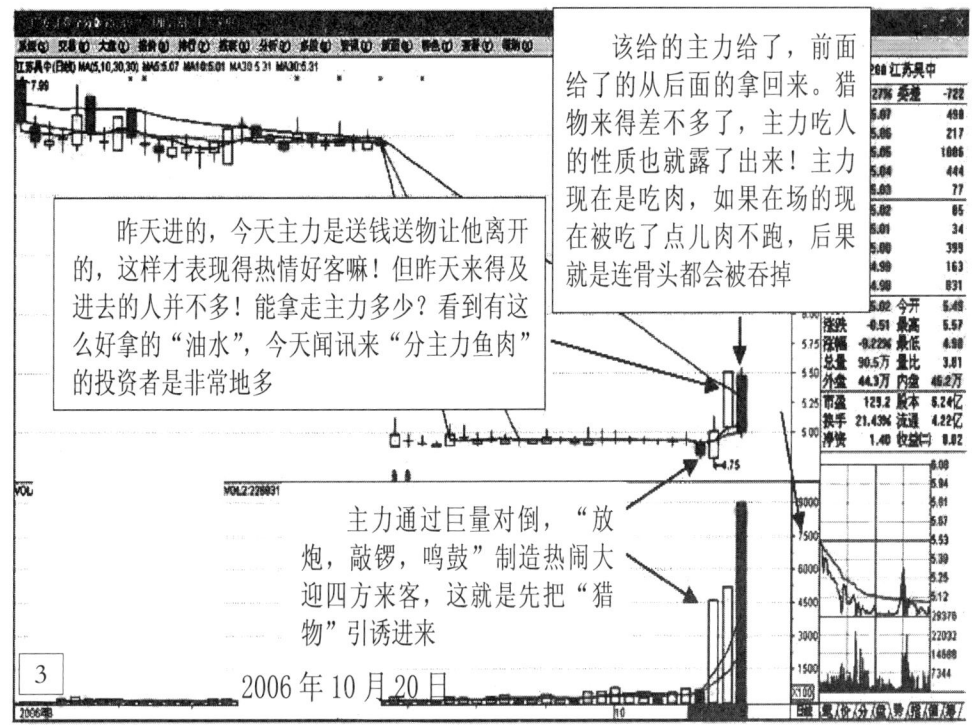

图 3-7

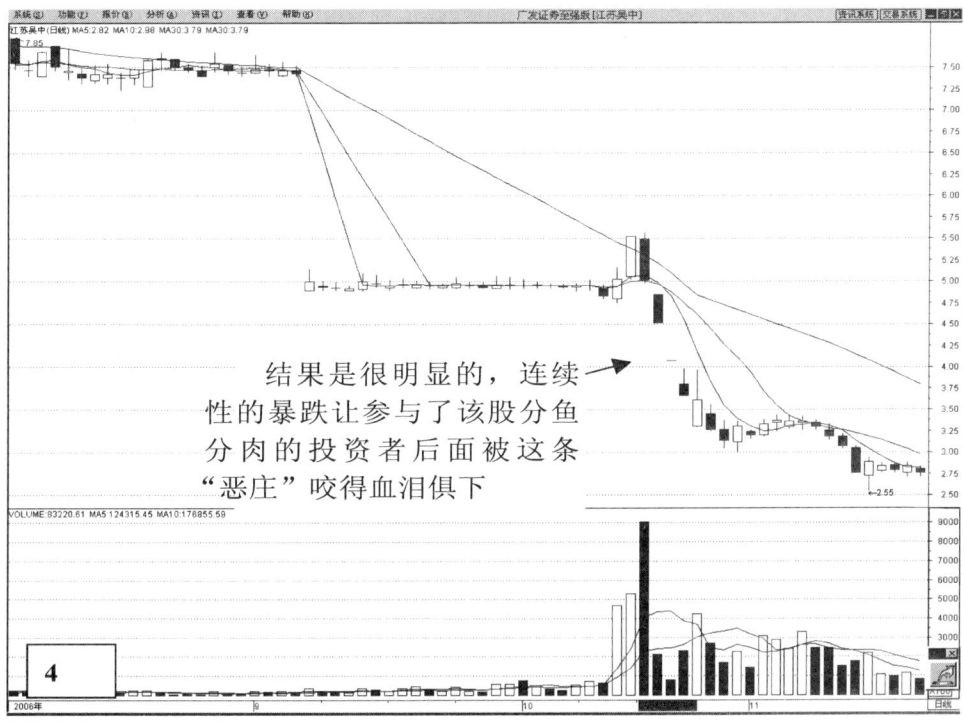

图 3-8

主力行为 盘口解密(二)

判断个股底部经典技巧

个股下跌见底大思路上一般可按以下三大类别入手分析：①大盘下跌见底回升引领股价止跌反弹回升；②已经潜伏该股票中的场内机构出手护盘导致股价止跌反弹回升；③场外主力看好入场收集筹码而导致股价止跌回升。

一只股票由下跌到止跌回升，从大思路上按以上三点分析是很有参考价值的。对于操作者或持有者，搞明白这点相当重要。因为个股由下跌到见底，影响其止跌并回升的因素，往往对该股后市表现产生持续影响。

目标股票属于由大盘下跌见底回升引领股价止跌反弹回升，那么该股后市的反弹力度、持续时间等，往往跟随大盘后市的强弱出现相似的波动。

目标股票下跌见底如属于已潜伏其中的场内机构出手护盘导致，那么该股股价止跌后反弹回升就看该机构的能力，一般情况下股价的表现比大盘更强！

目标股票下跌见底如属于场外主力看好，主力入场收集筹码而导致该股股价止跌回升的，这从根本意义表明该股将在新资金介入下，股价短线、波段甚至未来较长一段时间获得生机。股价在理论上后面上行空间大，表现强。股价的表现看这些大机构的实力和操作计划。

以上属于大方向分析思路，对于个股见底信号则具体个案具体分析。动态看盘分析看个股分时走势是比较重要的，分时走势中记录着多空双方当日的交易结果，也记录着大资金的进出痕迹，精彩案例见图3-9至图3-12)。

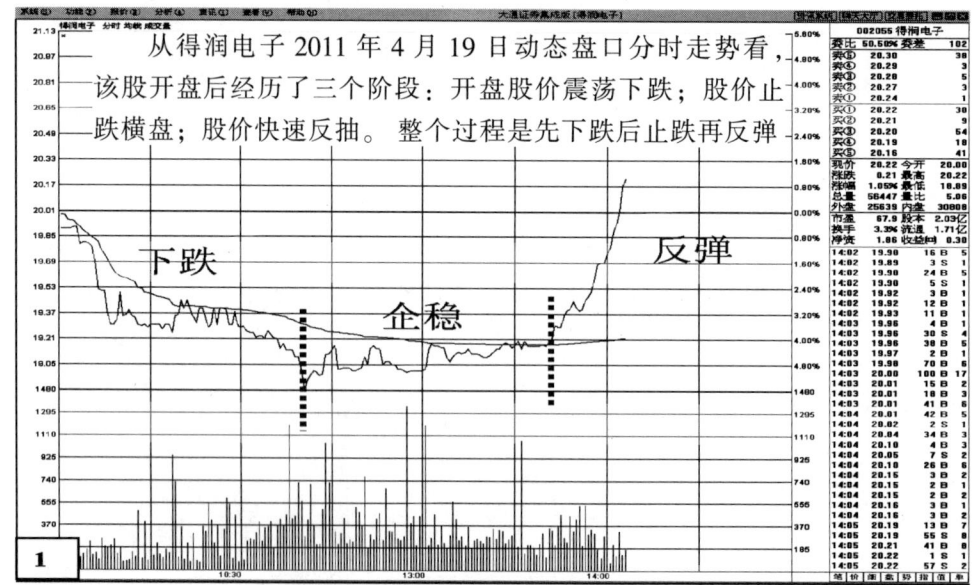

图 3-9

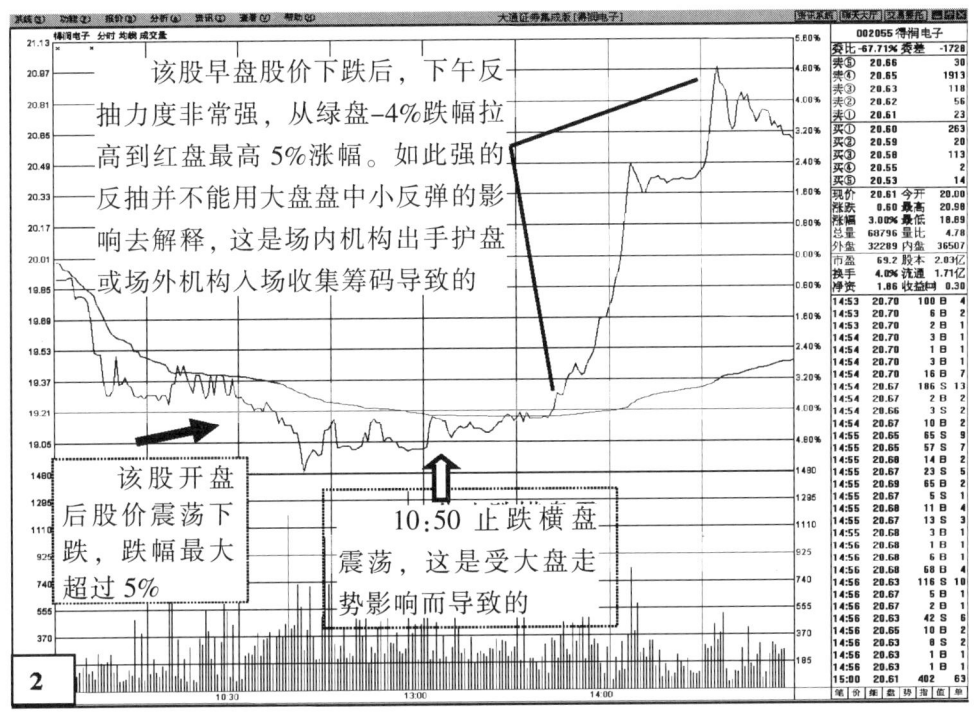

图 3-10

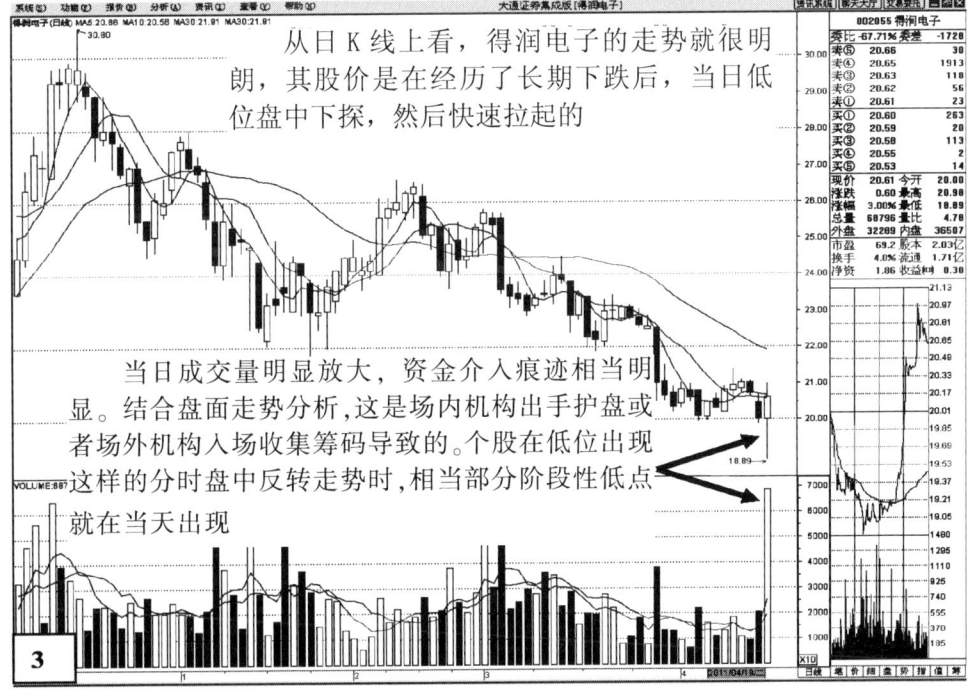

图 3-11

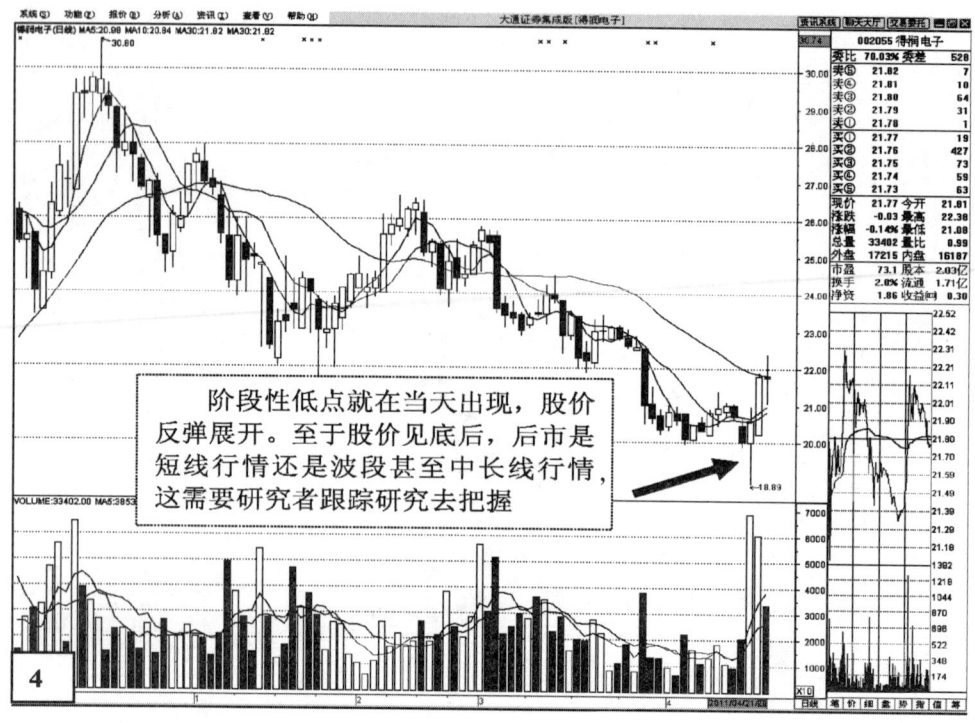

图 3-12

盘中拉高吸筹之经典

吸筹是主力操盘中的第一个环节，主力的利润来自于低位拿到的筹码在高位兑现。在盘口分时走势中，吸筹手法多种多样：开盘直拉、盘中拔高收货、尾盘拉起收集——无论主力用的是什么手法，吸筹阶段操盘手的目的就是最大限度地骗取投资者或者其他机构的筹码。为求达到目的，操盘手的手法往往不局限于某一种操作方式。下面以综艺股份为实例，介绍机构进场时的经典拉高吸筹手法（图 3-13）。

回顾综艺股份最近的入庄行为，应该这么说，该股主力真正入场吸货并不是在 8 月 22 日这天才开始的，但这一天是主力明显加大收集筹码力度的开始（图 3-14）。主力吸筹当然是能在低位拿到更多自己希望能拿到的筹码更好，操盘手操盘过程中，如果股价小幅横盘震荡时市场买卖意愿都不活跃，那么主力想快速收集筹码难度就比较大。既然主力想收集筹码，但又没有多少人愿意卖，那怎么办？主力操盘手自然有他的方法。盘中拉高股价让部分之前进入的筹码盈利卖出从而收集筹码，这种拉高收集筹码就是一种最常用的吸货手法（图 3-15）。

第三章

盘中拉高吸筹之经典

该股在昨天收出长上影K线的情况下，今天开盘就跳空高开。干脆利落的两波拉涨停，明显是主力早有预谋的拉升行为！日K线上和成交量上，在之前数日可以看到有明显的异常表现。数根带长上影的K线在当天都伴随着明显的放量形态。现在看，那就是主力入场吸货留下的清晰痕迹

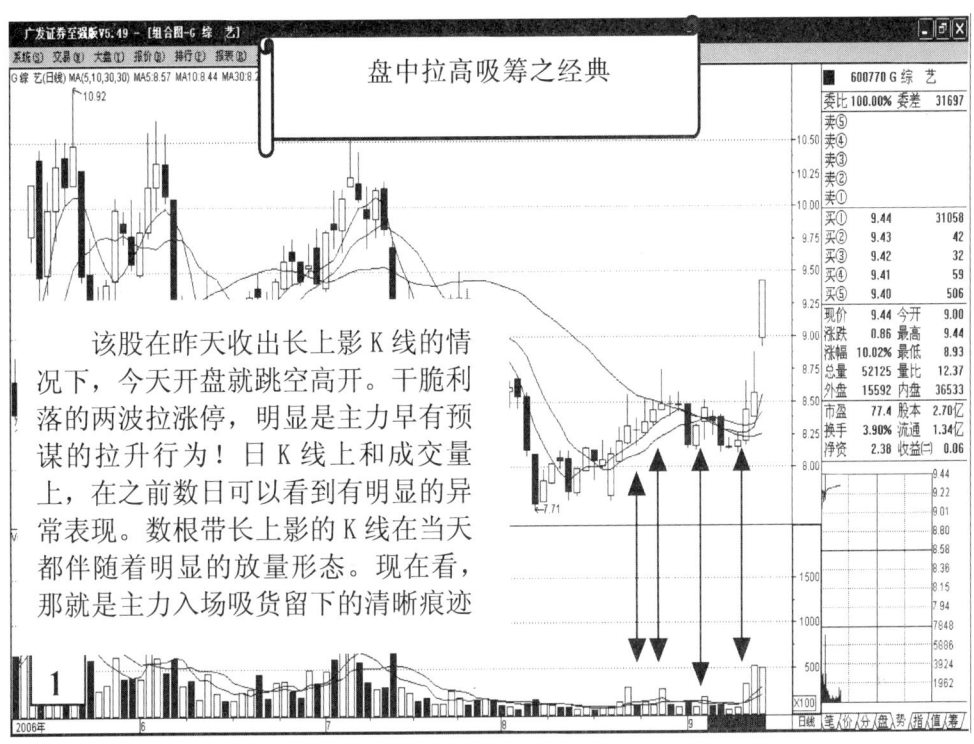

图 3-13

在这里，拔高是主力加大收集筹码力度的开始

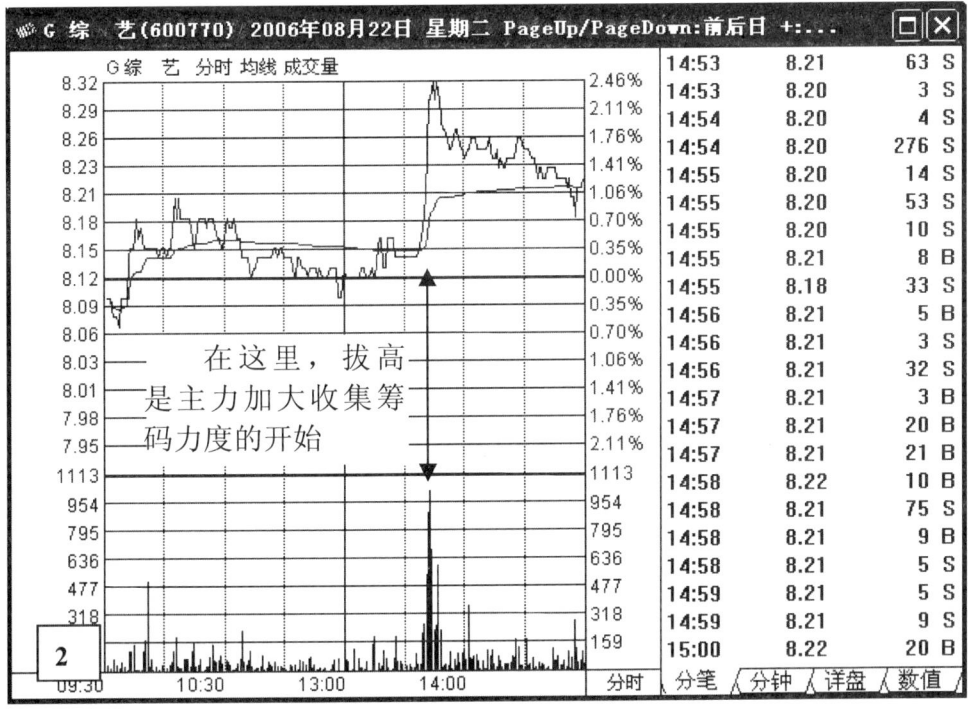

图 3-14

115

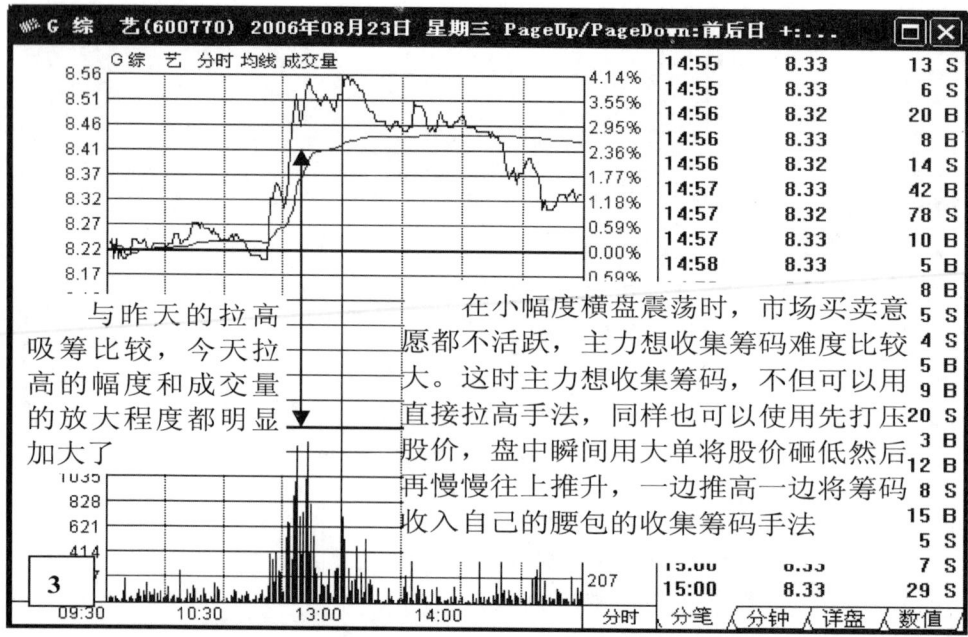

图 3-15

利用打压股价方法操作时，主力需要抛出一定数量自己手上已经收集到的筹码才能将股价砸低。对于短线主力和急于希望收集到大量筹码的主力而言，一般不喜欢使用打压的方法吸筹，因为他们的目的是希望在最短的时间内收集到更多的筹码，在还没有利润之前不会轻易把手上的筹码扔出去。利用直接拉高通吃的手法吸筹，既可以很容易拿到更多的筹码，又不会损失已经到手的筹码(图3-16至图3-19)。

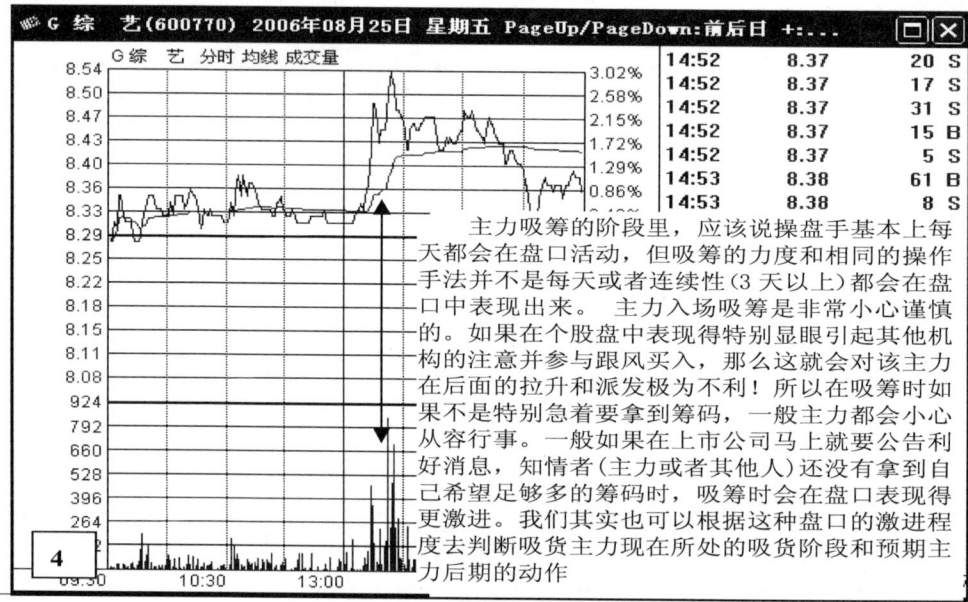

图 3-16

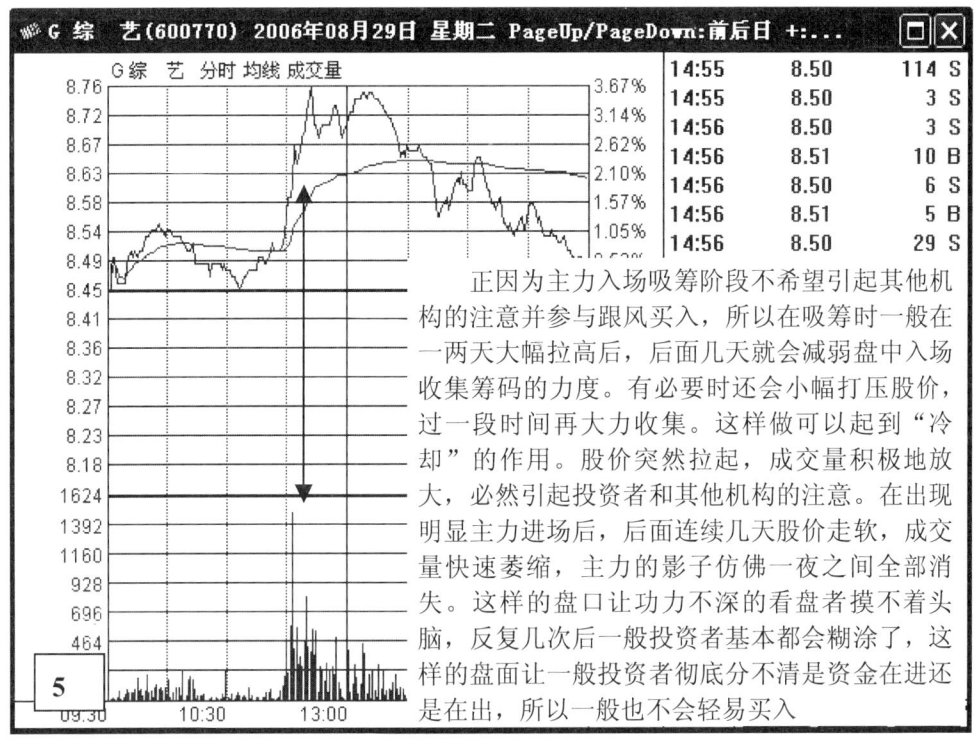

正因为主力入场吸筹阶段不希望引起其他机构的注意并参与跟风买入，所以在吸筹时一般在一两天大幅拉高后，后面几天就会减弱盘中入场收集筹码的力度。有必要时还会小幅打压股价，过一段时间再大力收集。这样做可以起到"冷却"的作用。股价突然拉起，成交量积极地放大，必然引起投资者和其他机构的注意。在出现明显主力进场后，后面连续几天股价走软，成交量快速萎缩，主力的影子仿佛一夜之间全部消失。这样的盘口让功力不深的看盘者摸不着头脑，反复几次后一般投资者基本都会糊涂了，这样的盘面让一般投资者彻底分不清是资金在进还是在出，所以一般也不会轻易买入

图 3-17

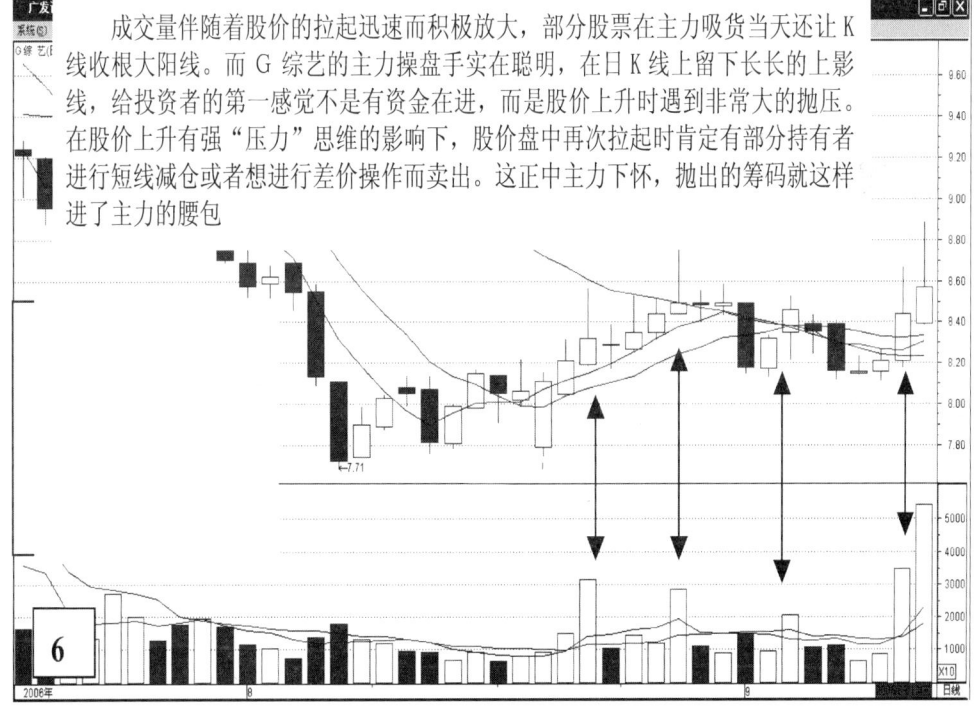

成交量伴随着股价的拉起迅速而积极放大，部分股票在主力吸货当天还让K线收根大阳线。而G综艺的主力操盘手实在聪明，在日K线上留下长长的上影线，给投资者的第一感觉不是有资金在进，而是股价上升时遇到非常大的抛压。在股价上升有强"压力"思维的影响下，股价盘中再次拉起时肯定有部分持有者进行短线减仓或者想进行差价操作而卖出。这正中主力下怀，抛出的筹码就这样进了主力的腰包

图 3-18

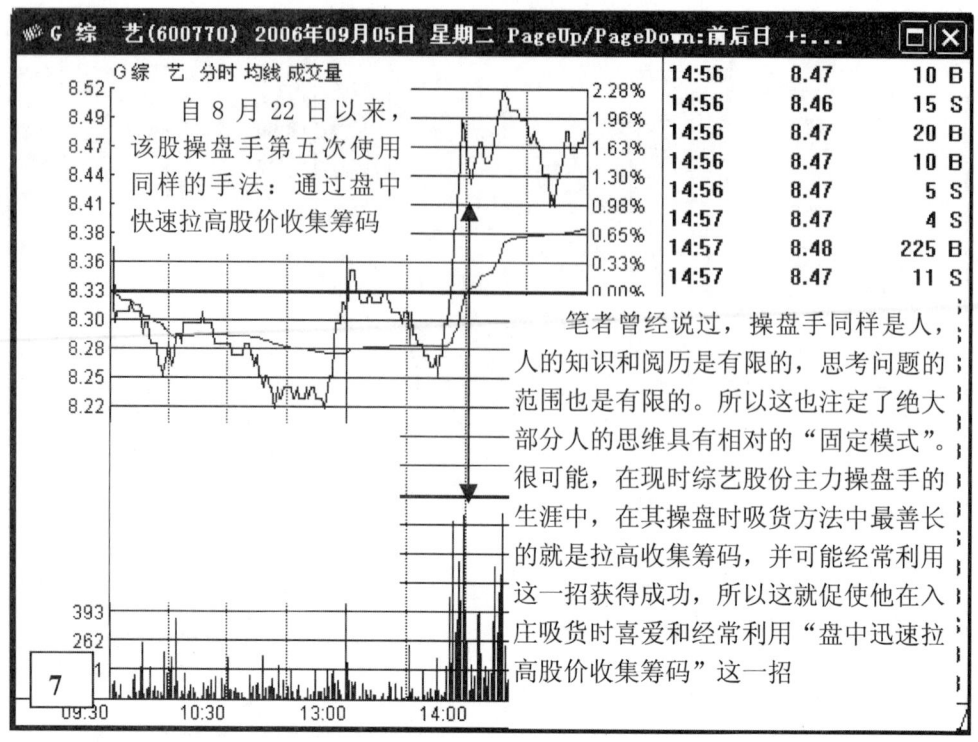

图 3-19

一旦某种方法可以令其发明者，或者使用者获得一次或者多次成功，那么在以后遇到相似的事情之时，使用者第一时间想到的就是继续使用之前令自己成功的方法去操作！这是现实每个投资者都拥有的经历和经验！当你在成功干完这一单或者在下一单开始时你还会有继续使用之前的方法去操作的想法或者行动。这时你已经产生了一种定性思维（相对而言），再次干基本相同的事情你还是会使用这种方法（除非这种方法后来使用中因多次不成功而产生怀疑或抛弃），这是定性思维的思维延续和由定性思维而引导行为、动作的延续！人有了这种定性思维往往会在之后谋事时不断地使用相同（或者相近）的手法。所以在 G 综艺和其他很多个股上经常可以看到同样的手法或者结果就不足为奇了（图 3-20、图 3-21）。

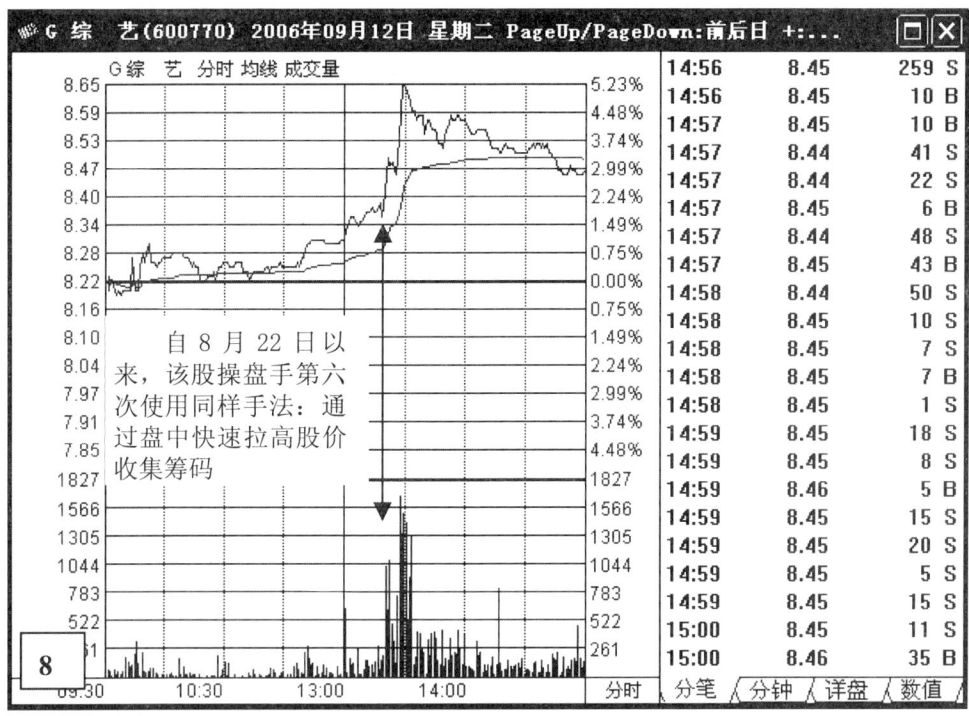

图 3-20

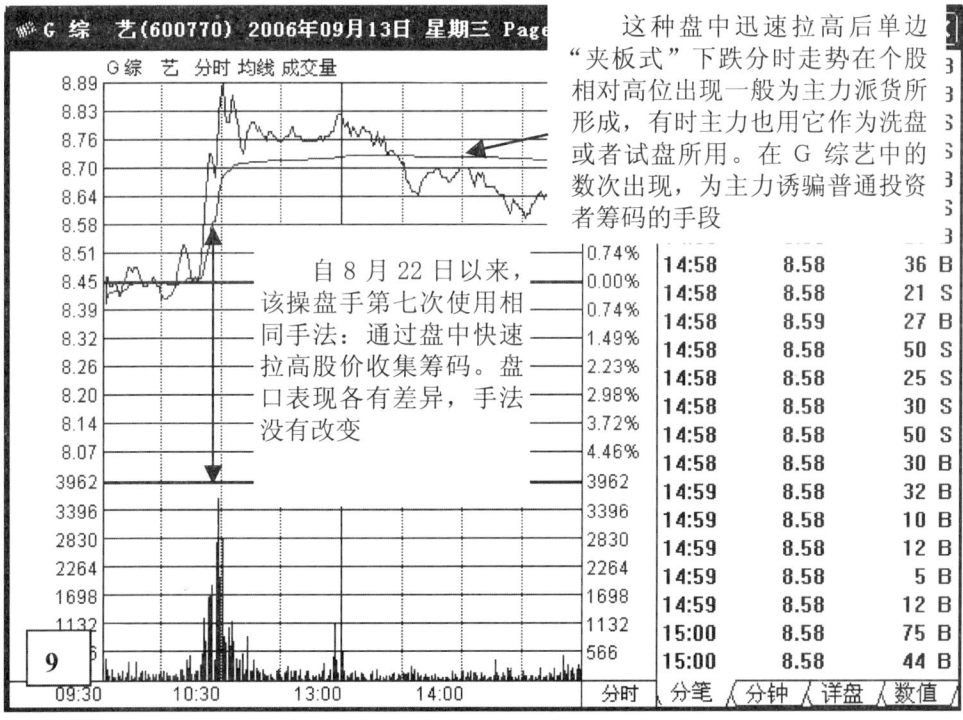

图 3-21

在这七次明显的盘中快速拉高股价收集筹码盘口中，还有另外一个明显的盘面特征，这就是每次拉高后分时走势都出现疲软的震荡下滑。这一是收集筹码过程中的需要，二是操盘手的高明操盘。上面已经介绍过，主力在收集筹码过程中不希望股价表现得特别显眼以引起其他机构注意并参与跟风买入，所以在主力加大力度收集筹码时，拉高的幅度和拉的方式和时间都必须能有效地控制好，这是一个优秀操盘手必备的条件。在收集筹码过程中，操盘手不能将股价拉得过高和操纵得特别明显，以避免引来不必要的"麻烦"！盘中迅速拉高收集筹码后，聪明的操盘手不但没有再大量地买去推高股价，反而利用少量的筹码结合市场本身的抛压慢慢地打压股价。这种打压的目的是为了制造难看的分时走势，引诱部分短线筹码抛出。操盘手在打压股价的同时也断续地买进，把普通投资者抛出的筹码收下（图3-22至图3-24）。

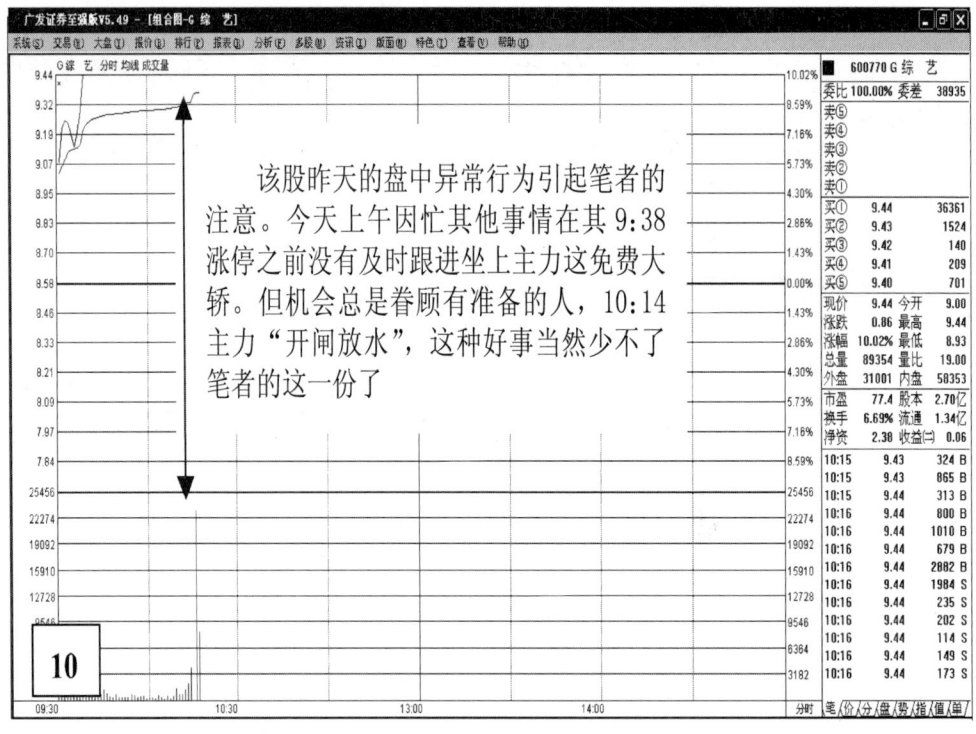

图 3-22

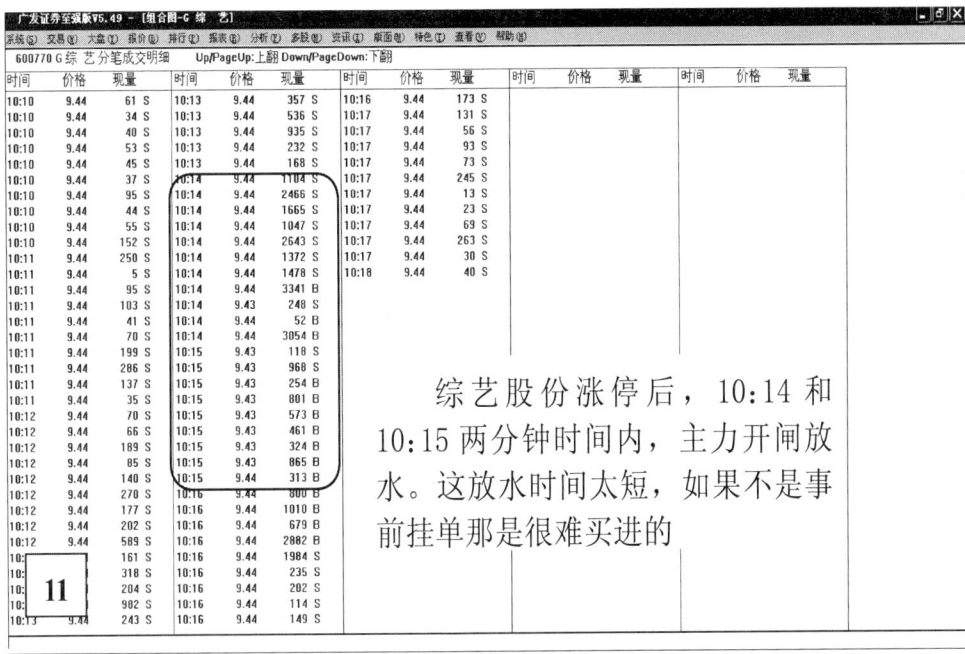

图 3-23

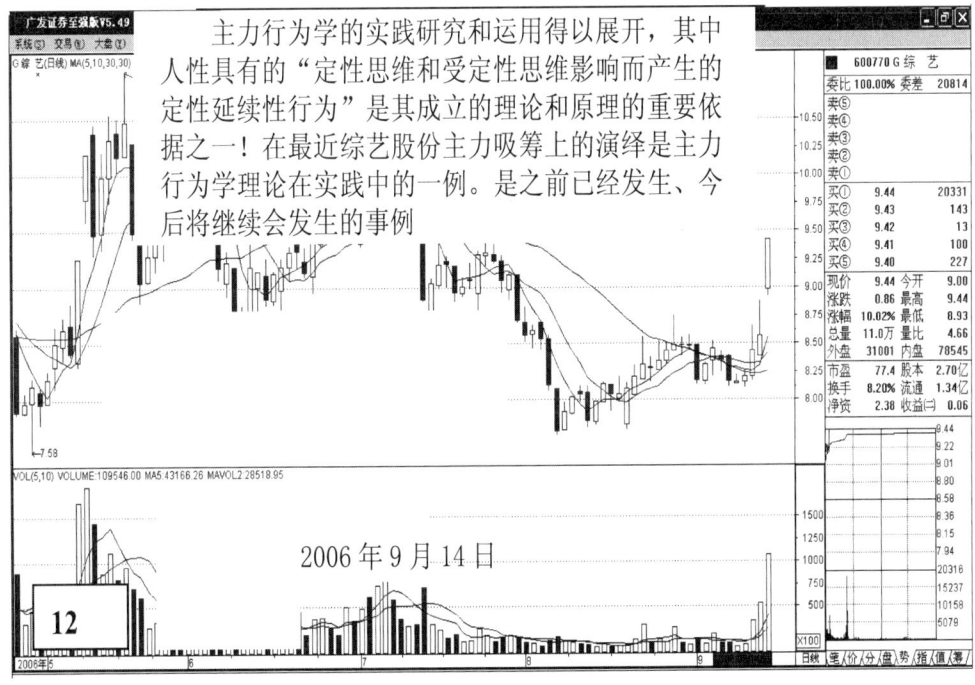

图 3-24

当人在一个求知的领域中突破"固定思维模式"认识的局限时,随之而来的必定是前所未有的新一层次的一个重大进步。

主力尾盘打压洗盘招式

洗盘的方式多种多样,最常见的洗盘方式是:打压股价洗盘。打压股价洗盘又可以分两大手法:

(1)盘中直接砸低股价实施恐吓式洗盘。

(2)盘中先快速拉高股价,然后慢慢往下打压实施威逼式洗盘。

盘中直接砸低股价恐吓式洗盘,砸低股价的时间是没有限制的,主力操盘手视乎他掌握的情况去实施。既有开盘就砸盘的,也有盘中砸盘的,尾盘14:30后突然砸盘的也不少见。以笔者之见,上市公司马上就要公布利好的个股,多以尾盘大幅砸盘居多,尾盘砸盘可以制造恐慌也能节省筹码。

主力利用尾盘砸盘洗盘,日K线上表现形态同样是下跌大阴线。其目的是在利好公布前把部分筹码清洗出去。尾盘砸盘洗盘当天,盘面上是很难看清楚砸盘行为是主力出货还是洗盘。在放量下跌过程中卖单不断涌出,除了主力心知肚明之外,外人难以揣摩。现时相当多的主力在展开洗盘时同时实施"高抛低吸"差价套利,如此一来,洗盘盘口又是出货盘口,投资者利用技术分析去区分个股出现放量下跌走势属于主力打压洗盘还是在减仓出货,是相当难的。下面通过2010年12月利好公布前ST 600711雄震的异常砸盘洗盘行为剖析主力尾盘砸盘洗盘过程(图3-25至图3-27)。

2010年12月23日ST雄震公布关于非公开发行股票申请获核准公告:"公司已收到证监会批复文件,核准公司非公开发行6506.85万股新股。"

对于一个连续两年经营亏损、急需资金、急需扭转亏损困局的ST雄震,证监会核准非公开发行新股募集资金改善经营无疑是利好。ST雄震在消息12月23日公布后股价已经连续两日涨停板。但事实上,利好消息公布之前12月22日,该股出现明显的打压洗盘痕迹,12月22日ST雄震股价14:45后放量下跌直至将股价砸到跌停板价格收市,而第二日ST雄震利好消息"非公开发行股票申请获核准"公布后股价立即连续涨停。利好出现之前一交易日,看似怪异的事并不怪异,这种尾盘股价异常就是事前知道内幕消息的主力砸盘洗盘行为。

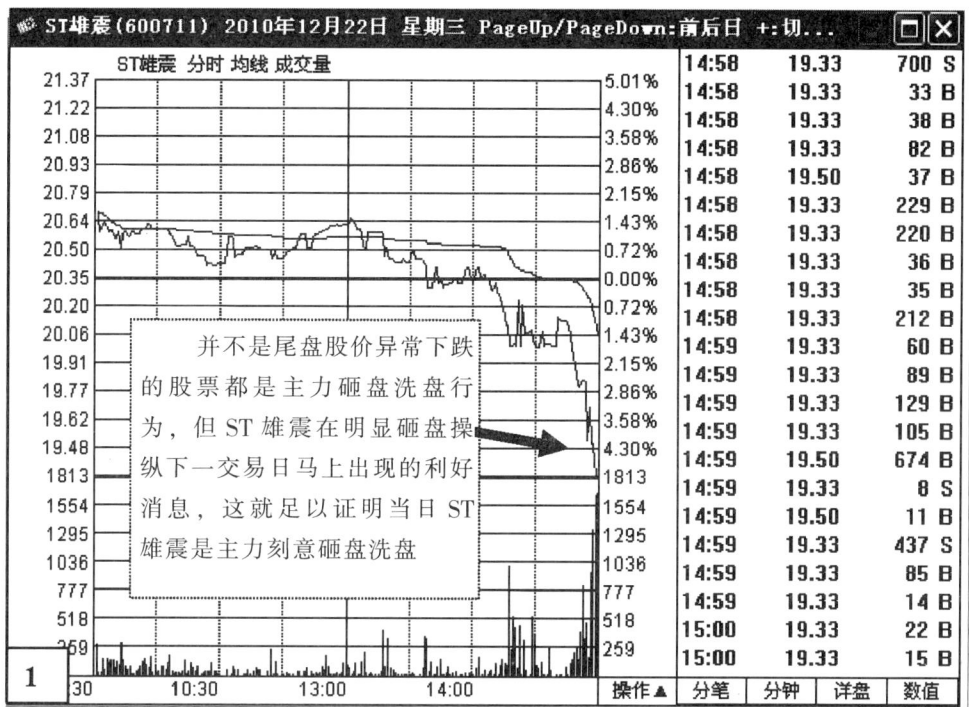

图 3-25

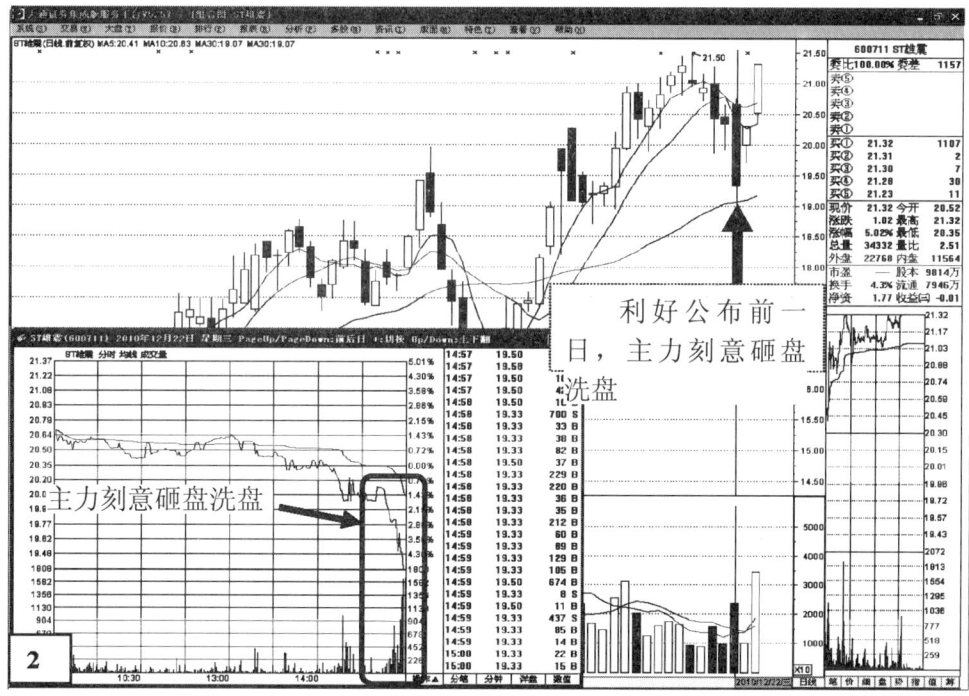

图 3-26

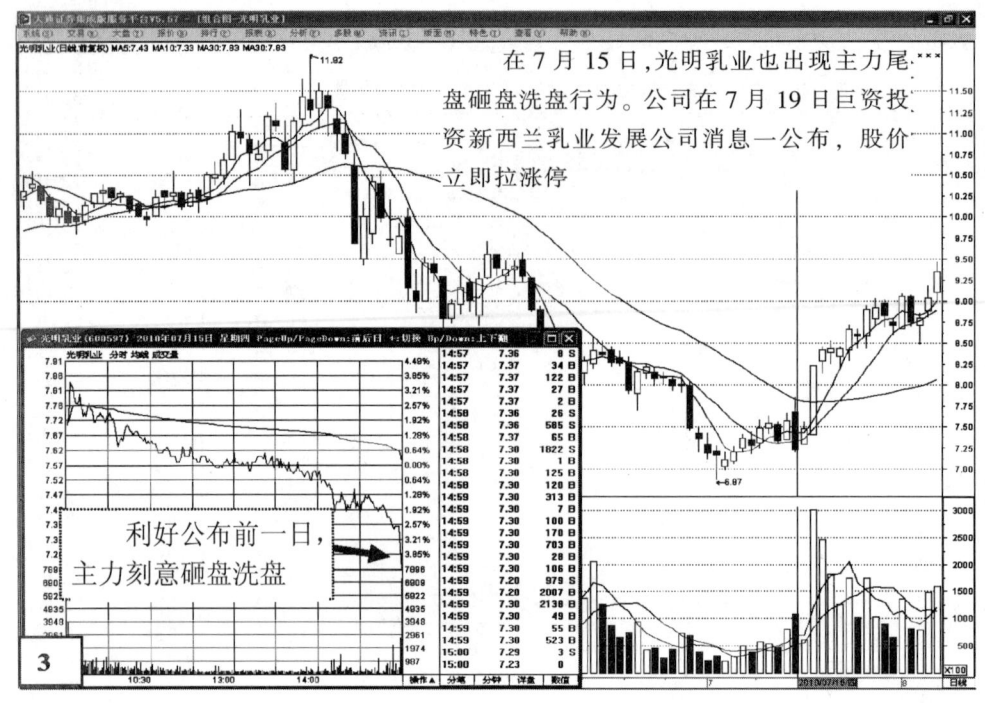

图 3-27

广汽集团上市首日大股东巨资护航细节

广汽集团换股吸收合并广汽长丰汽车的方案大概情况如下：持有广汽长丰股票的股东可按照 1:1.6 的换股比例换成广汽集团。即每股广汽长丰股票可换得 1.6 股广汽集团发行的 A 股。不愿意将广汽长丰股份换成广汽集团的，在规定时间内可获得按 12.65 元/股价格全部或部分申报行使首次现金选择权。即可以以 12.65 元/股价格把持有广汽长丰股份出售给广汽集团相关大股东。至换股吸收合并日广汽长丰停牌收盘价 18 元以上，比现金选择权 12.65 元/股高出 5 元多。因此，自然没有谁愿意将持有的广汽长丰股份出售给广汽集团相关大股东了。

广汽集团换股吸收合并广汽长丰汽车方案中还有二次现金选择权一条。广汽长丰股份转换为广汽集团 A 股股东，如广汽集团 A 股上市首个交易日股票交易均价低于广汽集团 A 股发行价 9.09 元/股，至广汽集团 A 股上市首个交易日收盘时止，原来通过换股取得广汽集团 A 股股票的股东，有权行使第二次现金选择权，可按广汽集团 A 股发行价 9.09 元/股，全部或部分转让给第二次现金选择权提供方广汽集团相关大股东。

这一条例的真正意义是：广汽集团 A 股上市日股价盘中不能长期在发行价 9.09 元下大量交易。到收盘计算整天的成交均价如果低于 9.09 元，前面换股过来到收盘仍然持有广汽集团 A 股的股东就可以行使二次现金选择权，以 9.09 元价格把全部或部分出售给广汽集团相关大股东。因此广汽集团上市首日的盘中均价，对于广汽大股东犹为重要。

广汽集团相关大股东不但要守住广汽集团上市首日收盘不跌破 9.09 元。最重要的是要守住广汽集团上市首日股价成交均价在 9.09 元之上，否则就可能遭遇广汽长丰换股过来的持有人行使二次现金选择权，以 9.09 元把全部或部分股份出售给广汽集团大股东。如果出现这样的情况，广汽集团发出去的股票又回到大股东自己手里，这样麻烦就大了。因此广汽集团大股东必须想方设法在广汽集团上市首日保证交易均价在 9.09 元之上。因此大股东有准备的调集巨资保驾护航行动由此应运而生！

证券代码	证券简称	成交量	成交金额(万元)
601238	N 广汽	153671101	149462.02

证券代码: 601238　　　　　　　　　　　　　　　证券简称: N 广汽

买入营业部名称：	累计买入金额(元)：
(1) 中国国际金融有限公司广州天河路证券营业部	610931993.50
(2) 平安证券深圳深南大道证券营业部	12537627.40
(3) 浙商证券永嘉双塔路证券营业部	10886762.58
(4) 中国银河证券厦门美湖路证券营业部	9448541.00
(5) 华泰证券南京中山北路证券营业部	5312043.77

卖出营业部名称：	累计卖出金额(元)：
(1) 中国银河证券宁波大庆南路证券营业部	61536190.14
(2) 浙商证券杭州玉古路证券营业部	59091545.87
(3) 申银万国证券上海川沙路证券营业部	48249123.82
(4) 湘财证券杭州教工路证券营业部	34802664.40
(5) 机构专用	32036907.96

由 3 月 29 日 N 广汽上市首日交易公开数据分析，广汽集团当天成交总金额 14.64 亿，买入第一名中国国际金融有限公司广州天河路证券营业部买入金额 6.1 亿元，占该股当天成交总金额 14.64 亿的 40.81%。这是广汽集团大股东为保

当天该股均价成交在9.09元之上的出手护盘之作,当日收盘后广汽集团就公布了当日增持的消息。广汽工业于3月29日(上市首日)通过上海证券交易所交易系统增持本公司股份6210万股。这样的事情在A股市场出现过多次,2006年8月18日中国国航上市首日,大股东为不让该股跌破发行价而出手保驾护航。广汽集团因为具有二次现金选择权这条,大股东出手保驾护航就成为了必然。

广汽集团大股东盘中是如何出手护盘的?下面通过笔者看盘保存的动态盘口去了解广汽集团大股东护盘的盘面细节(图3-28至图3-39)。

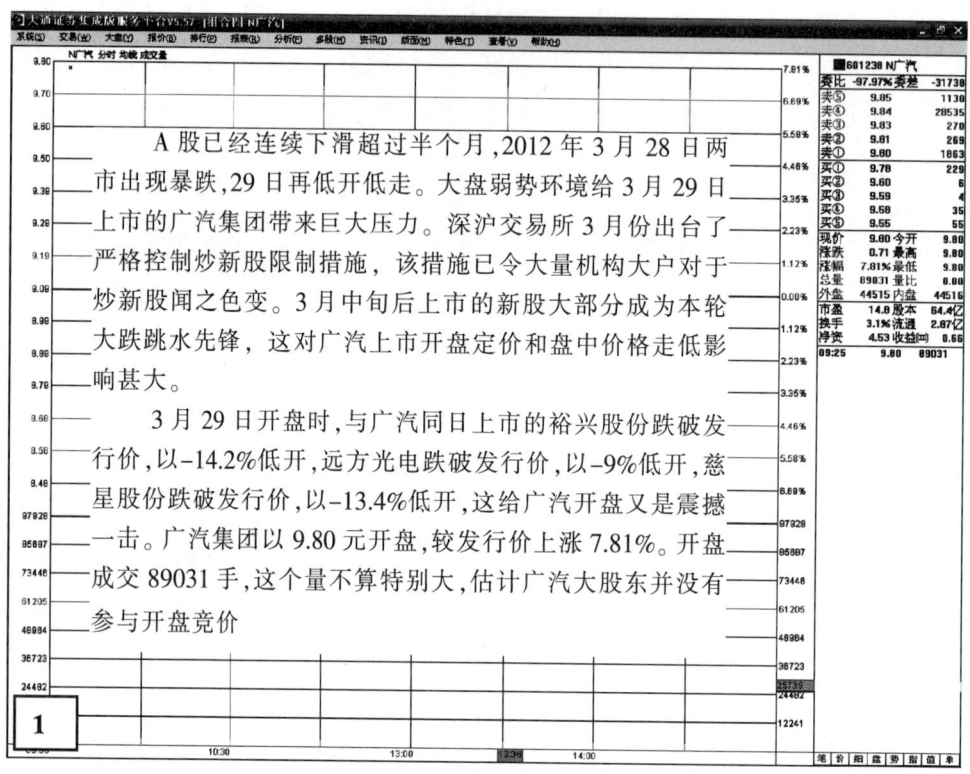

图 3-28

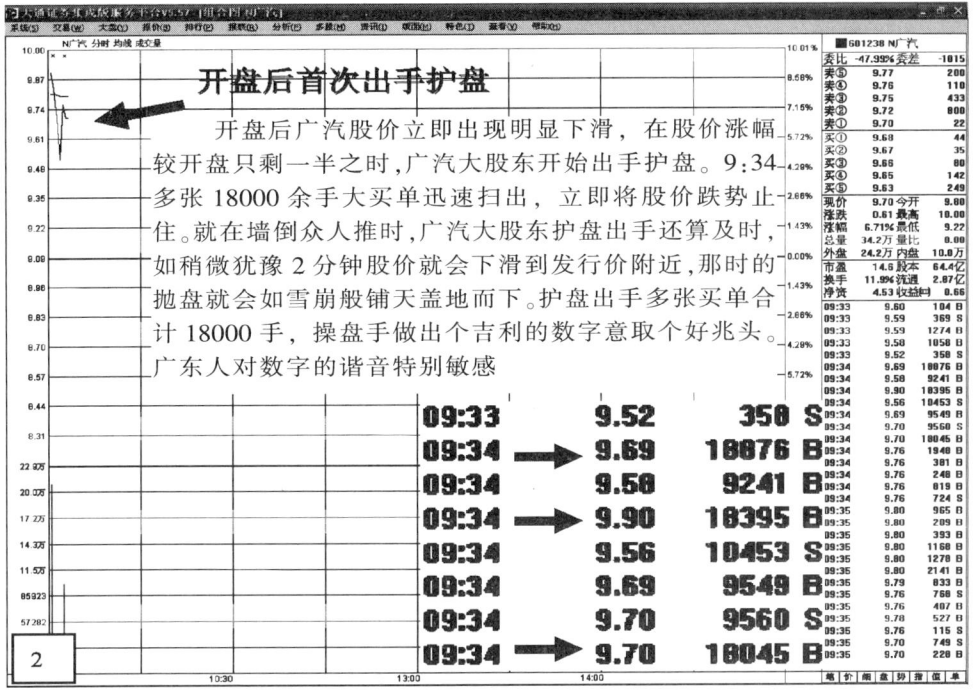

图 3-29

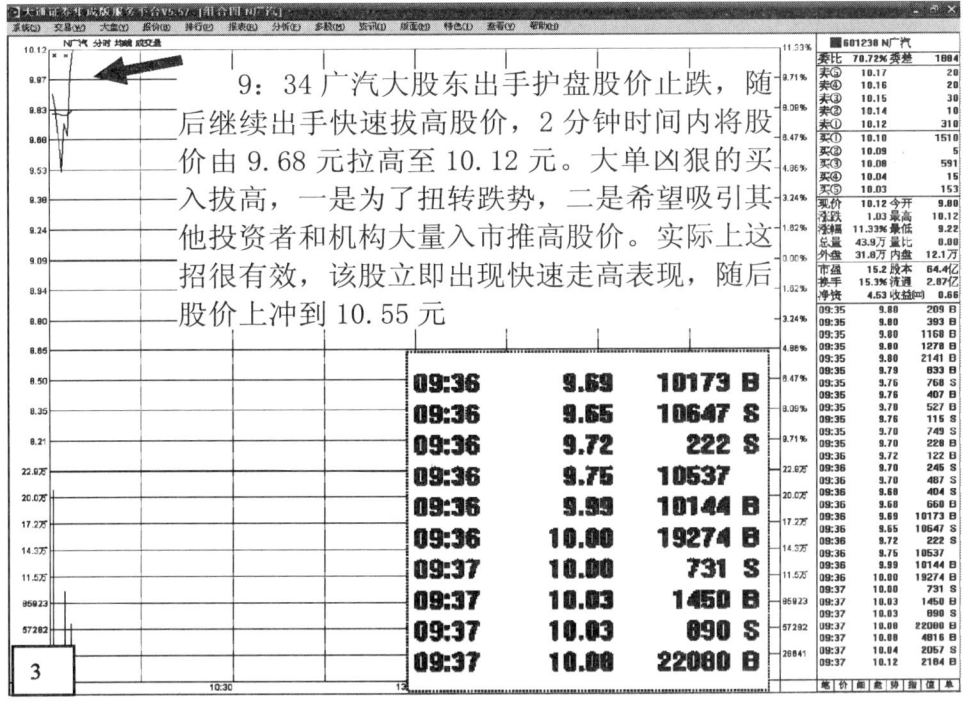

图 3-30

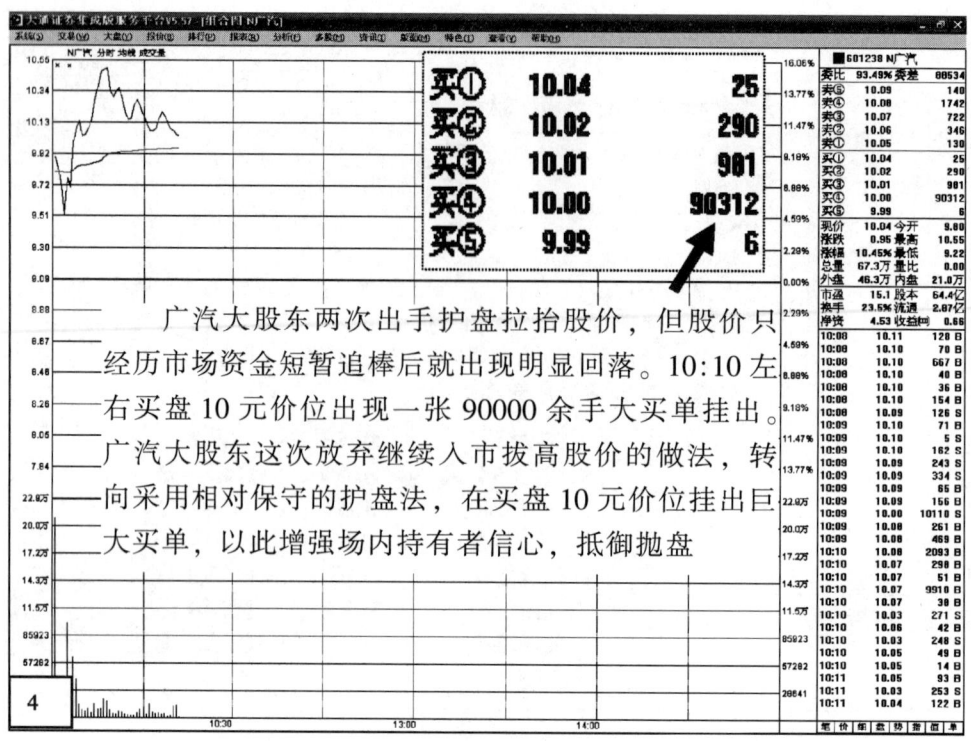

图 3-31

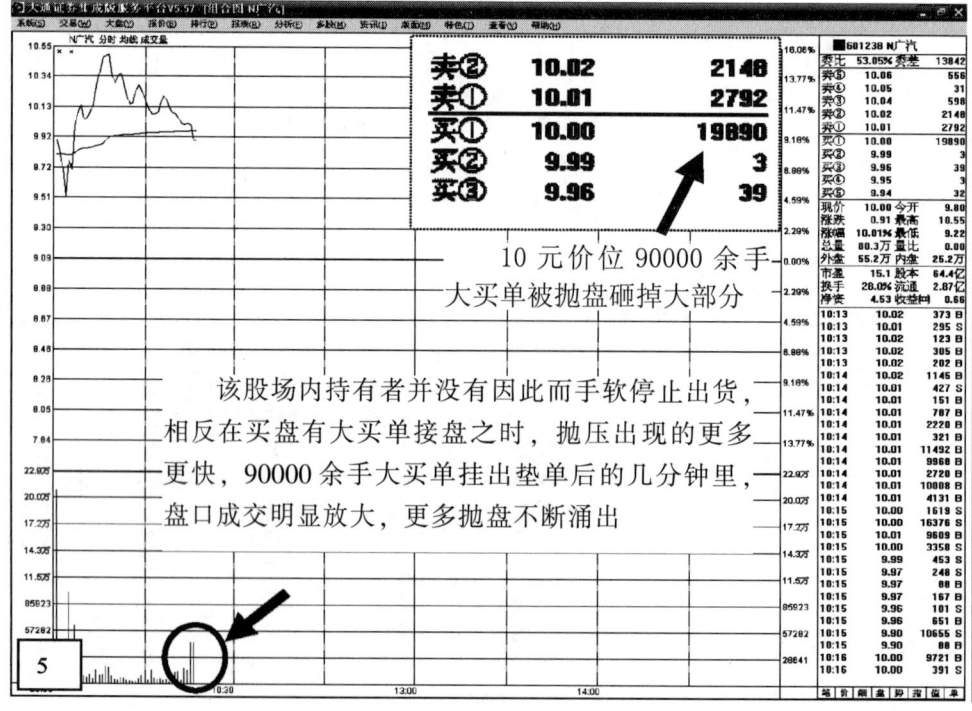

图 3-32

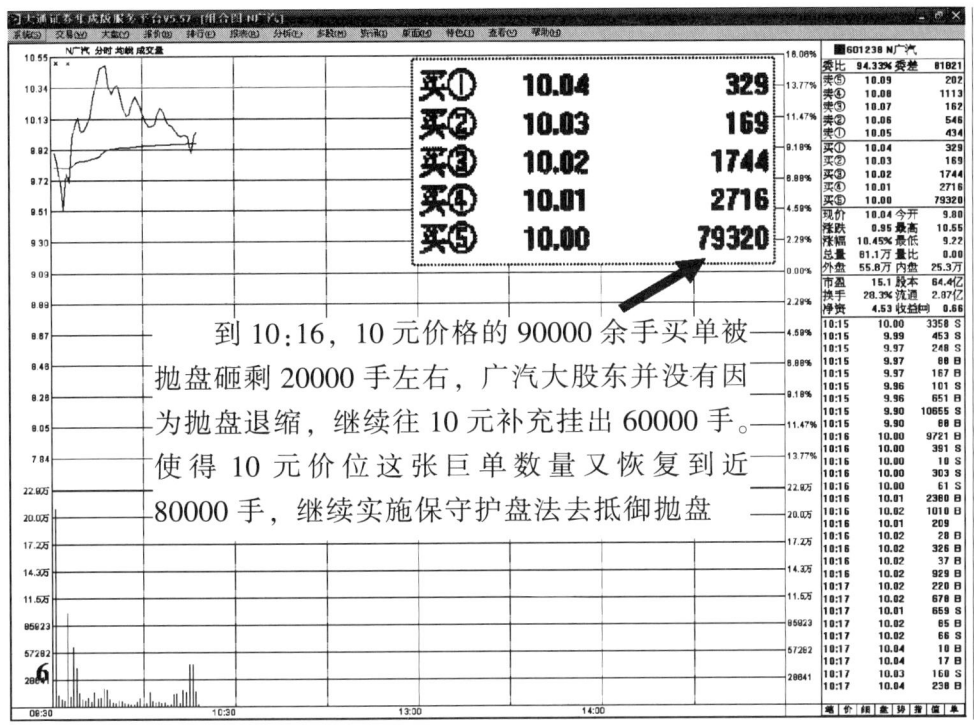

图 3-33

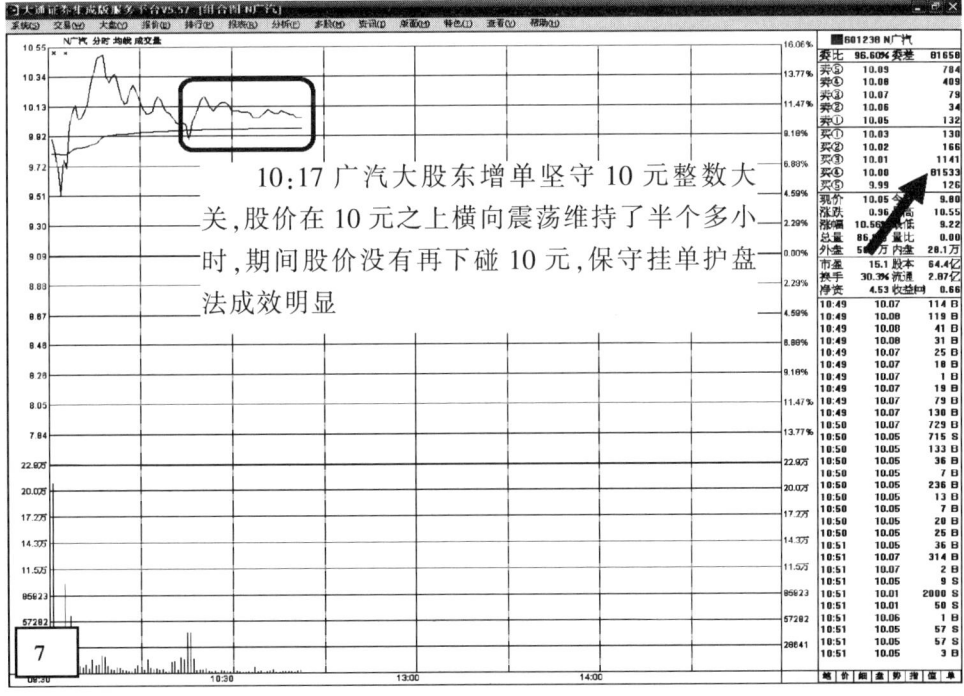

图 3-34

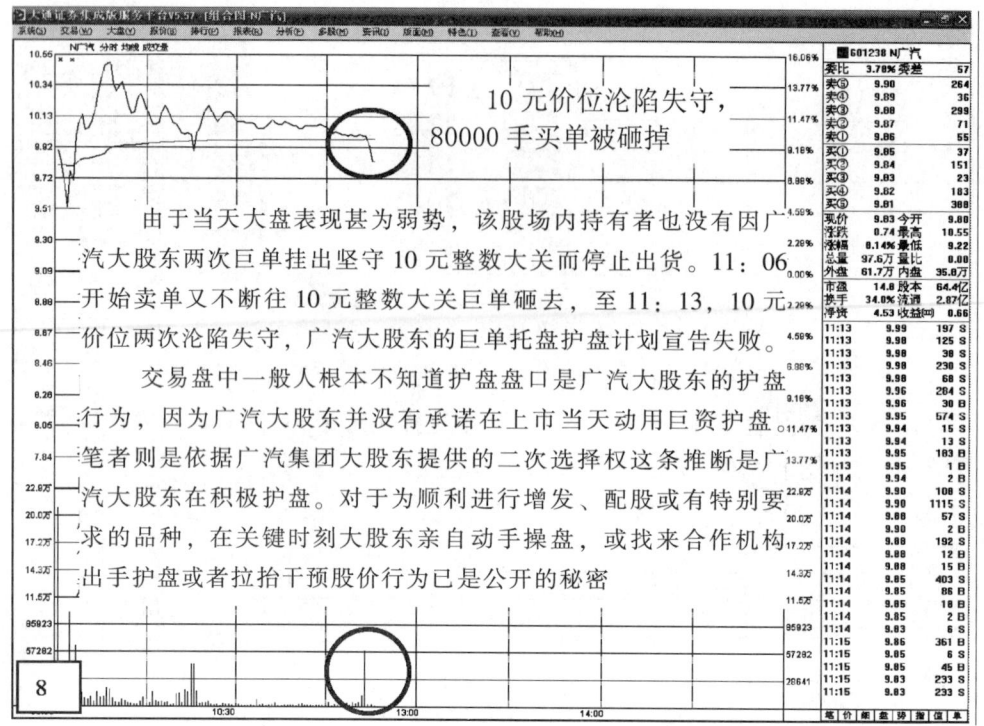

图 3-35

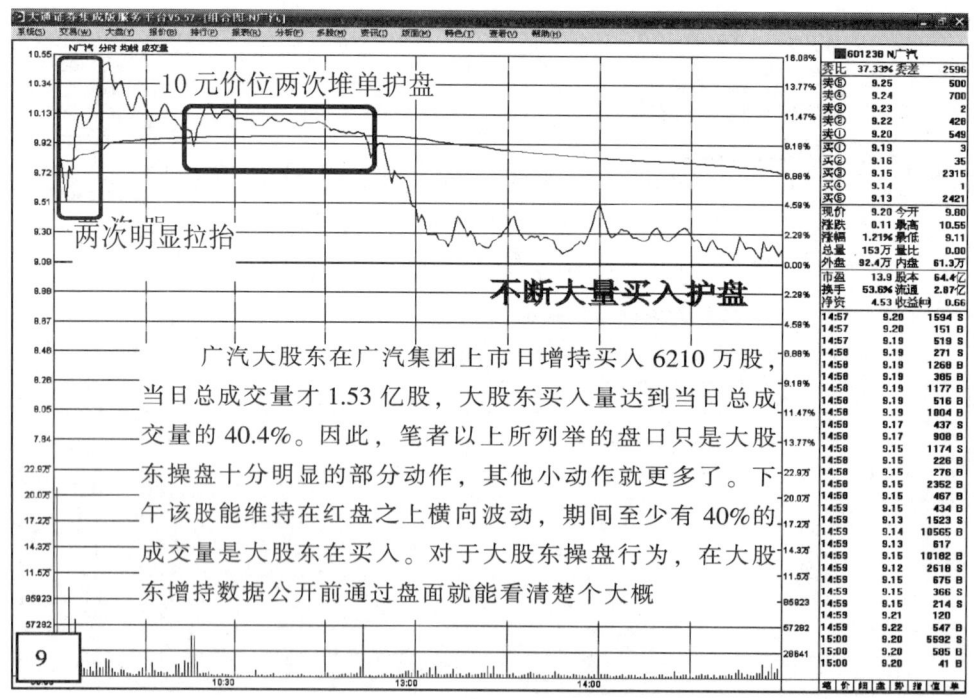

图 3-36

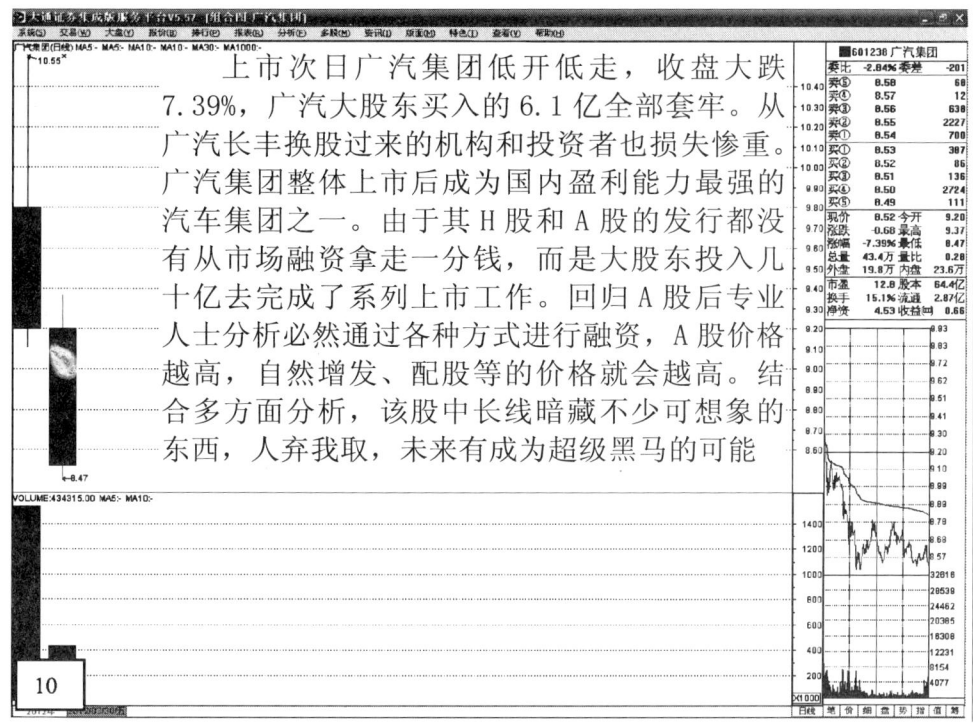

图 3-37

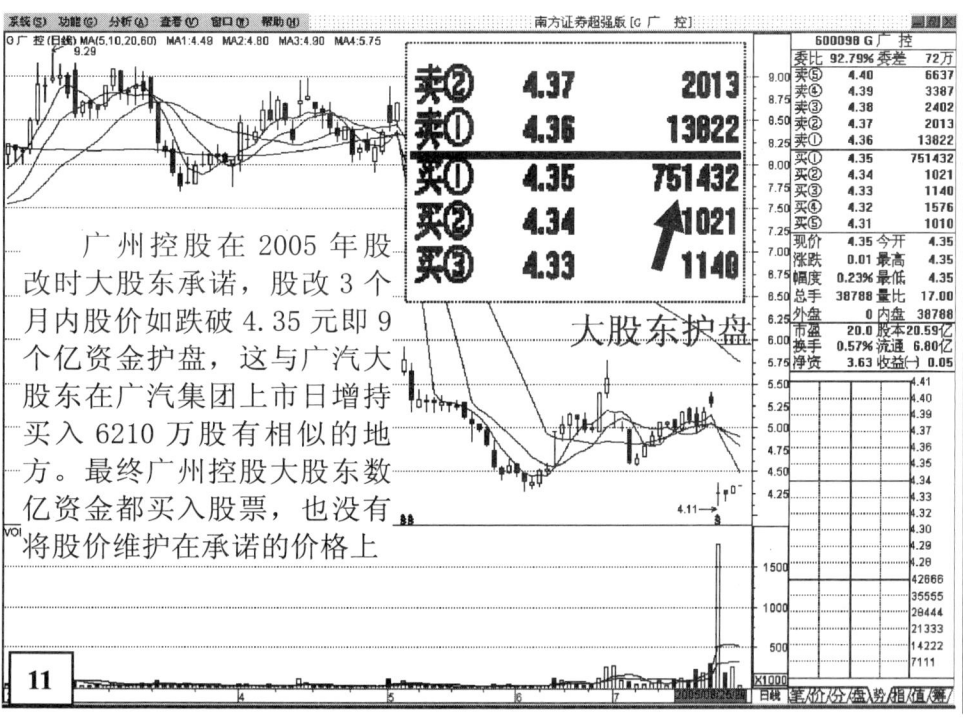

图 3-38

图 3-39

识别同一主力长线坐庄的波段+短线操盘技巧

股票市场无论散户还是机构，按交易手法和持股时间一般分为短线、中线、长线三种操作方式，而实际上大部分散户或机构操作过程中，并没有绝对只利用其中哪一种固定的方式去操作。以基金为例，在对投资者宣传上基金经理大都以中长线价值投资为标榜。实际基金操作每只股票持股时间都不同，操作时也都根据个股价格表现和市场变化灵活操作。相当多基金在中长线持股过程中，结合市场波动进行灵活高抛低吸赚取差价操作，这些仅仅看两市日常公开交易龙虎榜数据，就能看到机构席位频繁进出操作行为。

地下私募机构中也有不少实力较强的私募，重仓介入一只股票后进行中长线运作，持股期间也会根据市场变化进行高抛低吸波段或短线套利。这种以中长线持股为原则，拿出一定仓位筹码灵活进行高抛低吸赚取差价的操作，是现时中长线大机构运作的主流。这种在既定方向下展开的灵活操作方式，更适应A股市场每年的实际波动。高抛低吸赚取差价是主力降低持筹成本的有效方法。

分析一只股票有没有大主力盘踞在里面，可从该股日K线，分时走势和盘口入手，观察其日K线走势看该股有没有出现明显的波段或短线反复操作的痕迹。个股如有一个大主力盘踞在里面长期操盘，主力操盘手操作一般具有惯性操盘思维，同样的操作手法在盘中会反复出现，因此该股日K线波动表现的较有规律，或者多次表现出其独有的特征。分时走势和盘口同样经常可见较为相似甚至相同的操盘痕迹。

下面以湖南海利近一年来价格走势为个案，从日K线、分时走势表现进行剖析，看看该股大主力机构是如何一直盘踞在里面，并反复利用波段和短线操作套取差价的（图3-40至图3-44）。

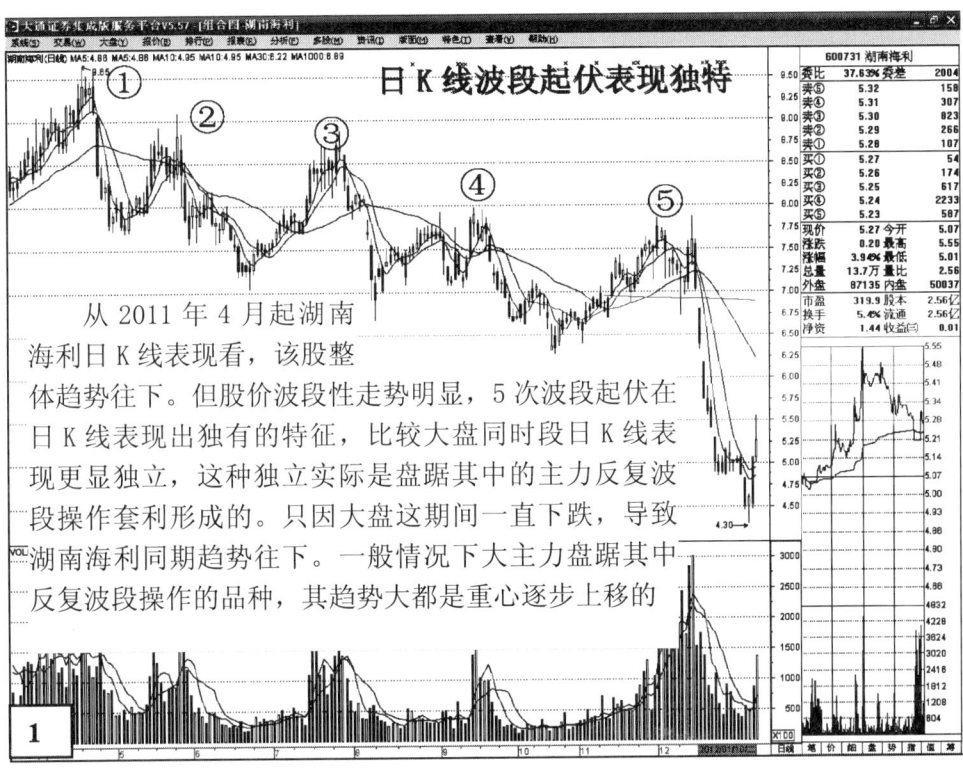

图3-40

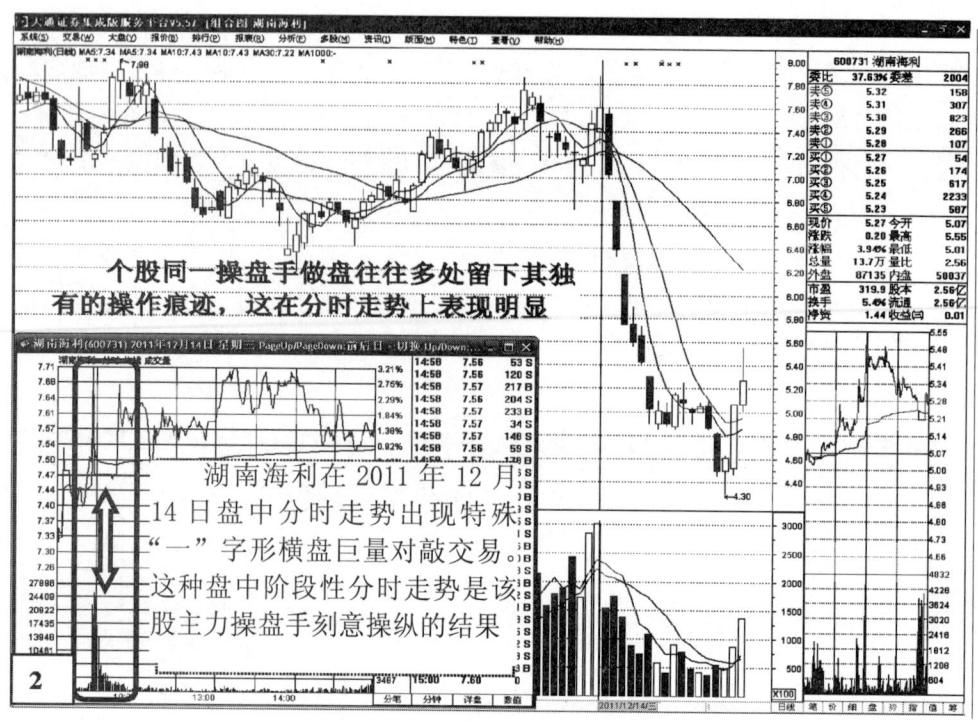

图 3-41

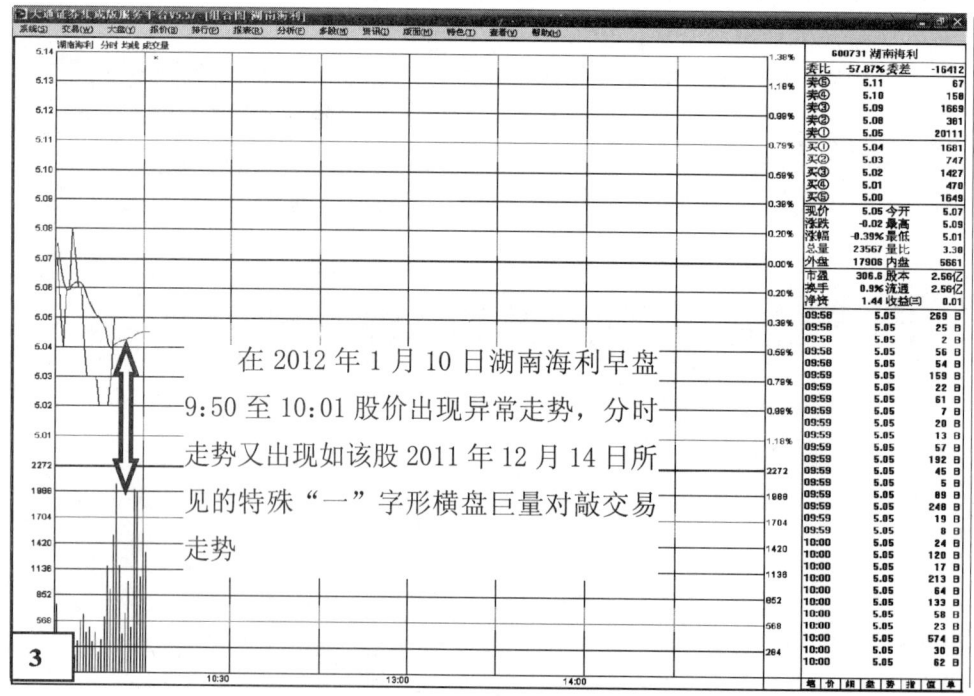

图 3-42

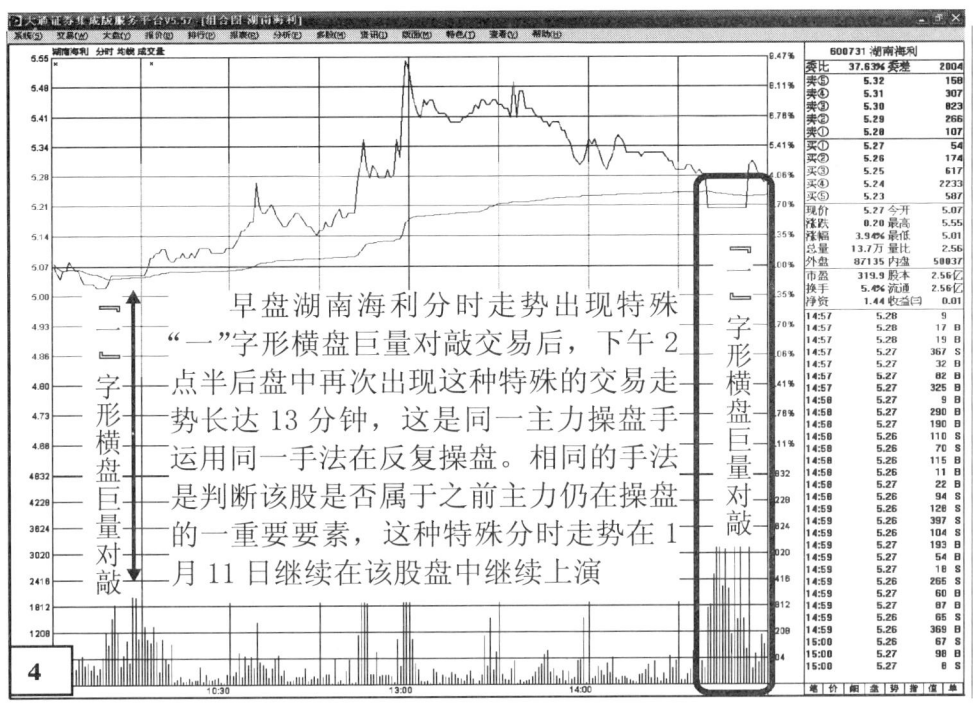

图 3-43

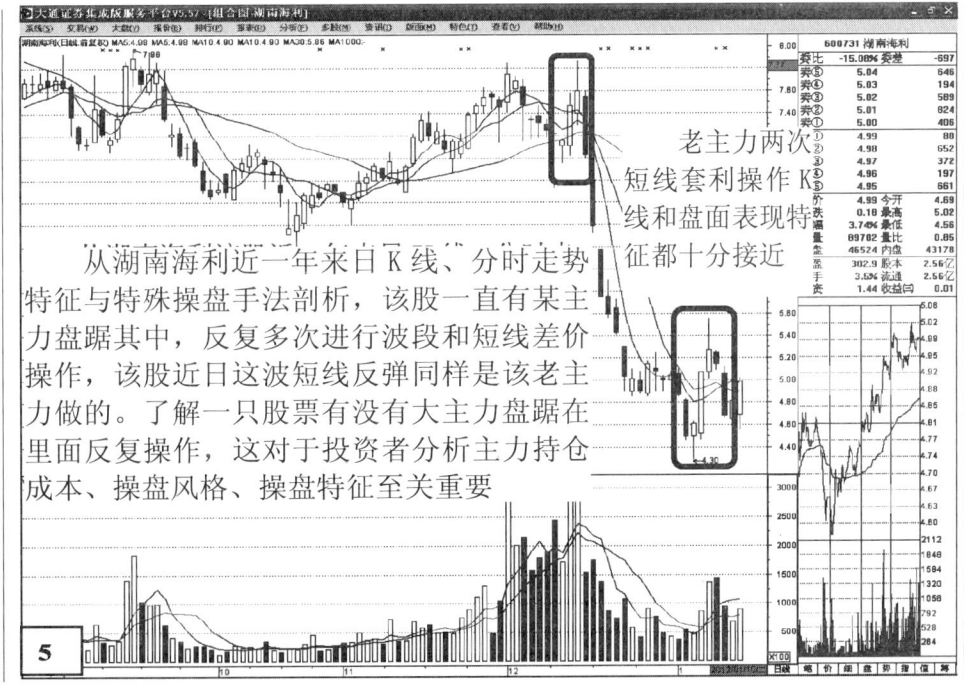

图 3-44

分时走势中洞悉美的电器主力动向

什么是独立盘口，什么是操纵盘口，在前面的实战中已经列举了很多实例。在笔者日常看盘的估算中，每日交易时间中两市大约有20%的个股都在盘面有主力活动的痕迹，其中大概有20%的主力活动(操纵)是相当明显的，更有小部分是非常暴露出格的。主力行为研究的目标就是发现、跟踪、研究这些明显有主力在活动的个股，在这些品种里寻找操作获利机会。主力在个股盘口中活动往往是该股价后面有大动作的开始。

对于独立盘口、操纵盘口的认识和判断，下面看000527美的电器的盘面表现(图3-45至图3-49)。

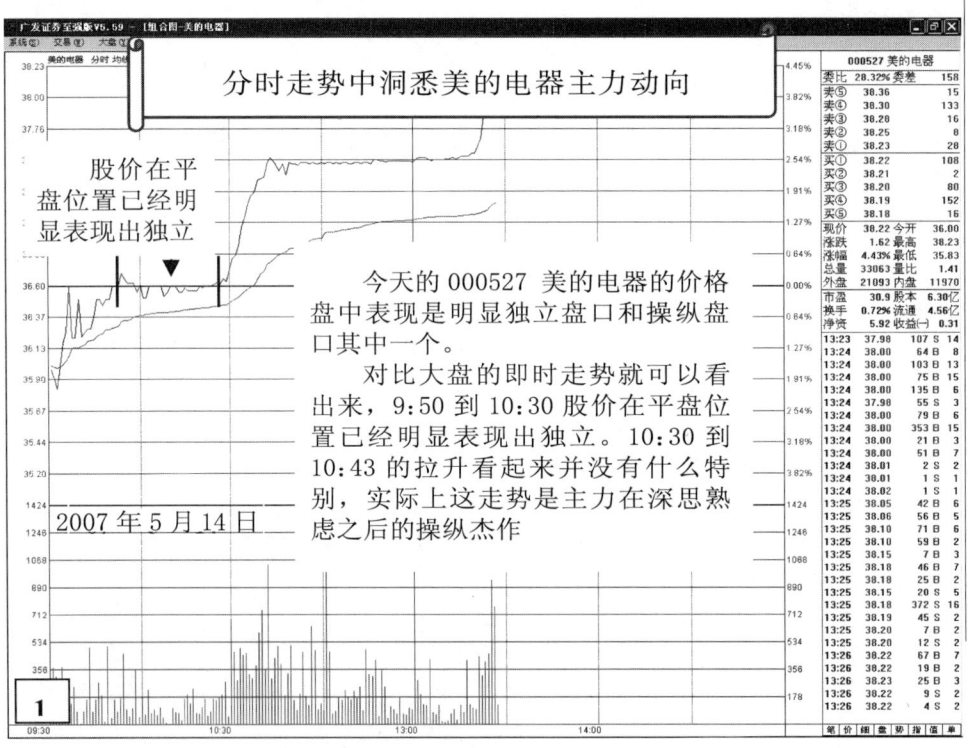

图 3-45

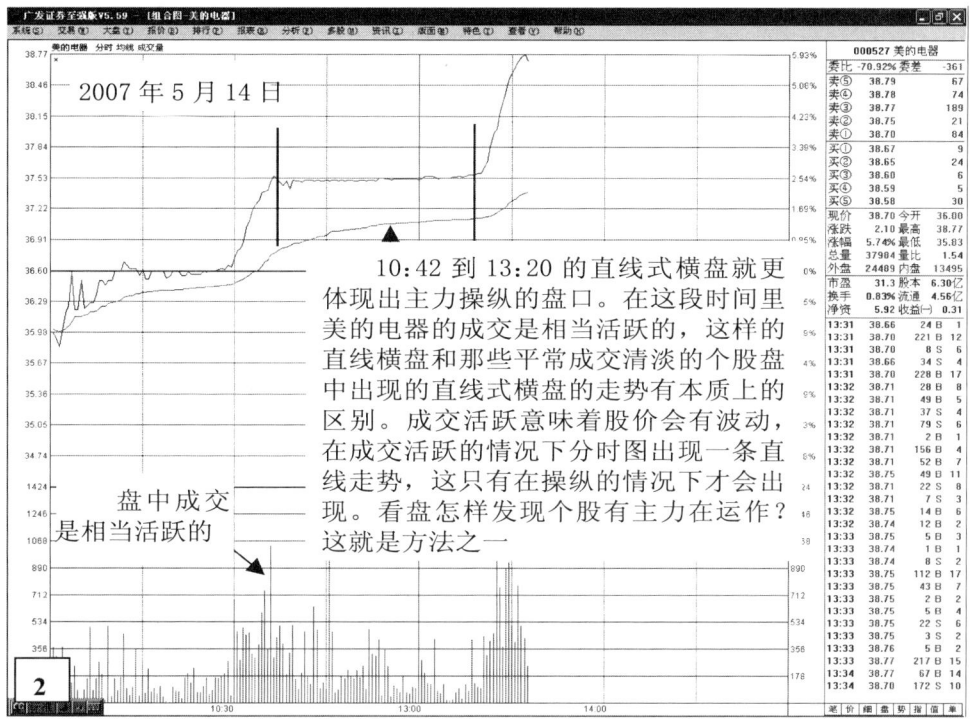

图 3-46

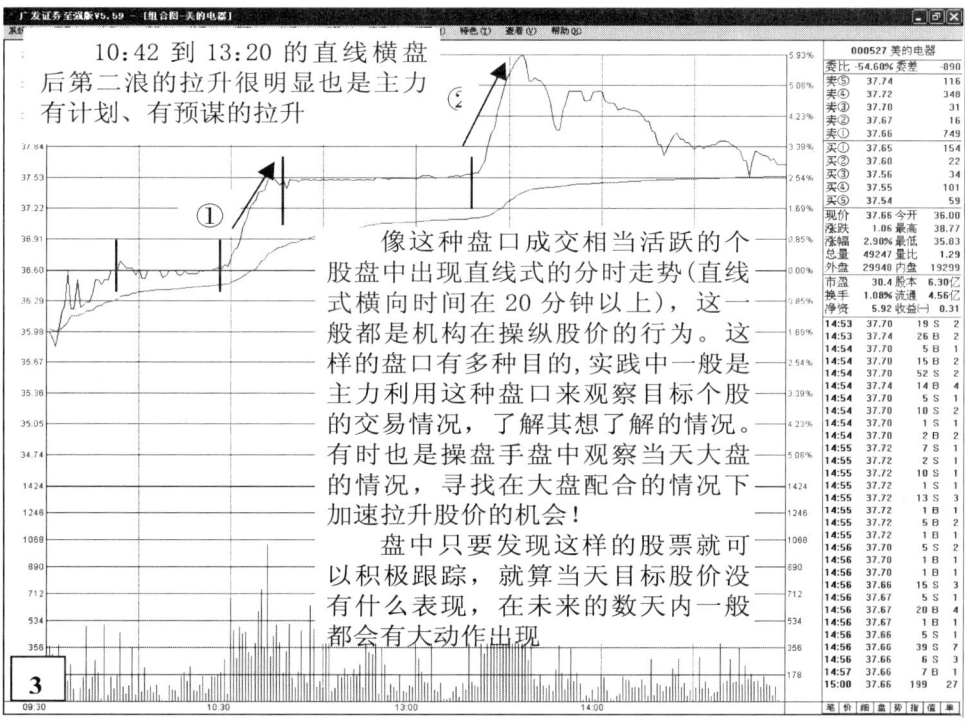

图 3-47

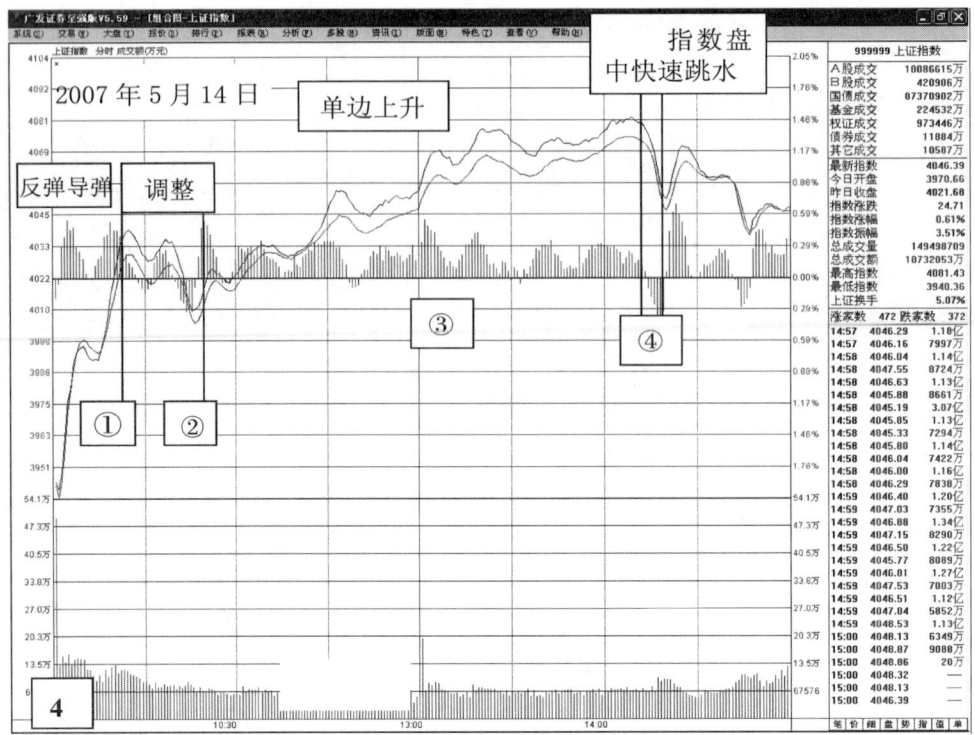

图 3-48

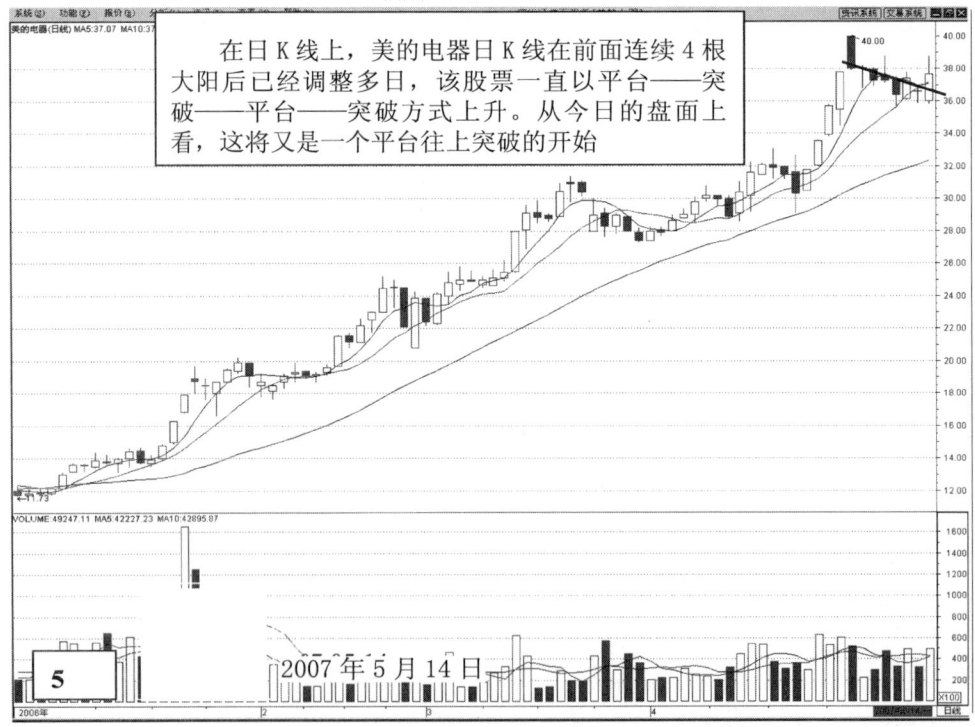

图 3-49

主力操盘预料之外的惊喜

无论短线主力还是中长线主力，操盘都有事前计划和步骤。而在临盘操盘时主力操盘手也看着盘面灵活出招。古语有"一叶知秋"之说法！通过观察一片落叶便预见秋天将要来临。股票分析通过盘口对主力操盘步骤的分析，可在主力迈出第一步时就能预知其第二步、第三步将会怎么走，有时已能预知全局！

大部分主力掌握着庞大的资金和高超操盘方法技巧。通过资金、筹码的进出操纵影响控制股价走势屡见不鲜。只要有足够的实力，机构就可以操纵股价，但操纵时所表现的效果如何这就并不是机构操盘手说了算的。操纵效果如何这要看市场的反映程度，操纵之下所影响效果好不好，还得看操盘手的操作手段是否高明，操作时机是否选择的恰当。有时机构操盘手苦心大力操纵股价，却总是自弹自唱起不到什么作用。有时机构操盘手稍微利用点技巧操纵股价，市场立即产生较大的反应，收到的效果远超机构操盘手的预期。

下面我们通过中远航运2月15日盘中动态盘口，细看主力操作步骤和主力如何通过操纵股价盘口获得预料之外的惊喜的(图3-50至图3-54)。

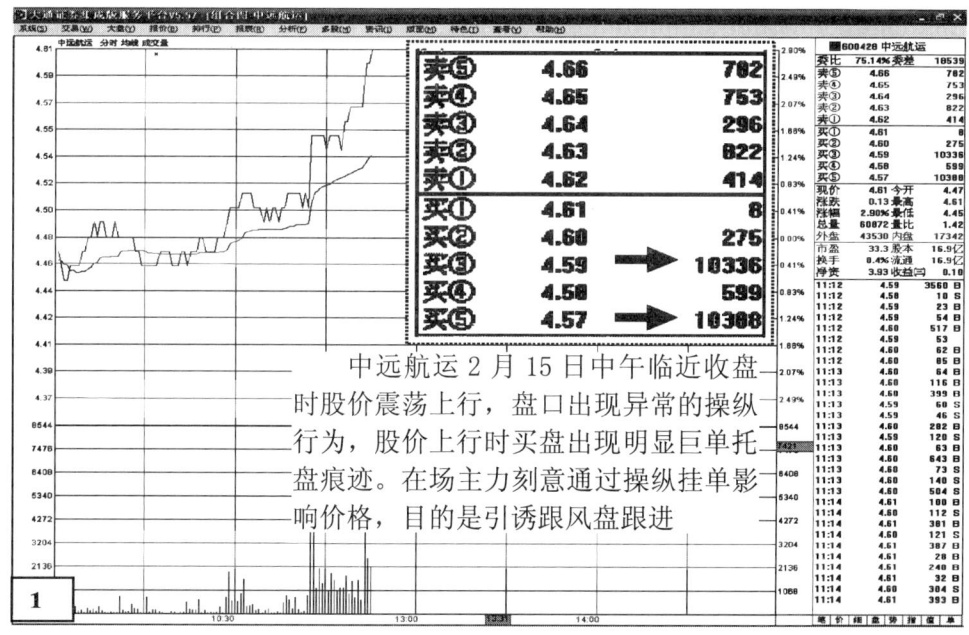

图 3-50

主力行为 盘口解密(二)

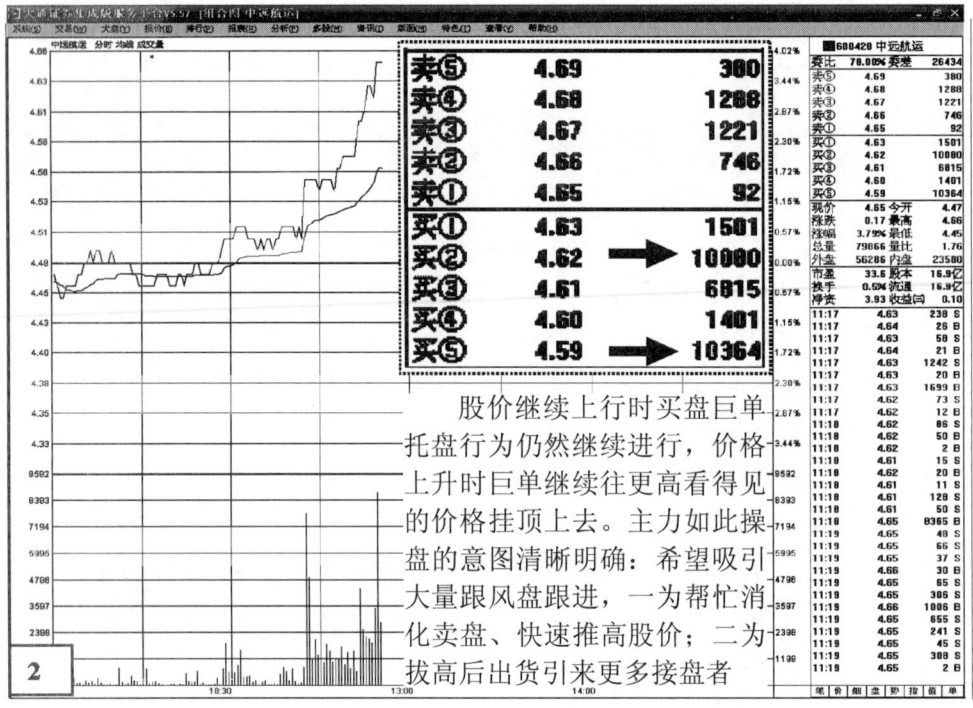

图 3-51

股价继续上行时买盘巨单托盘行为仍然继续进行,价格上升时巨单继续往更高看得见的价格挂顶上去。主力如此操盘的意图清晰明确:希望吸引大量跟风盘跟进,一为帮忙消化卖盘、快速推高股价;二为拔高后出货引来更多接盘者

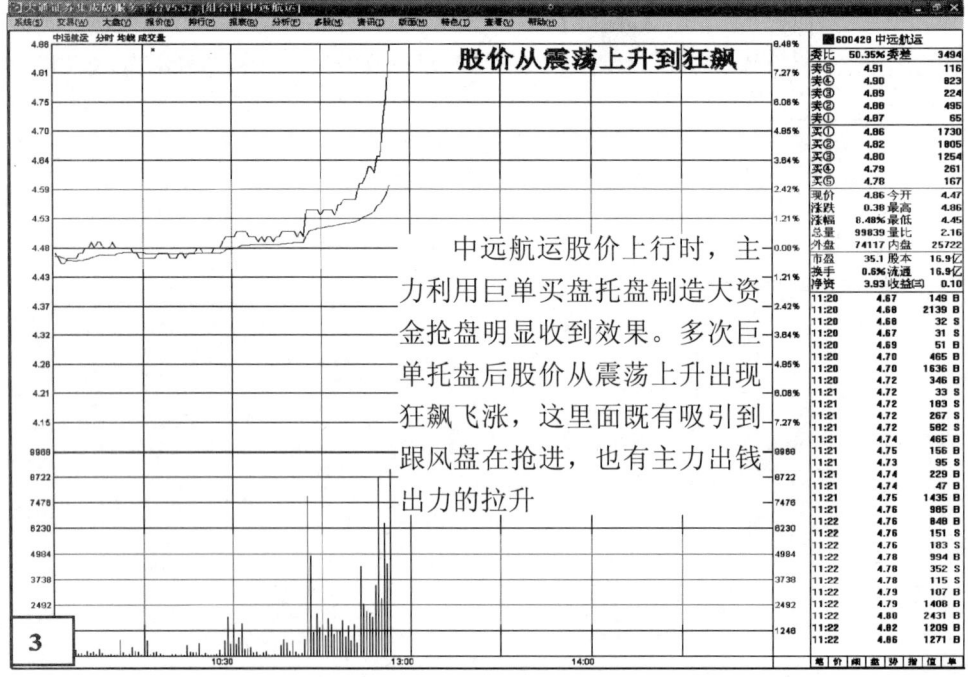

图 3-52

中远航运股价上行时,主力利用巨单买盘托盘制造大资金抢盘明显收到效果。多次巨单托盘后股价从震荡上升出现狂飙飞涨,这里面既有吸引到跟风盘在抢进,也有主力出钱出力的拉升

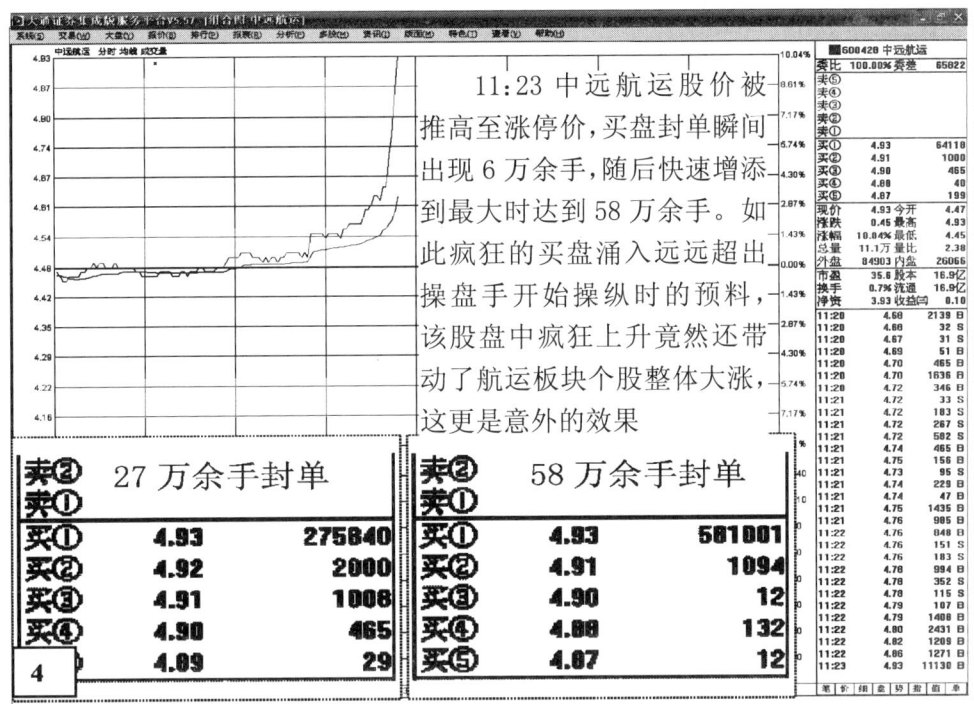

图 3-53

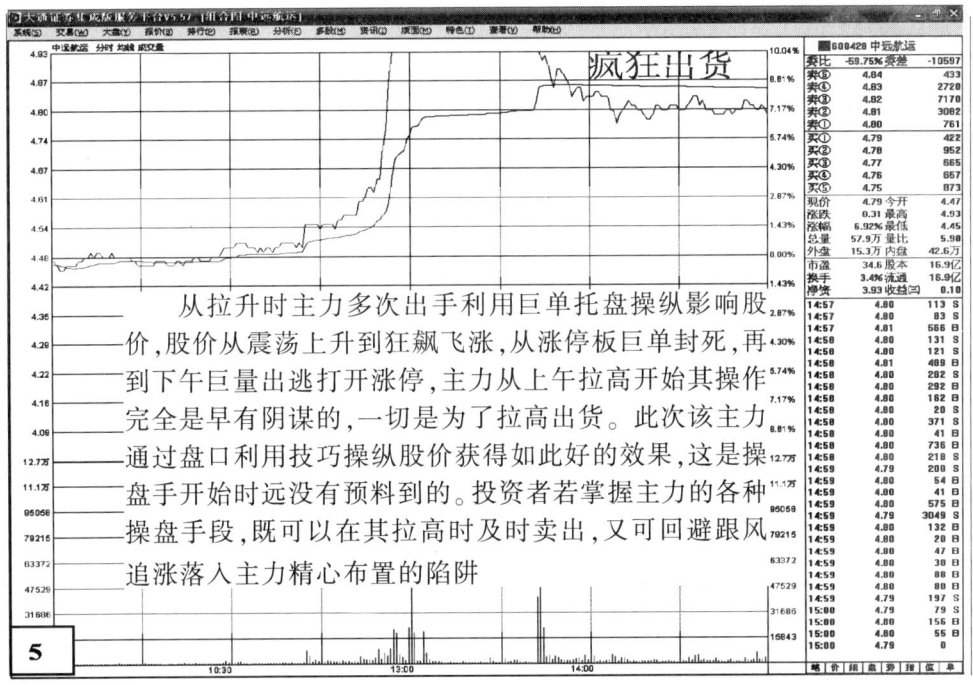

图 3-54

主力对倒行为研究

在股市里提到"对倒"大家都很熟悉，有不少有一定经验的老股民对主力的对倒手法和目的了如指掌。下面将实盘探讨主力两种对倒手法和一些思路。

我们知道，如果某只股票的流通筹码被主力大量控制，在后市的交易中散户参与的机会就会越来越少，从而成交活跃程度也会越来越小。如果成交不活跃，散户参与人数过少，这对该股主力在后面的拉高后出货是非常不利的。筹码过度集中在主力的手上后，想有非常多的其他大户或者散户来参加交易也是不现实的，因此，主力为了吸引人气和做出该股票人气十分活跃的假象，就想出了对倒这个好方法。

"对倒"，简单地说即主力在盘中交易时将自己控制的其中一批账户筹码抛出去，利用自己控制的另一批账户把筹码接回去。这样的交易，主力手中的筹码总的没有变化，但盘中的成交量就做了出来。这就是对倒的最简单原理！主力对倒的第一个目的就是维持个股的人气或者说制造个股的活跃假象！至于其他目的，在不同阶段各有区别(图3-55至图3-60)。

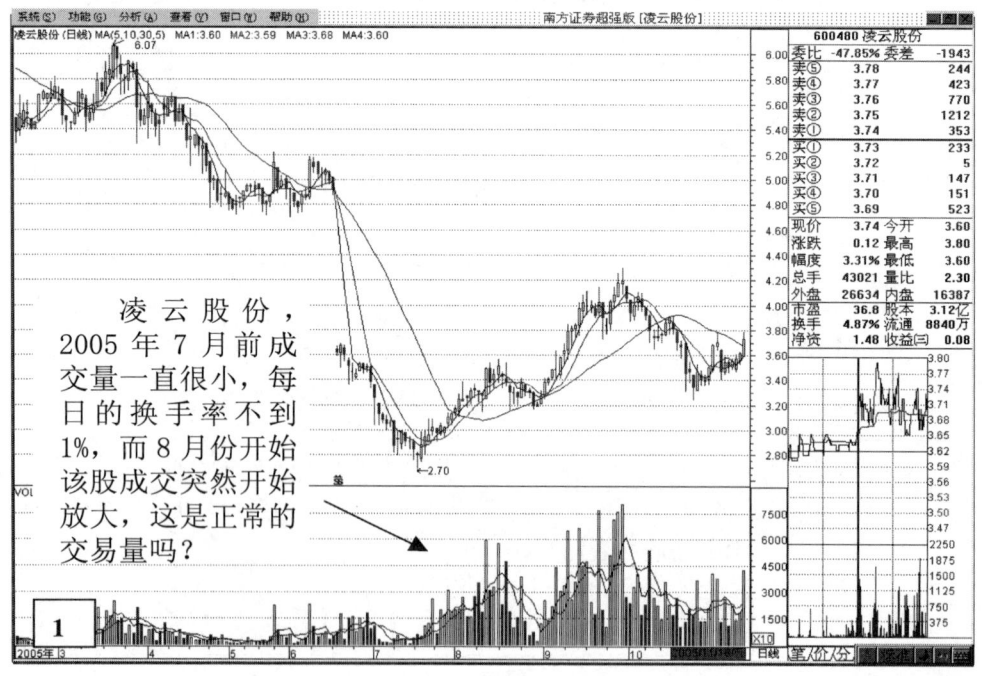

图 3-55

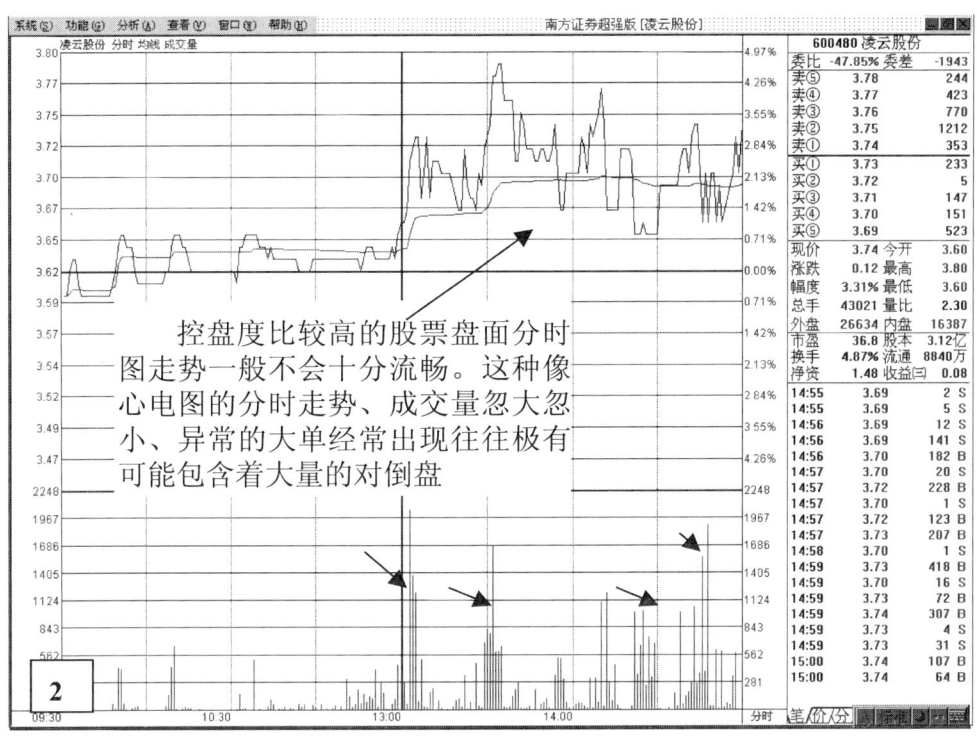

图 3-56

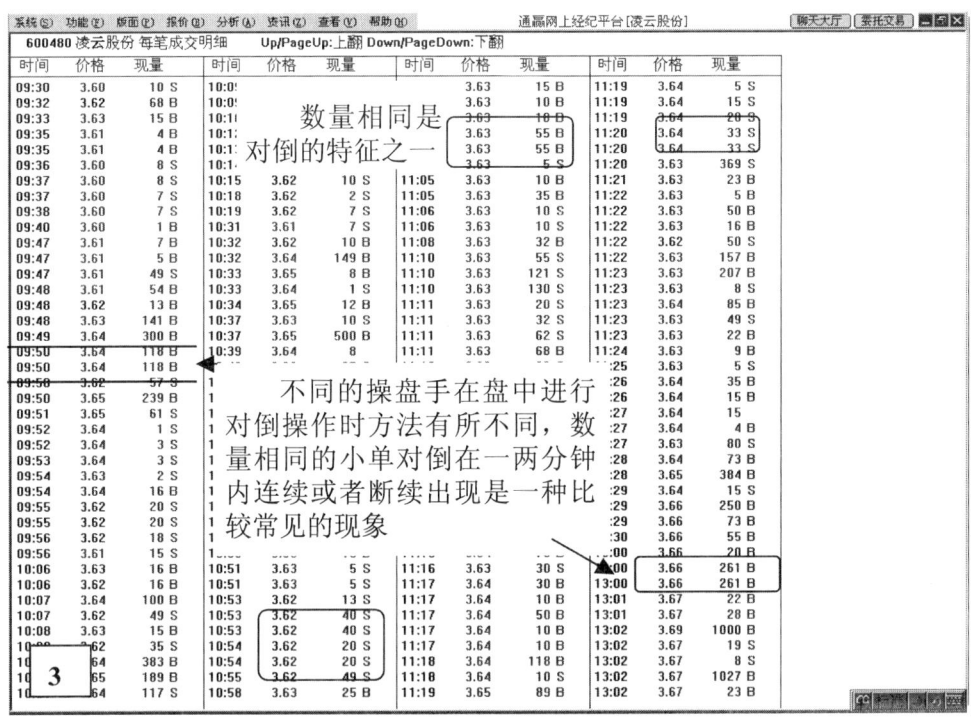

图 3-57

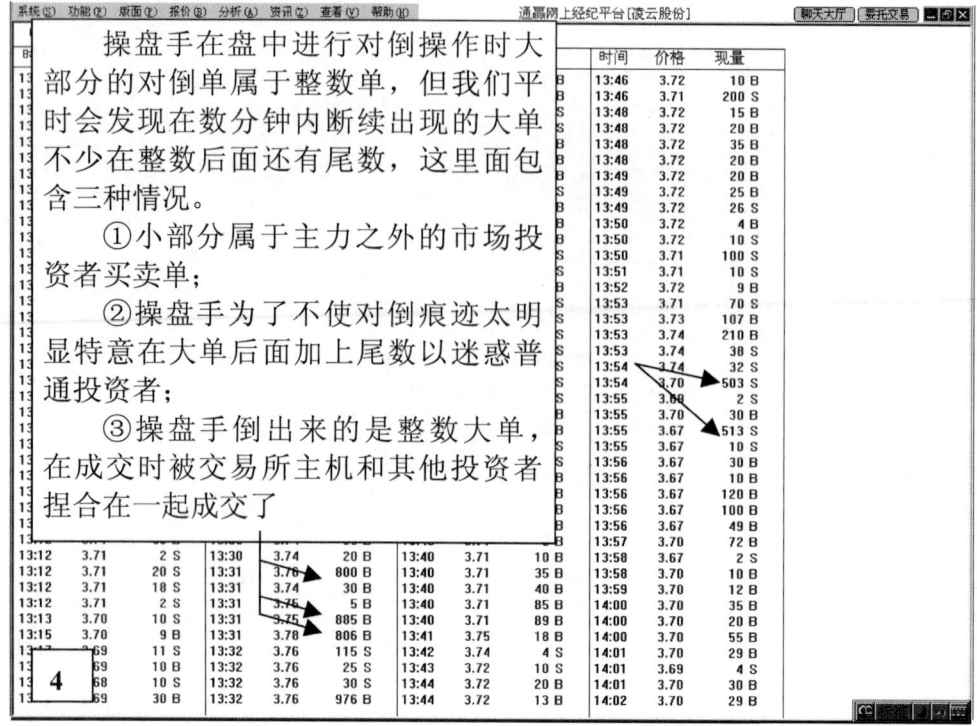

图 3-58

操盘手在盘中进行对倒操作时大部分的对倒单属于整数单,但我们平时会发现在数分钟内断续出现的大单不少在整数后面还有尾数,这里面包含三种情况。

① 小部分属于主力之外的市场投资者买卖单;

② 操盘手为了不使对倒痕迹太明显特意在大单后面加上尾数以迷惑普通投资者;

③ 操盘手倒出来的是整数大单,在成交时被交易所主机和其他投资者捏合在一起成交了

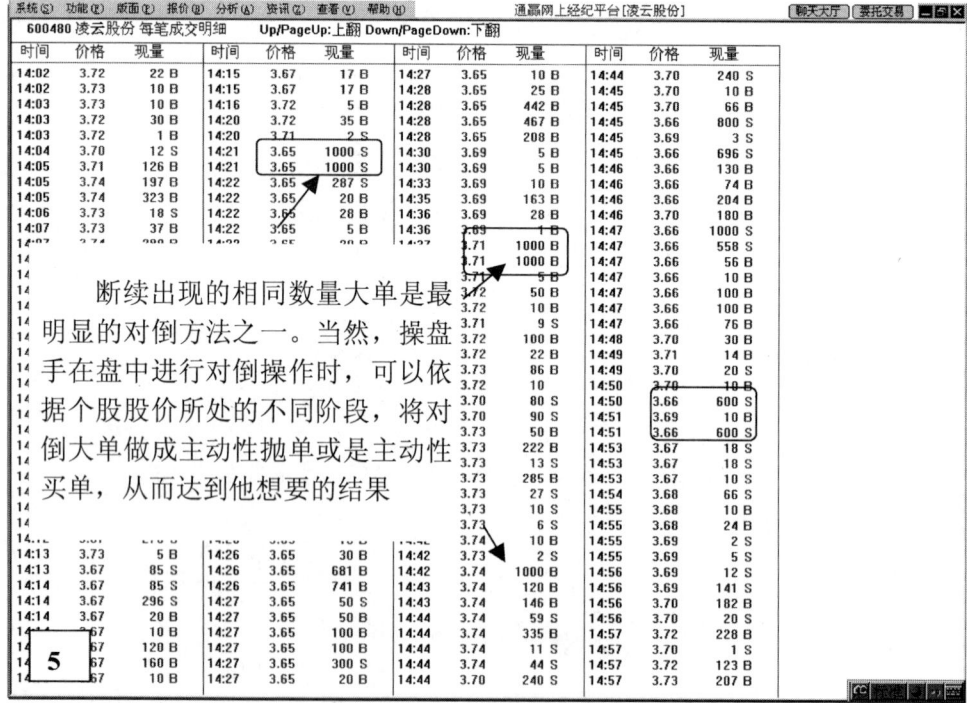

图 3-59

断续出现的相同数量大单是最明显的对倒方法之一。当然,操盘手在盘中进行对倒操作时,可以依据个股股价所处的不同阶段,将对倒大单做成主动性抛单或是主动性买单,从而达到他想要的结果

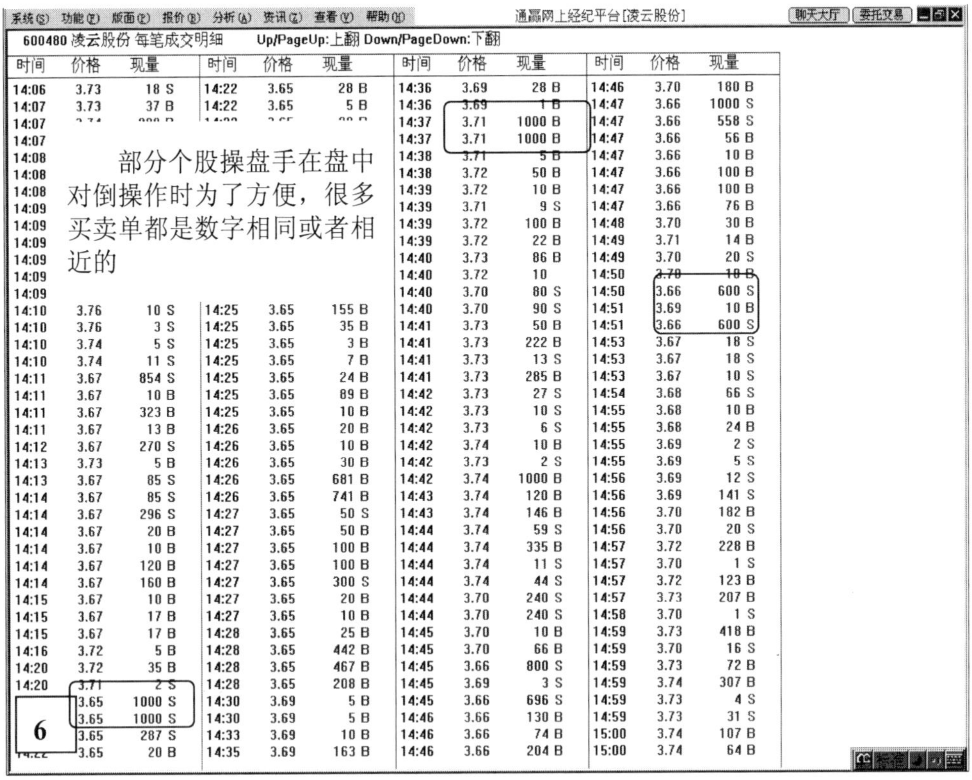

图 3-60

个股所处的阶段不同，操盘手对倒的目的也会有所不同。需要诱多出货时操盘手会根据需要把外盘（即主动性买入成交数）做得特别大，制造繁华的买入气氛引诱投资者跟进；需要诱空或者洗盘时操盘手会将内盘（即主动性抛出成交数）做得特别大，引诱投资者离场。这是主力对倒最基本目的所在。平常我们在看盘时如果发现某只股票交易盘中的外盘特别大，但股价不升反跌，这就要注意了。主力可能在利用对倒诱多出货。反之亦然。当然，这只是单方面的大方向分析判断，实战中还要结合其他因素综合分析研究。见图 3-61 至图 3-68。

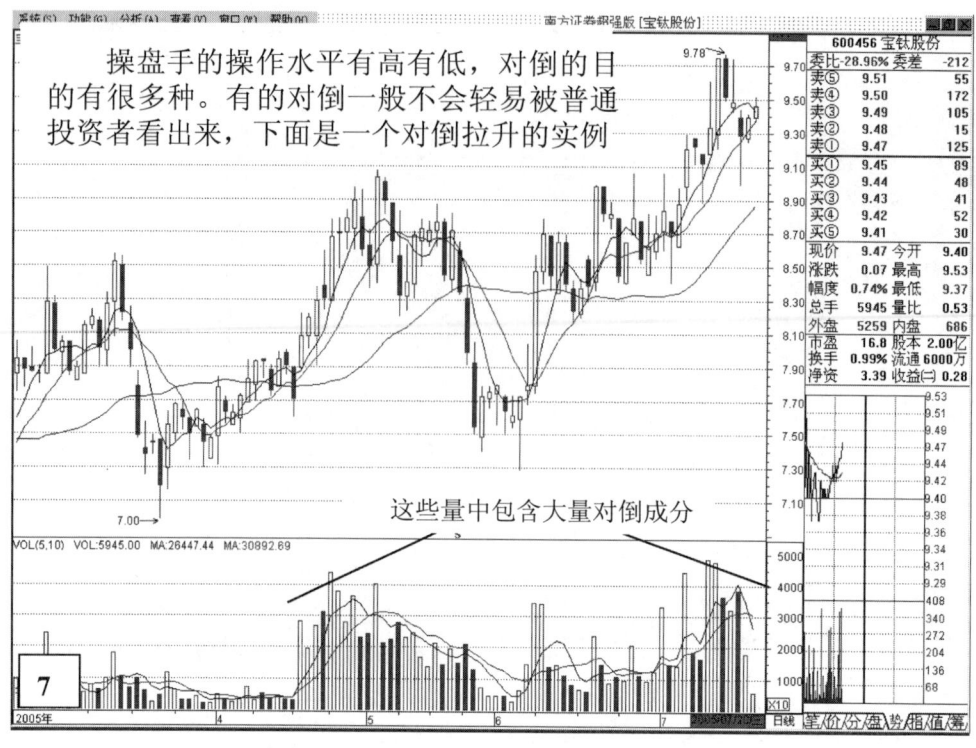

图 3-61

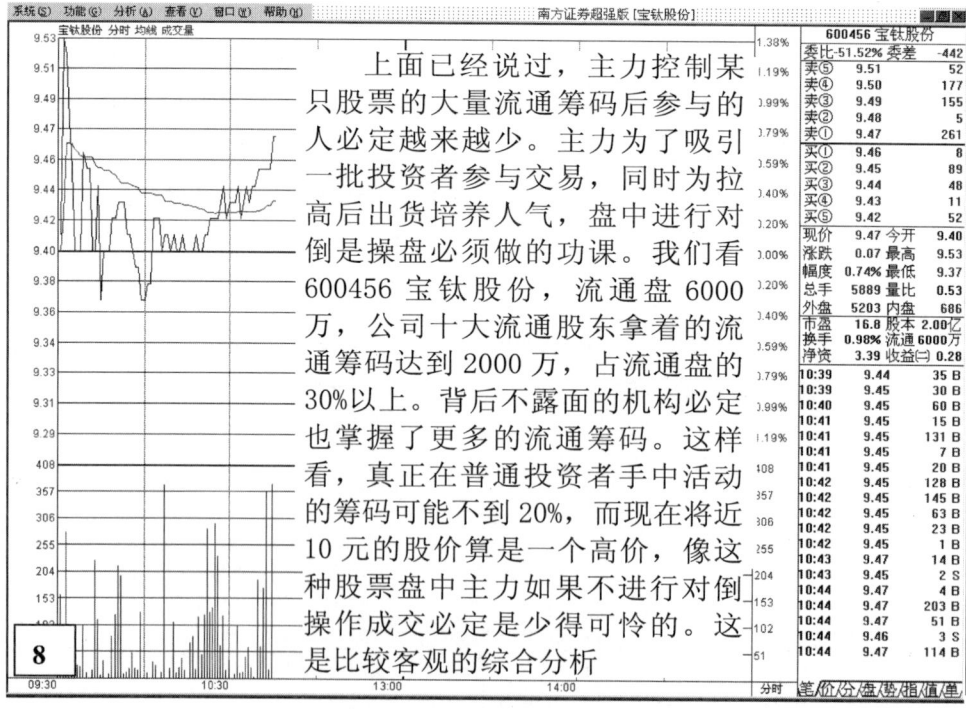

图 3-62

第三章

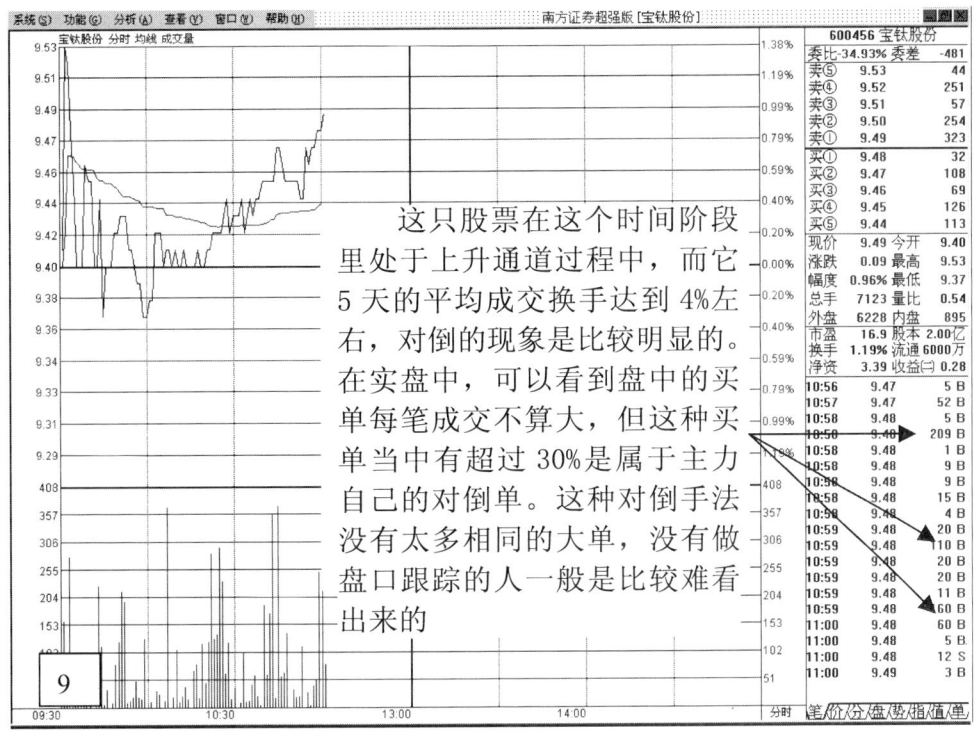

图 3-63

这只股票在这个时间阶段里处于上升通道过程中，而它5天的平均成交换手达到4%左右，对倒的现象是比较明显的。在实盘中，可以看到盘中的买单每笔成交不算大，但这种买单当中有超过30%是属于主力自己的对倒单。这种对倒手法没有太多相同的大单，没有做盘口跟踪的人一般是比较难看出来的

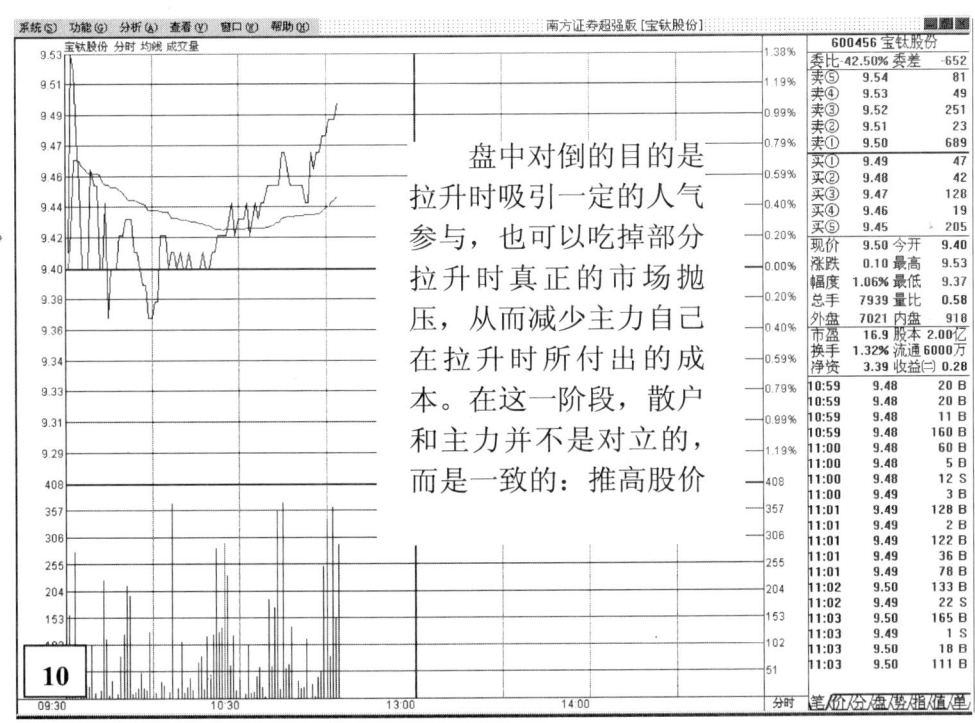

图 3-64

盘中对倒的目的是拉升时吸引一定的人气参与，也可以吃掉部分拉升时真正的市场抛压，从而减少主力自己在拉升时所付出的成本。在这一阶段，散户和主力并不是对立的，而是一致的：推高股价

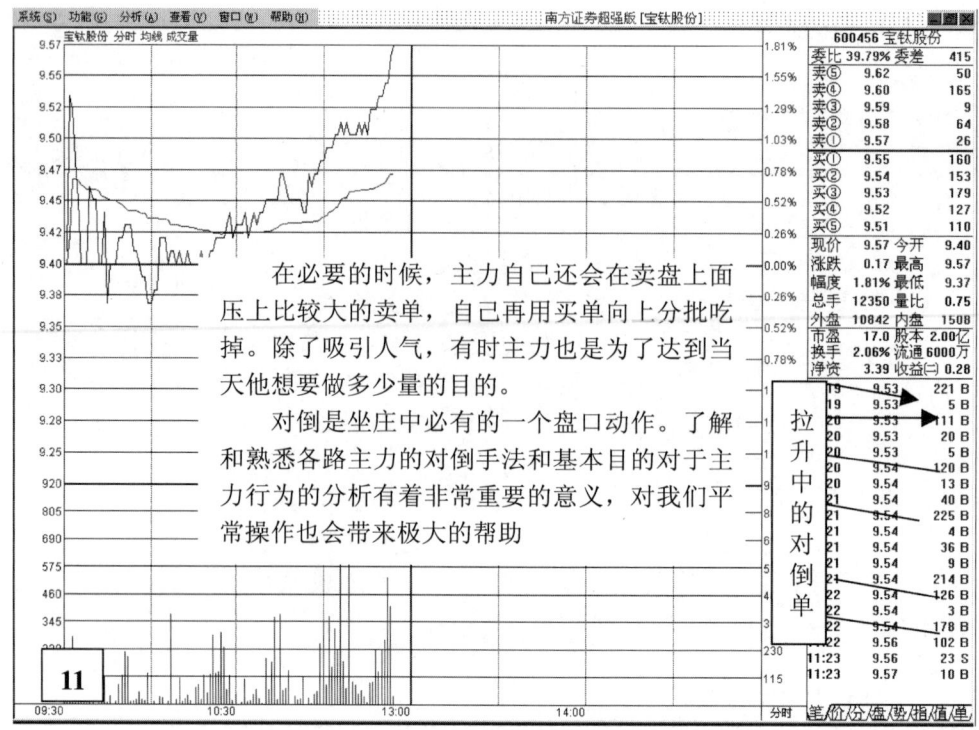

图 3-65

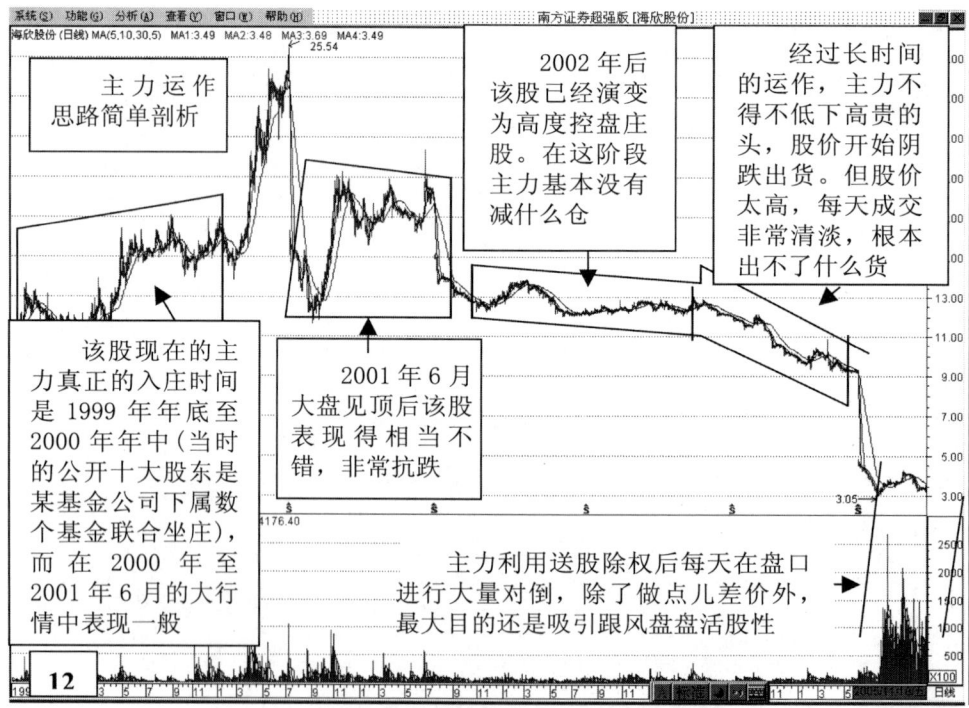

图 3-66

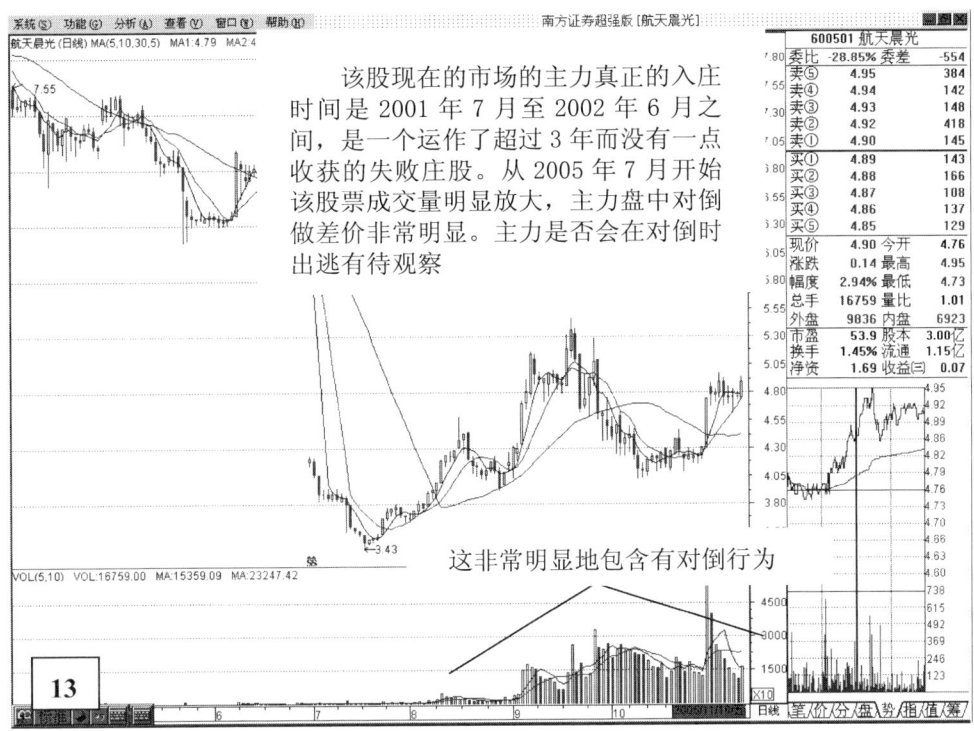

图 3-67

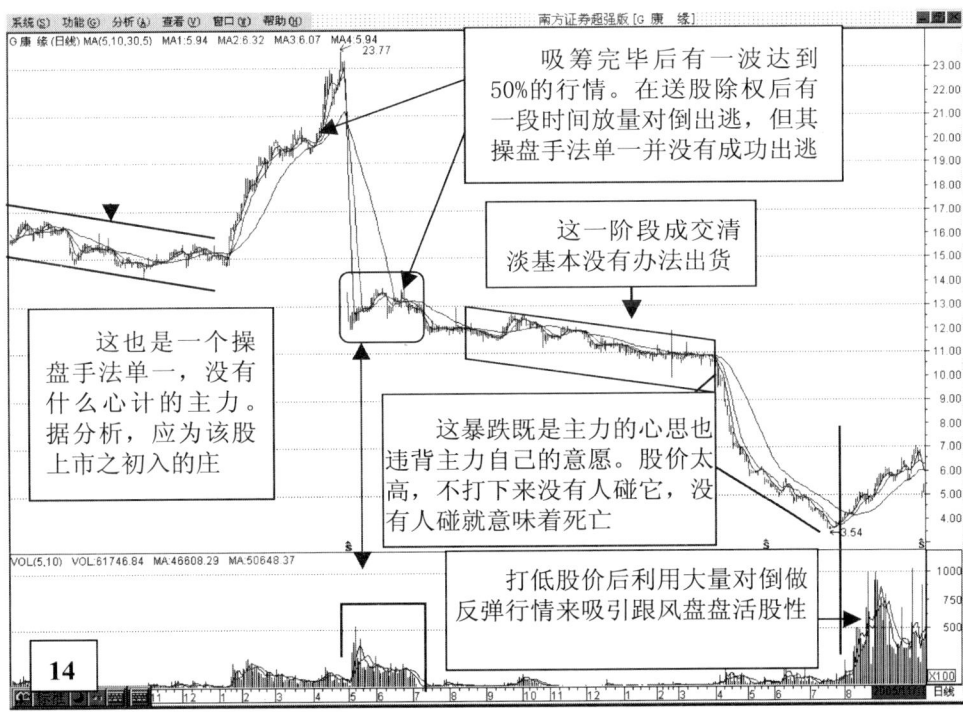

图 3-68

对倒的另外一个目的就是机构为了拉高后顺利派发！个股在启动时就开始进行巨量对倒，这类型个股每日的换手率基本都超过10%，最大时某天的换手率可以达到30%甚至更大。主力这样巨量对倒的最根本性目的就是吸引大量的跟风盘好在拉高后减仓出货。

在日均换手率超过10%的情况下，操盘手对目标股票进行差价的操作和拉高后的出货都有非常大的回旋空间。什么是回旋空间？

换手率不大则说明该股成交不活跃。股价从10元拉到20元，操盘手计划在20元出货。如果该股成交一直不怎么活跃，日间平均换手率维持在1%～2%，没有多少人参与交易，操盘手要大量减仓派发谁来接盘？没有多少资金来接盘如何派发？操盘手当然可以利用打压方式出货。但打压出货会导致主力的利润减少，打压出货时量一旦放大必然会引起部分投资者和其他机构的注意和跟风逃跑。现在的投资者和机构都不是吃素的，主力大规模明显的出货难以瞒天过海。换手率一直比较低的股票，操盘手在拉高后想大量出货是很辛苦的事。操作中一旦暴露了出货的意图，一不小心搞不好主力自己没有出多少货，股价就被别的机构在逃跑中砸回原地。如果目标股票日均总是保持1%～2%的换手率，多日下来就算卖盘筹码全部都是主力自己出的也出不了多少，何况这每日1%～2%的换手率中还包含其他人的交易量。所以操盘手要在目标股票每日1%～2%的换手率中派掉大量筹码，可见其操作的空间很小，难度很大。

从拉升开始时，操盘手就对操纵个股进行大量对倒吸引大量投资者参与以便拉高后顺利出货。每日10%～20%甚至更高的换手率，买卖盘进进出出都是巨大的，操盘手制造这样的盘口很少有投资者能清楚主力机构在干什么，一般机构主力恐怕也没有这个能力。在10%～20%甚至更高的换手率中，主力机构操盘手要进要出自然就有了更大的可回旋空间。

如果你懂得开车，经常开车，那么你就知道在跑高速公路和走城市老区的弯曲小路时的区别。城市老区的弯曲小路一般比较狭窄，道路的狭窄限制了开车的速度和开车时的超车、停车动作。在狭窄的道路上有再高超的技术也难以把车开得飞起来，再精湛的技术也难以快速超车，顺畅行驶。如果把这狭窄的道路比喻为个股不活跃的成交量，成交量过小，等于交通道路过窄，不利于开车。成交量过小，无论是操盘手进行差价的操作还是高位的派发都受到极大的限制。

在高速公路上因为道路宽畅，车可以开得很快很顺畅，要超车很方便，要停车还有专门供停车的停车道。如果有紧急情况需要掉头，因为路面宽畅这也是很方便的事情。许多在路面宽畅的道路上能做到的事情在狭窄的道路上则不能。

日均1%～2%的换手率，操盘手的操作限制非常大。10%～20%甚至更高的换手率如路面宽畅的高速公路，操盘手要进要退要停想怎么干都有更大的回旋空间。上面所说的就是为什么主力运作的个股从一开始拉升时就进行大量对倒吸引投资者参与的重要原因。

个股在启动时就开始进行巨量对倒吸引大量投资者参与，主力拉高股价那么投资者不是赚大钱了？主力拉高给其他人赚钱，主力不是很亏吗？

个股在启动时操盘手就开始进行巨量对倒一直到出货完毕，主力不是要付出大量的印花税和手续费？

问这两个问题的人，那是标准的散户思维！不明白这两个问题的人专业水平有待提高！

主力运作一只股票不可能100%控盘，部分筹码落在别人手里，拉高了就必然有人盈利。主力运作过程中允许有人盈利，允许一定的资金量跟风。允许有人盈利不是主力主观因素可以改变的，允许一定的资金量跟风主力可以适当地控制。当跟风盘过大时主力就洗盘，当跟风盘过小时主力就通过对倒等手法制造机会让场外资金入场参与。

主力运作个股过程中允许一定的资金量跟风最重要原因有三个：

(1)保持操作个股的交易人气，没有人或很少人参与主力恐怕就做不下去了；

(2)让一些中长线资金买入并中长线持有，达到帮其锁仓的效果；

(3)为了拉高后派发有积极的跟风盘去接货。

为了保证坐庄成功，让适当的资金跟风是必需的，所以让跟风盘盈利根本不存在主力很亏的道理，主力很亏是标准散户的想法。

至于巨量对倒必定要付出大量的印花税和手续费，这是事实。是主力坐庄时要考虑的一个成本因素。但没有付出哪有回报？你想想，你现在可以看笔者的书，看笔者的成果，你是花了钱去购买这本书的，这就是你付出的成本。机构运作一只股票考虑问题得从全局上去思考。如果运作一只股票能从开始到结束顺利地成功运作完毕，盈利10亿，那么付出巨量对倒所产生的印花税和手续费成本假设一个亿，你愿意吗？局部的损失服从整体的利益，从全局上去考虑这是值得的。主力在运作某股过程中往往反复进行差价操作，这在一定程度上抵消了付出的大量印花税和手续费。

也许投资者会再问，主力巨量对倒操作所付出的昂贵成本也不一定保证坐庄能成功呀？

是的，机构利用巨量对倒方式操作，在坐庄运作个股过程中主力先付出大量印花税和手续费成本是必然的，这之后谁也保证不了主力一定获得成功，获得巨额的利润，这也是坐庄的风险之一。但不这样去做，不先付出这种成本就可能成功不了。部分机构采用这种手法去运作,操盘手所想、所做、手法、手段都围绕坐庄能成功展开。主力操盘手选择这样的操作方式,他当然知道其中的得失。

事实上,多年来在坐庄失败案例中,绝大部分都是因为主力坐庄坐到最后所操纵的个股交易上出现"死亡",没有人去接盘出不了货,筹码兑现不了而最终失败。还没有听说过哪个机构做高了股价有人接盘不愿出货而坐庄失败的个案。

对倒,成为现阶段坐庄不可少的一个操作细节。上面笔者所说的这种巨量对倒运作手法不是股票市场中每个机构操盘手都在运用,懂得运用这种手法的只是小部分聪明的、经验老到的操盘手。见图3-69至图3-72。

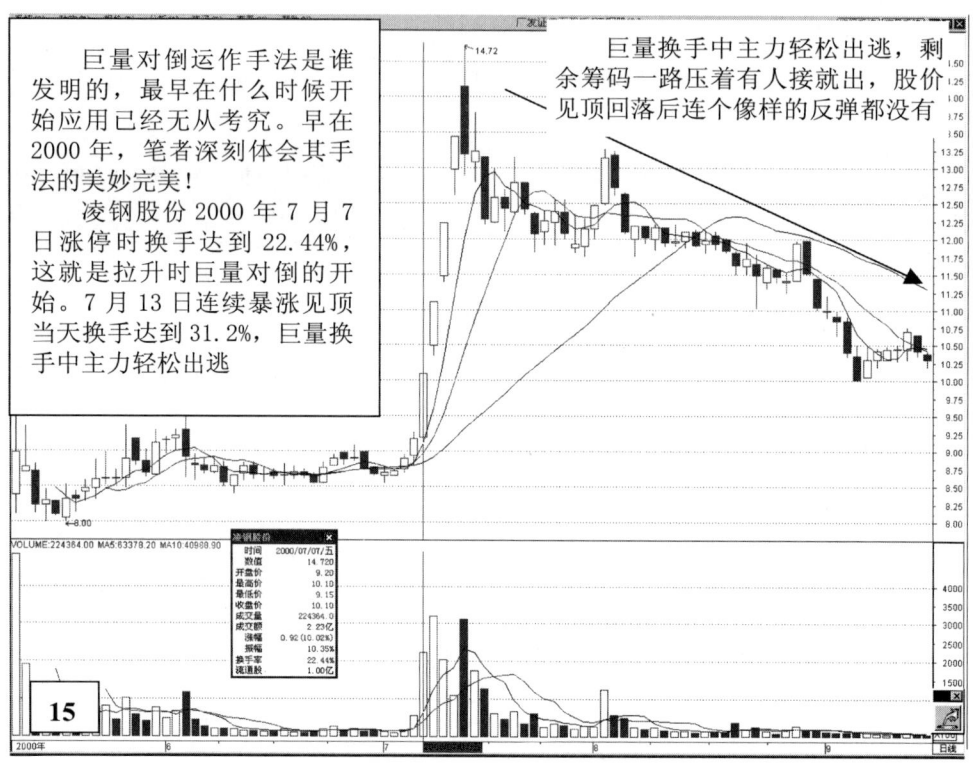

图 3-69

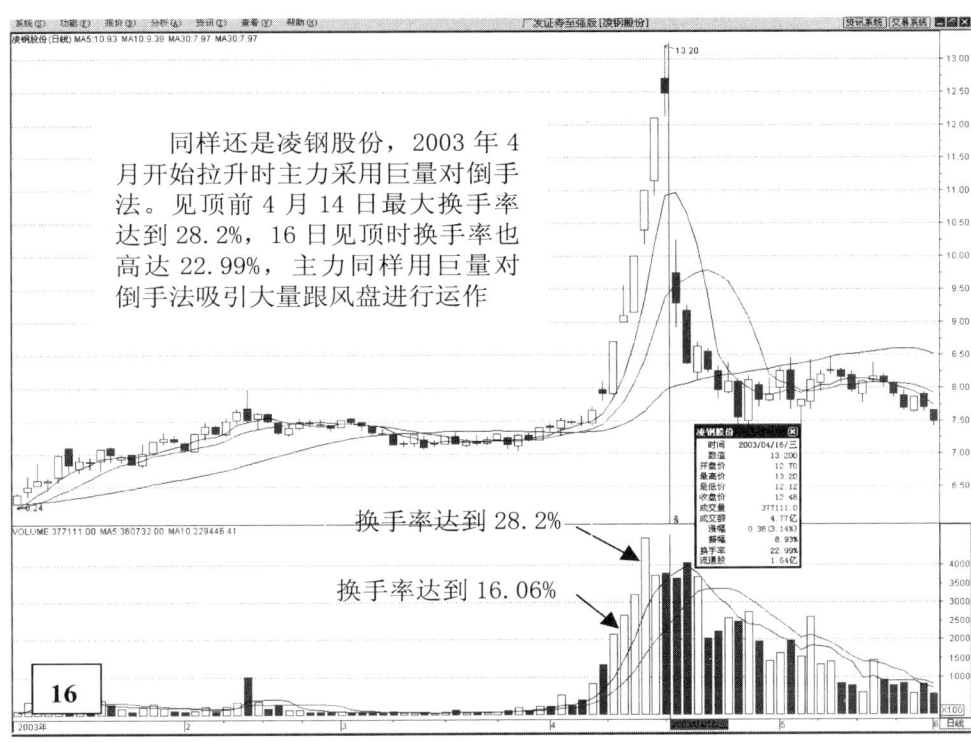

图 3-70

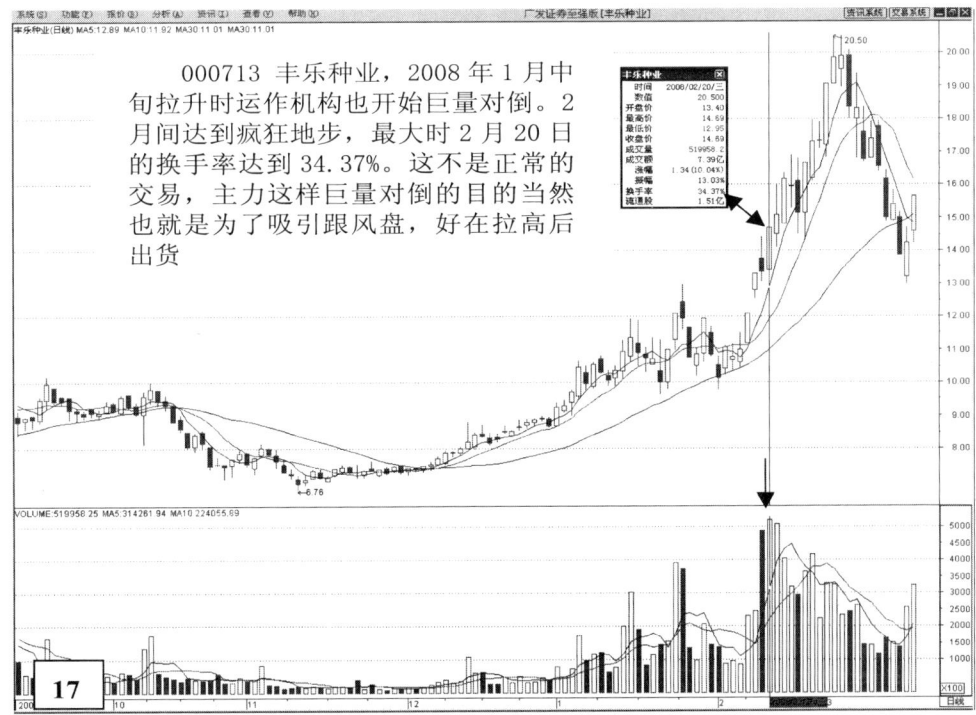

图 3-71

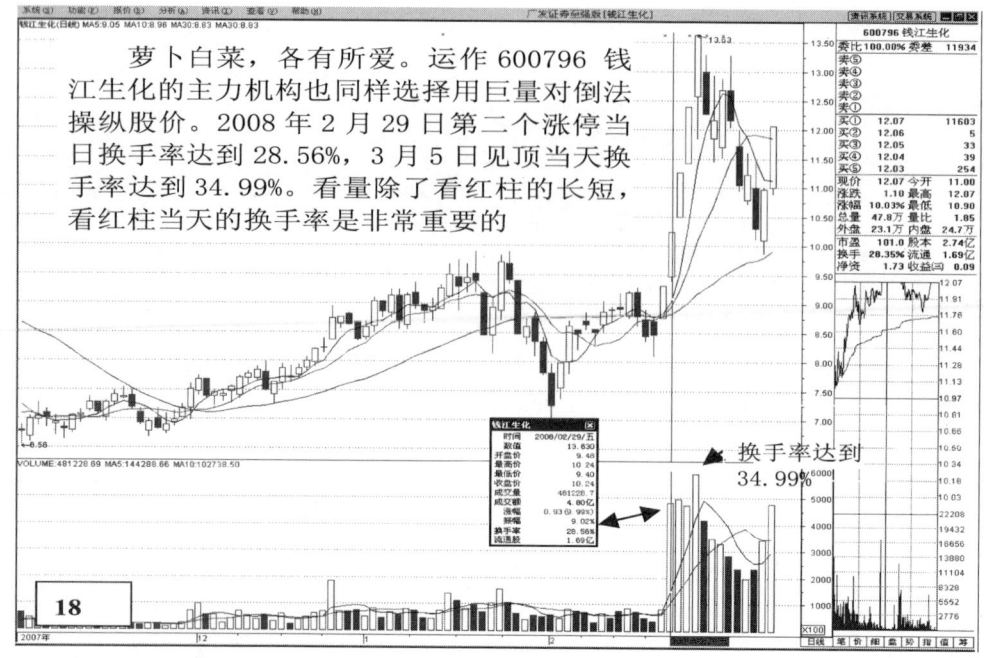

图 3-72

涨停后的看盘研究思路

见图 3-73 至图 3-78。

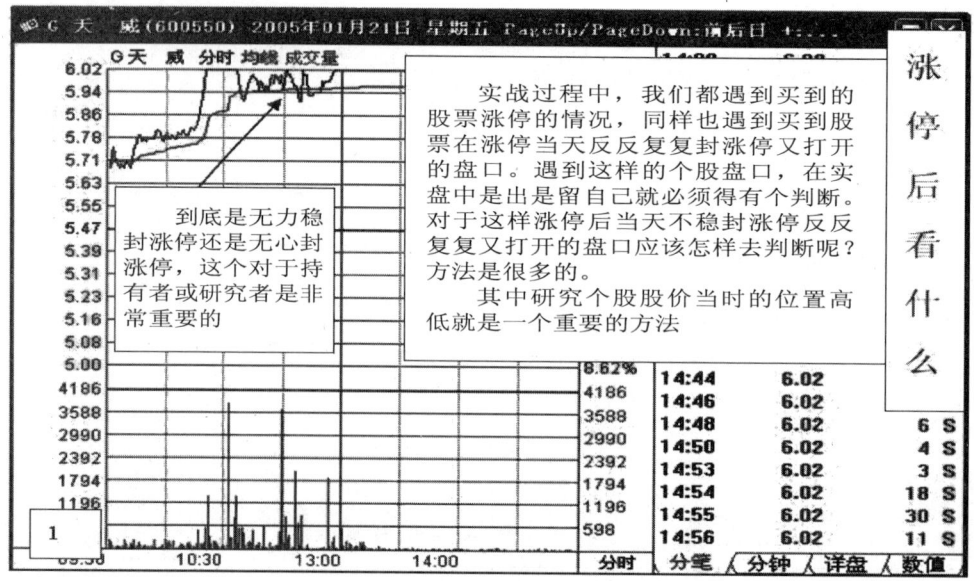

图 3-73

第三章

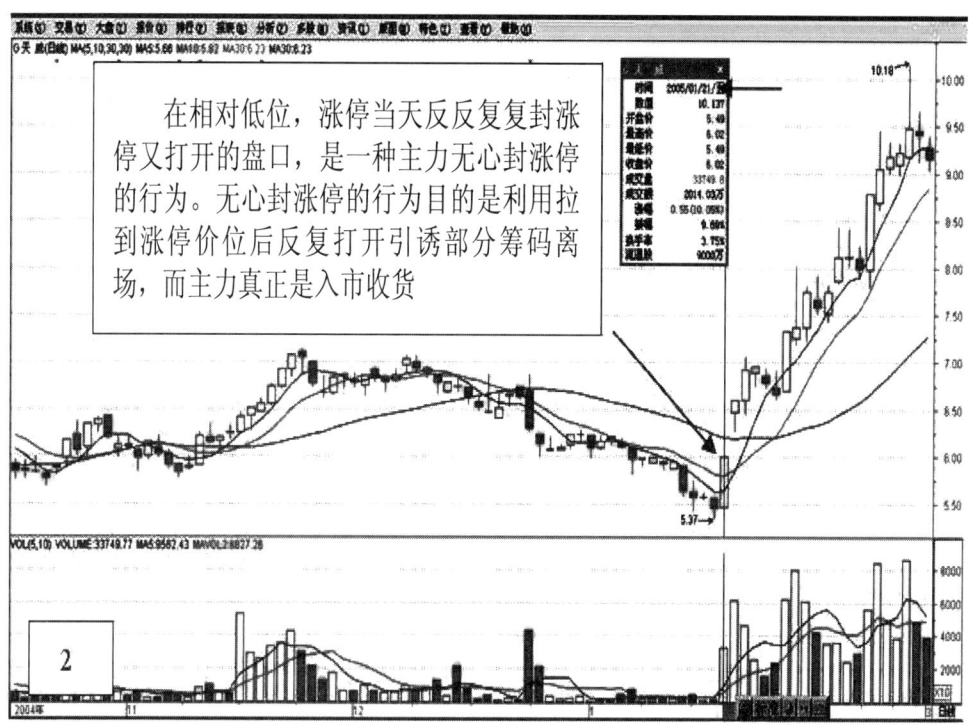

图 3-74

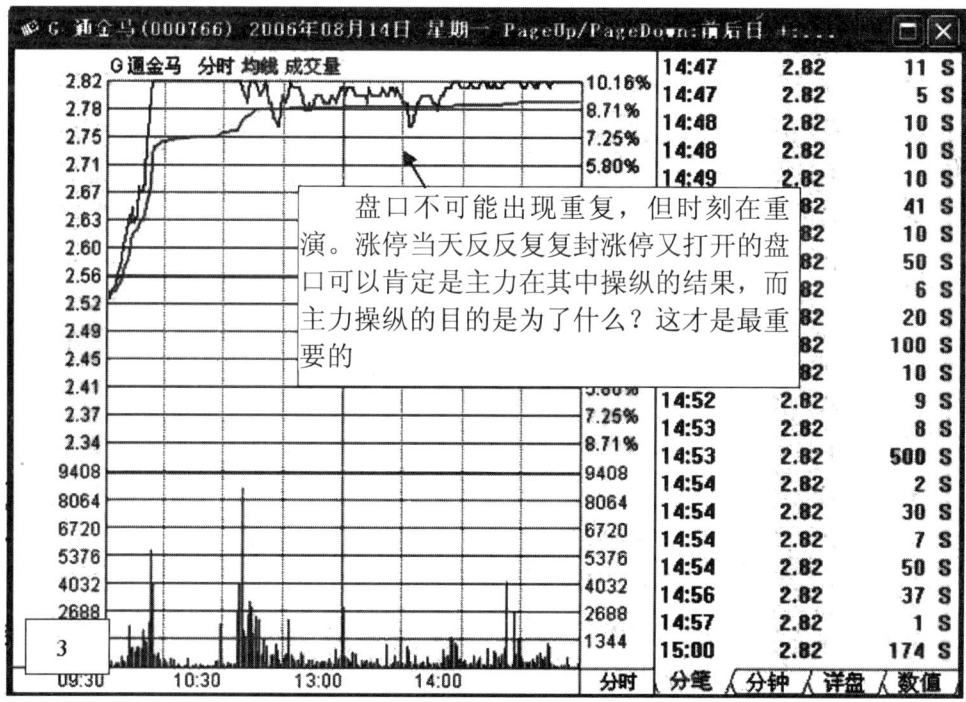

图 3-75

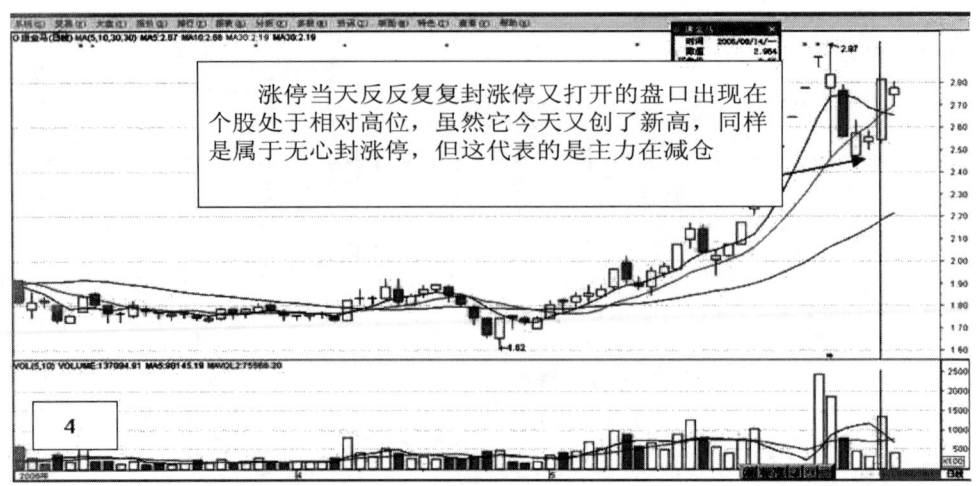

图 3-76

涨停当天反反复复封涨停又打开的盘口出现在个股处于相对高位，虽然它今天又创了新高，同样是属于无心封涨停，但这代表的是主力在减仓

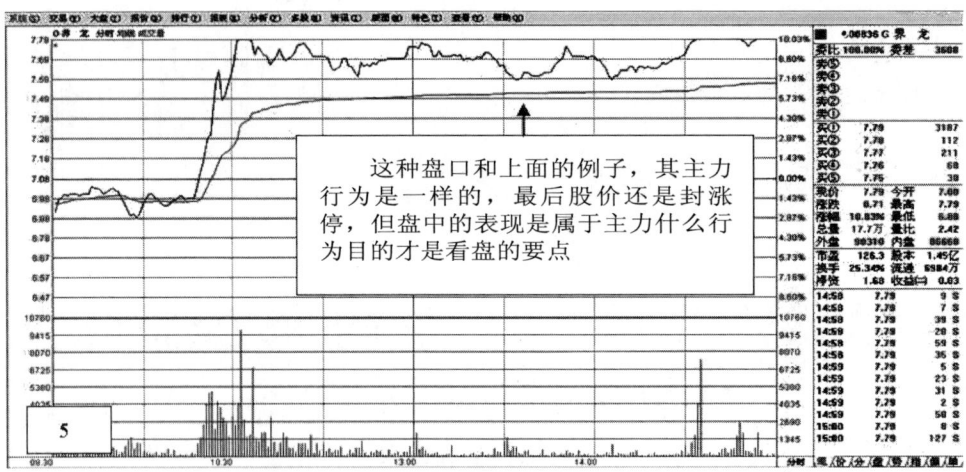

图 3-77

这种盘口和上面的例子，其主力行为是一样的，最后股价还是封涨停，但盘中的表现是属于主力什么行为目的才是看盘的要点

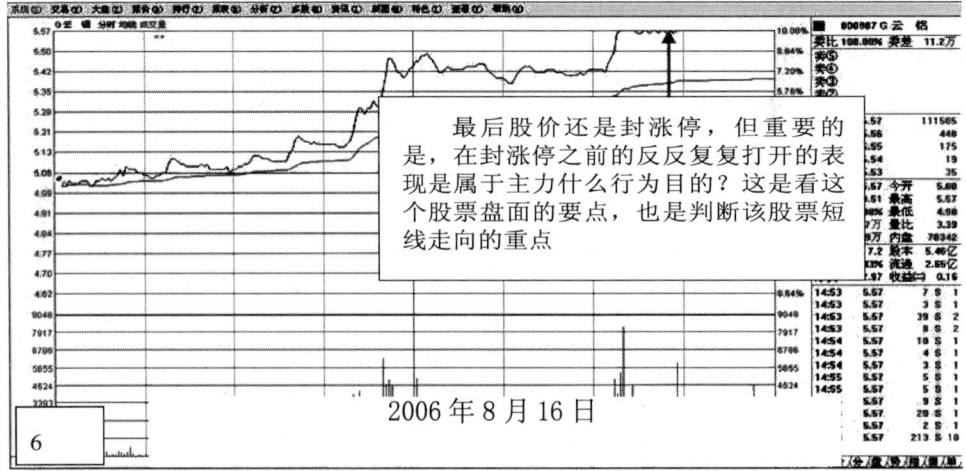

最后股价还是封涨停，但重要的是，在封涨停之前的反反复复打开的表现是属于主力什么行为目的？这是看这个股票盘面的要点，也是判断该股票短线走向的重点

2006 年 8 月 16 日

图 3-78

第四章

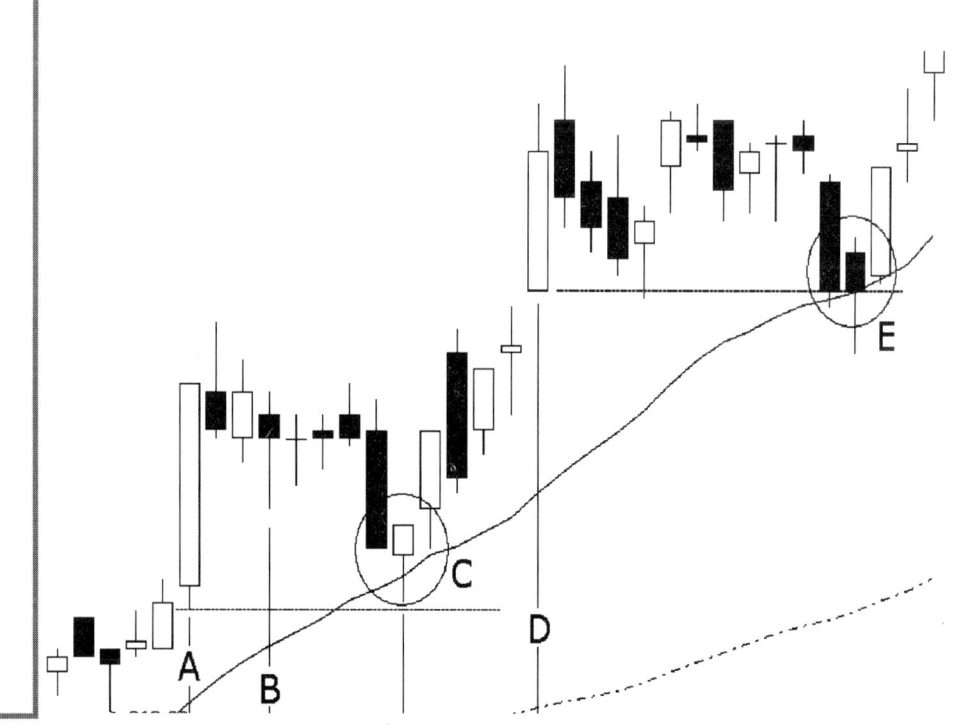

大同煤业主力运作盘口(一)

大同煤业,一只普普通通的股票却和笔者结下不解之缘!自该股 2006 年 6 月 23 日上市交易起,一直到 2007 年 9 月,股价从 10 元跌到 7 元多,再从 7 元附近上涨到 40 元之上。前后跨越整整超过一年时间,笔者一直伴随主力在大同煤业股价的起起伏伏中同甘共苦,风雨同舟!

伴随大同煤业主力超过一年,尝尽其中辛酸、无奈终于得到丰厚回报。在伴随大同煤业主力一年多的时间里,多少次买卖进出该股已经忘记了。但在跟踪操作大同煤业过程中,运作大同煤业的主力机构在大同煤业日常运作中大量经典操纵盘口的信息笔者却保存了下来!下面就与大家分享这一空前盛况!

见图 4-1 至图 4-29。

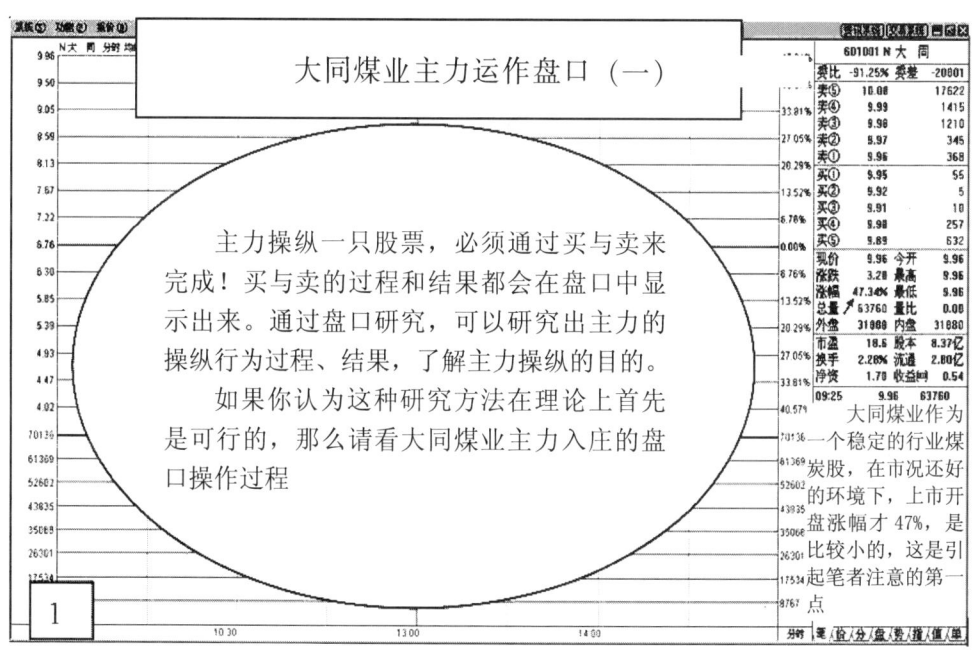

图 4-1

主力行为 盘口解密(二)

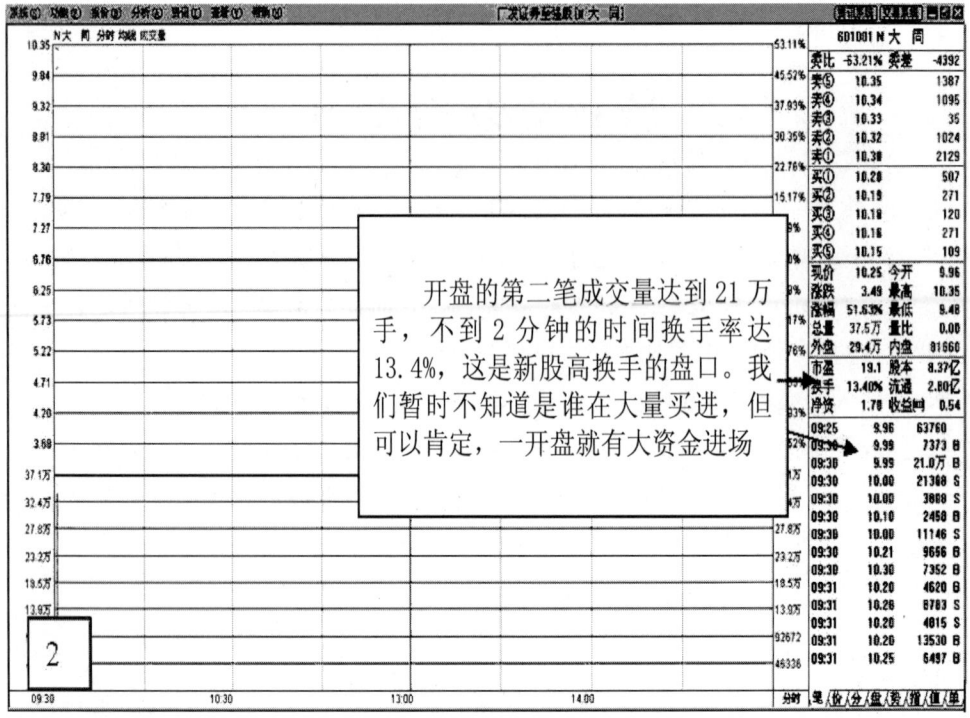

图 4-2

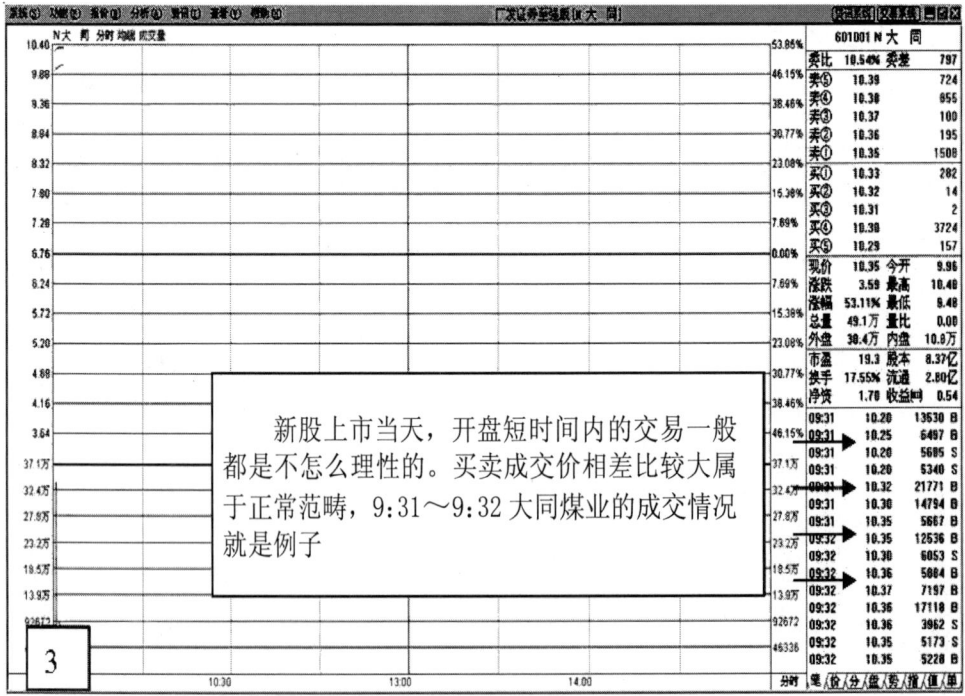

图 4-3

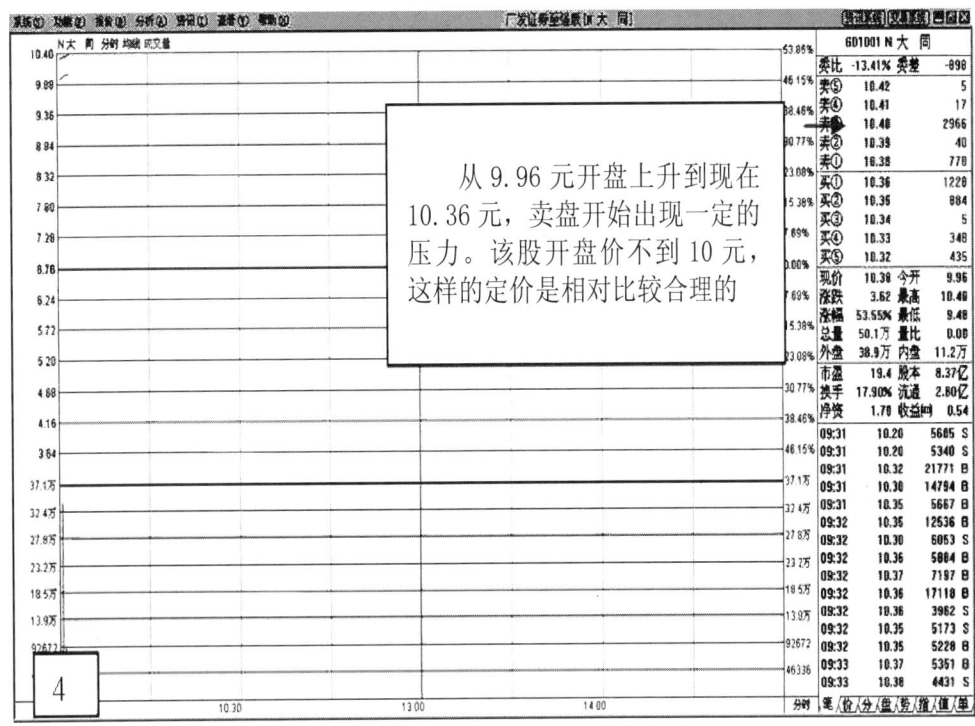

图 4-4

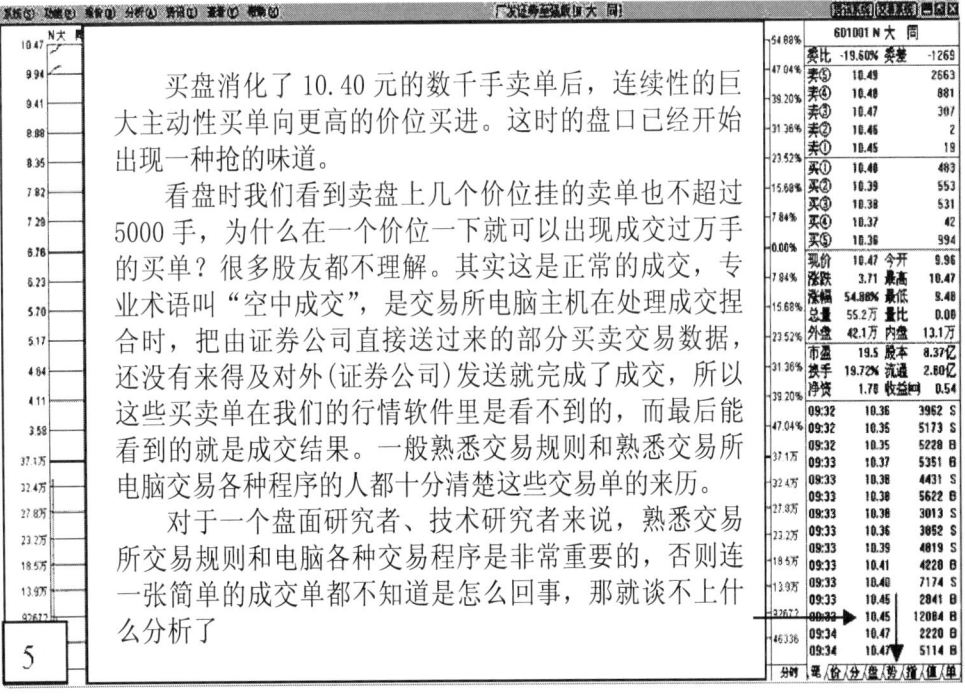

图 4-5

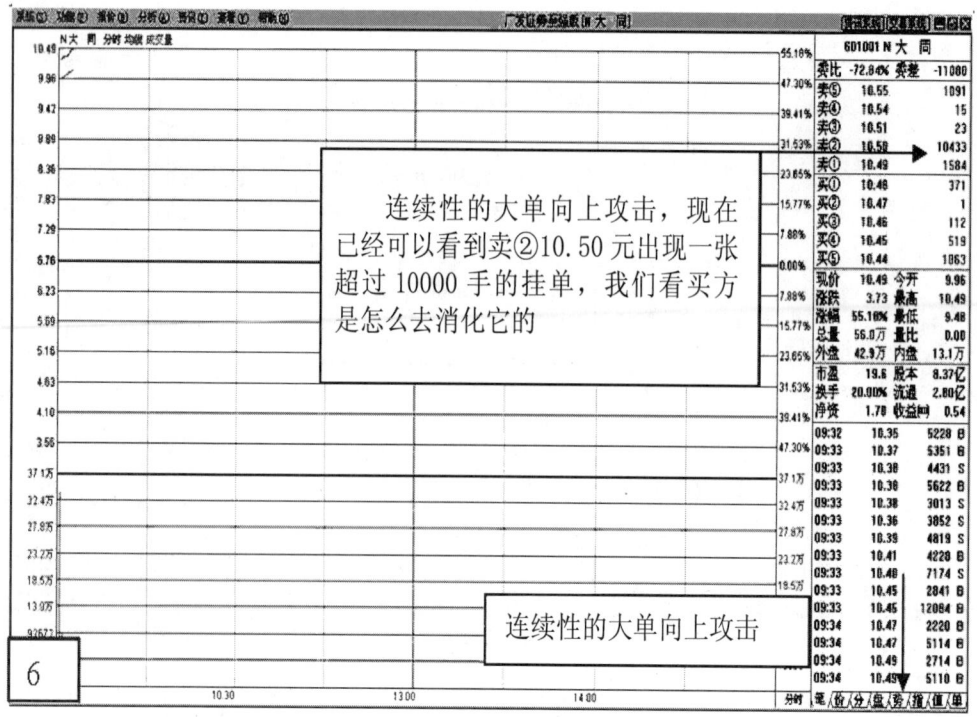

图 4-6

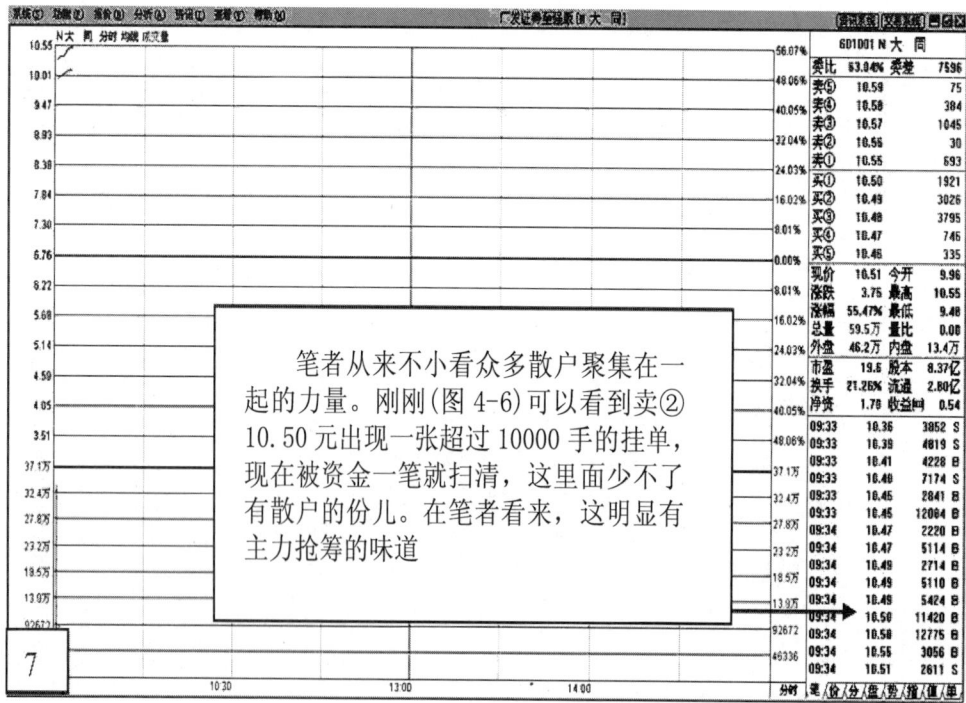

图 4-7

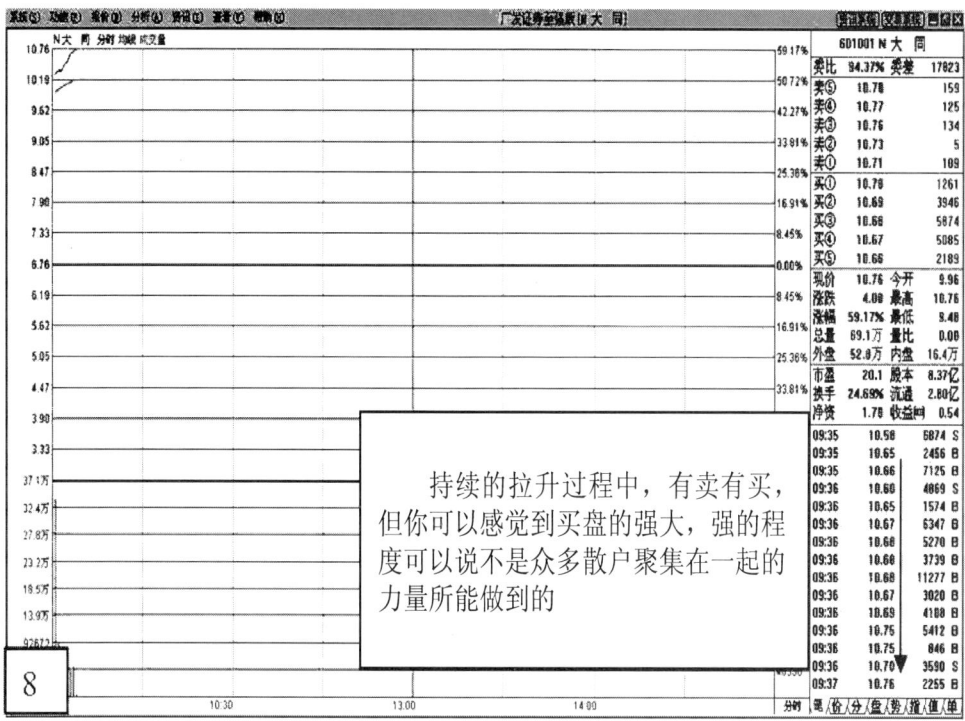

图 4-8

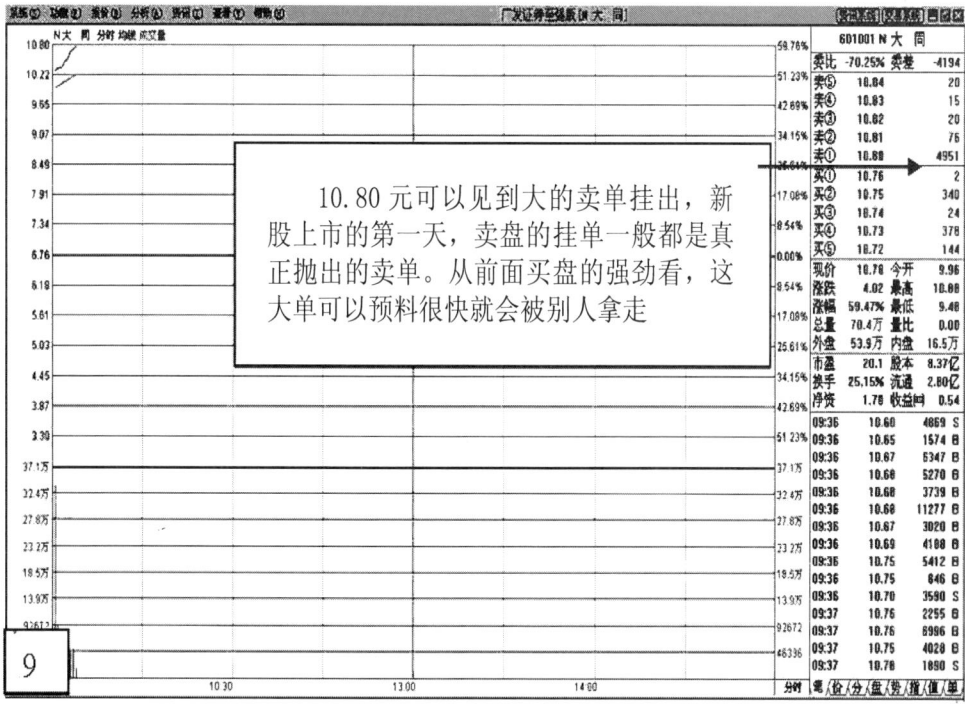

图 4-9

图 4-10

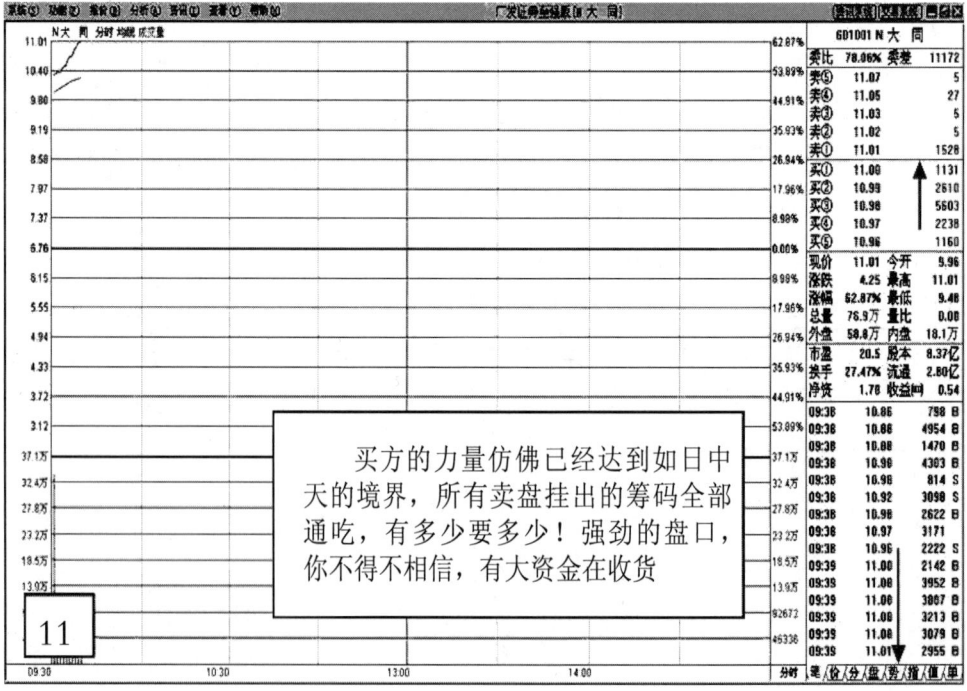

图 4-11

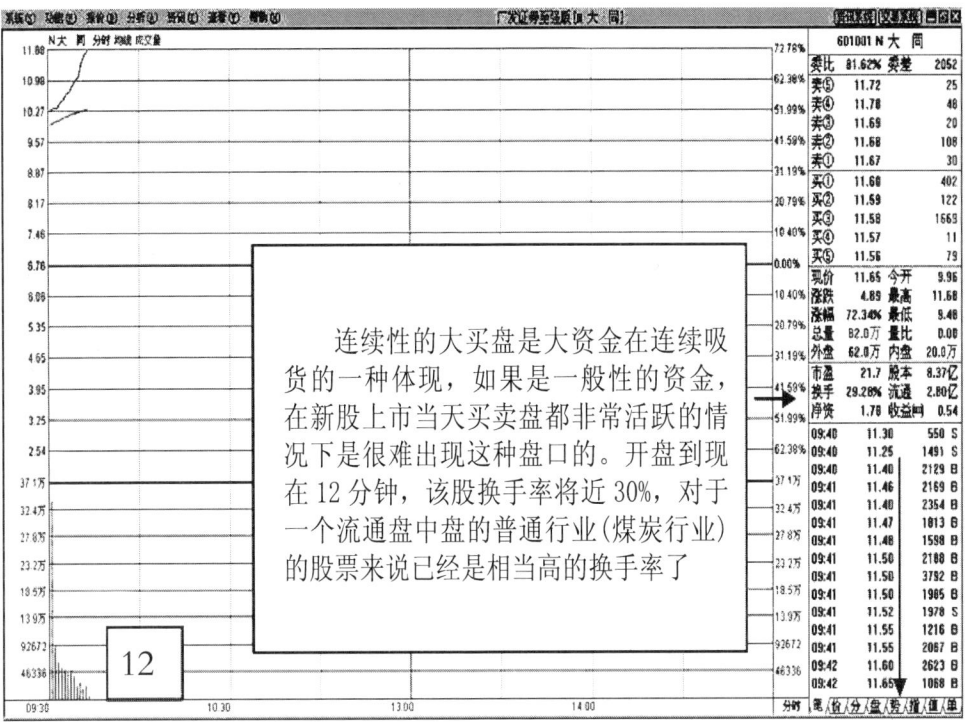

图 4-12

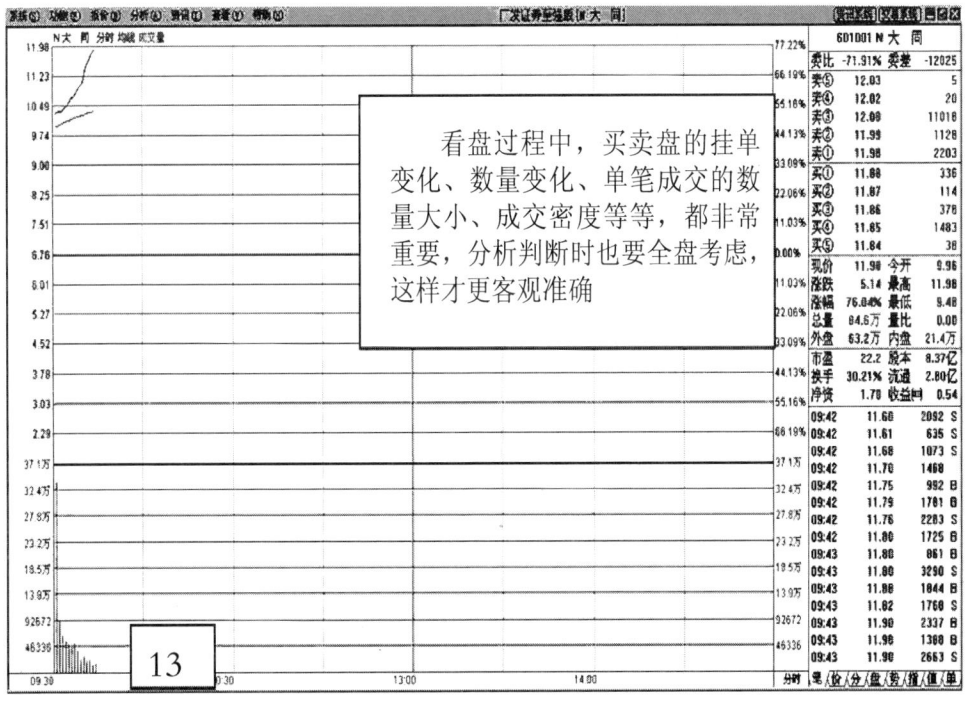

图 4-13

主力行为 盘口解密(二)

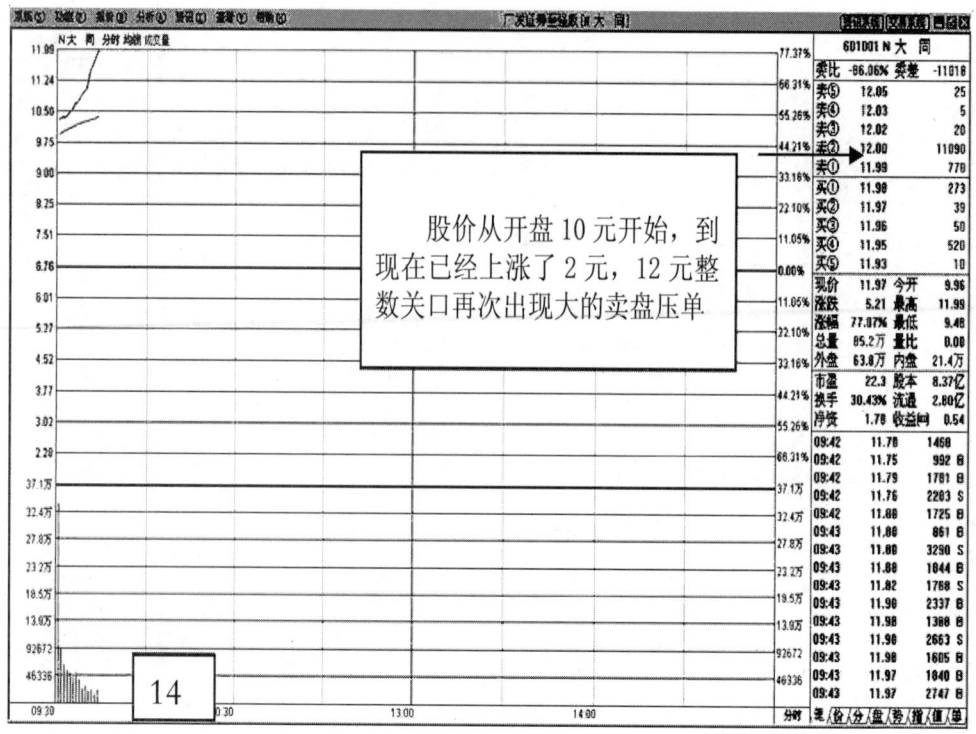

图 4-14

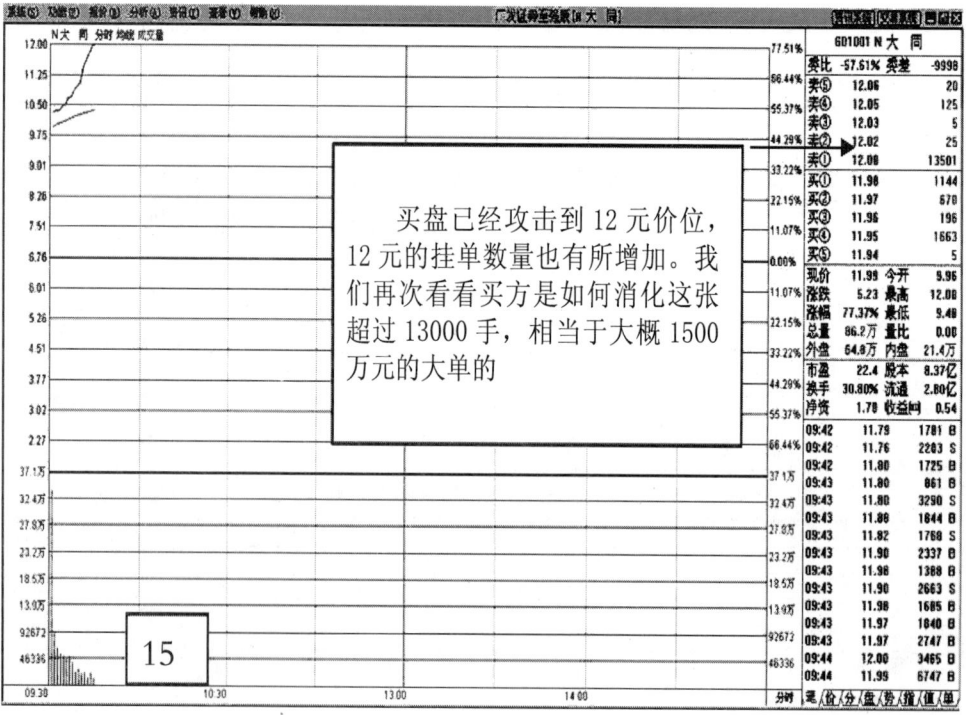

图 4-15

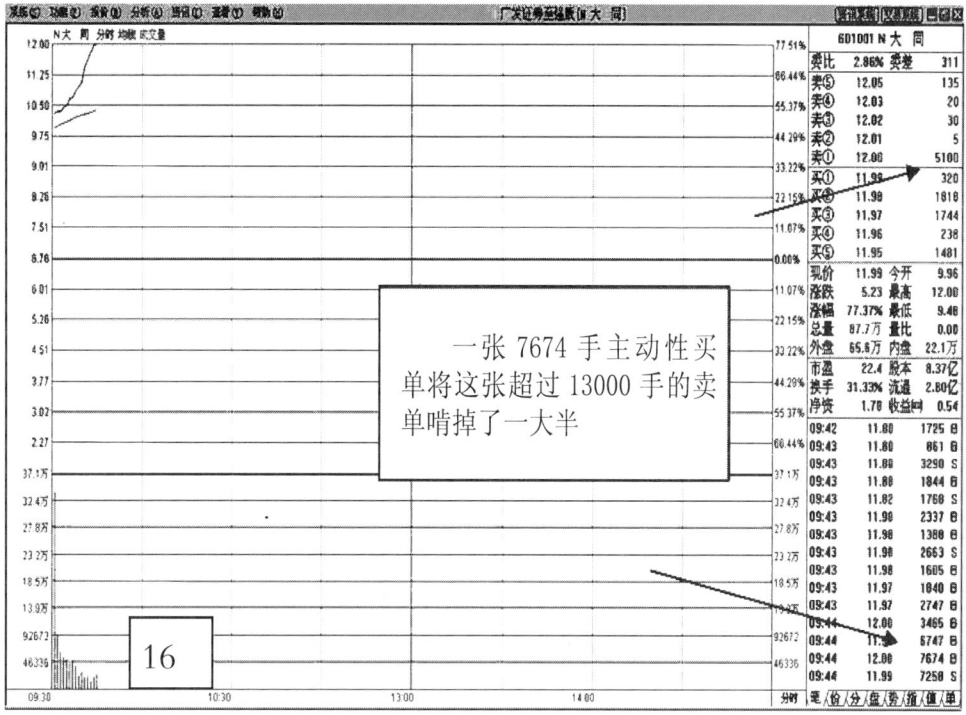

图 4-16

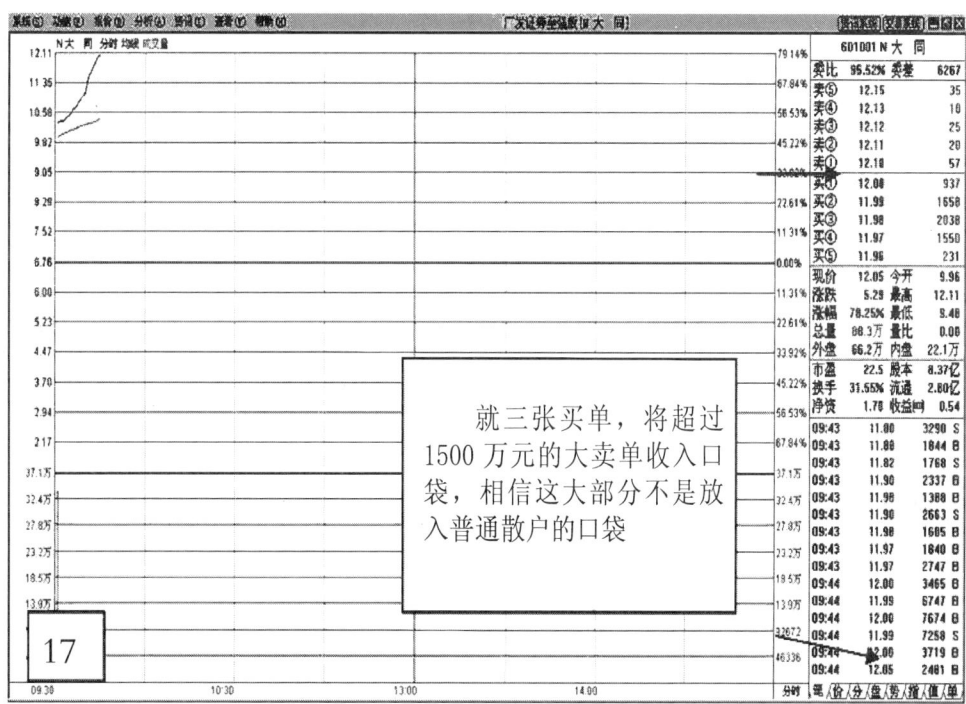

图 4-17

主力行为 盘口解密(二)

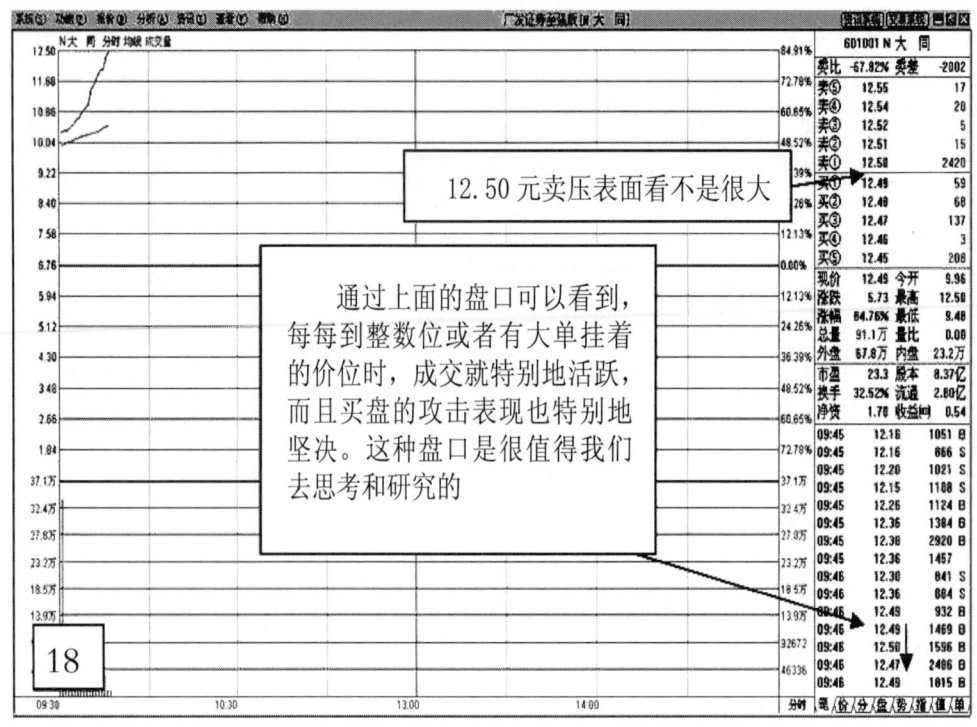

图 4-18

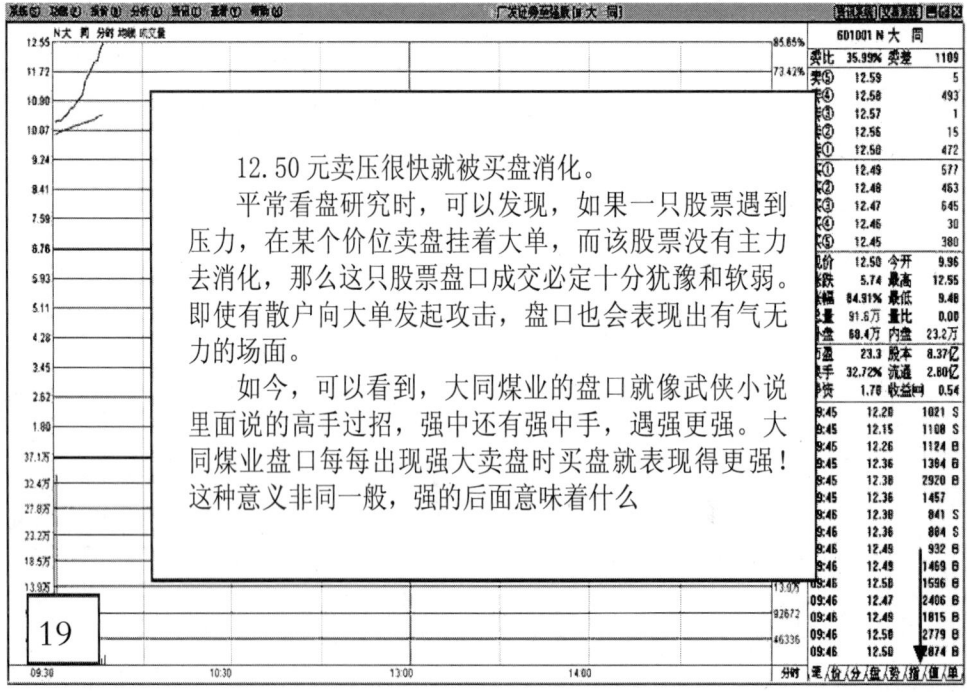

图 4-19

第四章

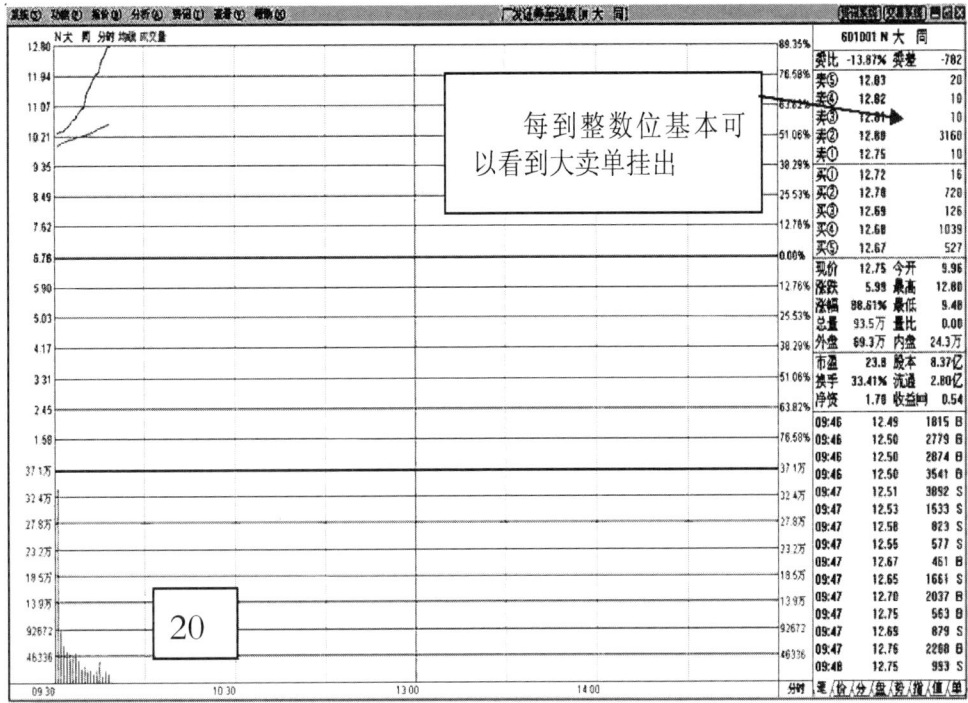

图 4-20

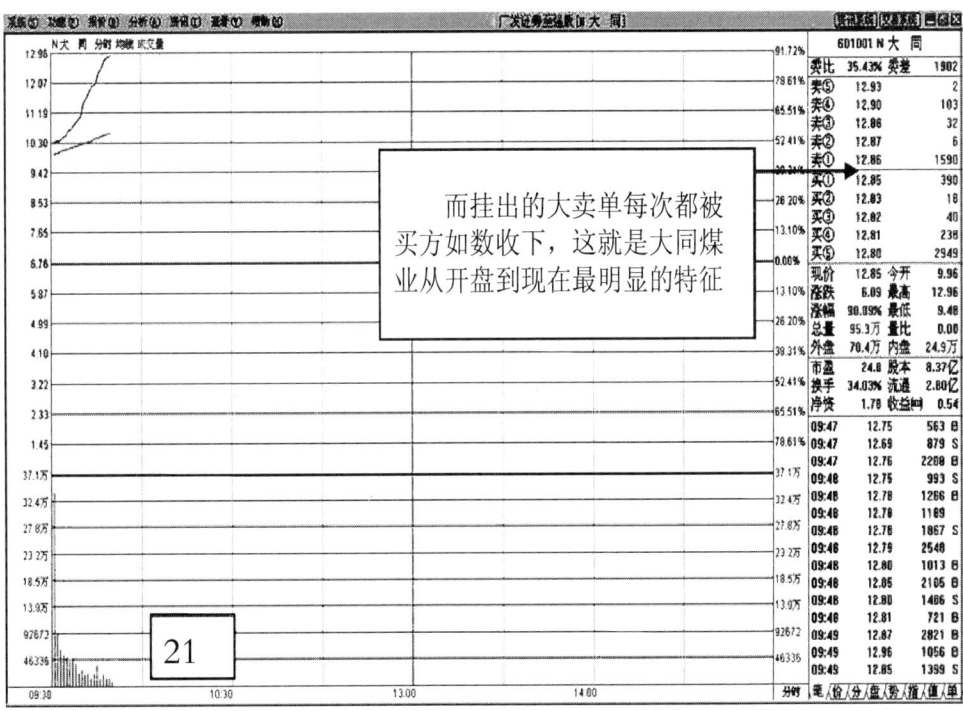

图 4-21

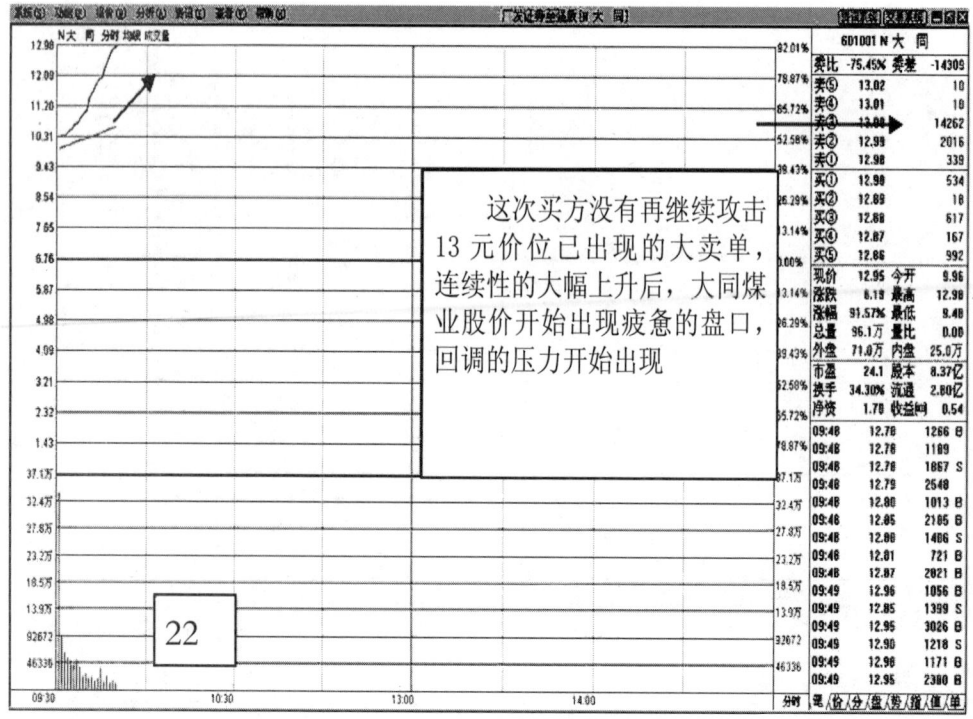

图 4-22

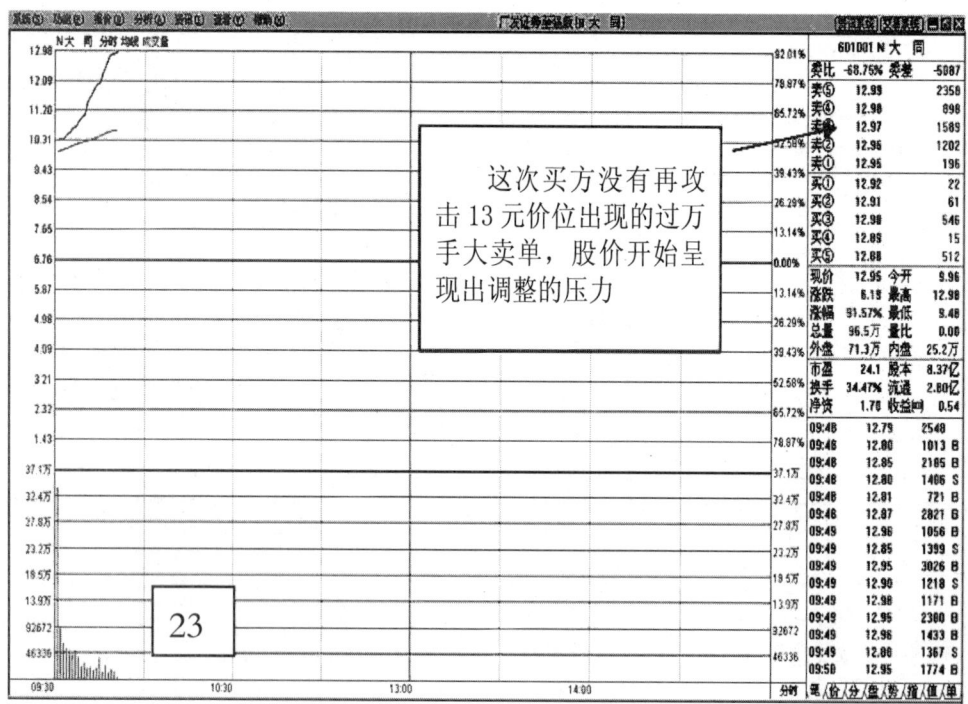

图 4-23

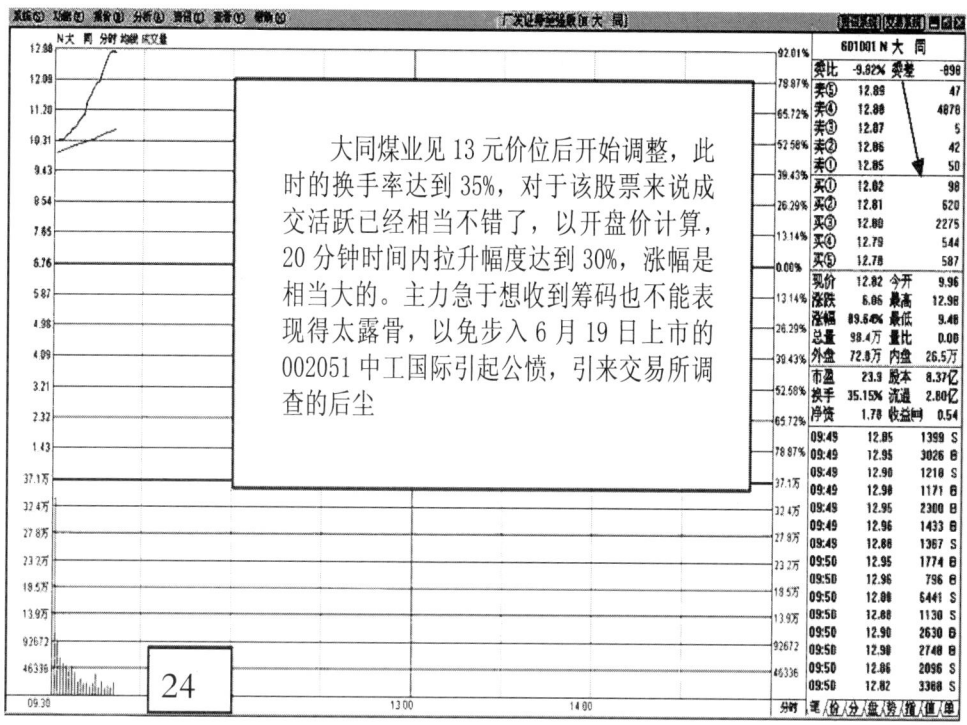

图 4-24

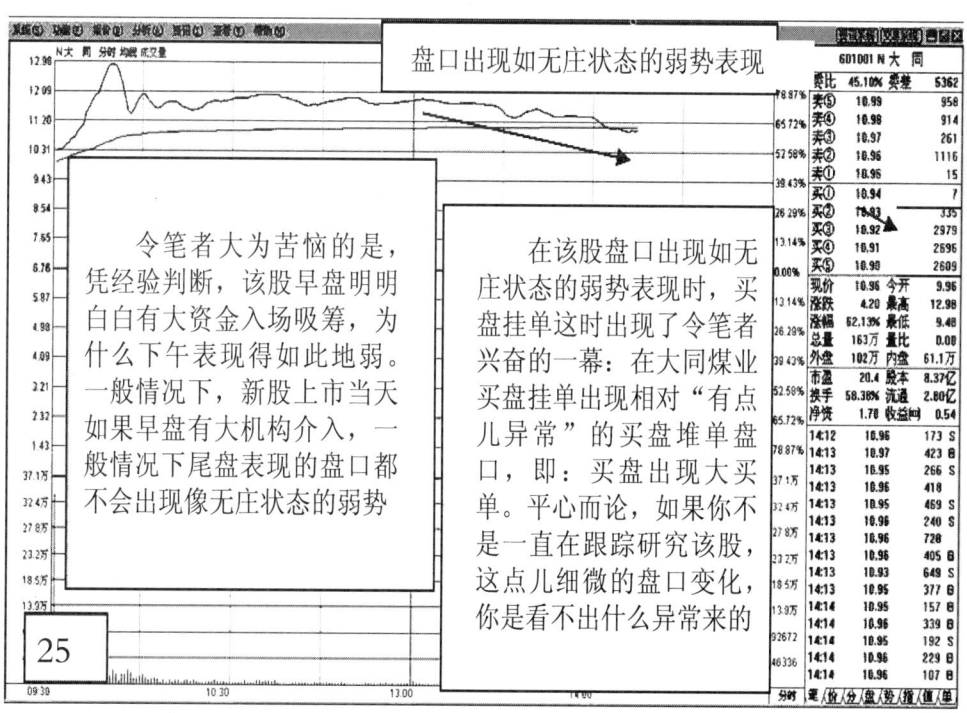

图 4-25

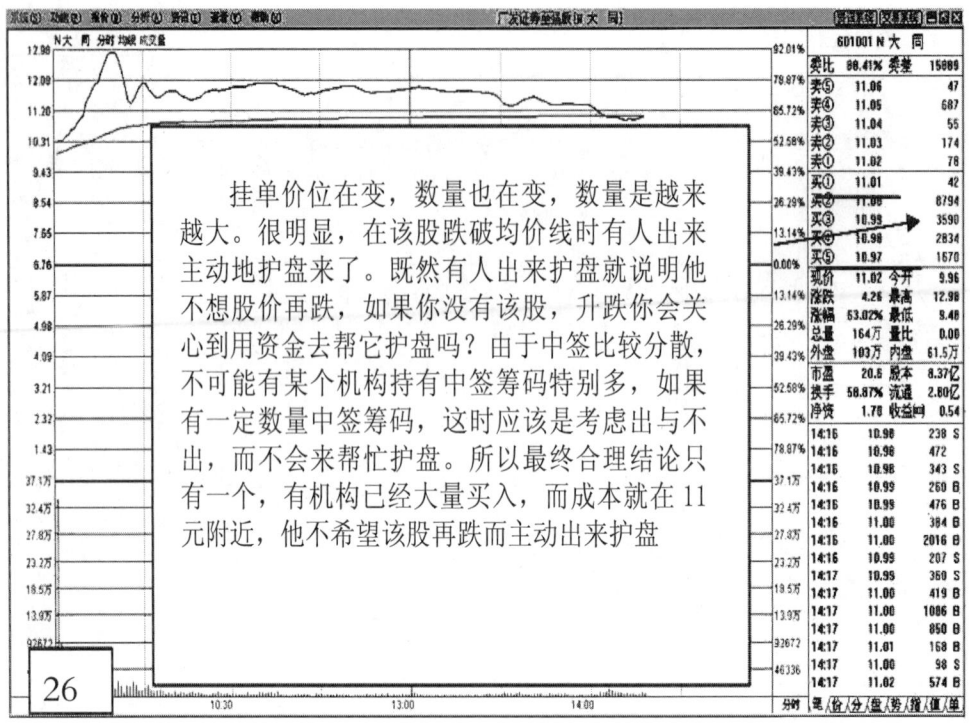

图 4-26

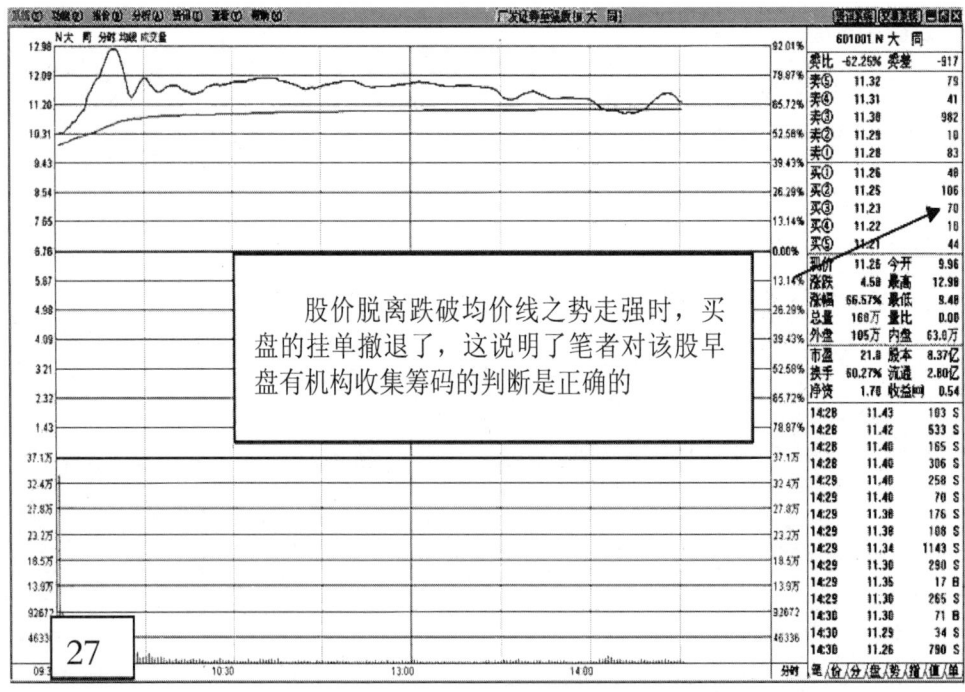

图 4-27

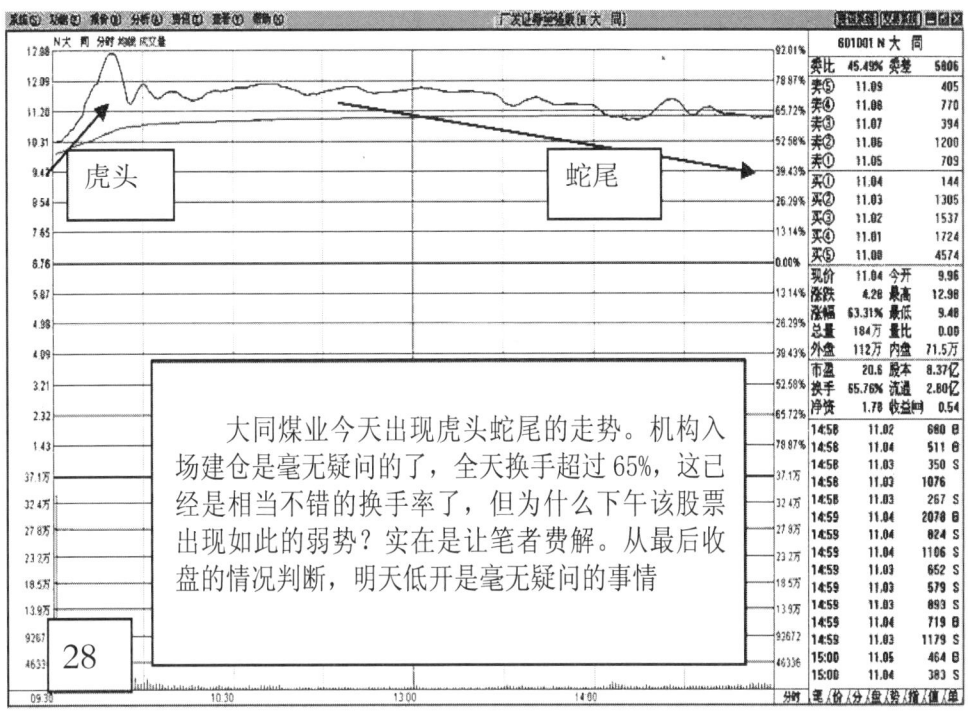

图 4-28

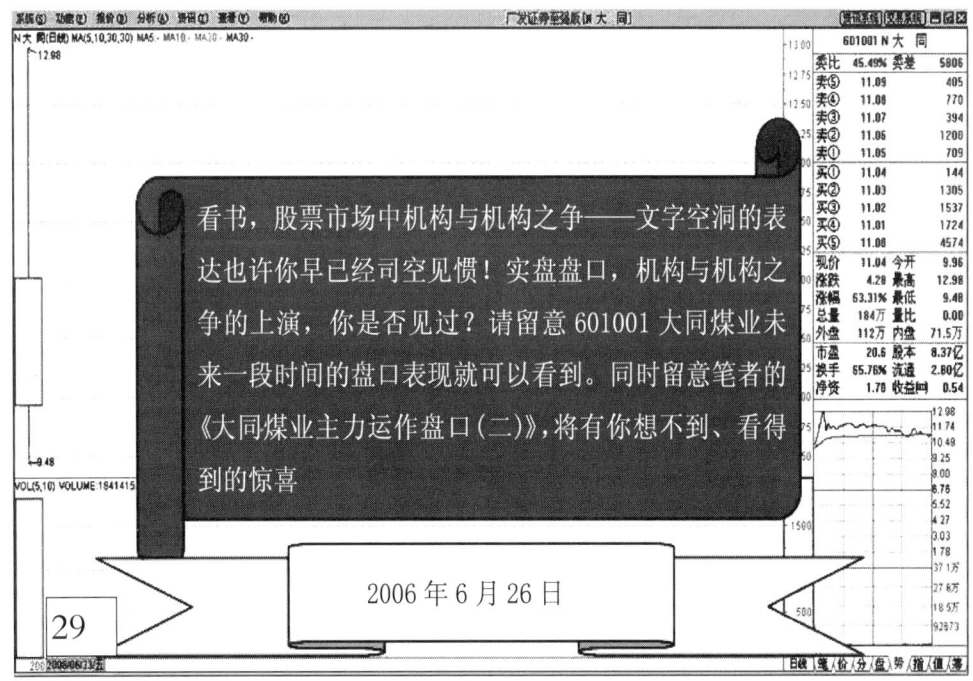

图 4-29

大同煤业主力运作盘口(二)

见图 4-30 至图 4-83。

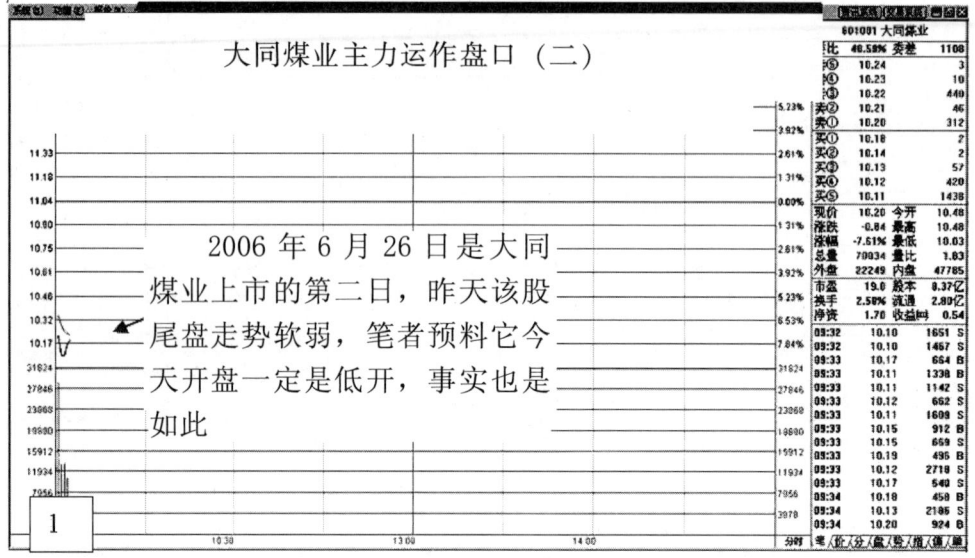

图 4-30

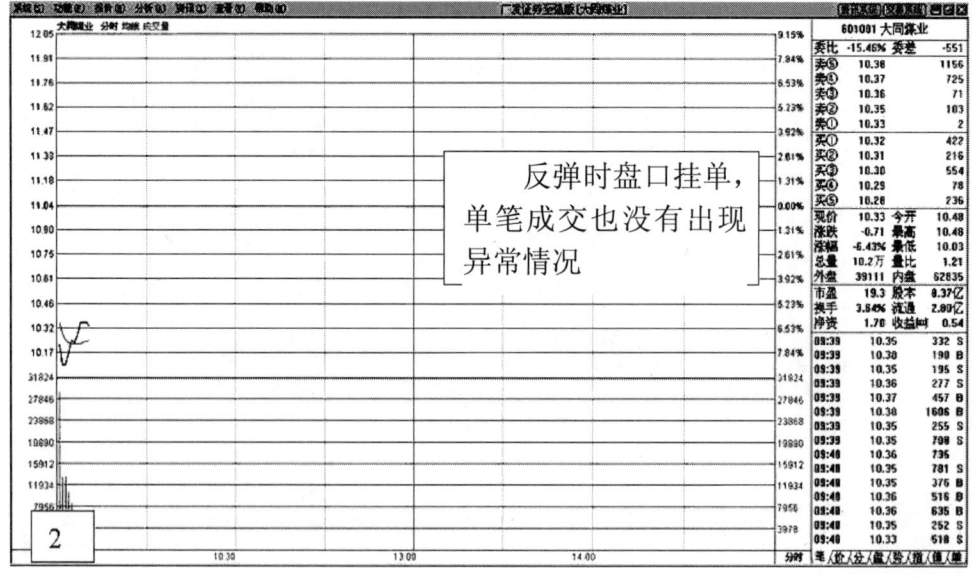

图 4-31

第四章

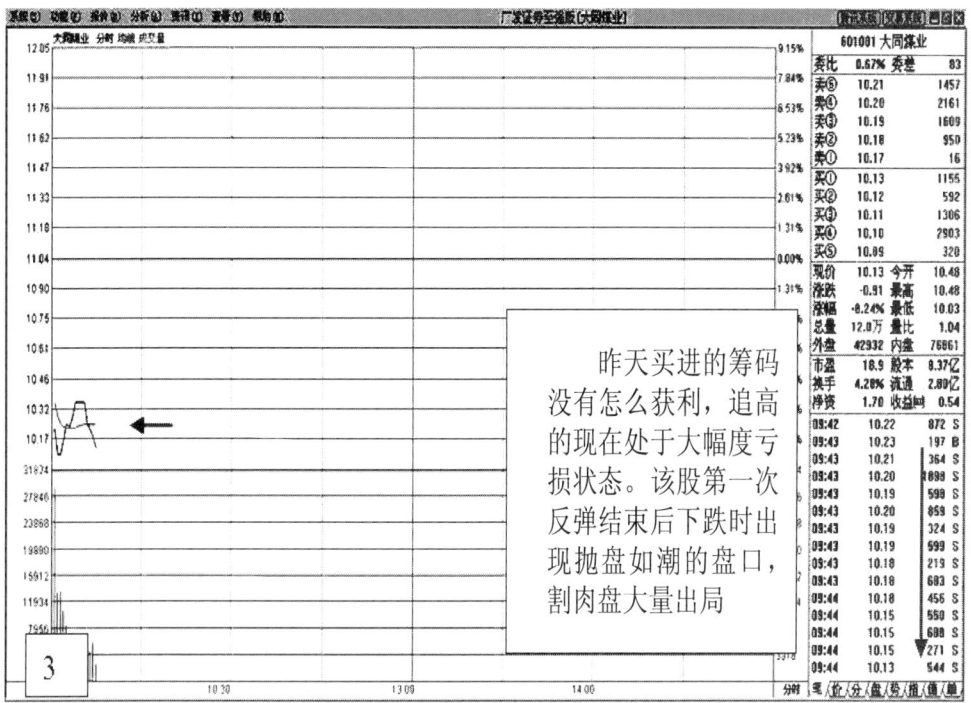

图 4-32

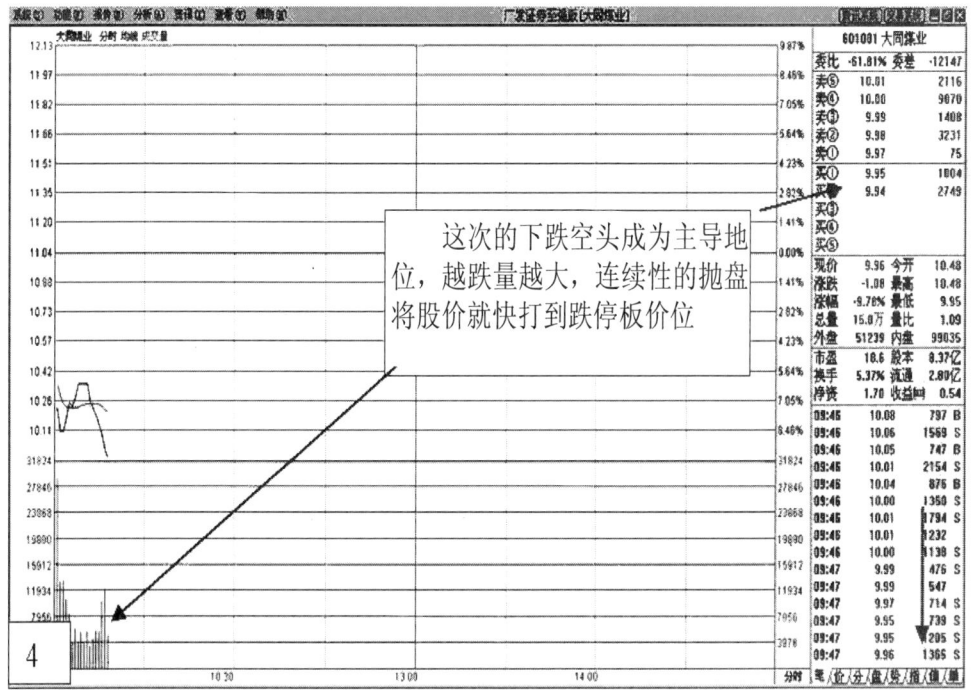

图 4-33

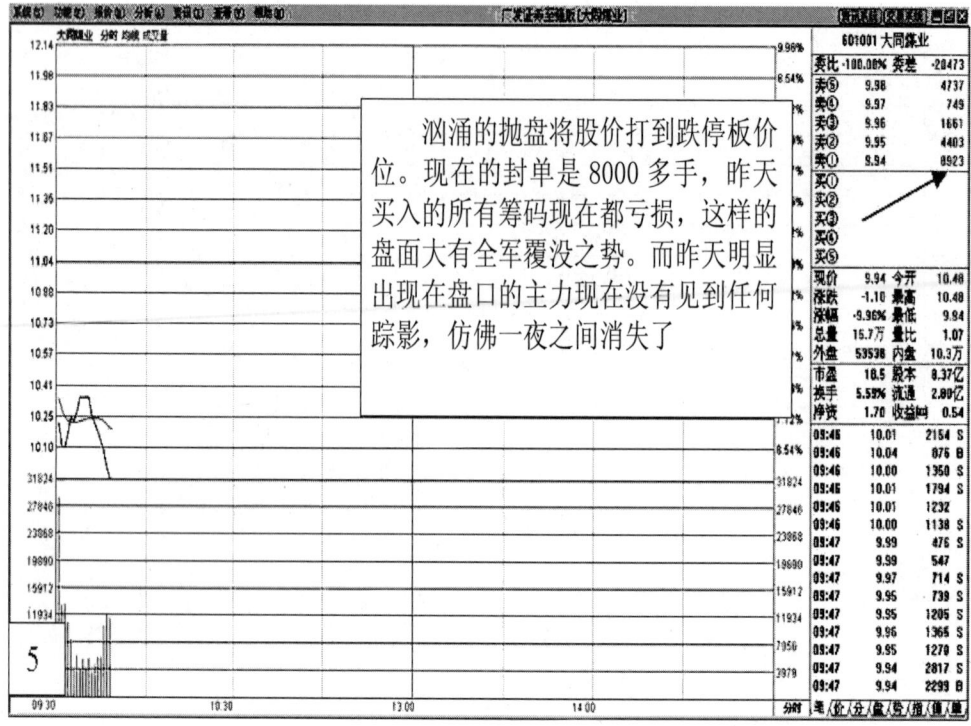

图 4-34

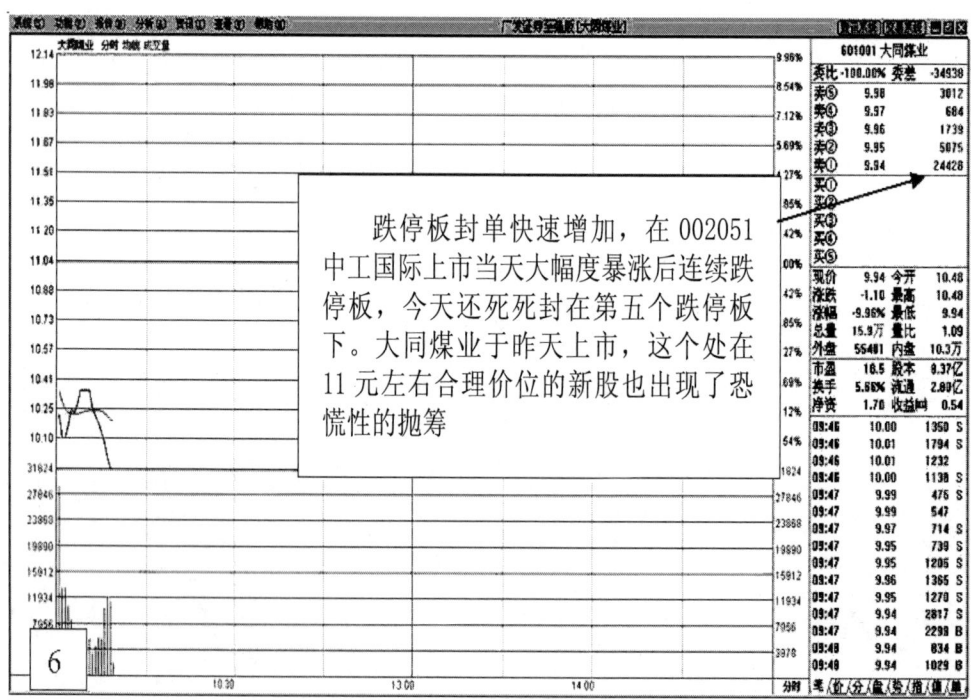

图 4-35

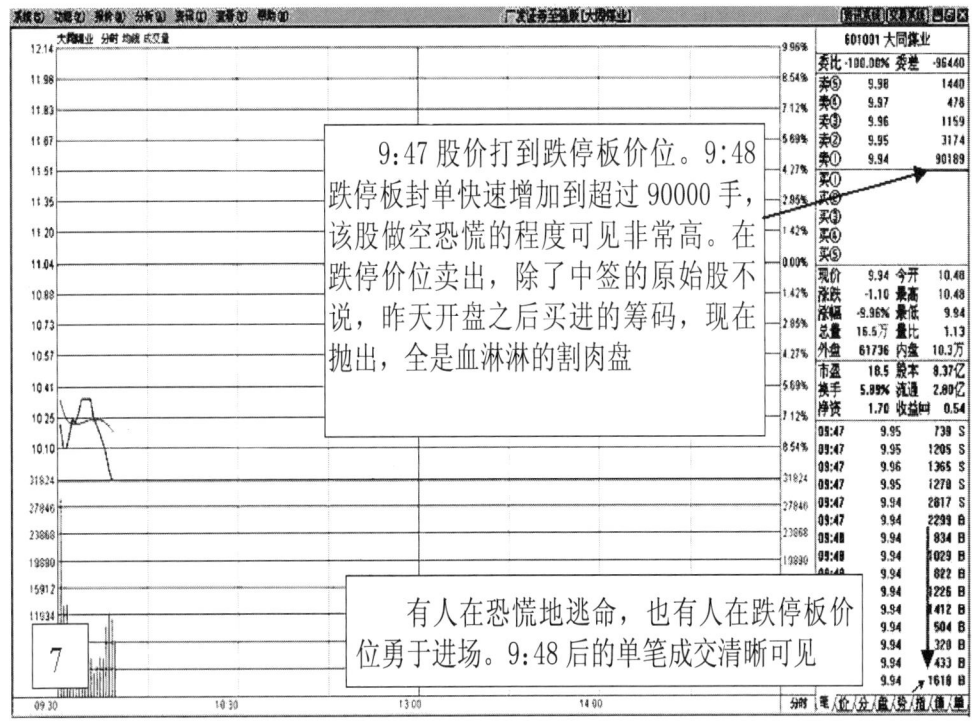

图 4-36

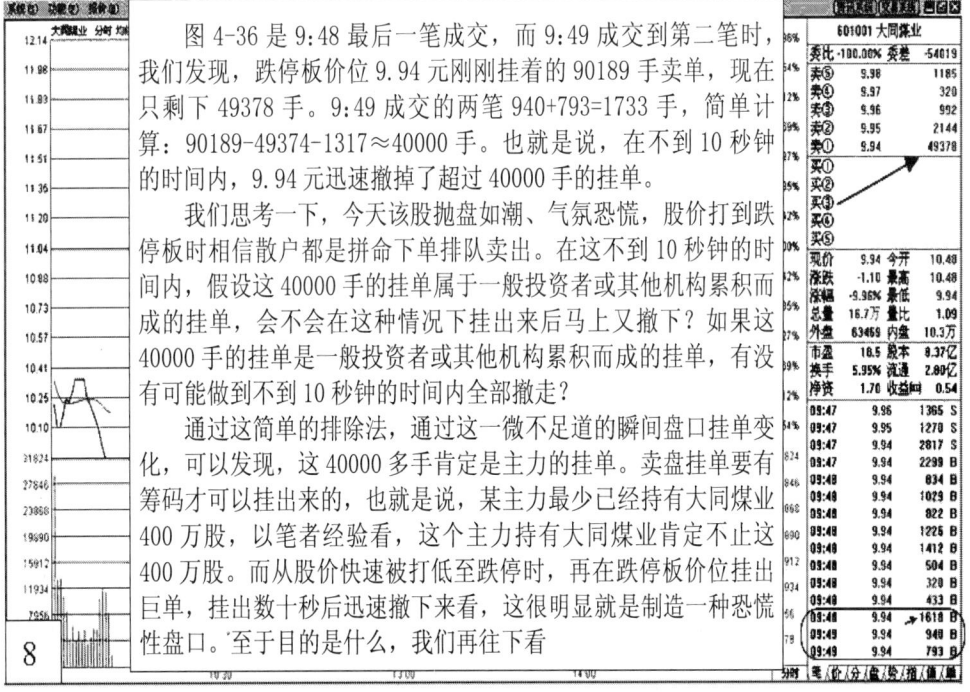

图 4-37

主力行为 盘口解密(二)

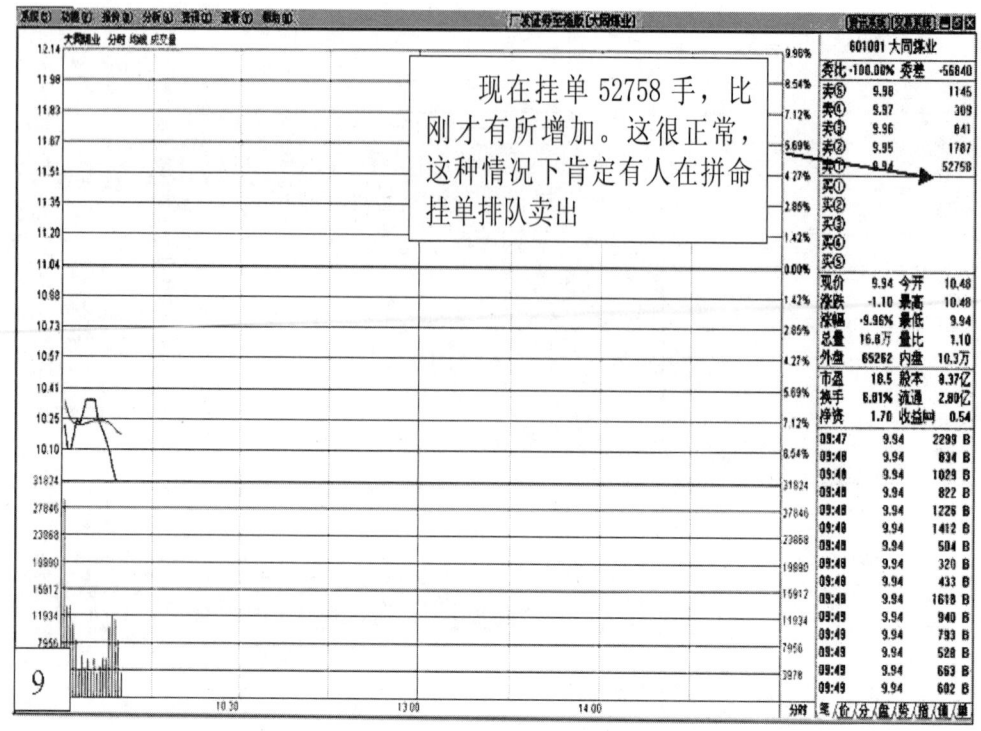

图 4-38

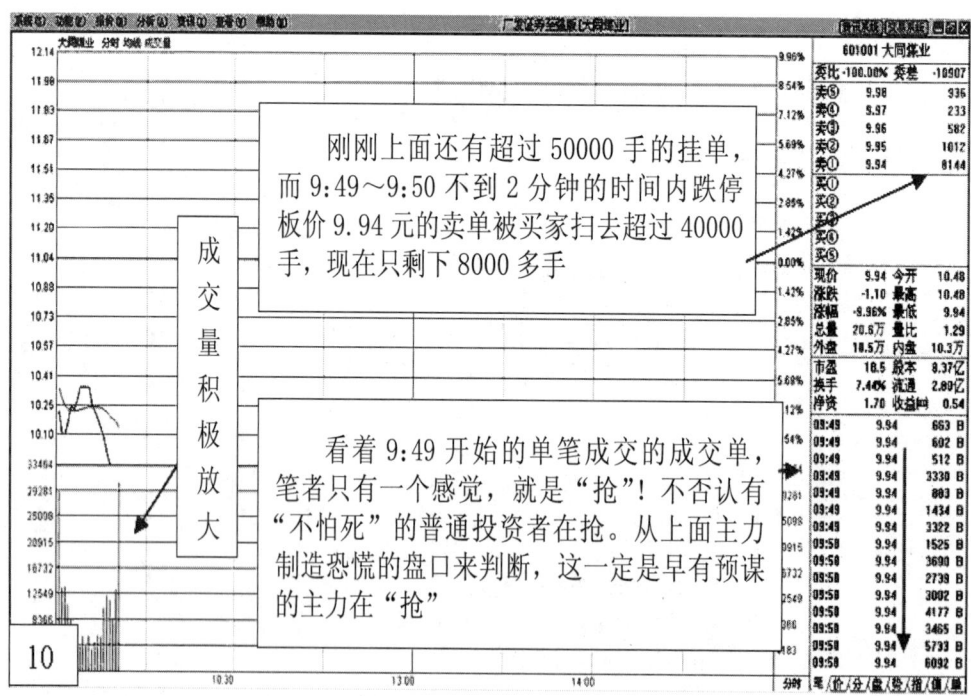

图 4-39

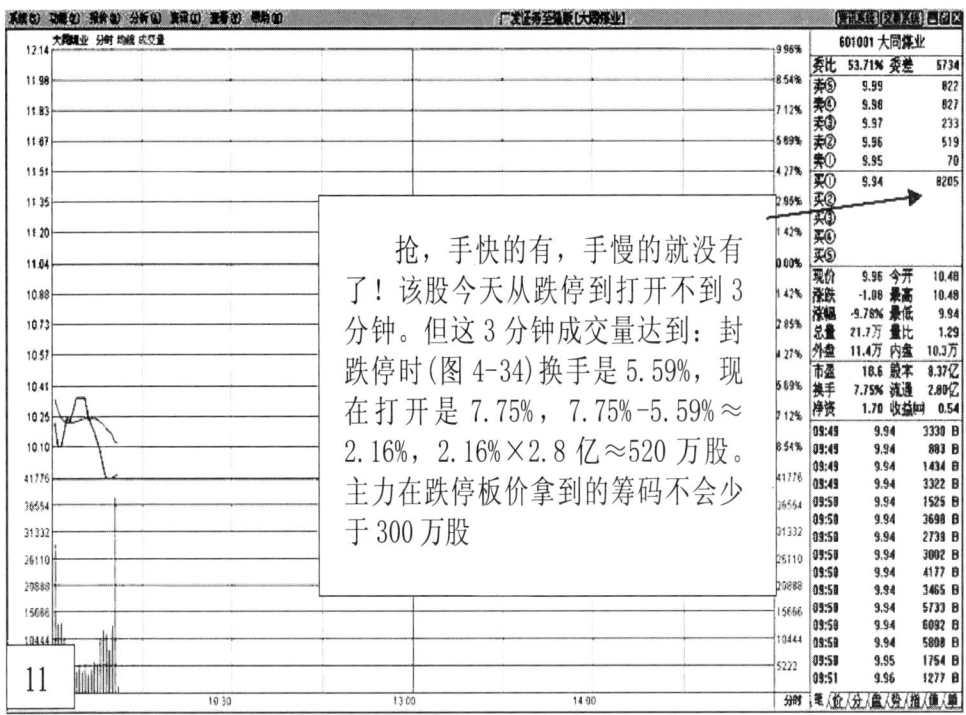

图 4-40

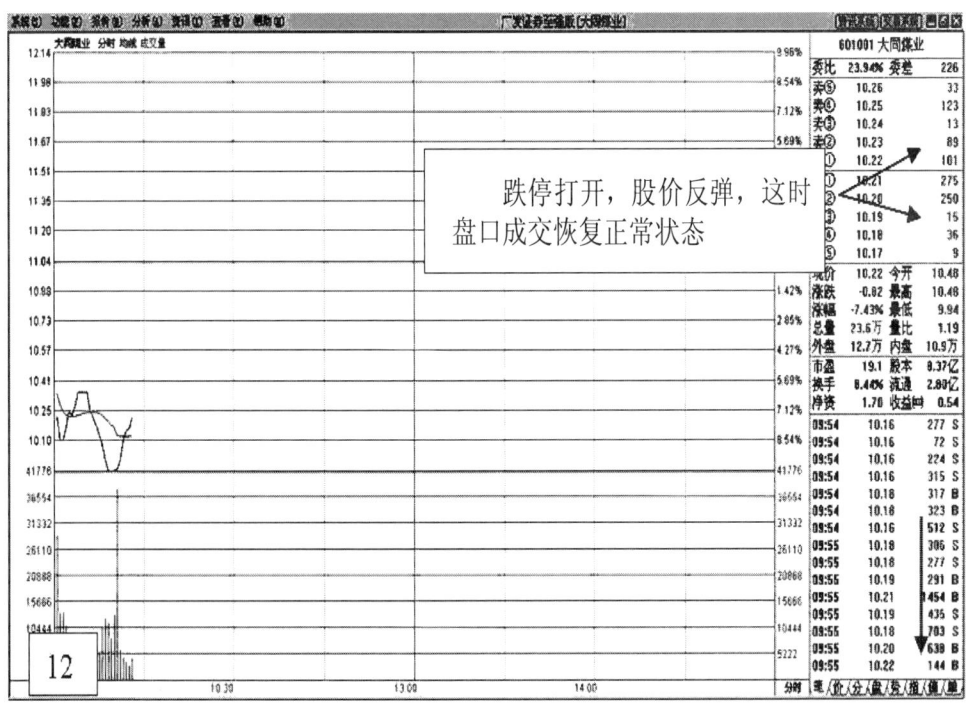

图 4-41

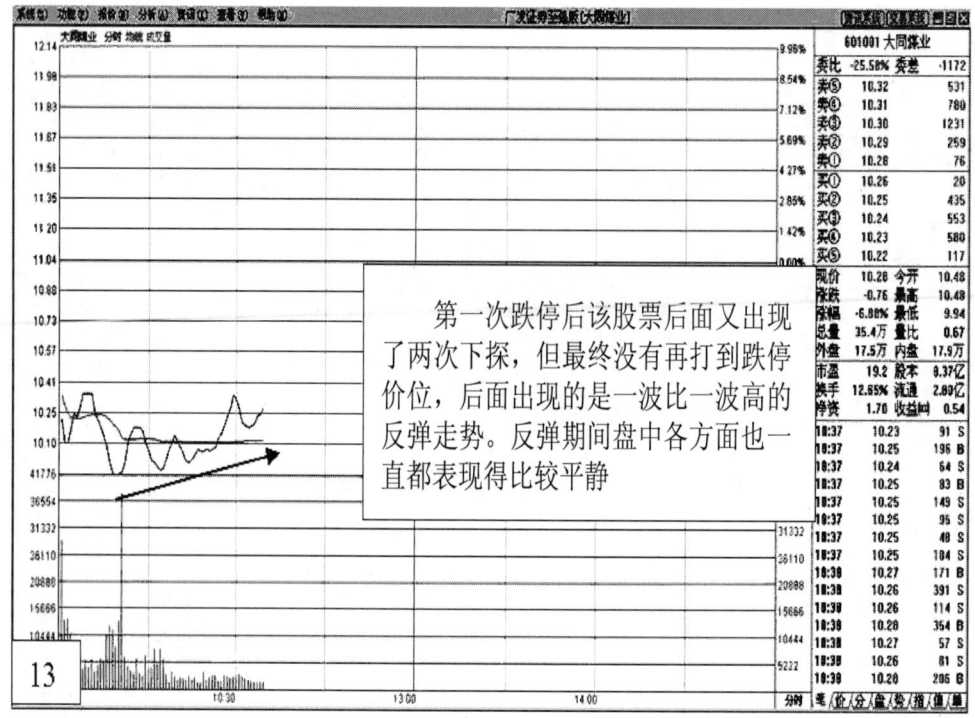

图 4-42

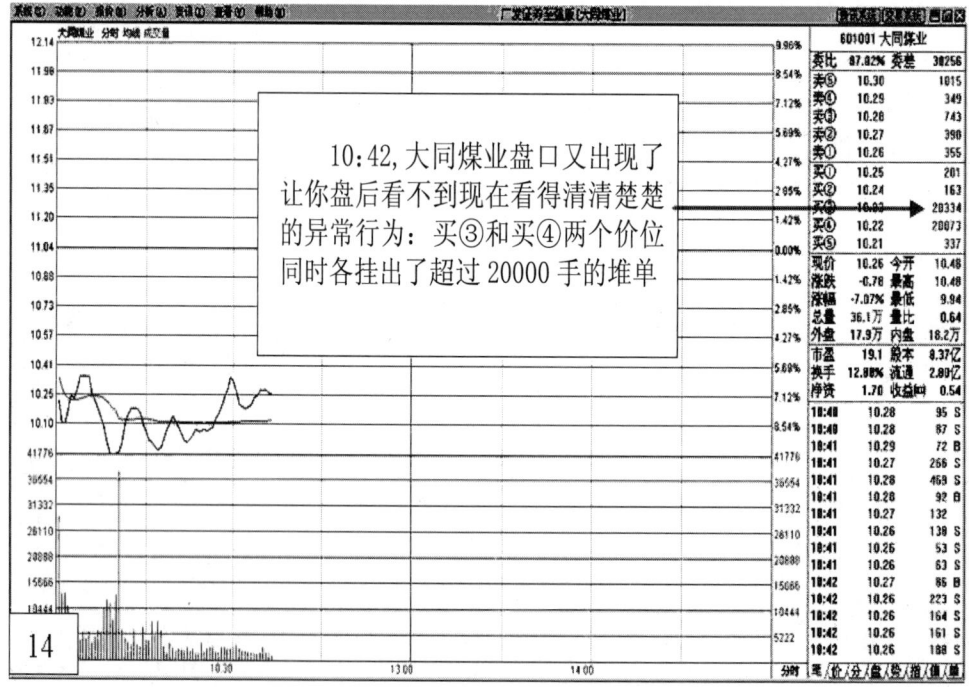

图 4-43

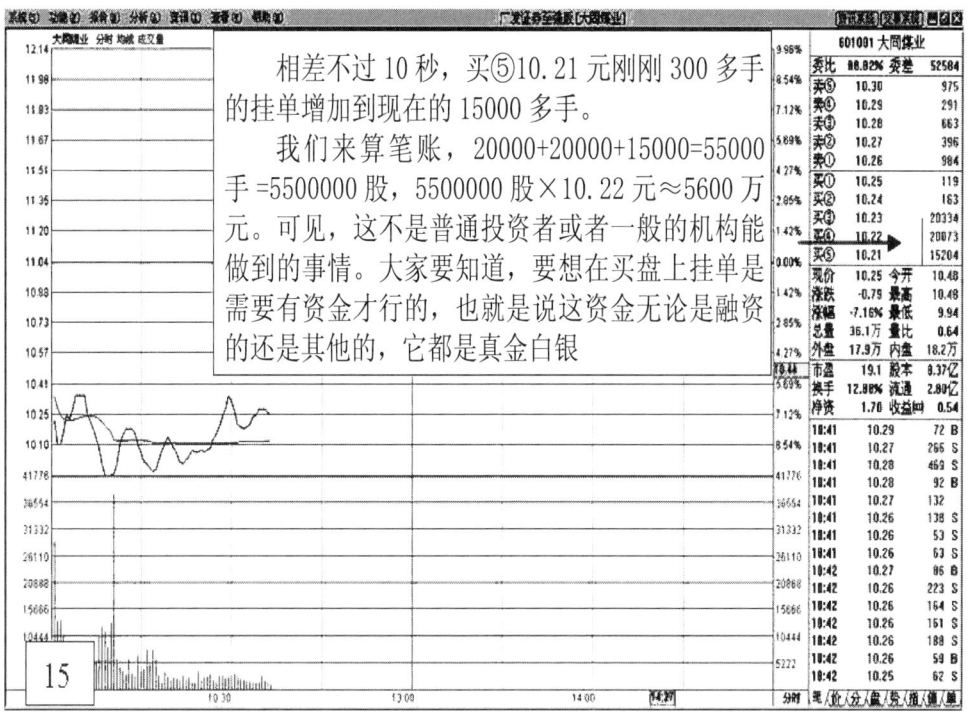

图 4-44

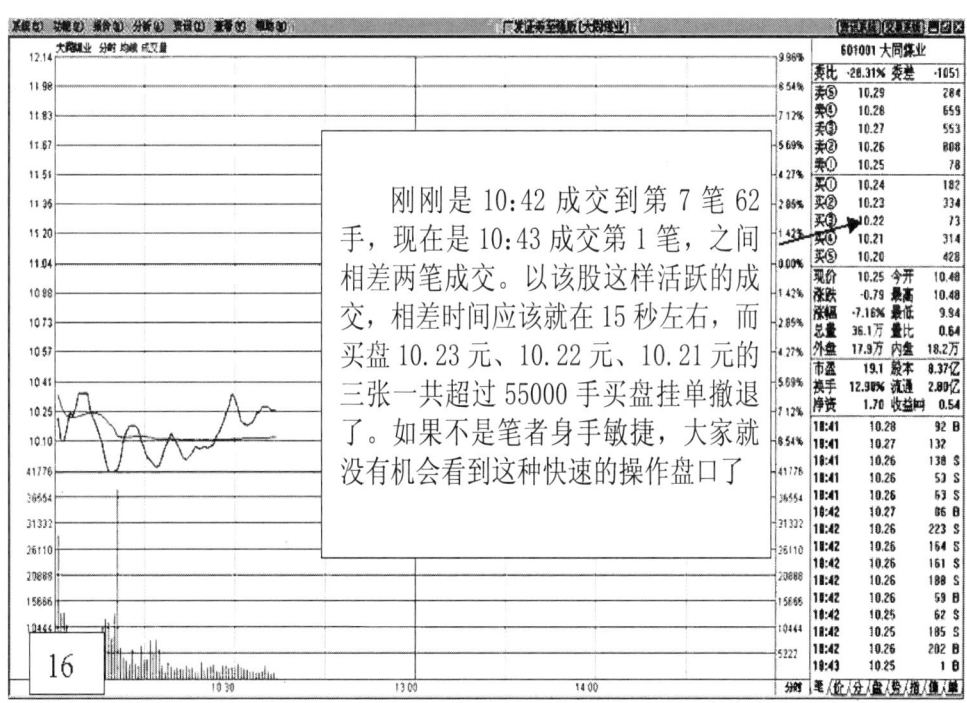

图 4-45

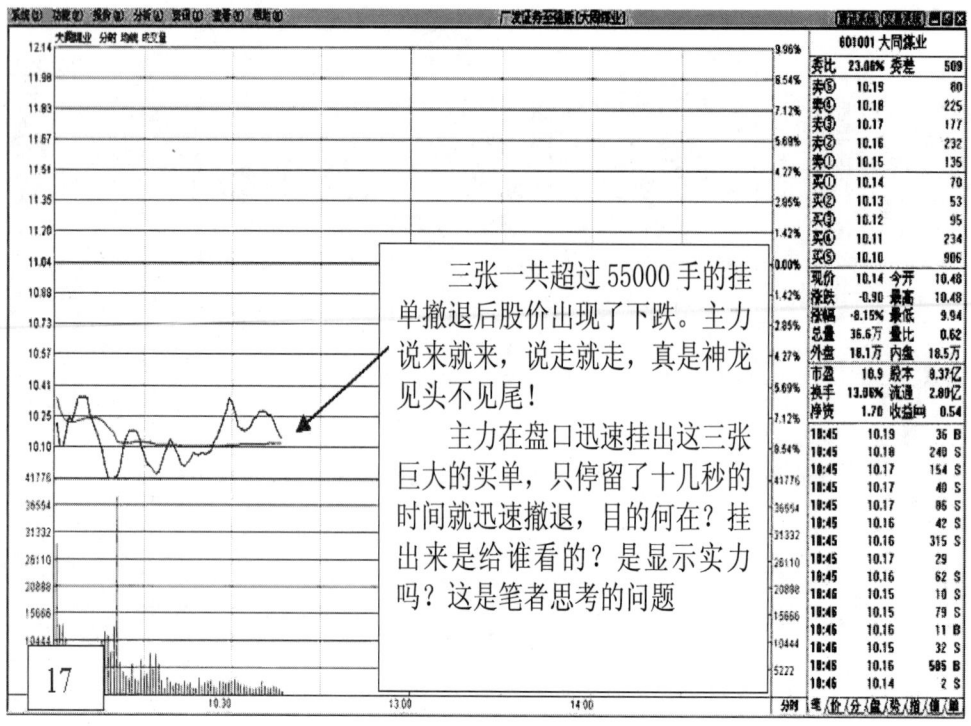

图 4-46

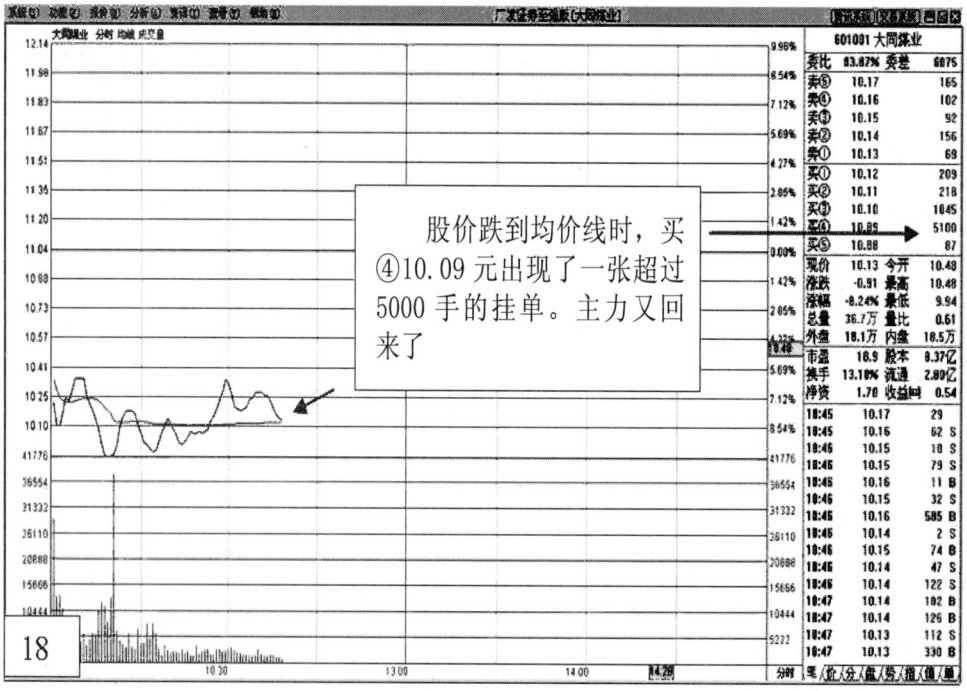

图 4-47

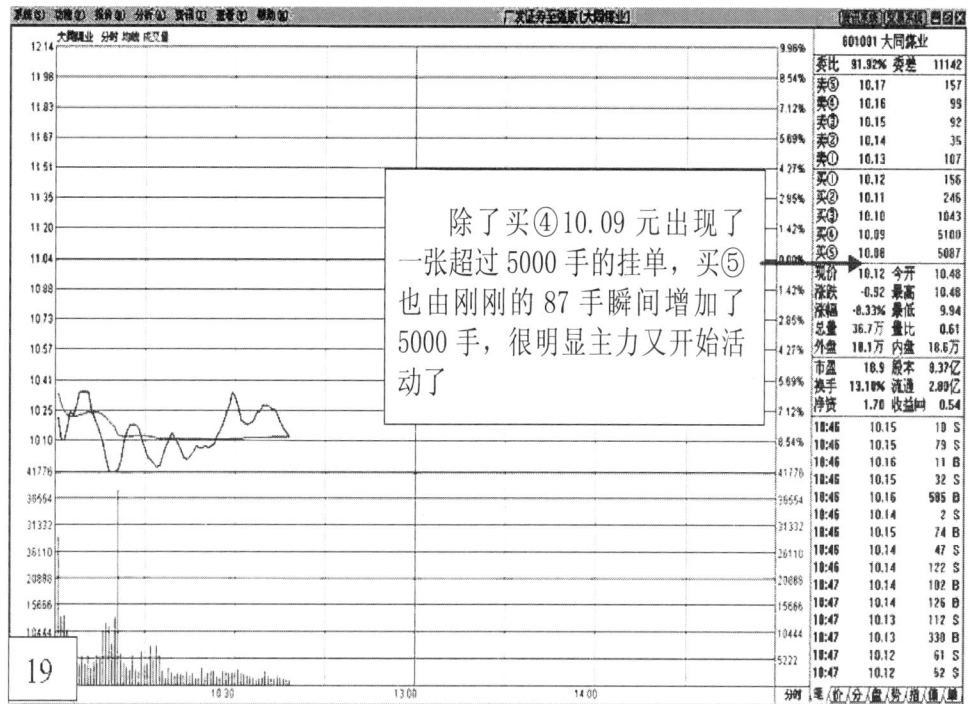

图 4-48

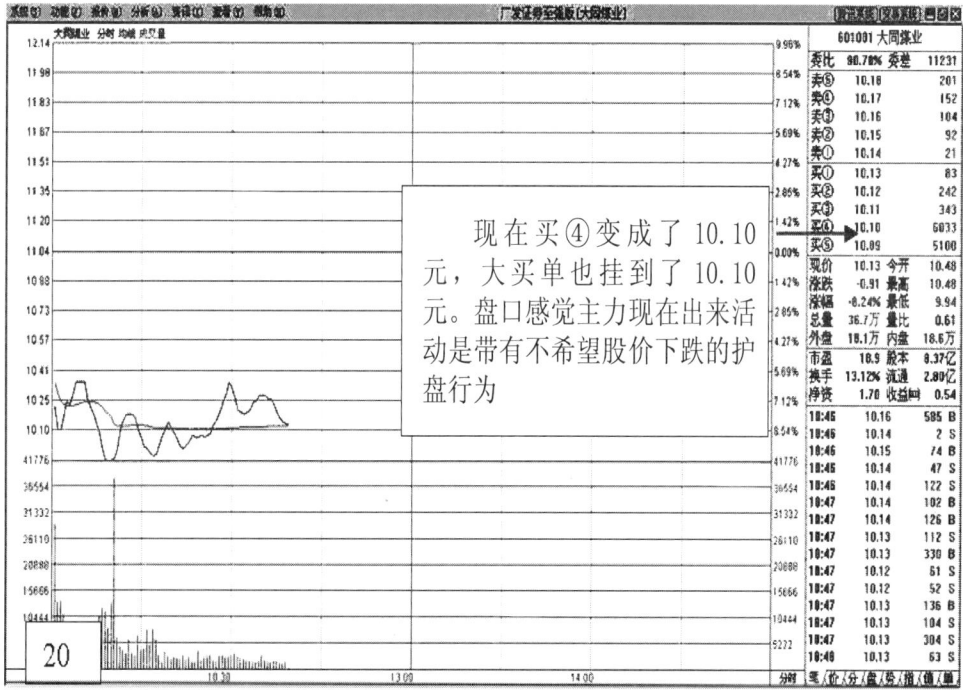

图 4-49

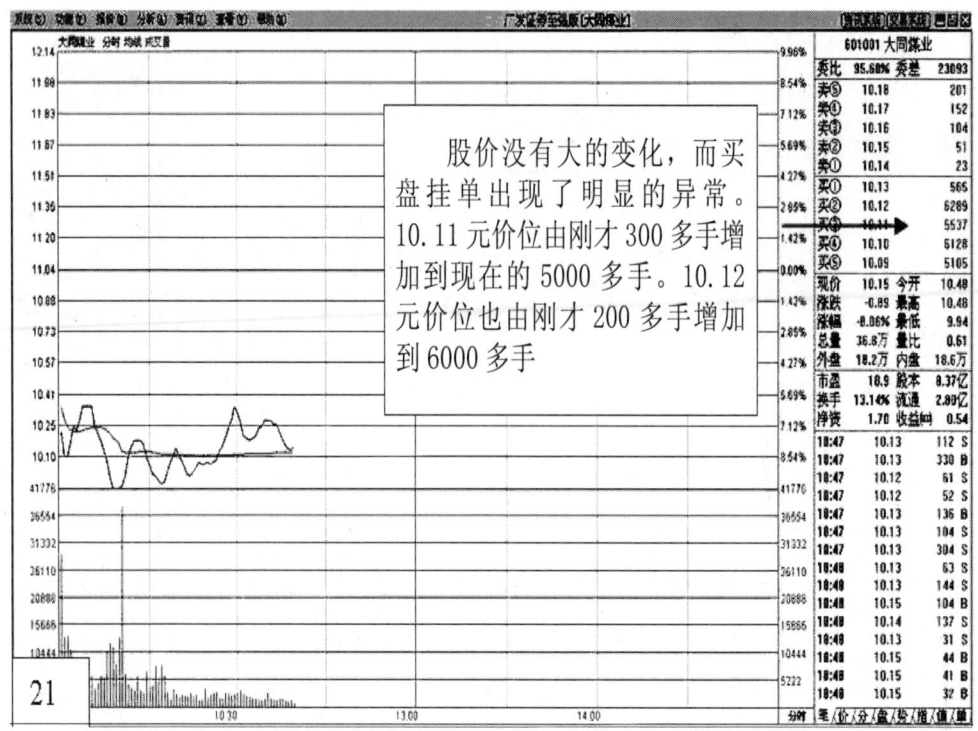

图 4-50

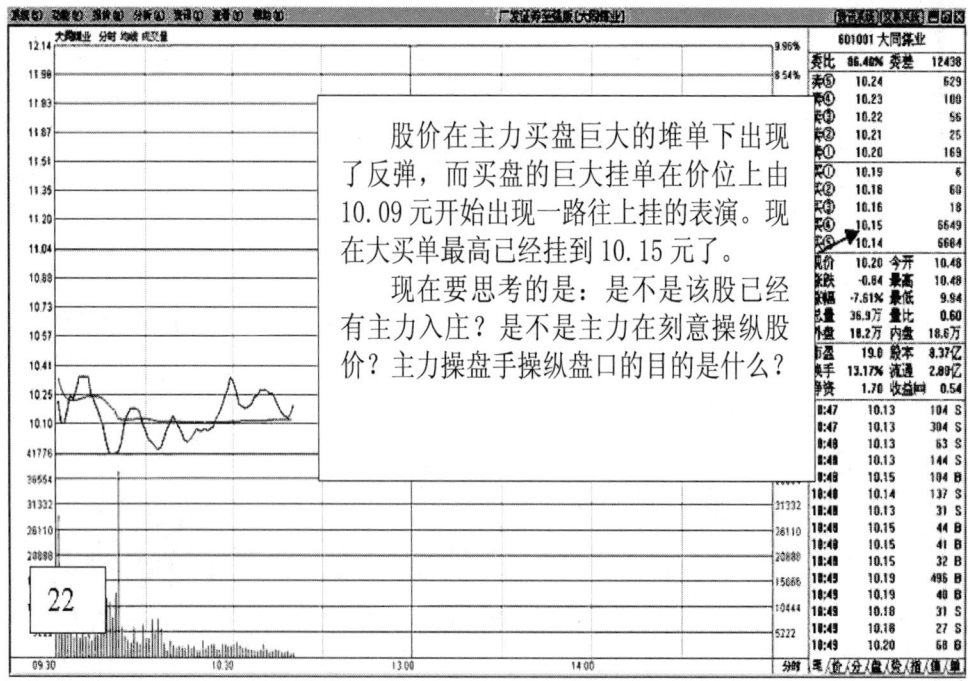

图 4-51

第四章

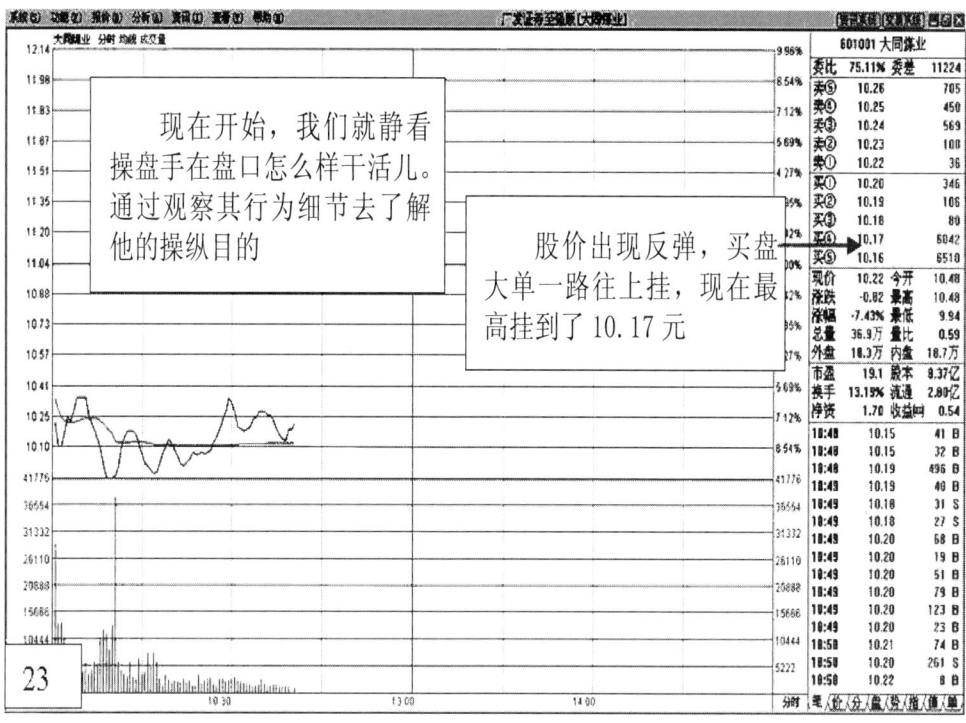

图 4-52

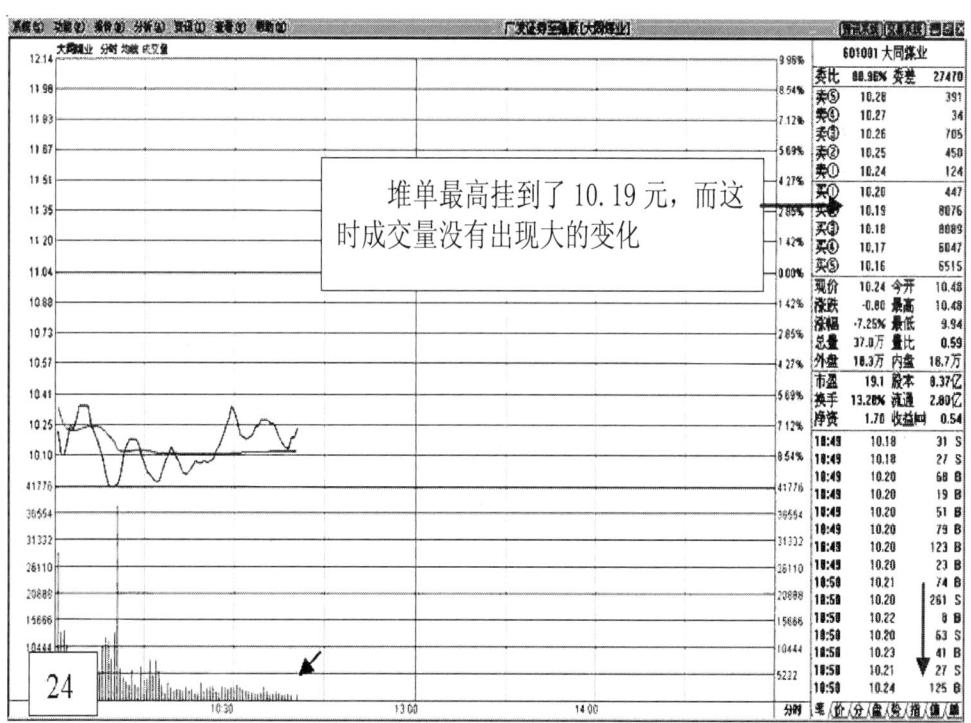

图 4-53

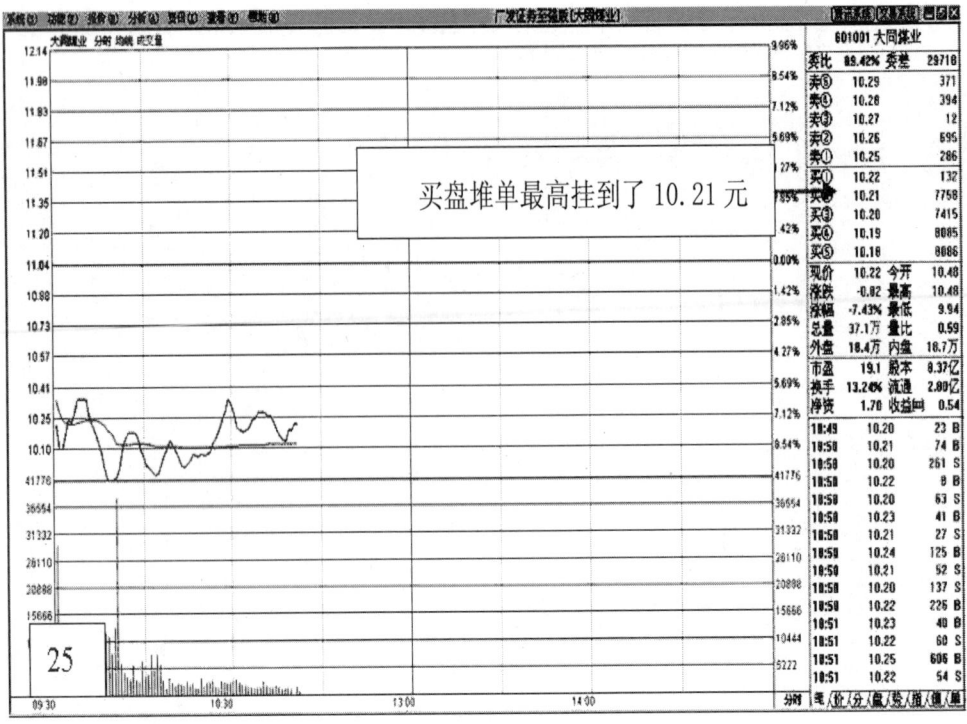

图 4-54

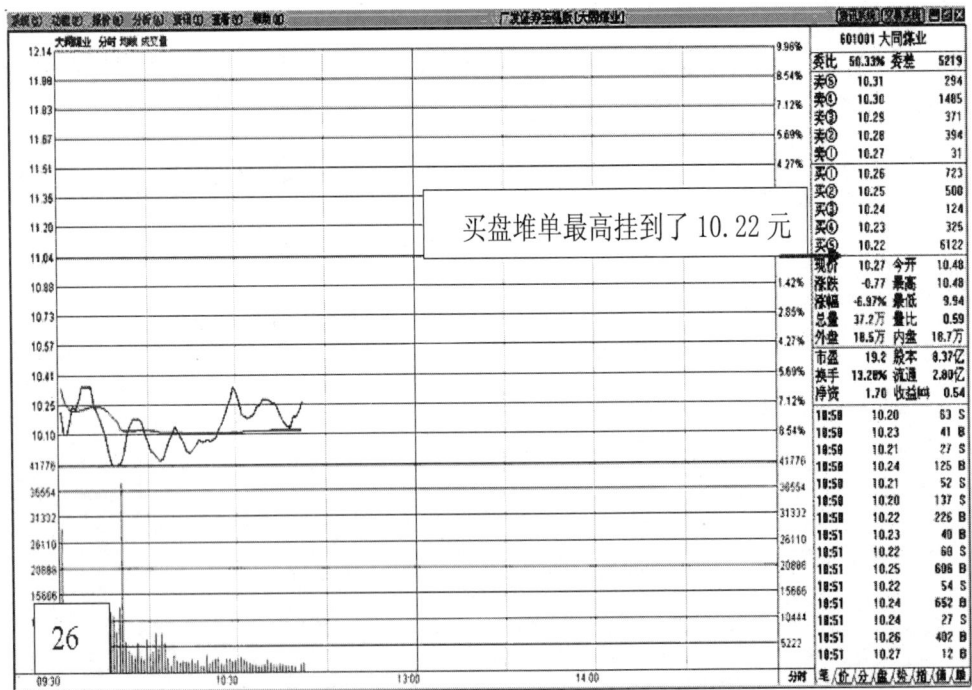

图 4-55

第四章

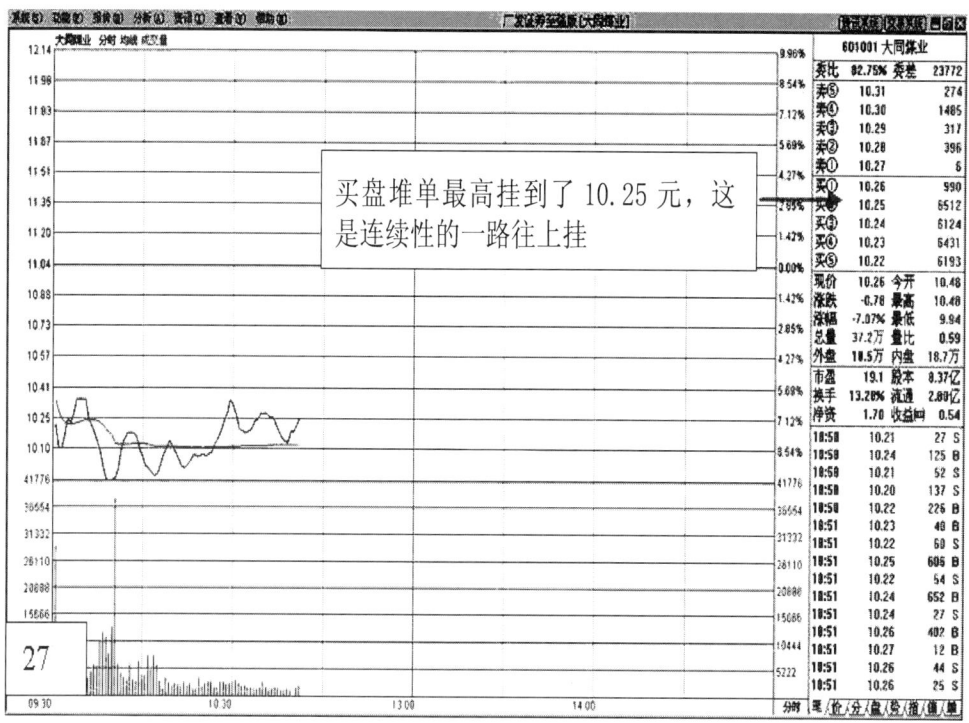

图 4-56

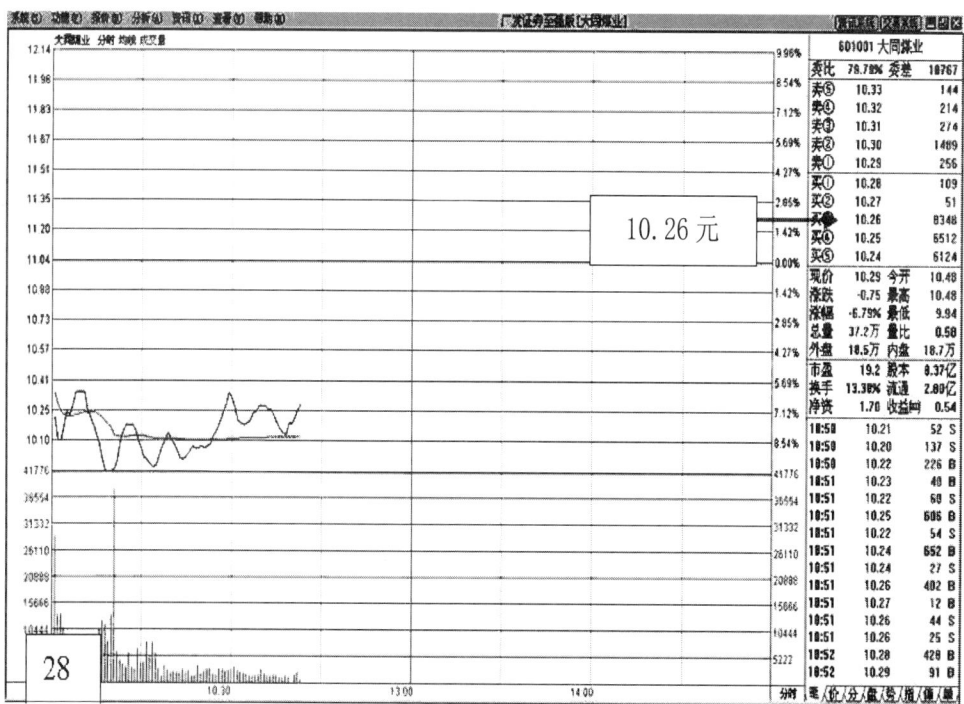

图 4-57

主力行为 盘口解密(二)

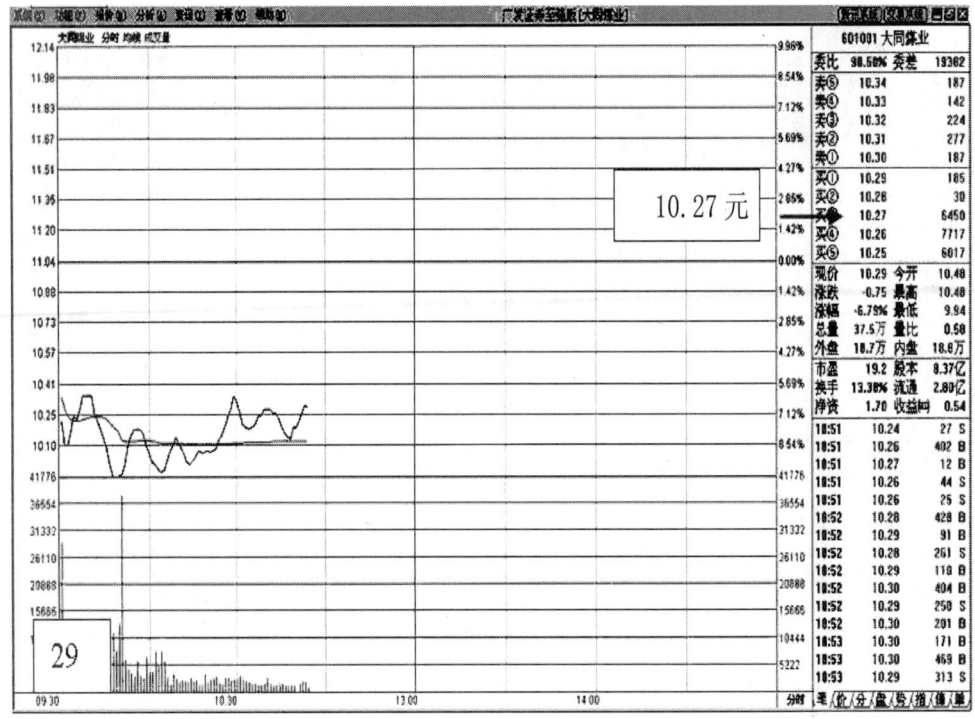

图 4-58

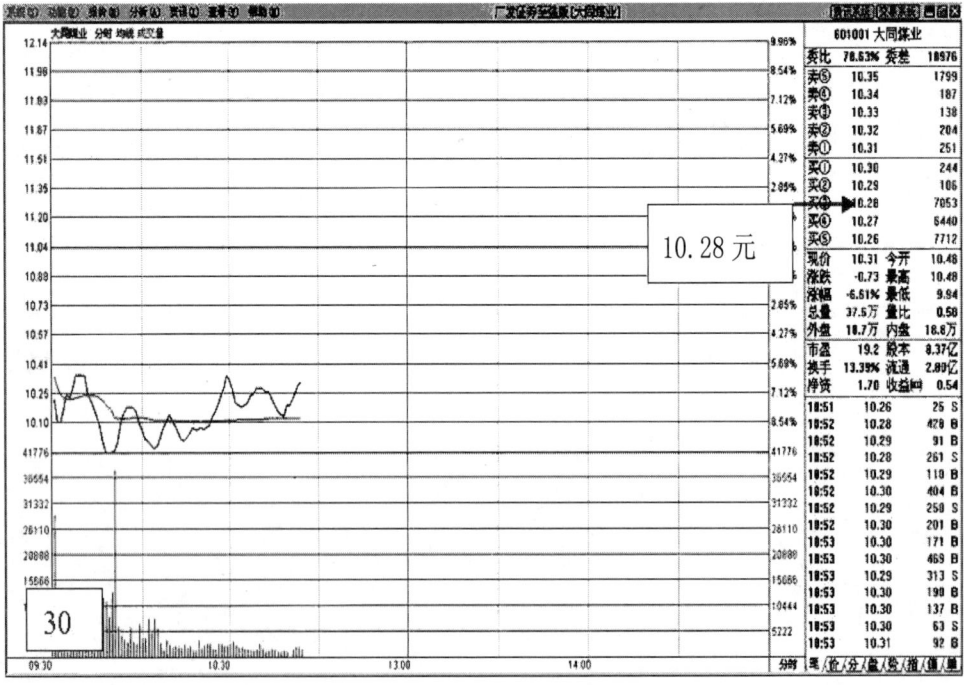

图 4-59

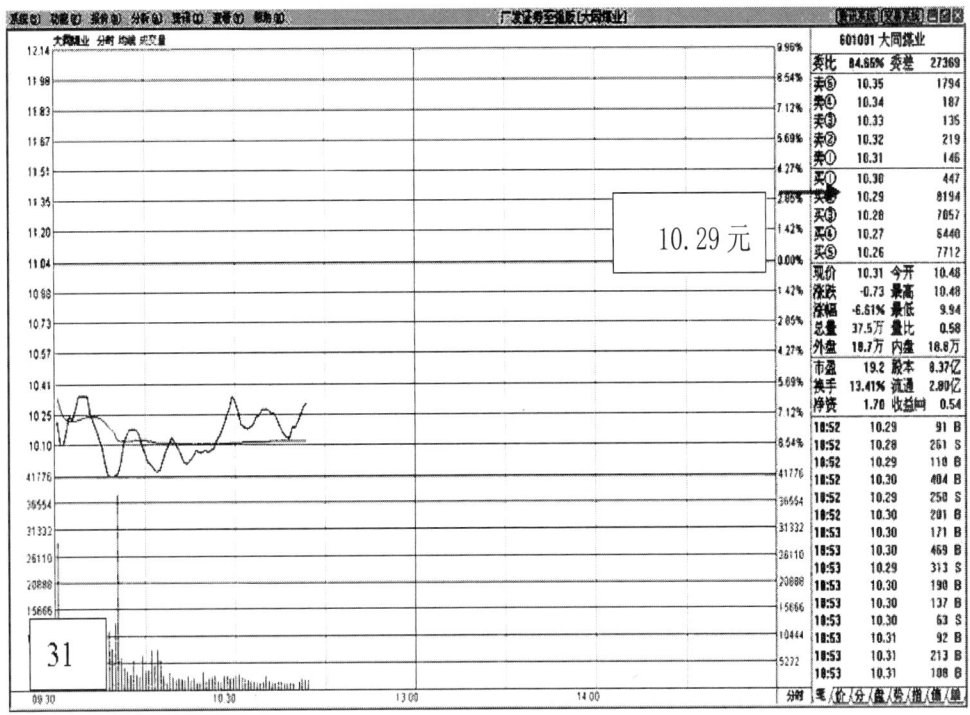

图 4-60

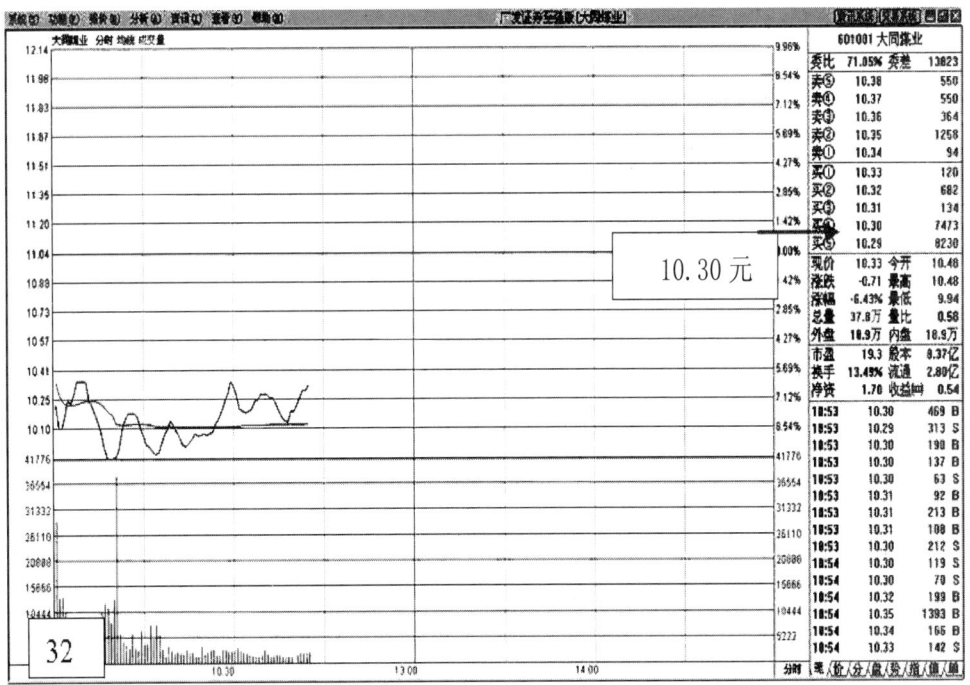

图 4-61

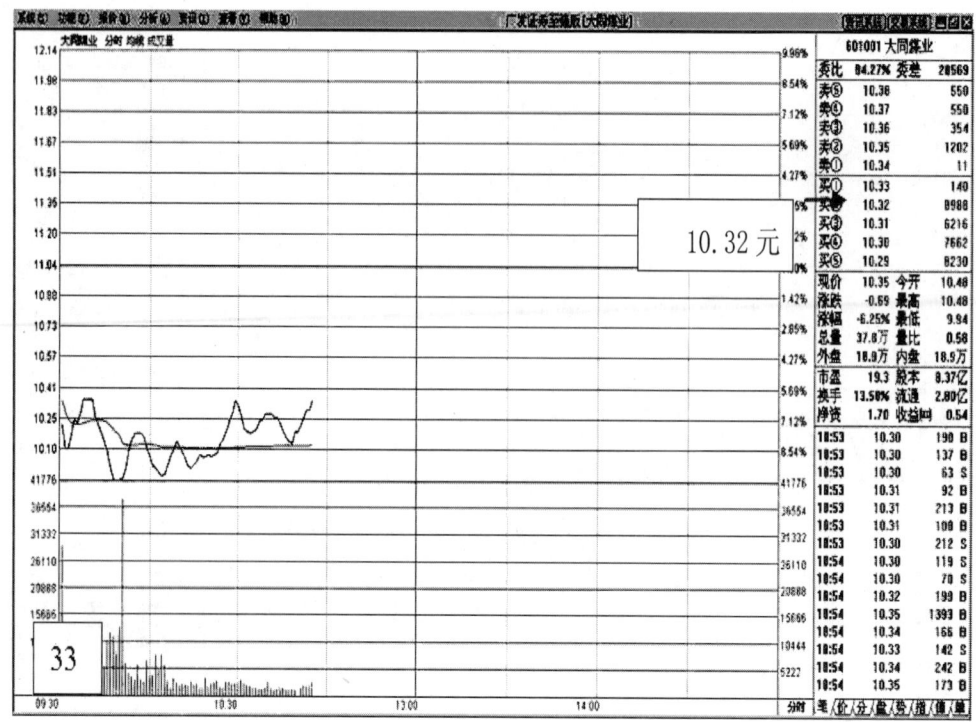

图 4-62

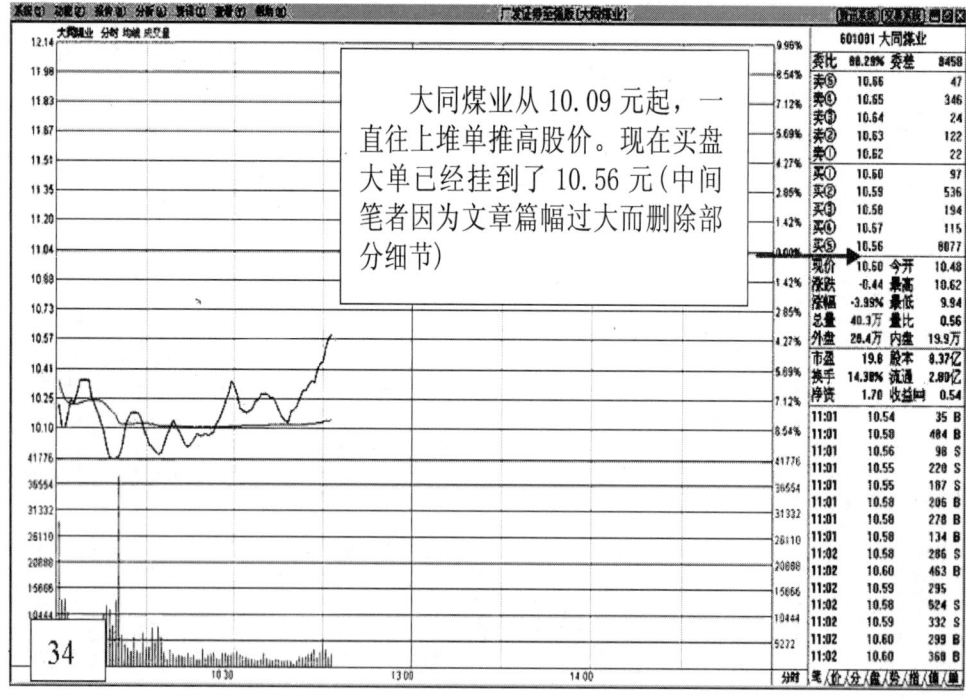

图 4-63

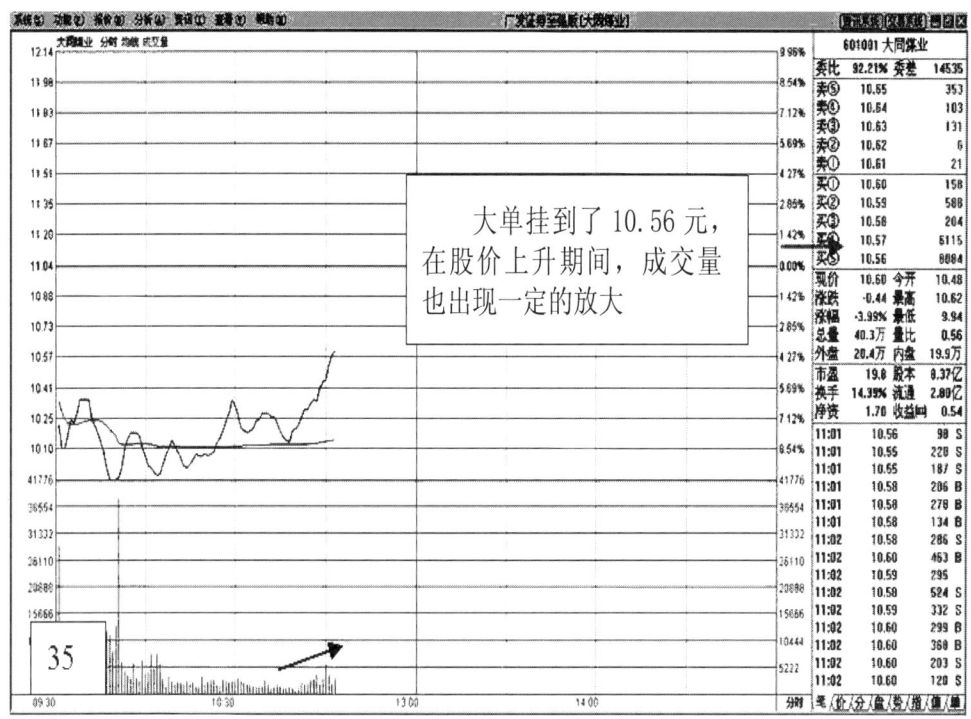

图 4-64

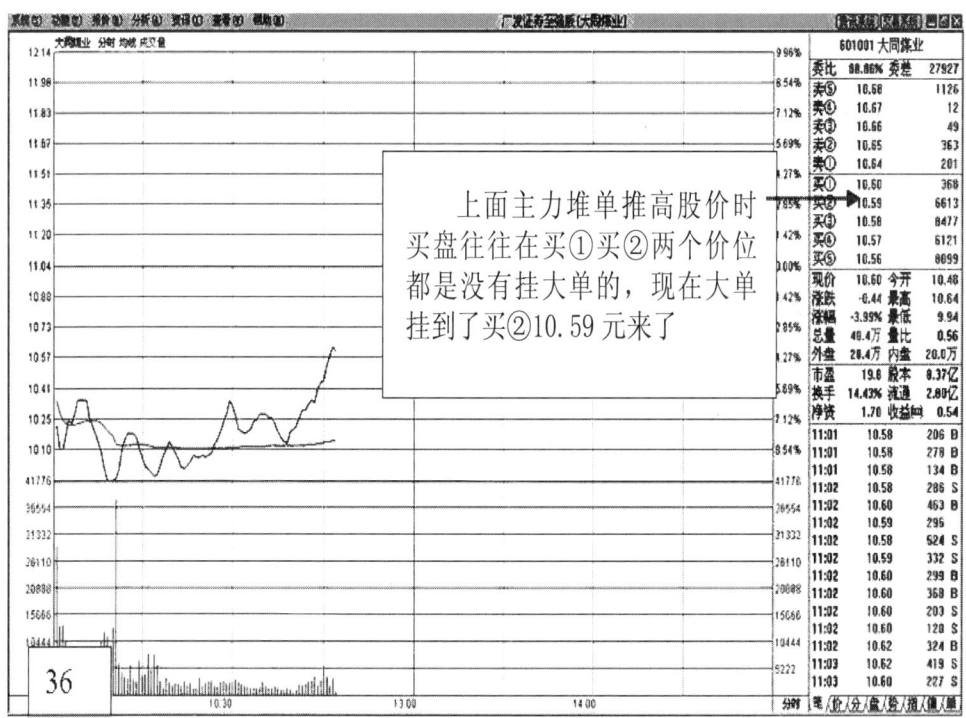

图 4-65

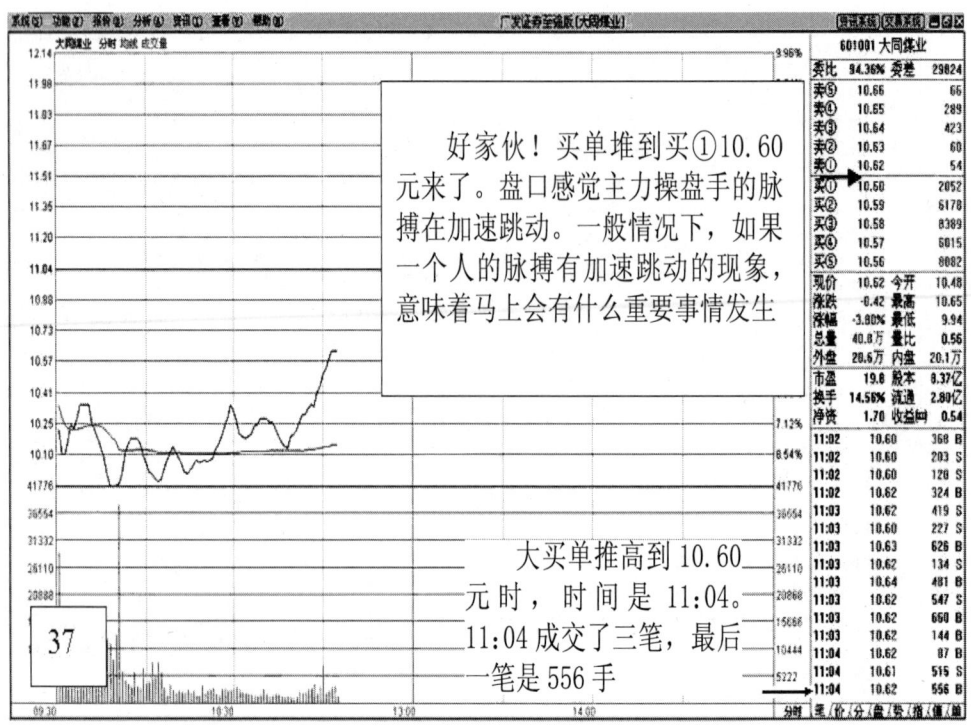

图 4-66

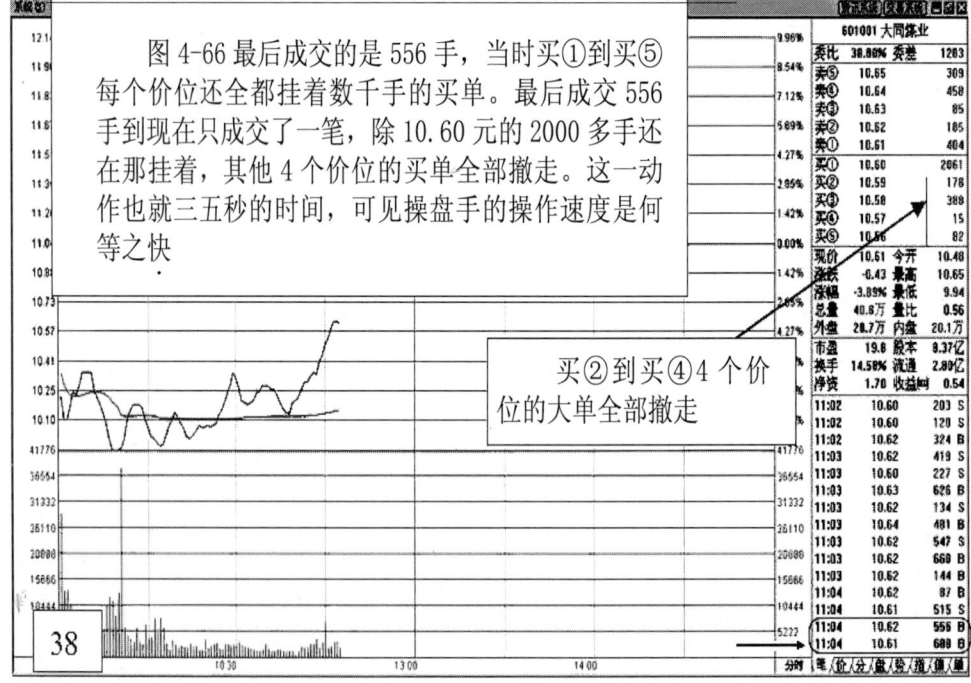

图 4-67

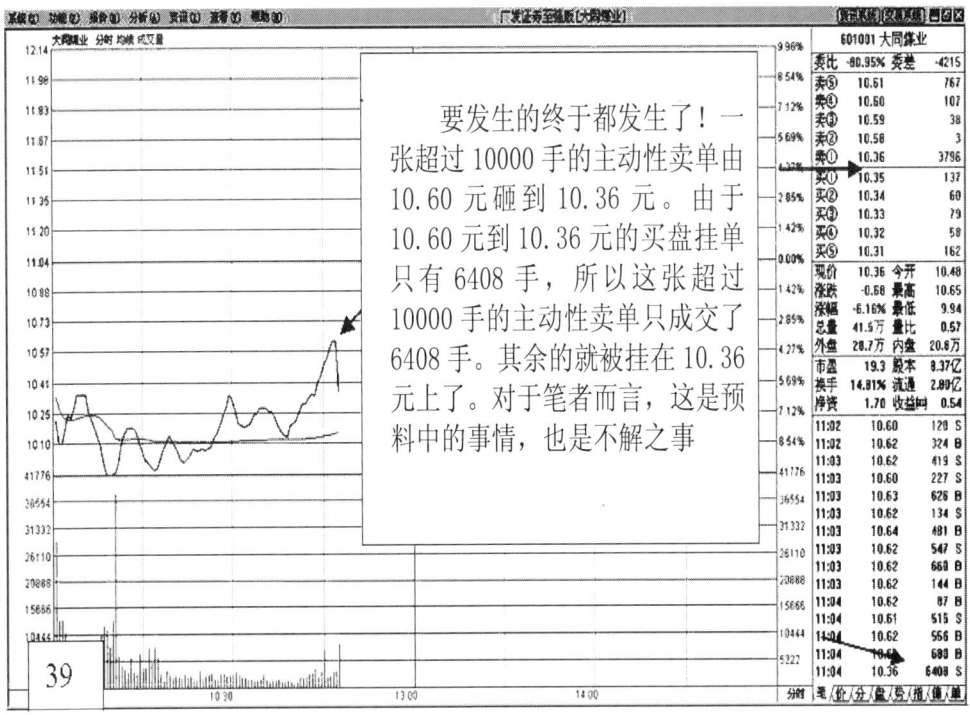

图 4-68

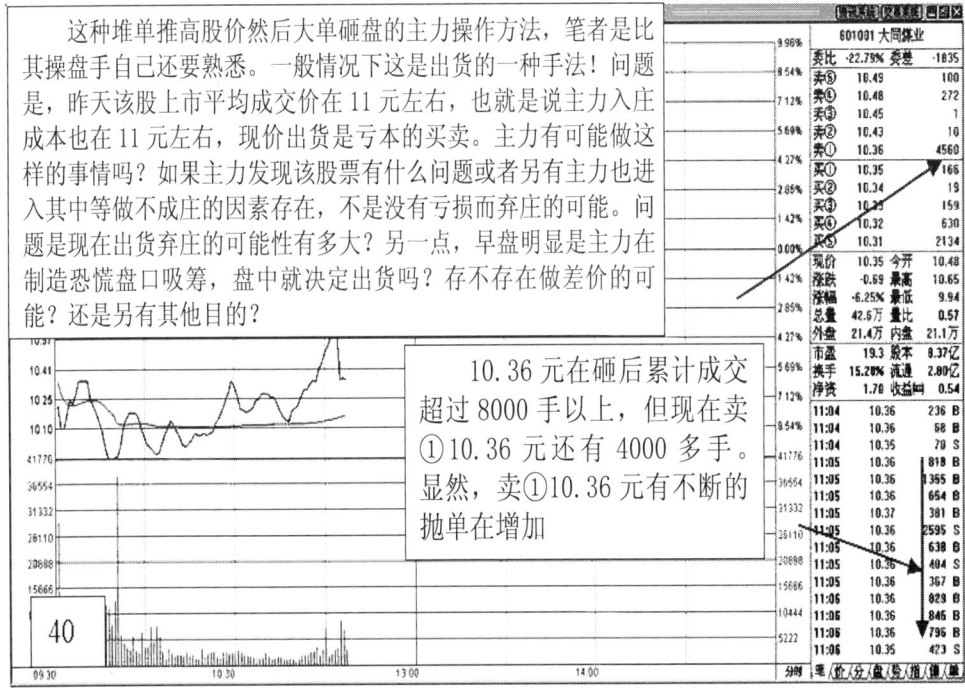

图 4-69

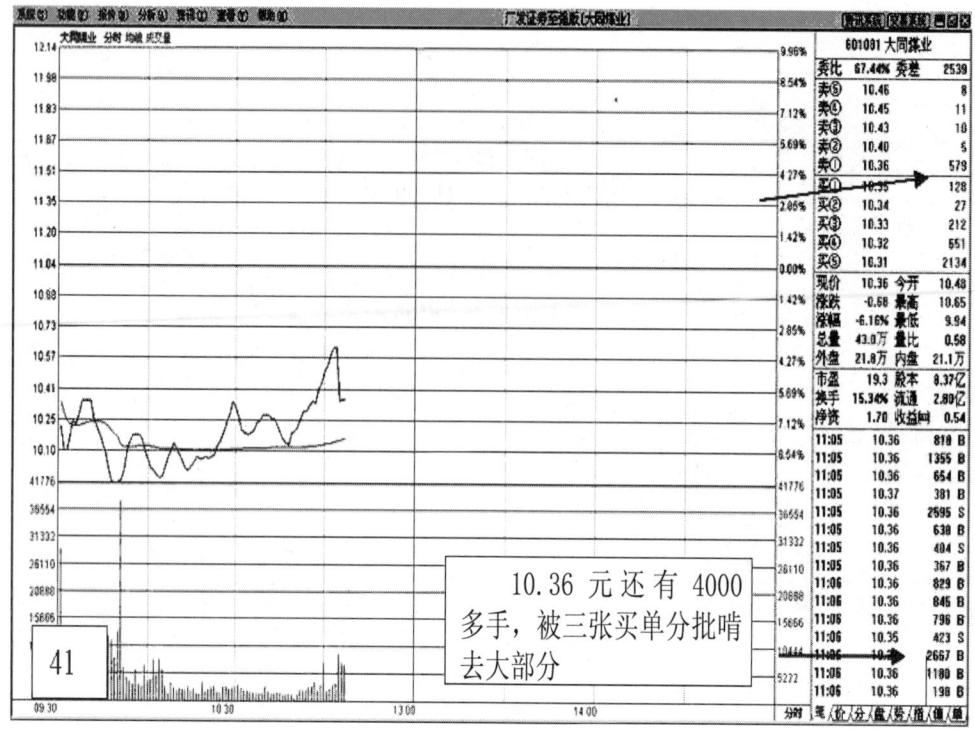

图 4-70

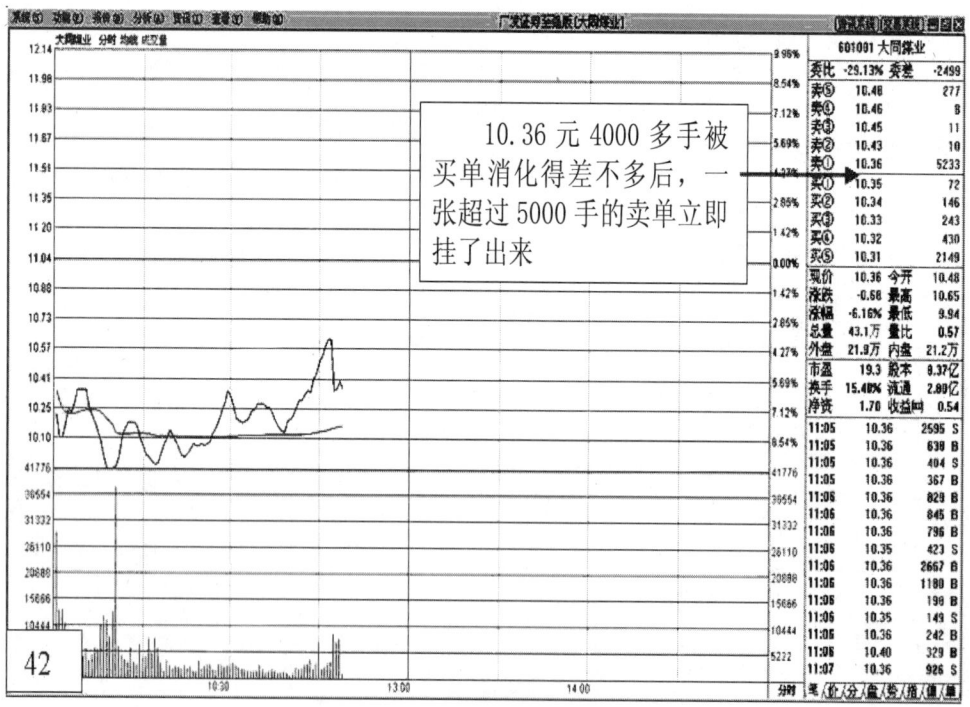

图 4-71

第四章

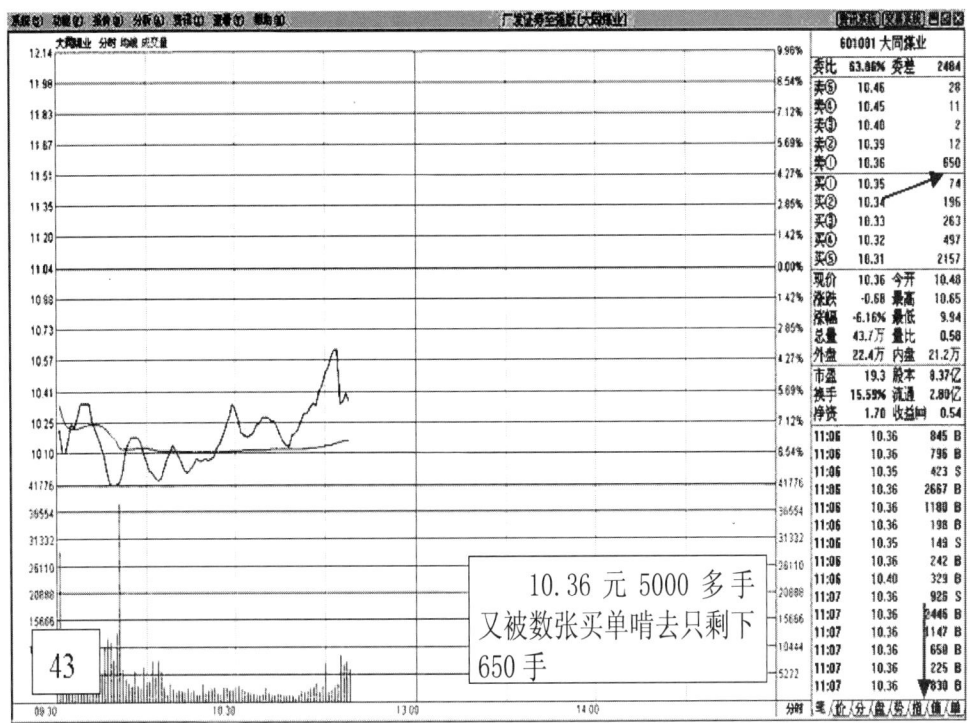

图 4-72

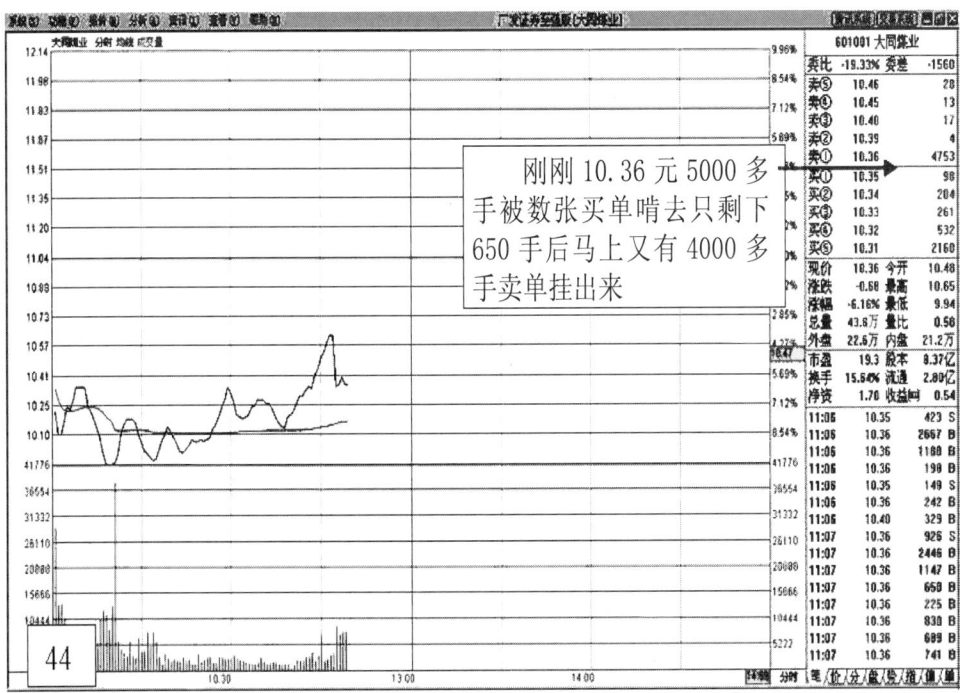

图 4-73

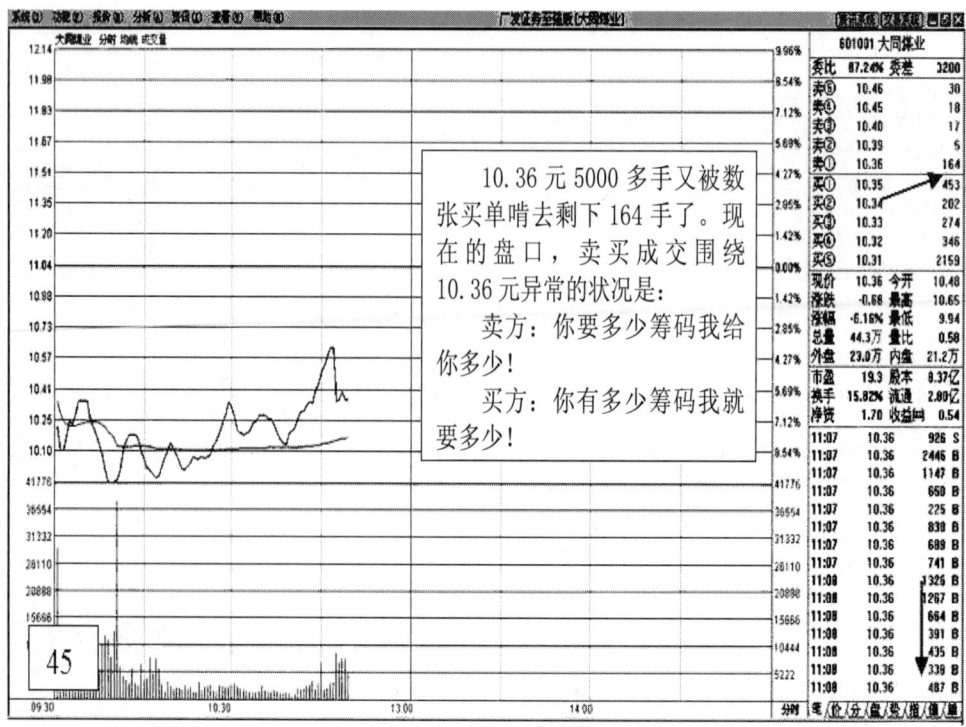

图 4-74

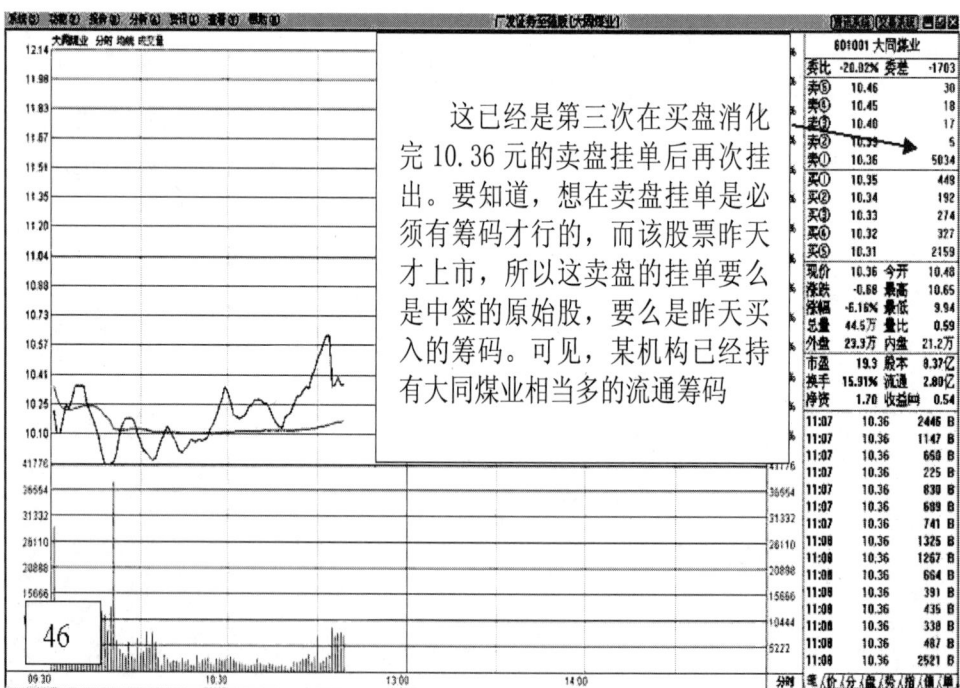

图 4-75

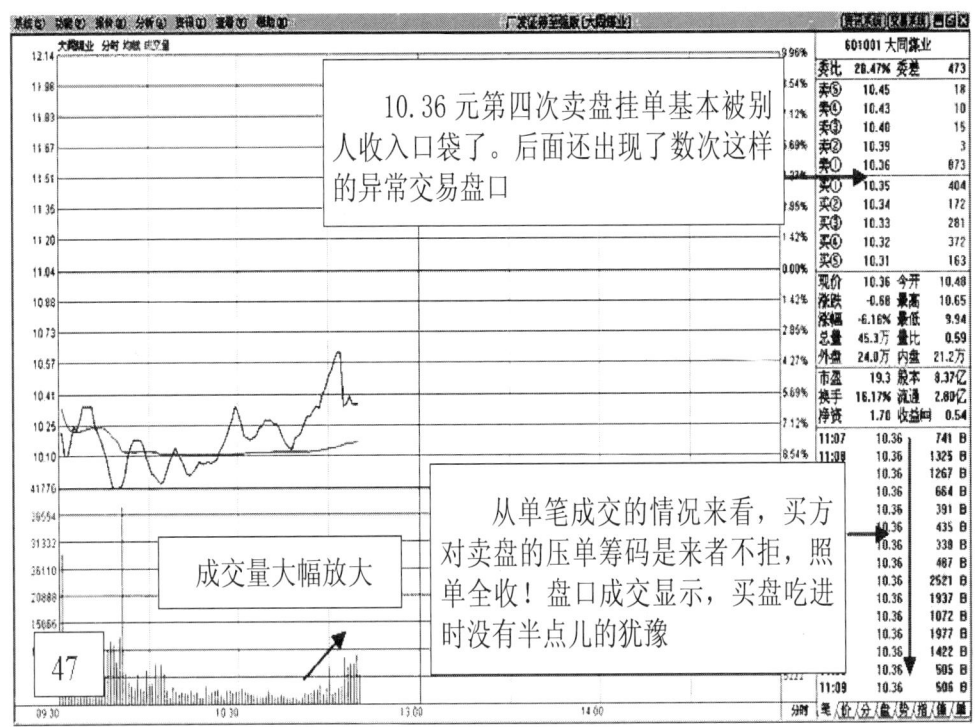

图 4-76

中午收盘，回忆大同煤业的盘面，思考以下还没有完全解决的问题：

①早盘股价跌停板时，主力迅速挂出4万多手卖单制造恐慌后马上撤退，后面立即大幅"抢筹"成不成立？

②10:42(图 4-43)主力挂出两张大单在盘口只停留了十几秒钟就撤下来。目的是什么？是向投资者显示实力还是无聊在玩玩？会不会是主力向其他也在昨天进入该股票的机构显示实力？

③堆单推高股价之后砸盘，绝大部分是主力出货行为。今天的表现有多少几率是主力在出货？会不会是主力在原来挂出大单警告其他主力无效的情况下再次表现，以显示强大卖力和警告？会不会是主力堆单推高股价的时间比较长，怕引起投资者和其他机构的注意，所以主力表演强大的实力后砸盘制造出货的痕迹欺骗看到它盘口的投资者或机构？

④砸盘后该股票出现在10.36元的卖单吃完又挂出来，吃完再挂出来的数次盘口。可能性之一，其他机构把货挂出来，堆单推高股价的主力收下，或者是堆单推高股价的主力把货挂出来其他机构买入。可能性之二，堆单推高股价的主力自己挂卖单自己买，在进行对倒，目的还是制造出货盘口欺骗投资者。哪种可能性更大？

⑤无论上面结论如何，该股是一定有大机构已经入庄，拿到了大量的流通筹码。是否成立？

这是笔者看盘后的简单思考！更多的问题就不列举了。要知道该股何去何从，上面的问题是必须要明白的

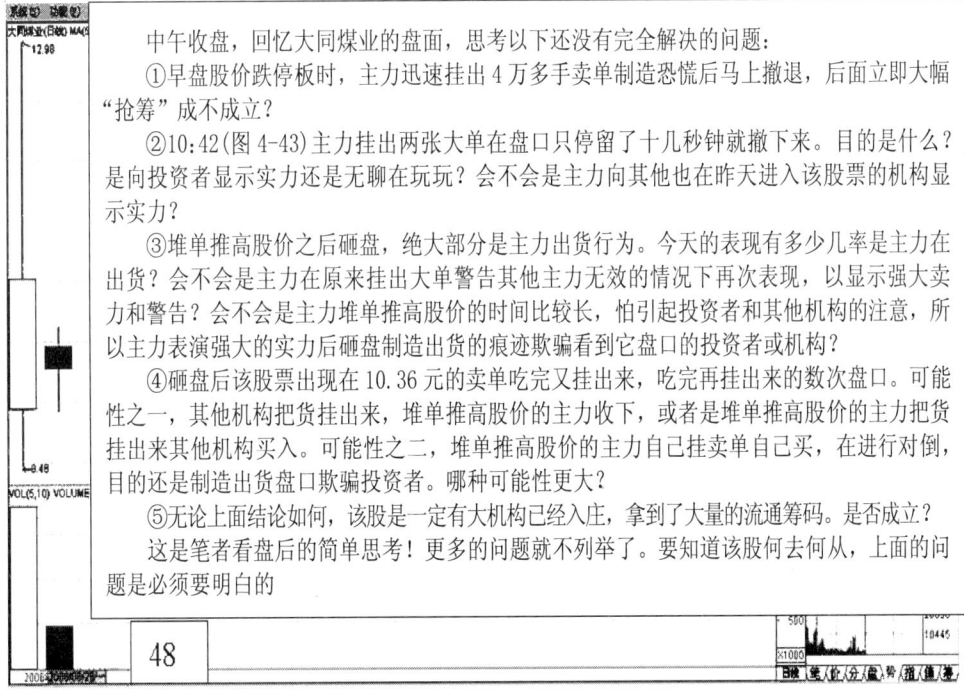

图 4-77

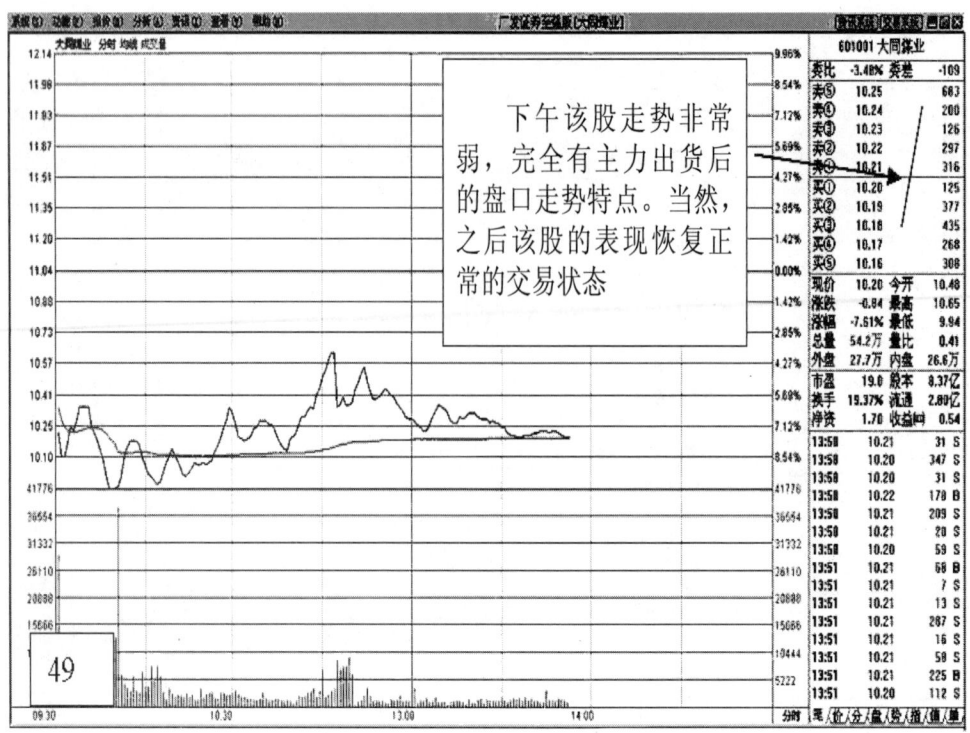

图 4-78

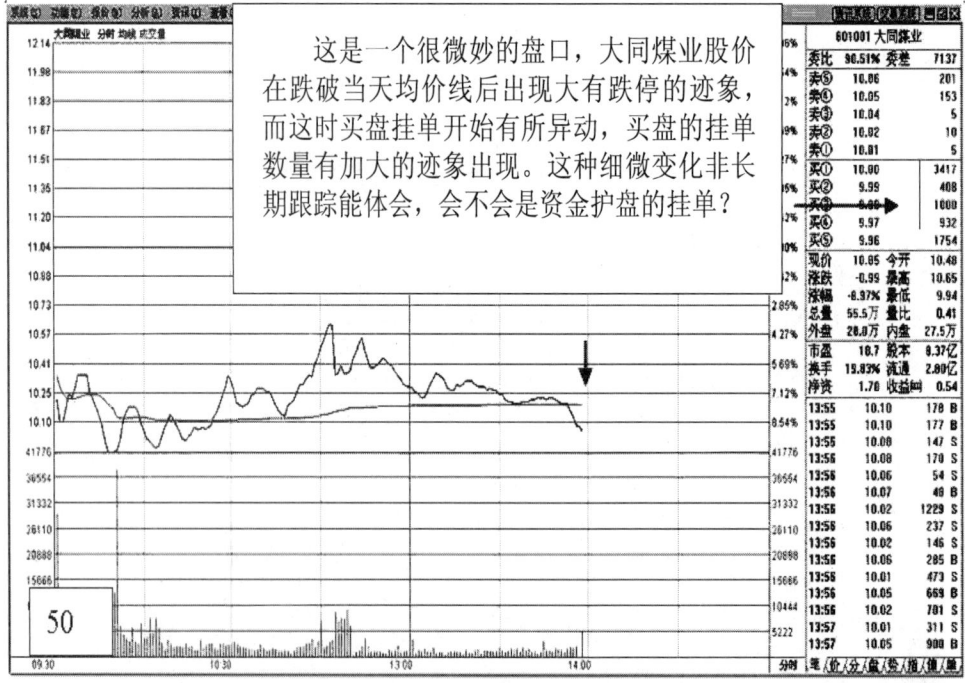

图 4-79

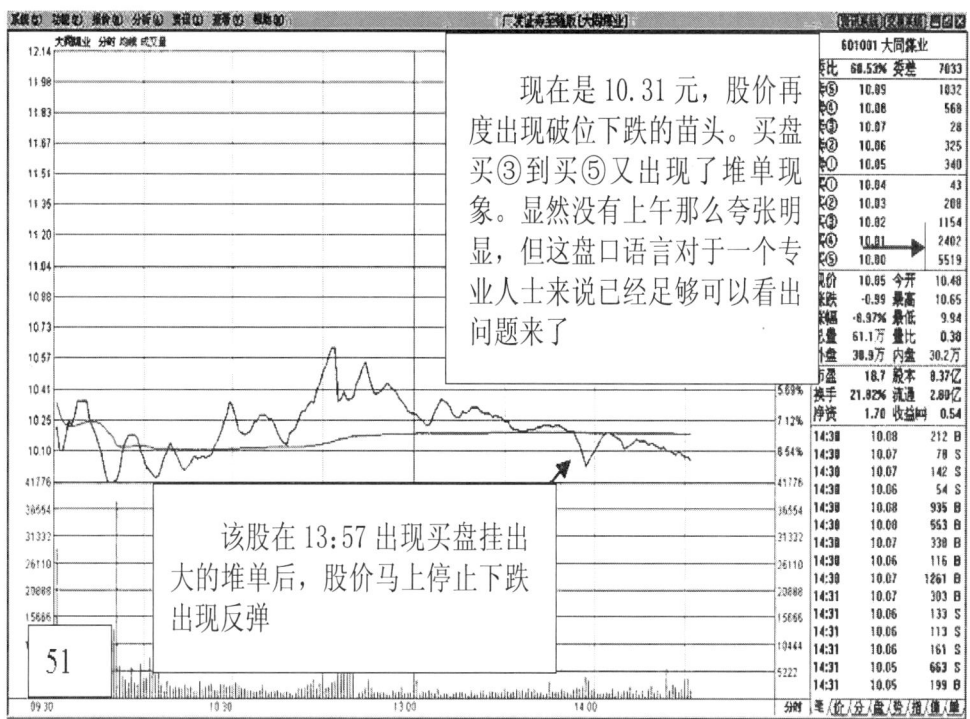

图 4-80

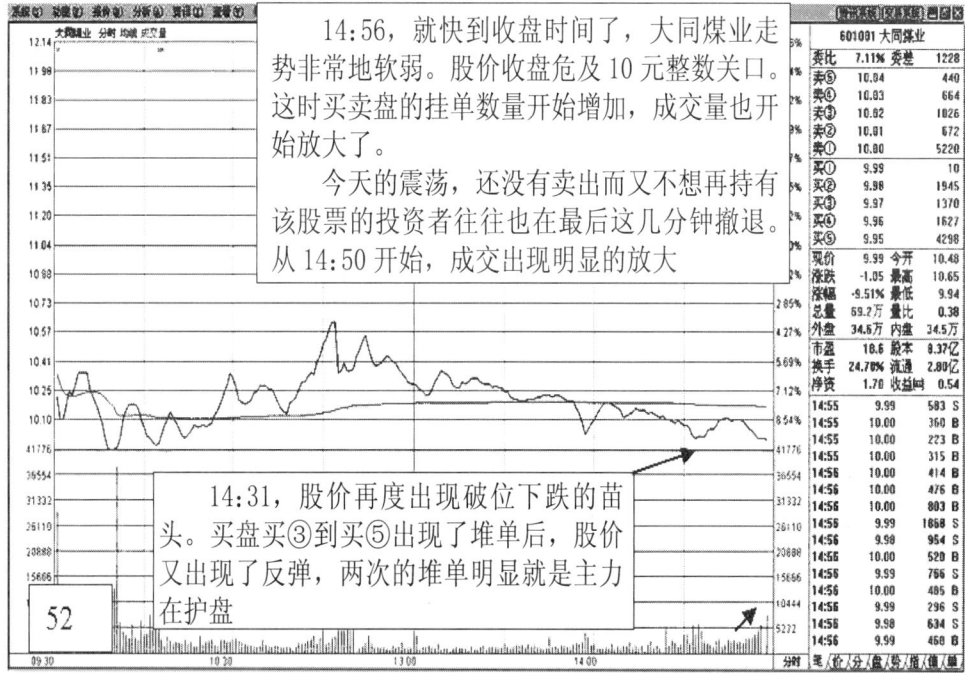

图 4-81

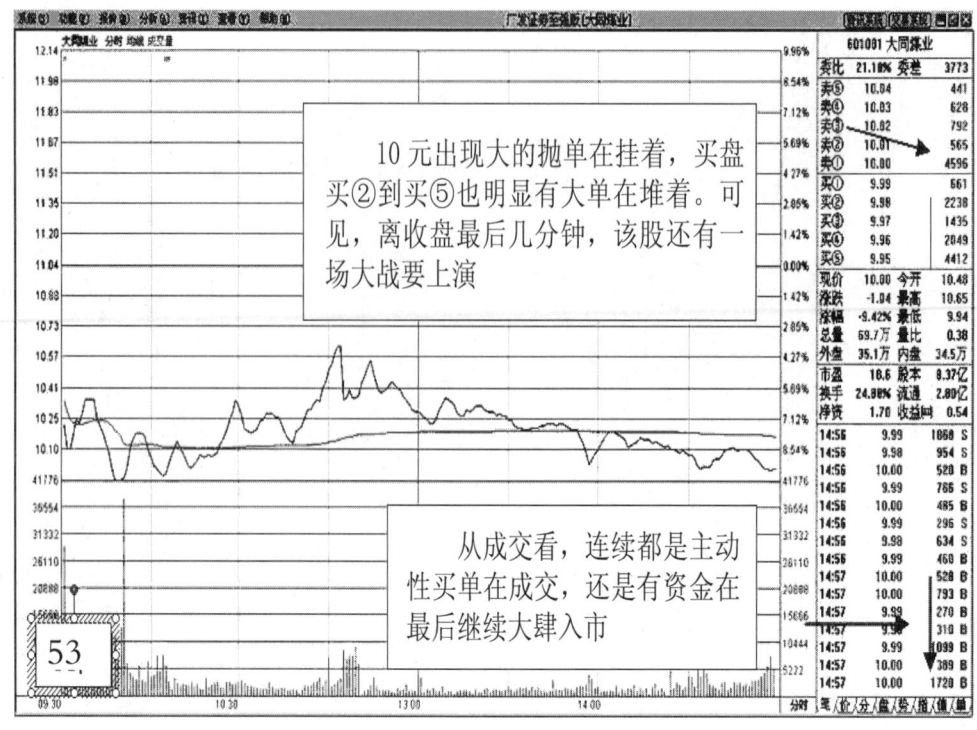

图 4-82

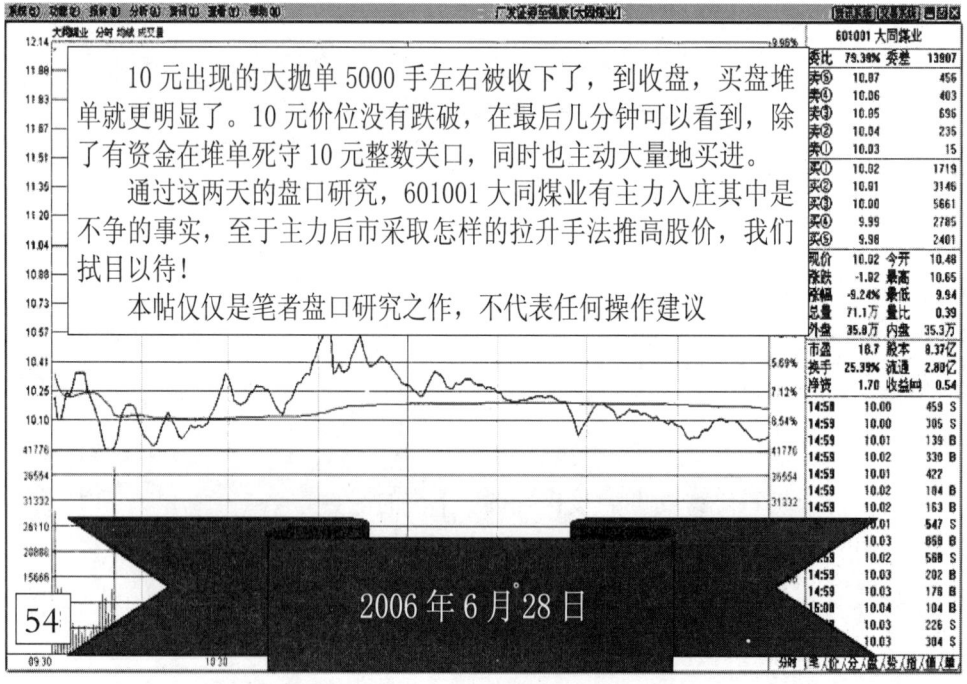

图 4-83

大同煤业主力运作盘口（三）

见图 4-84 至图 4-115。

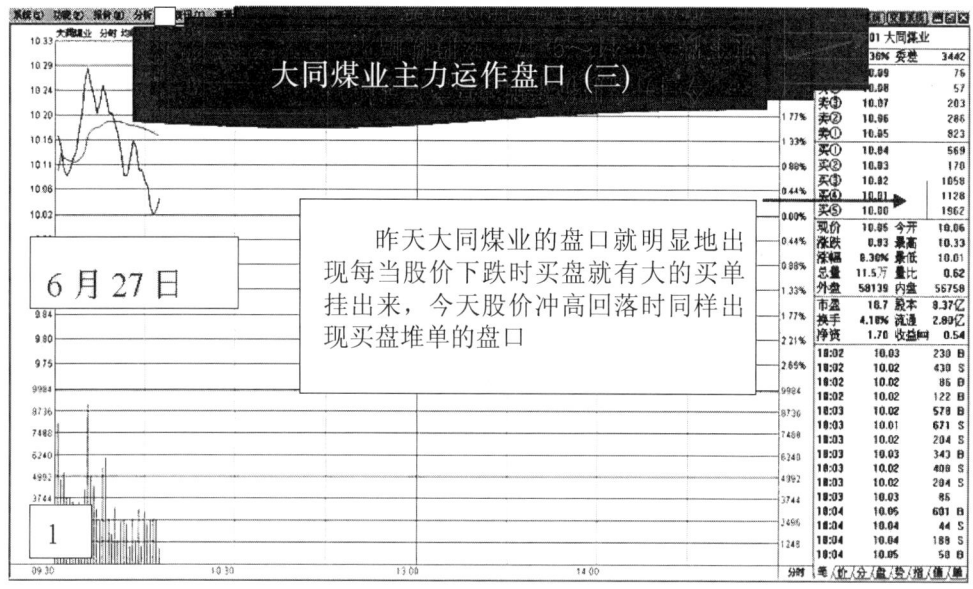

图 4-84

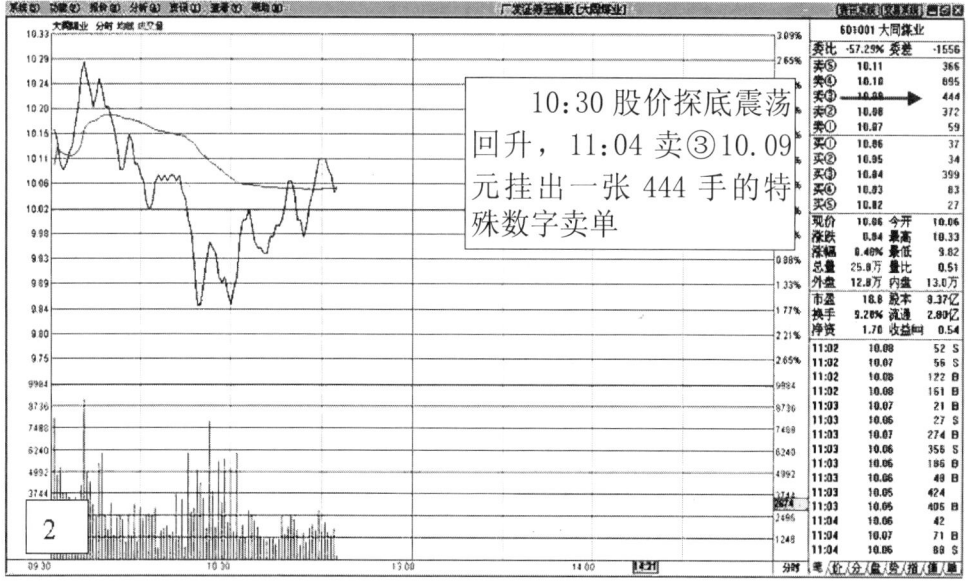

图 4-85

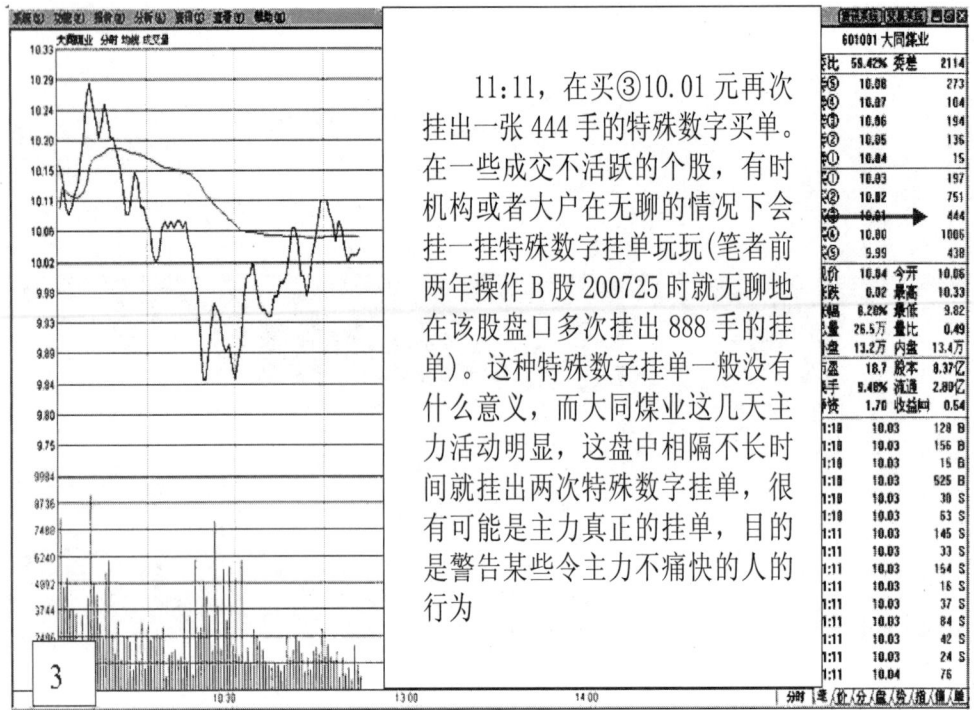

11:11，在买③10.01元再次挂出一张444手的特殊数字买单。在一些成交不活跃的个股，有时机构或者大户在无聊的情况下会挂一挂特殊数字挂单玩玩(笔者前两年操作B股200725时就无聊地在该股盘口多次挂出888手的挂单)。这种特殊数字挂单一般没有什么意义，而大同煤业这几天主力活动明显，这盘中相隔不长时间就挂出两次特殊数字挂单，很有可能是主力真正的挂单，目的是警告某些令主力不痛快的人的行为

图 4-86

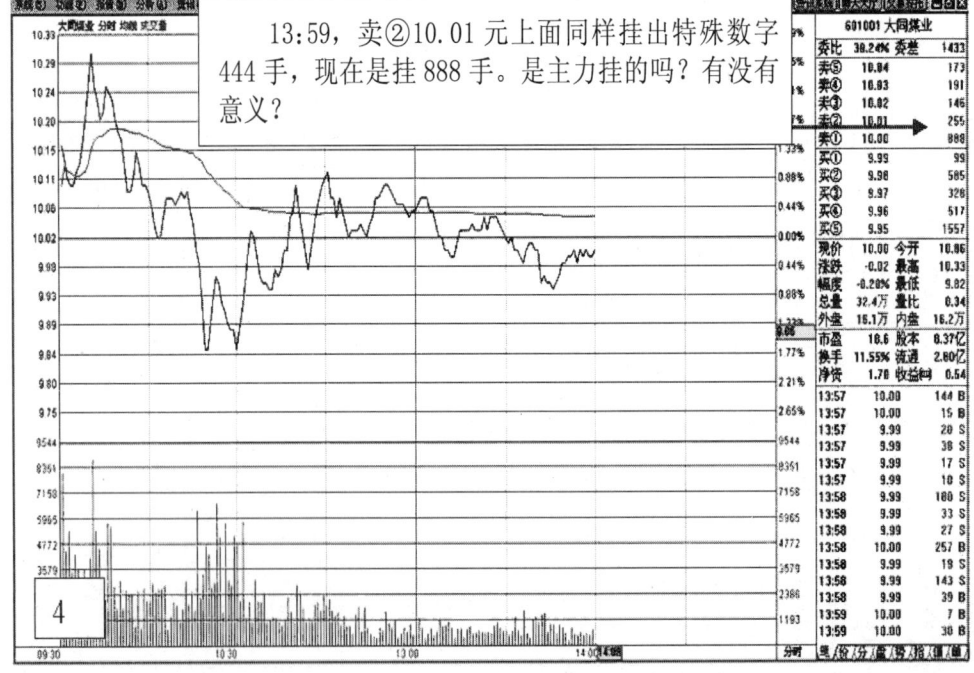

13:59，卖②10.01元上面同样挂出特殊数字444手，现在是挂888手。是主力挂的吗？有没有意义？

图 4-87

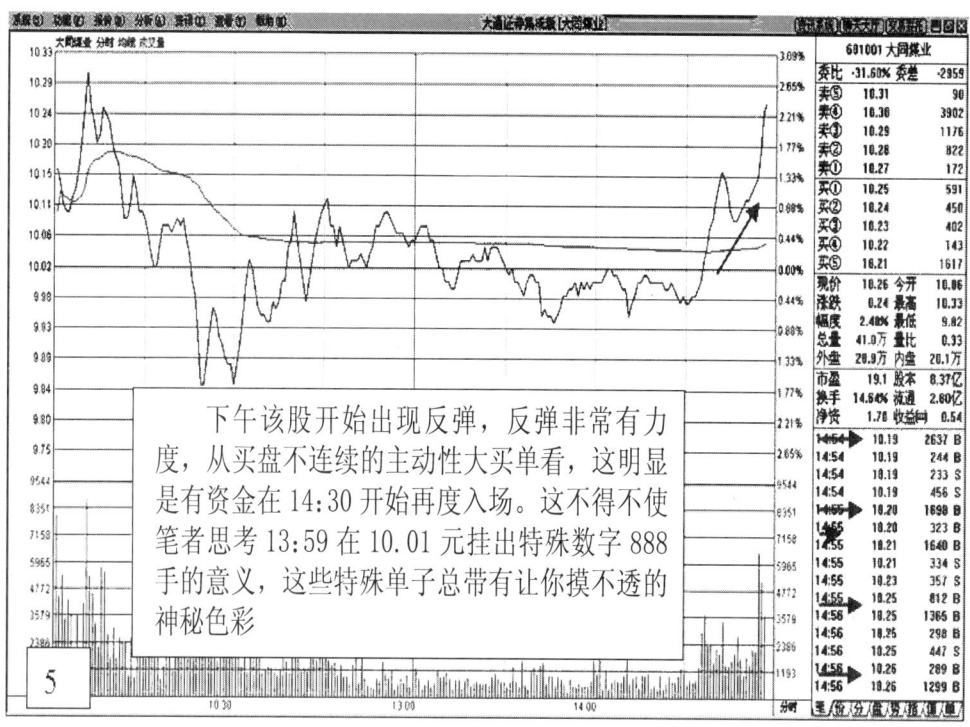

图 4-88

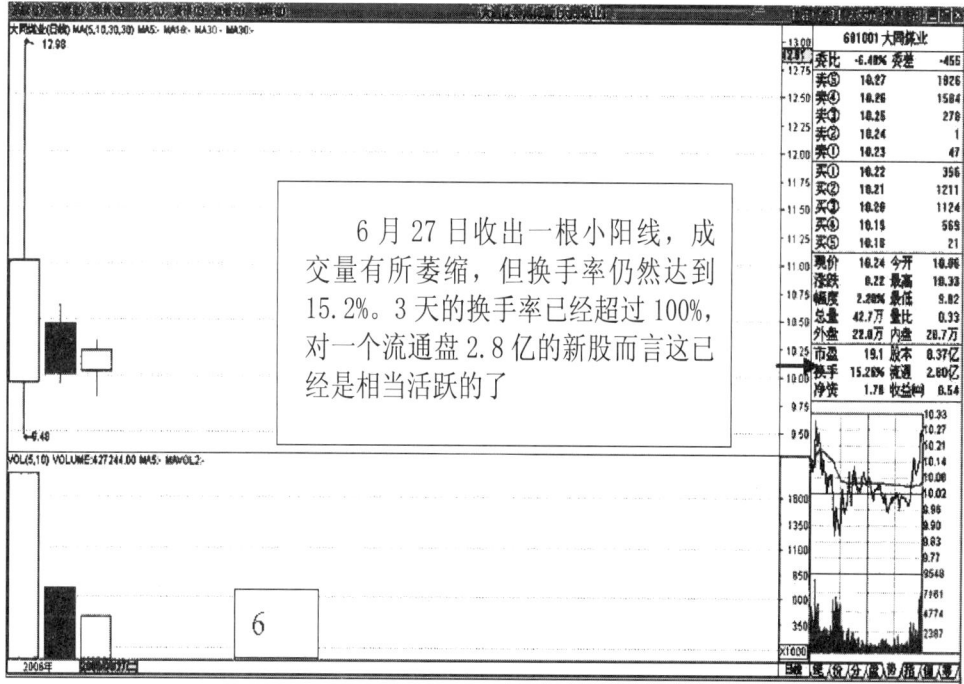

图 4-89

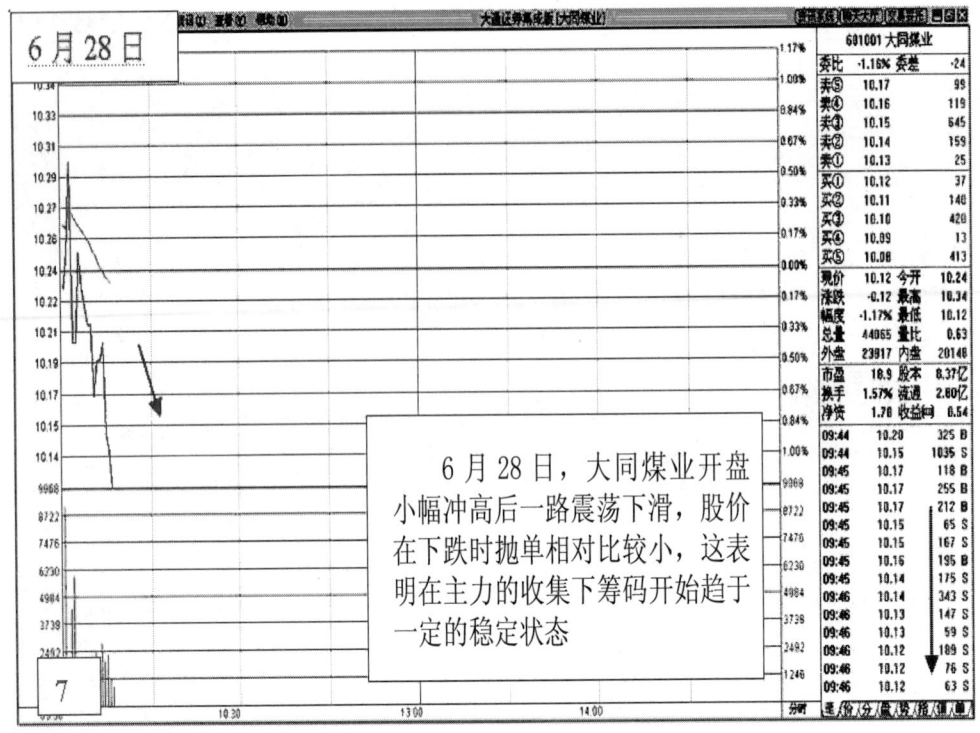

图 4-90

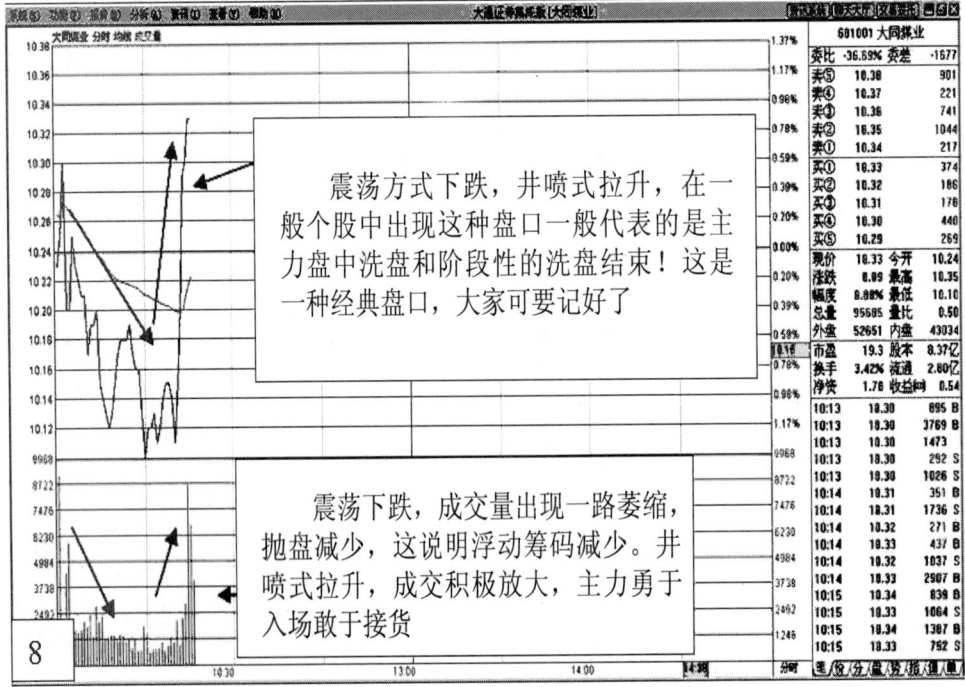

图 4-91

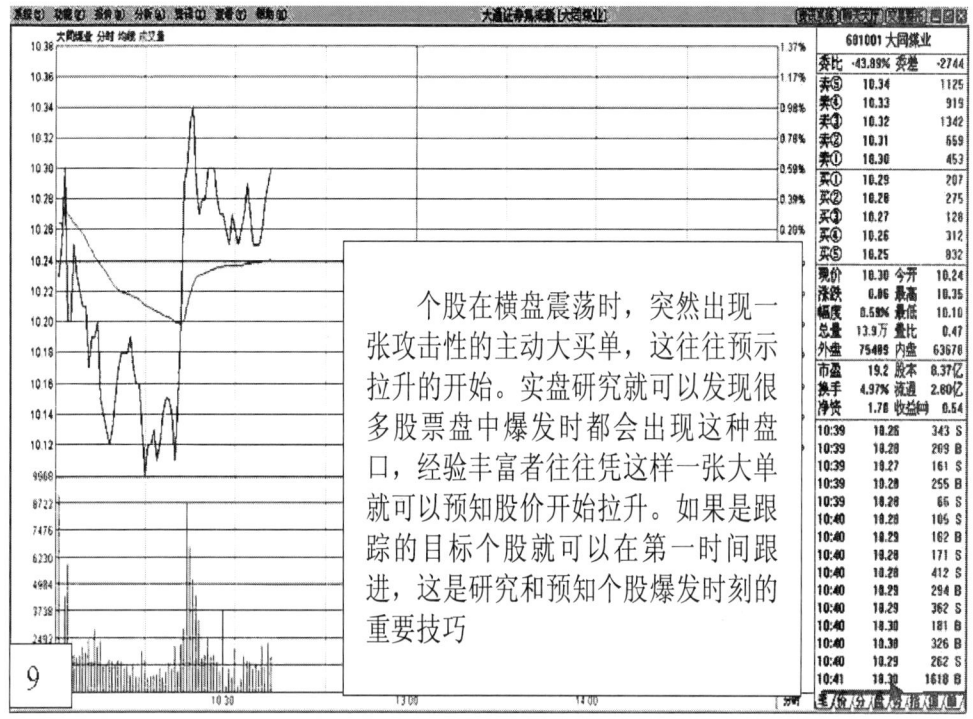

图 4-92

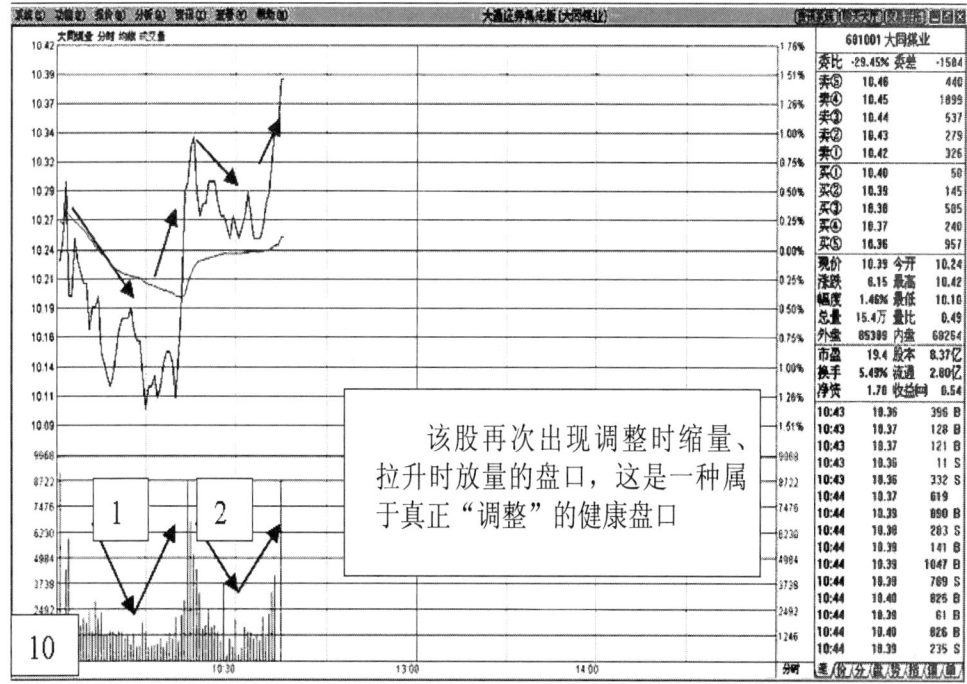

图 4-93

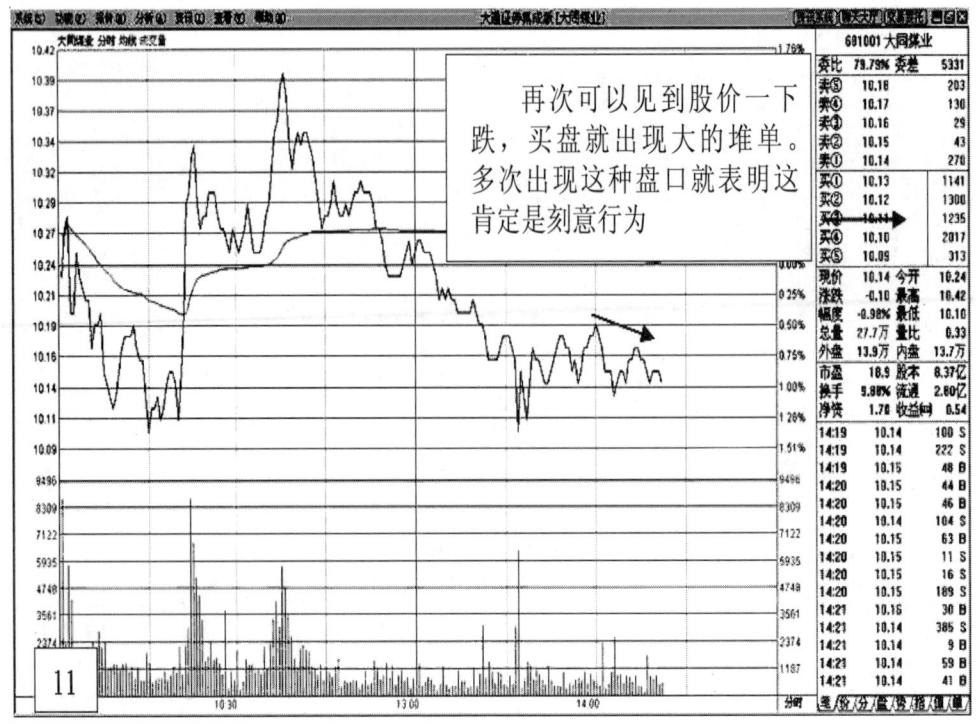

图 4-94

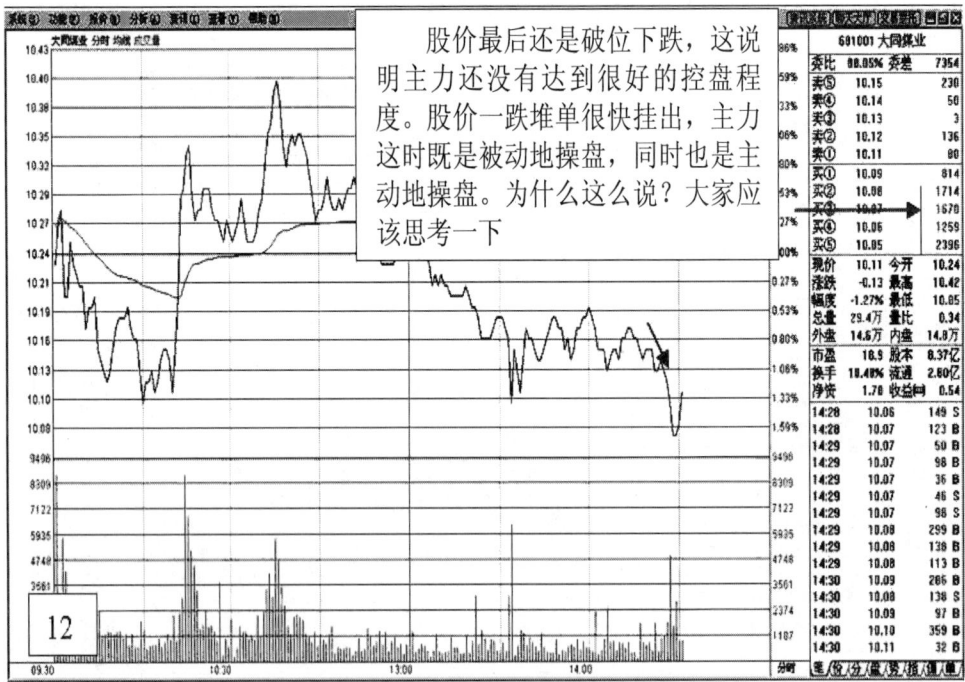

图 4-95

第四章

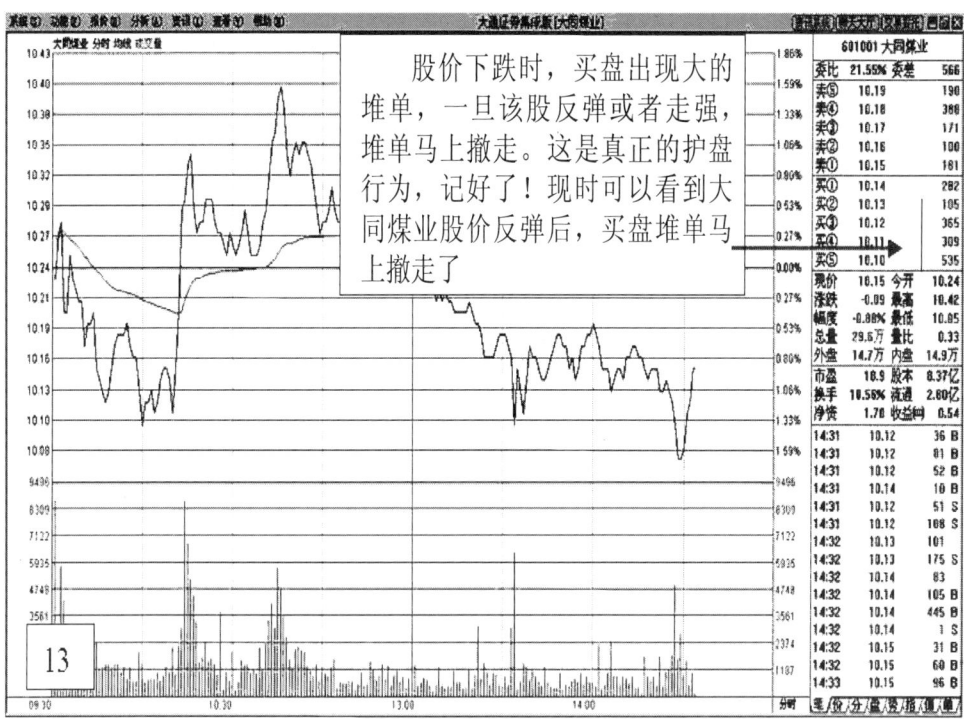

图 4-96

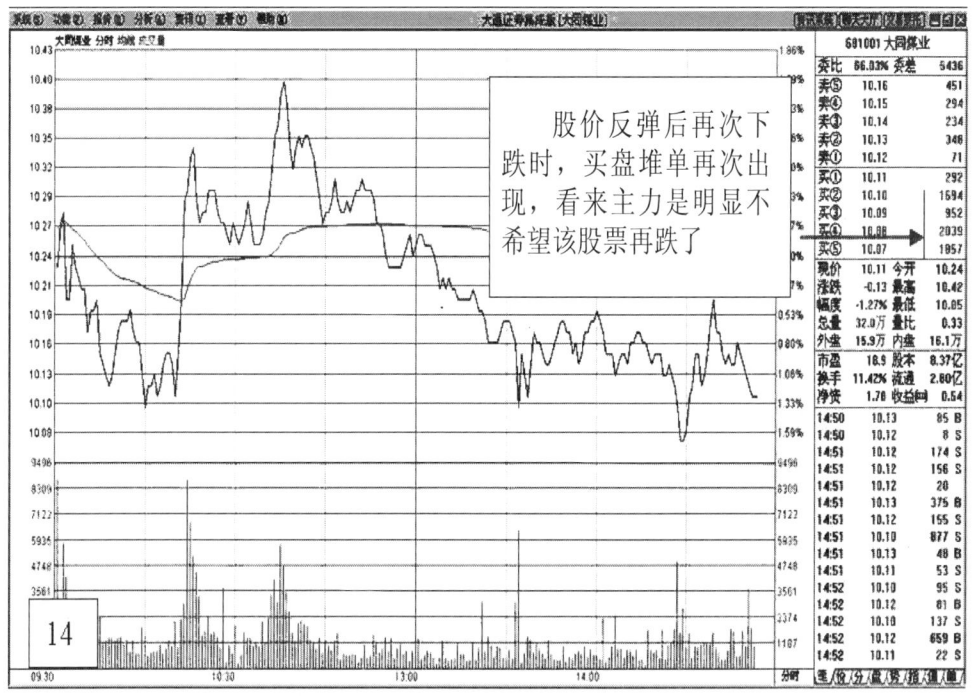

图 4-97

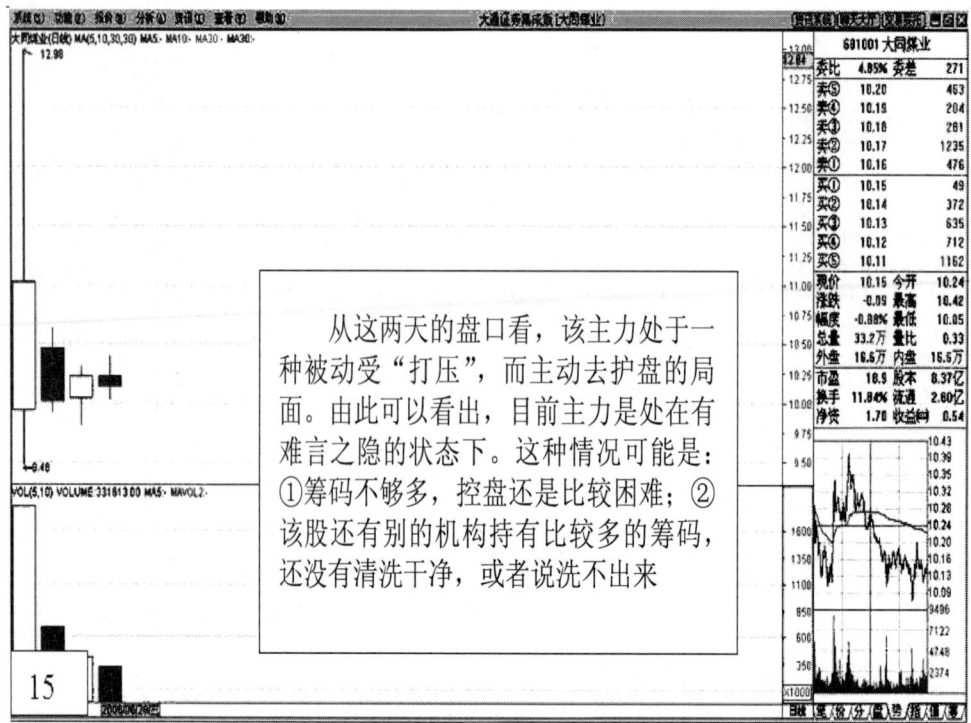

图 4-98

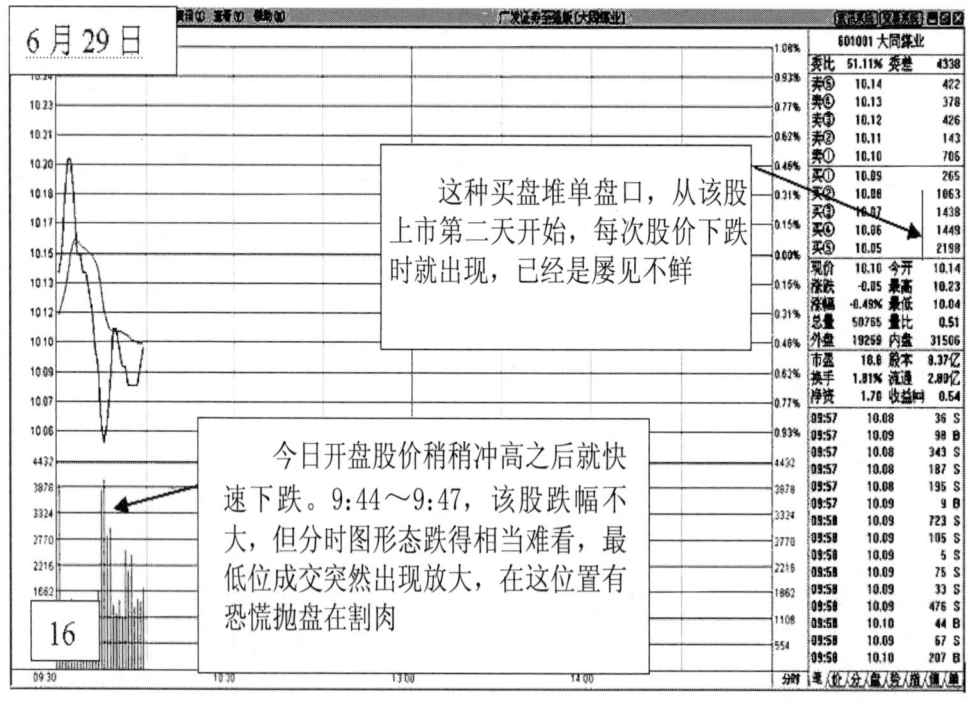

图 4-99

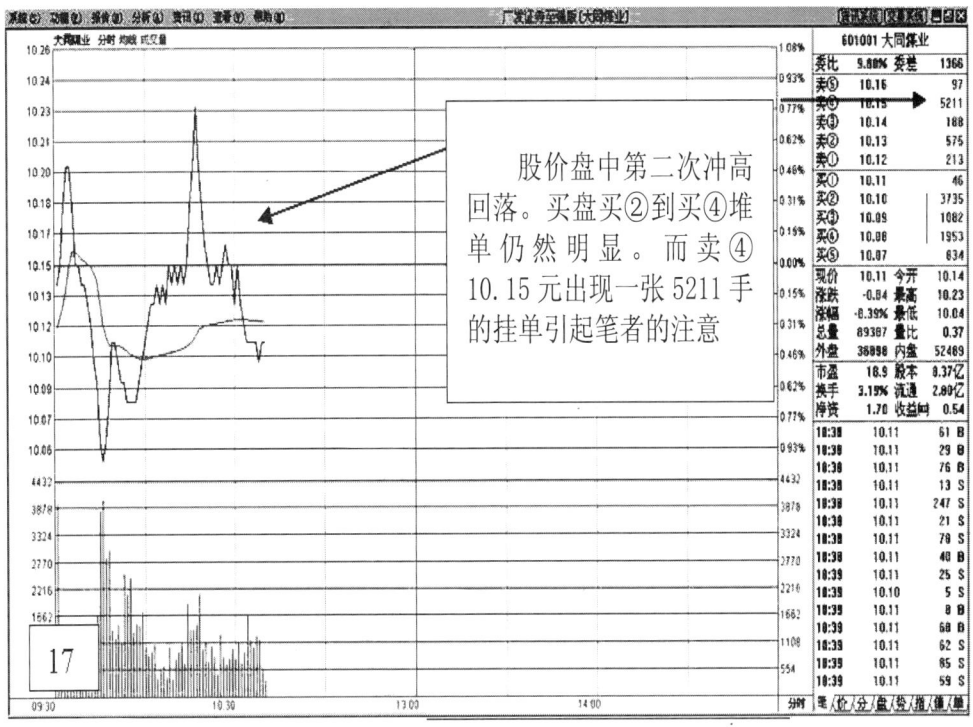

图 4-100

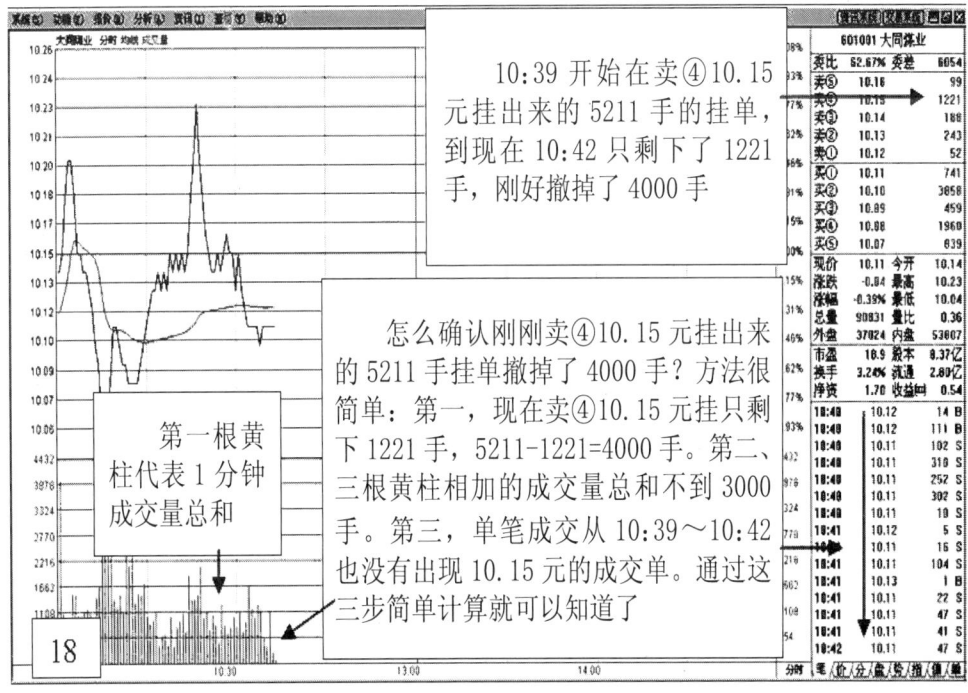

图 4-101

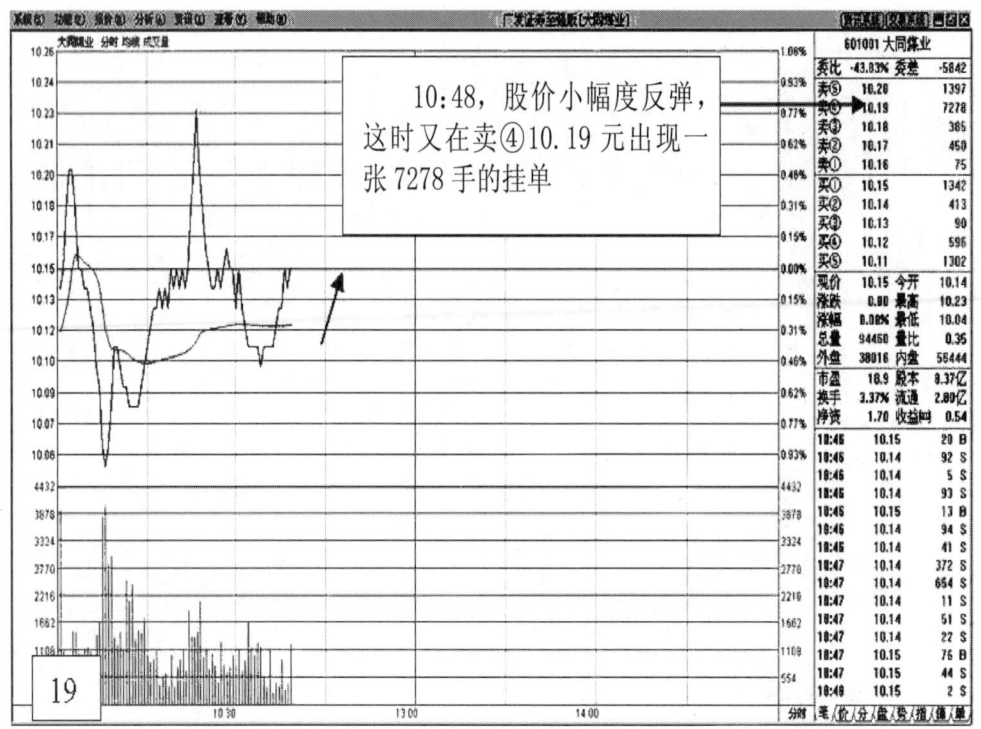

图 4-102

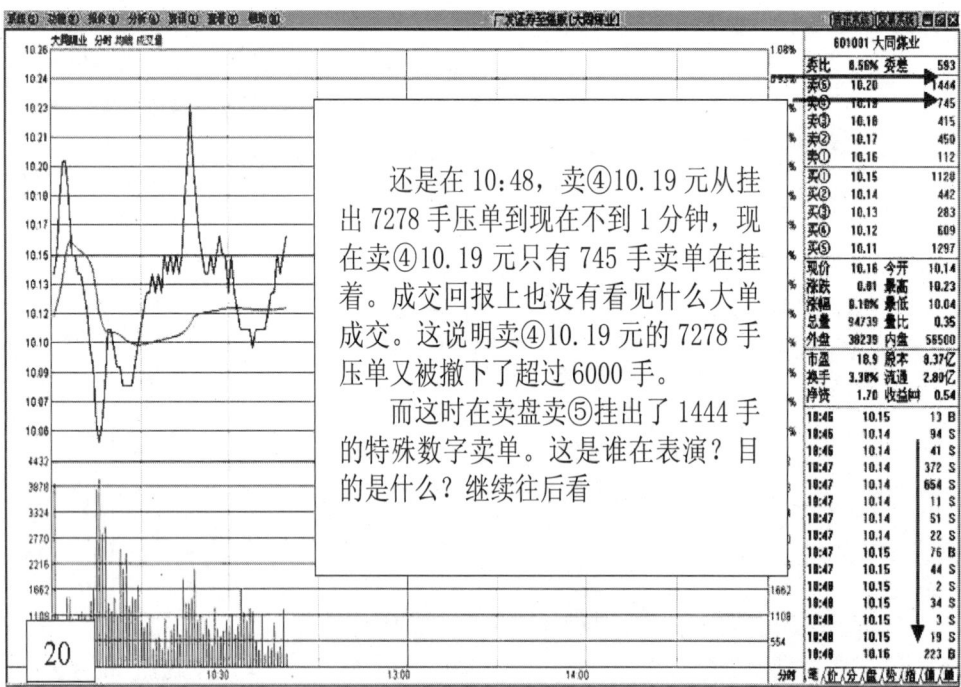

图 4-103

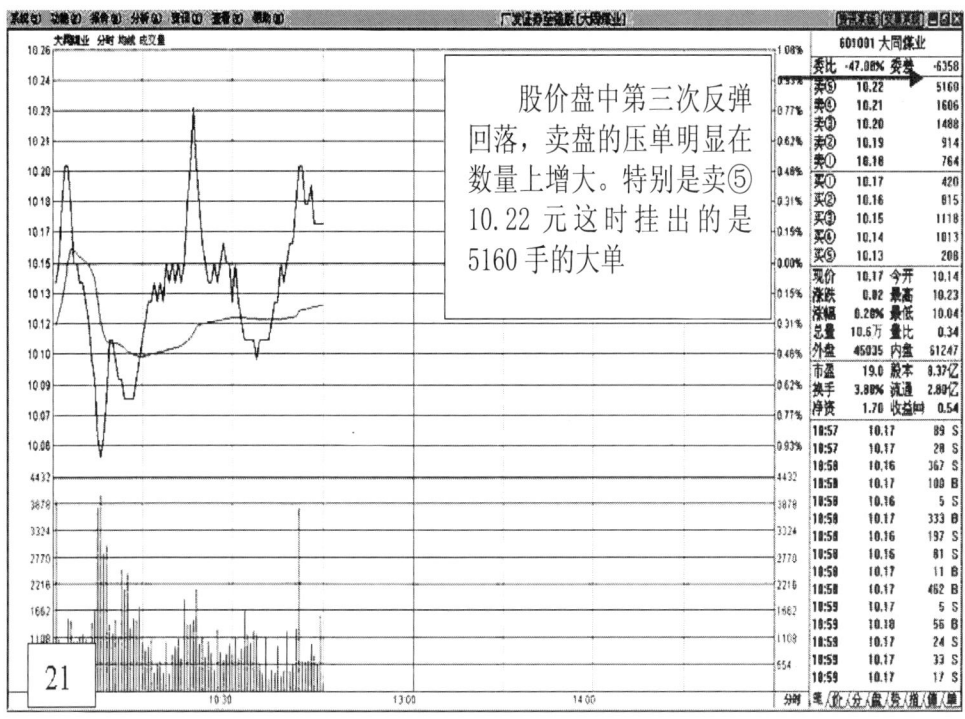

图 4-104

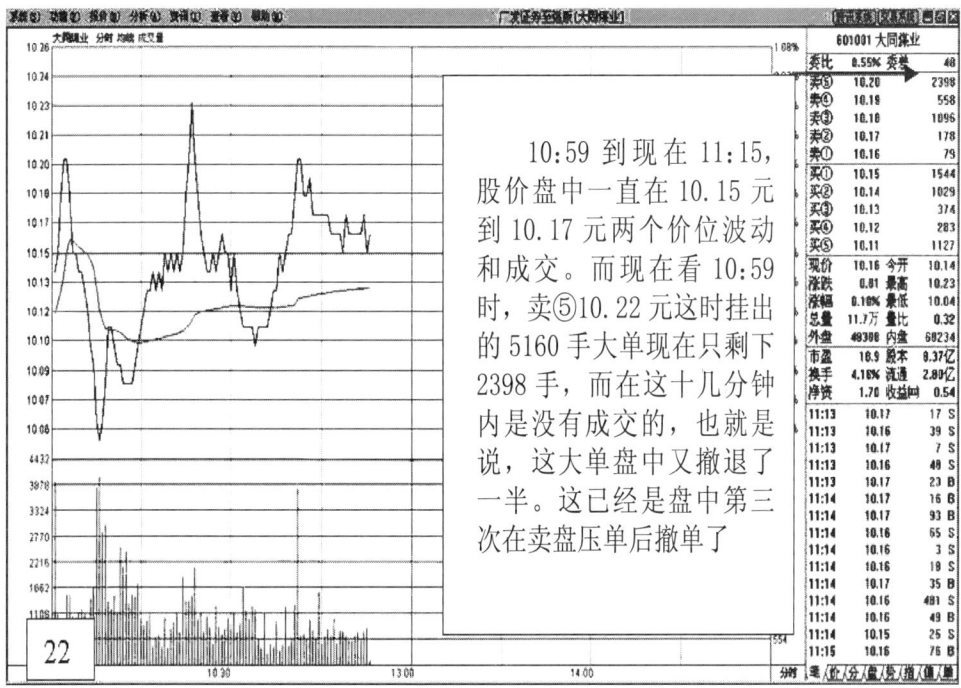

图 4-105

主力行为 盘口解密(二)

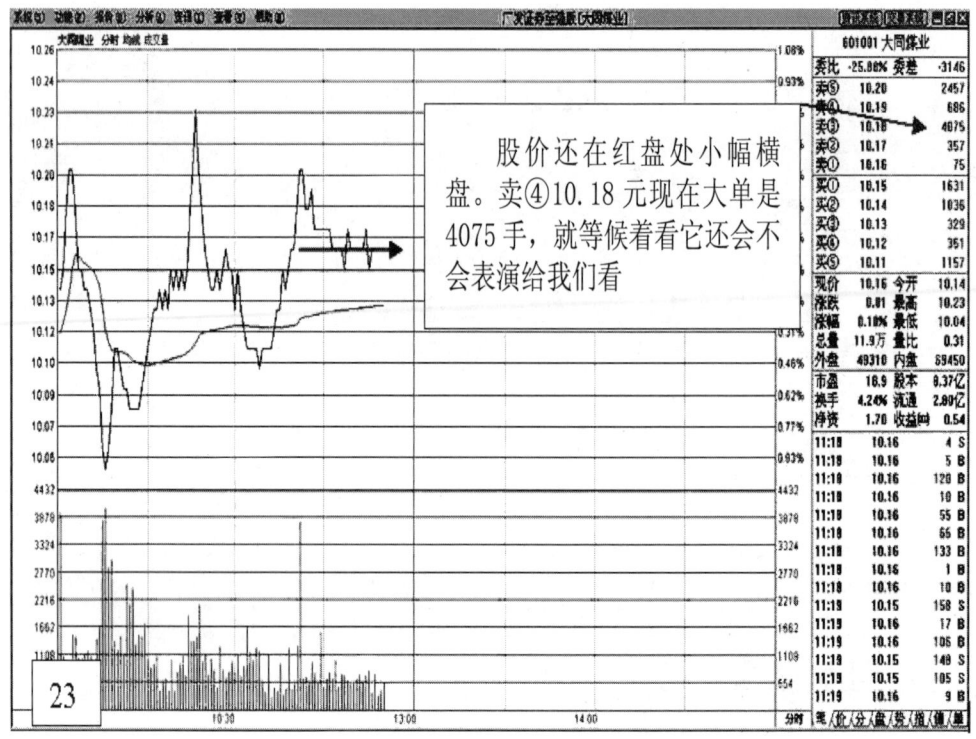

图 4-106

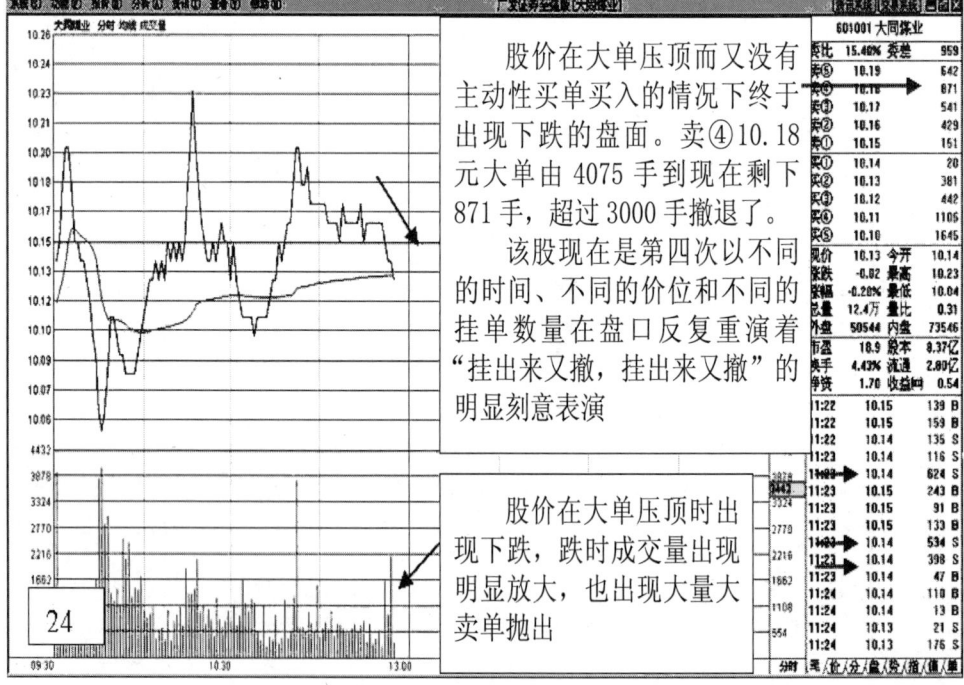

图 4-107

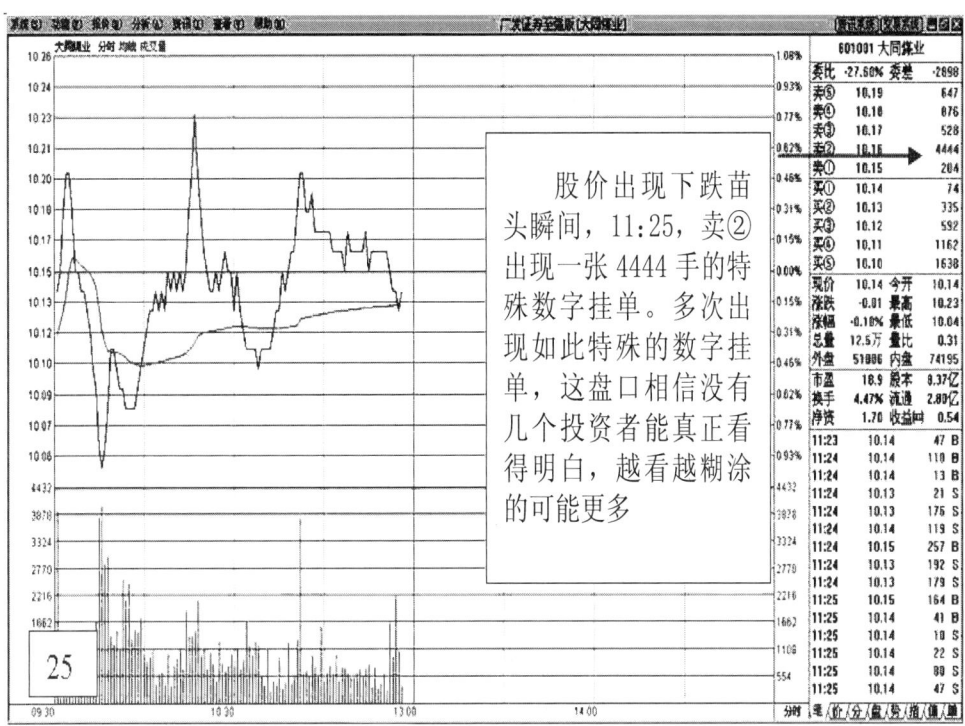

图 4-108

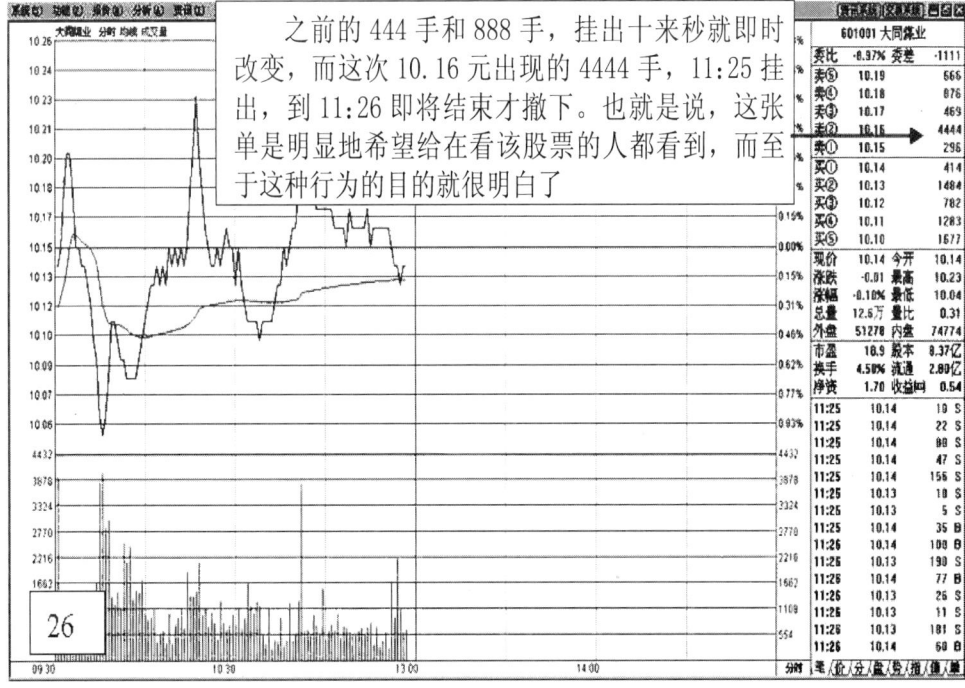

图 4-109

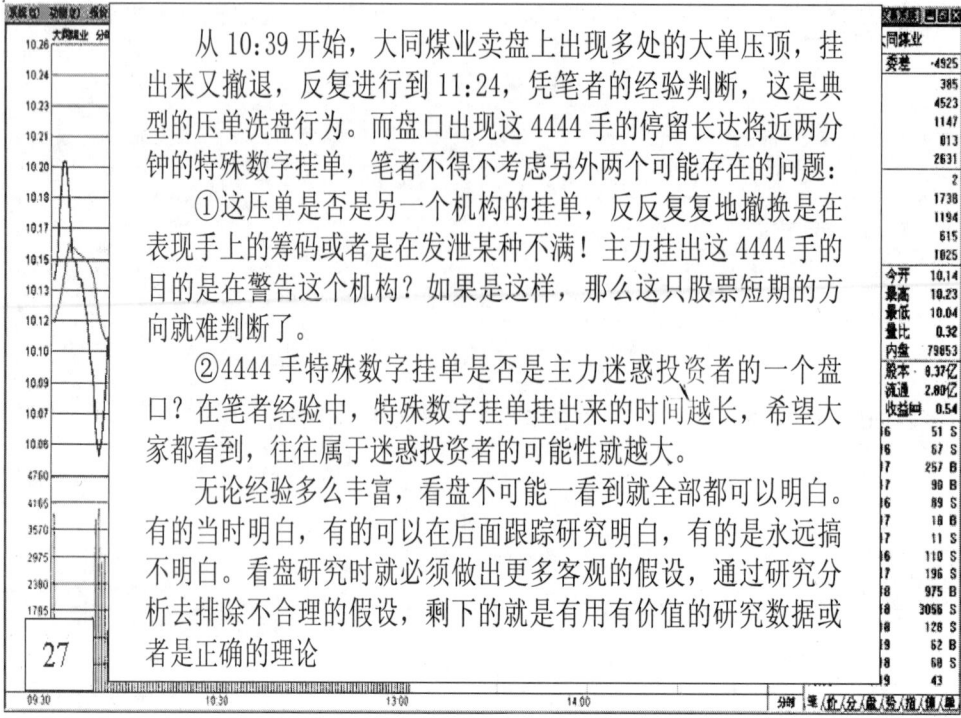

图 4-110

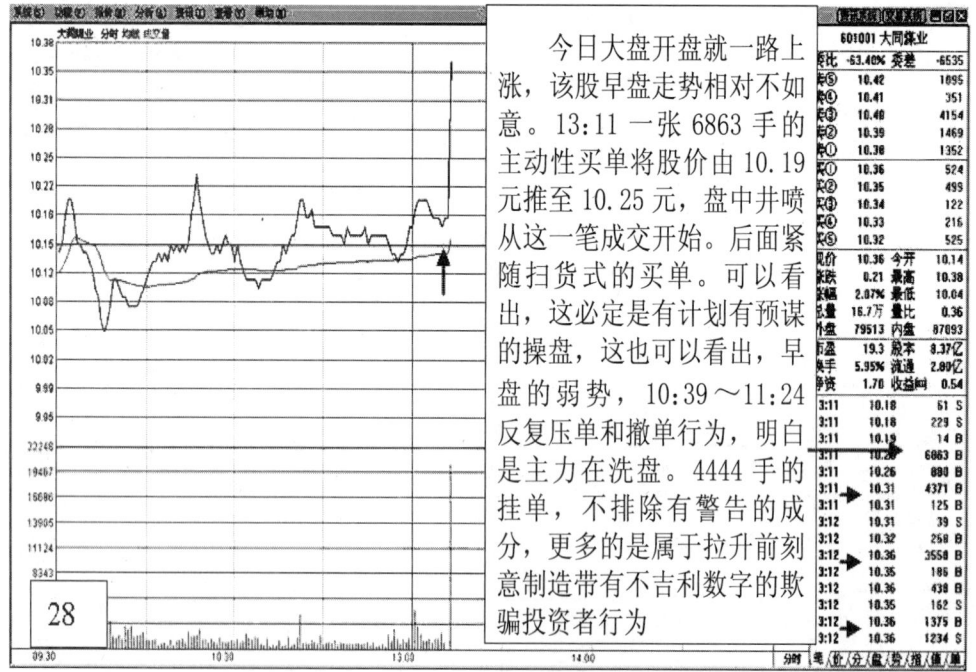

图 4-111

第四章

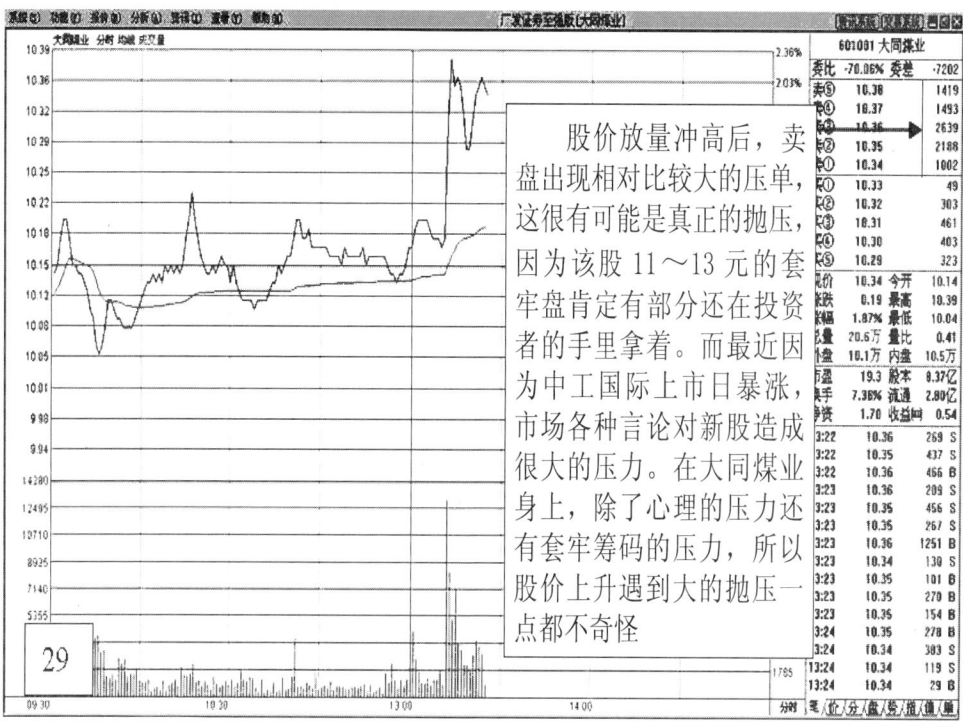

图 4-112

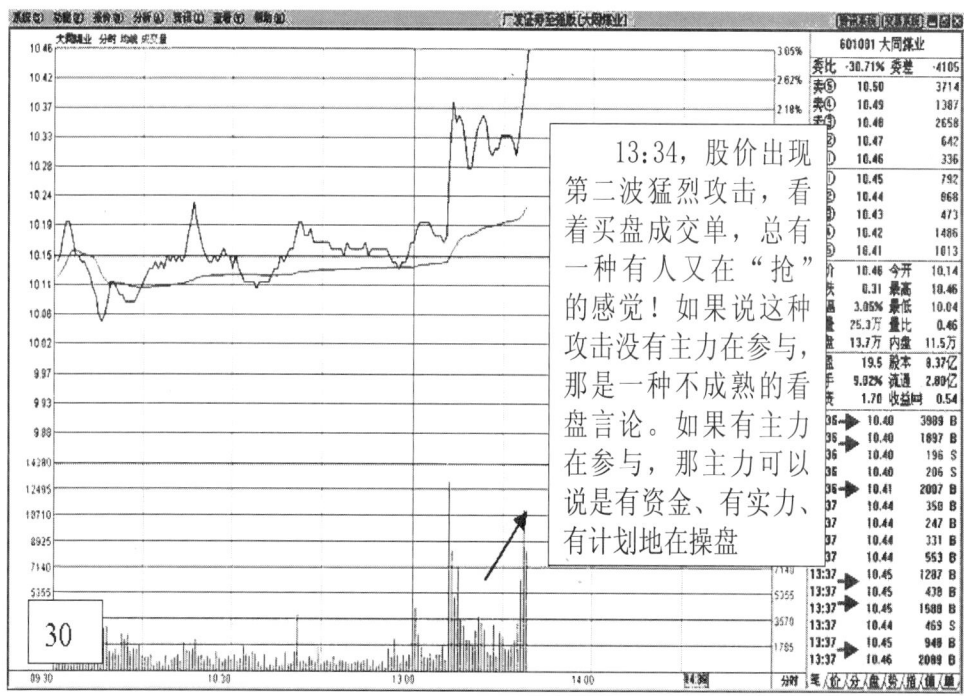

图 4-113

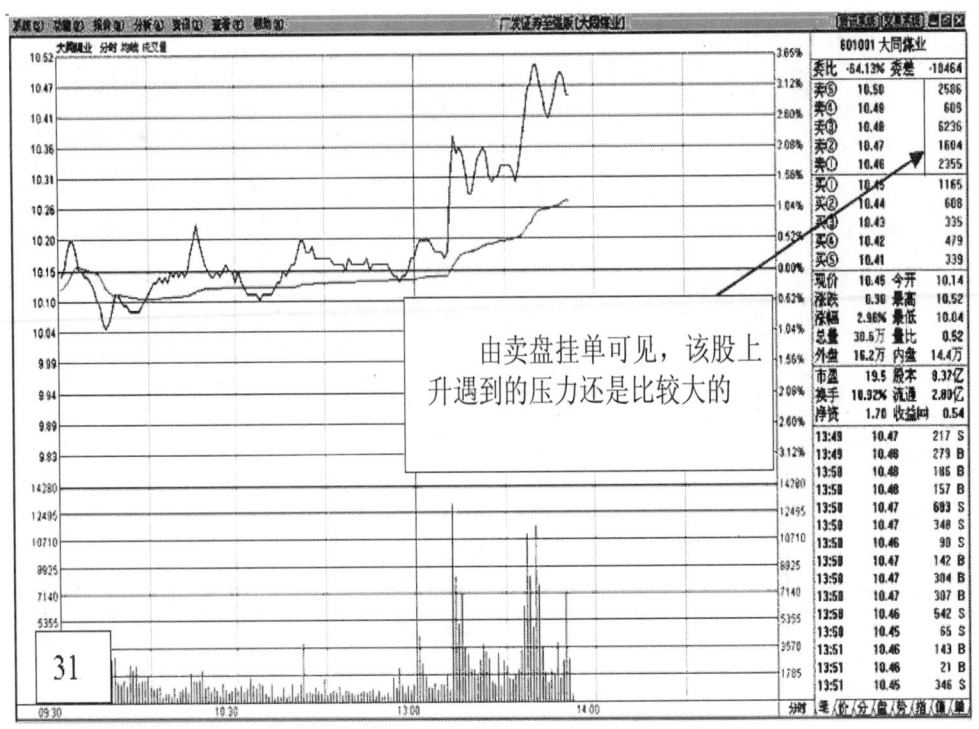

图 4-114

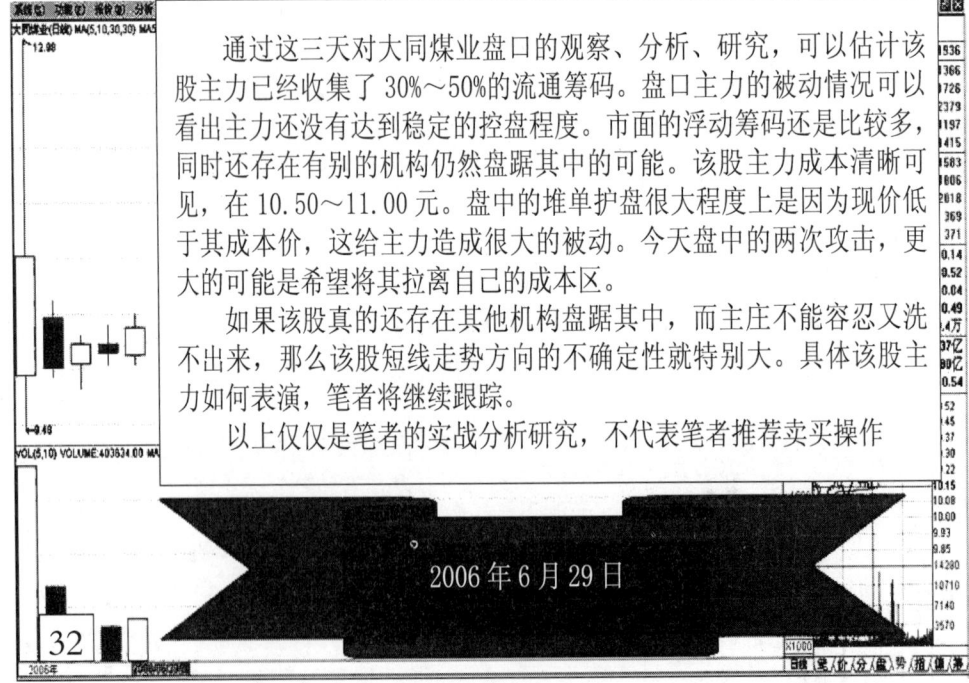

通过这三天对大同煤业盘口的观察、分析、研究，可以估计该股主力已经收集了30%～50%的流通筹码。盘口主力的被动情况可以看出主力还没有达到稳定的控盘程度。市面的浮动筹码还是比较多，同时还存在有别的机构仍然盘踞其中的可能。该股主力成本清晰可见，在10.50～11.00元。盘中的堆单护盘很大程度上是因为现价低于其成本价，这给主力造成很大的被动。今天盘中的两次攻击，更大的可能是希望将其拉离自己的成本区。

如果该股真的还存在其他机构盘踞其中，而主庄不能容忍又洗不出来，那么该股短线走势方向的不确定性就特别大。具体该股主力如何表演，笔者将继续跟踪。

以上仅仅是笔者的实战分析研究，不代表笔者推荐卖买操作

图 4-115

大同煤业主力运作盘口(四)

见图 4-116 至图 4-133。

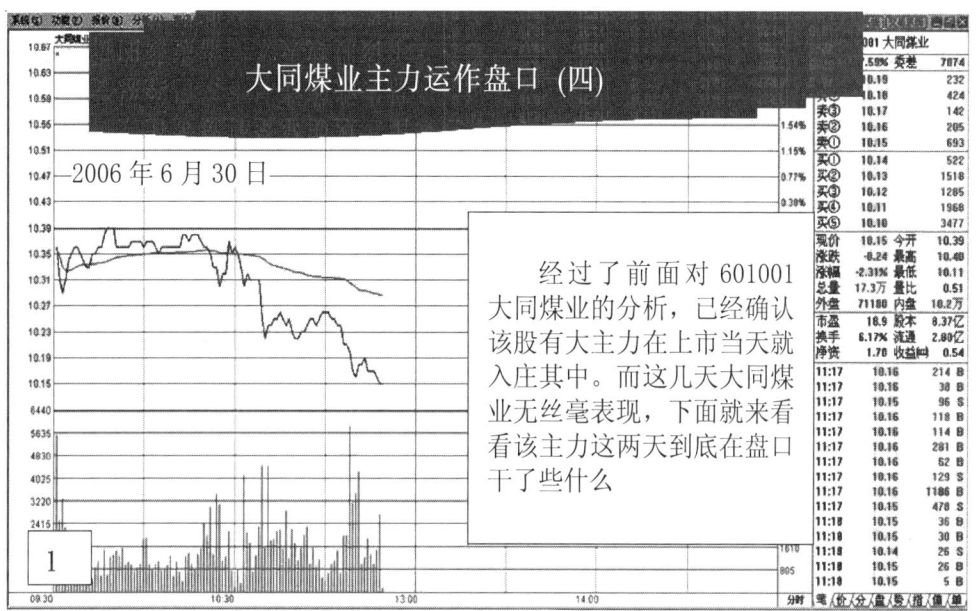

图 4-116

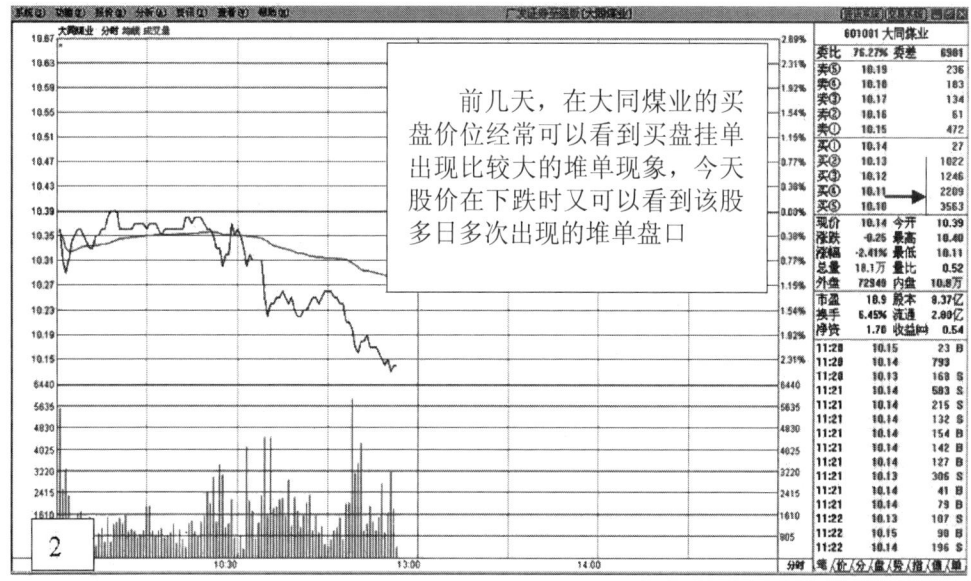

图 4-117

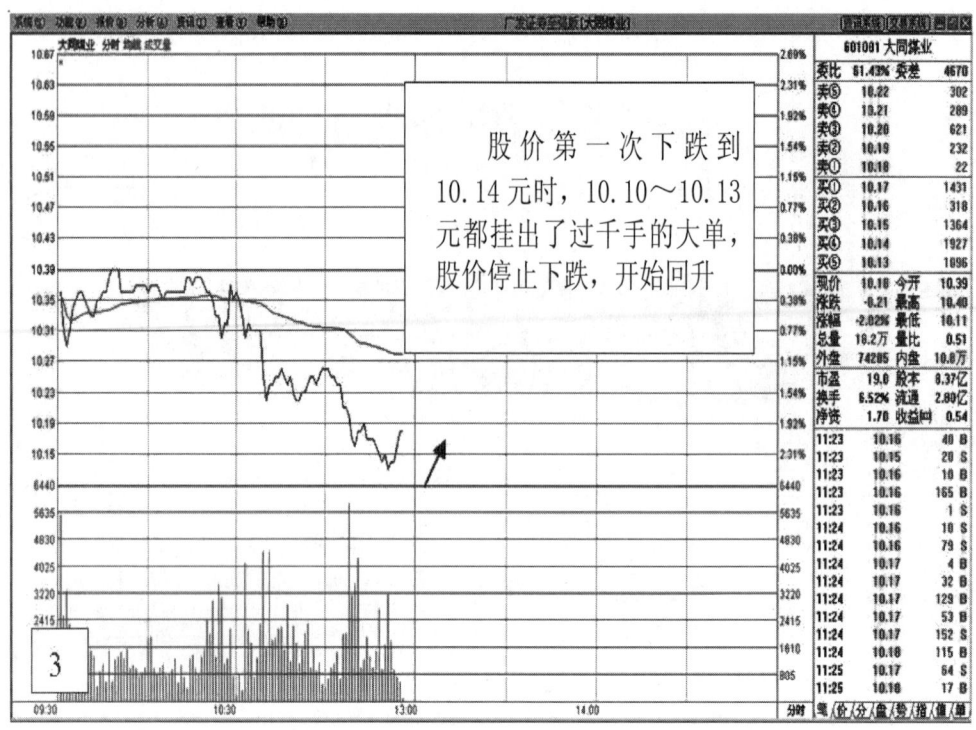

图 4-118

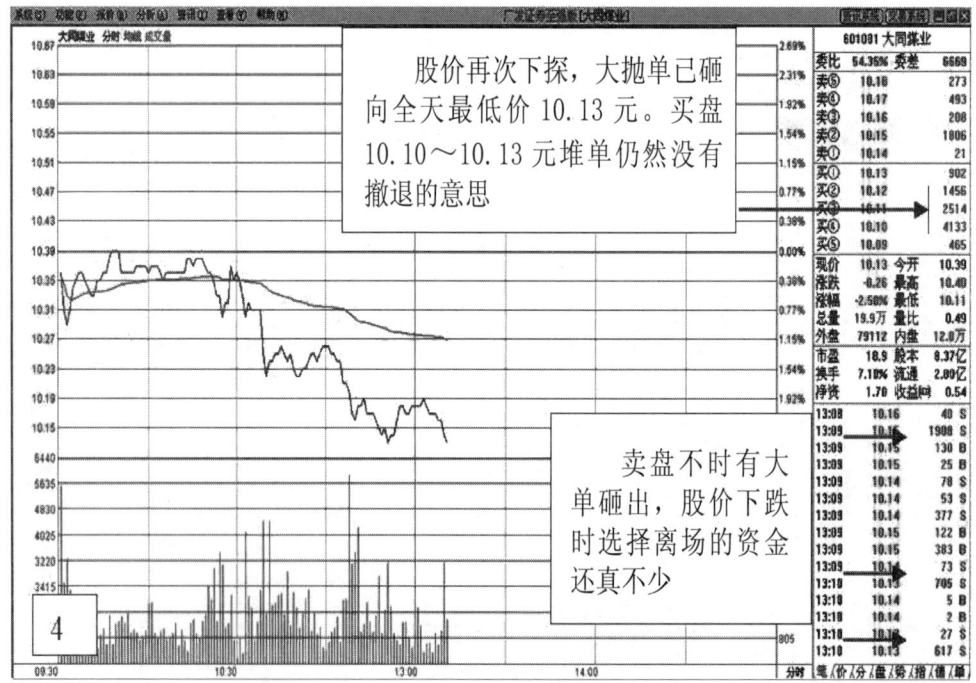

图 4-119

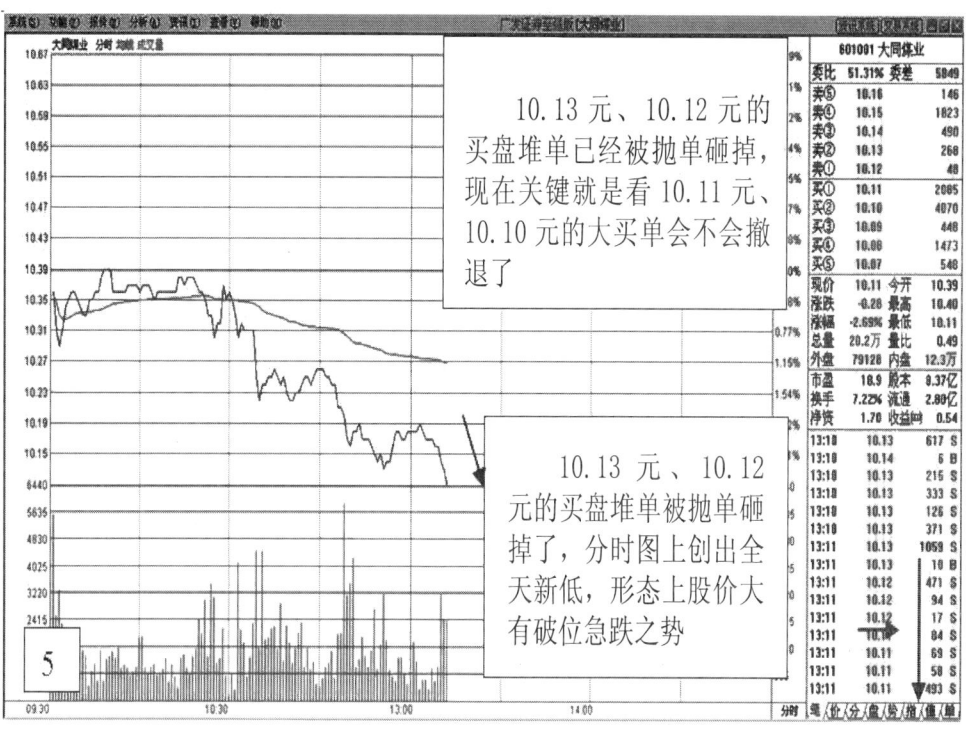

图 4-120

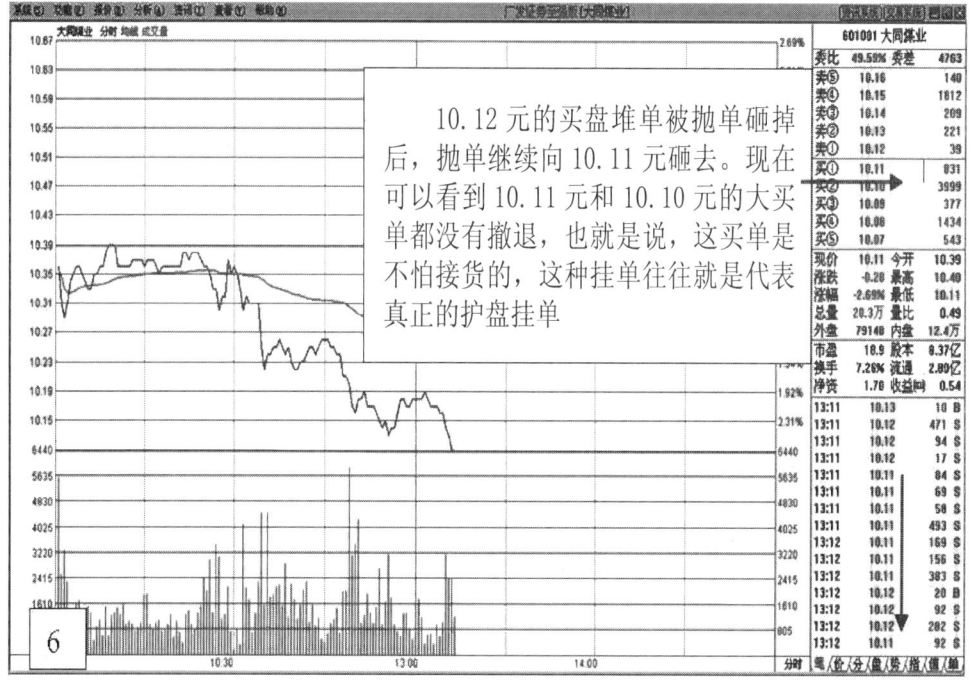

图 4-121

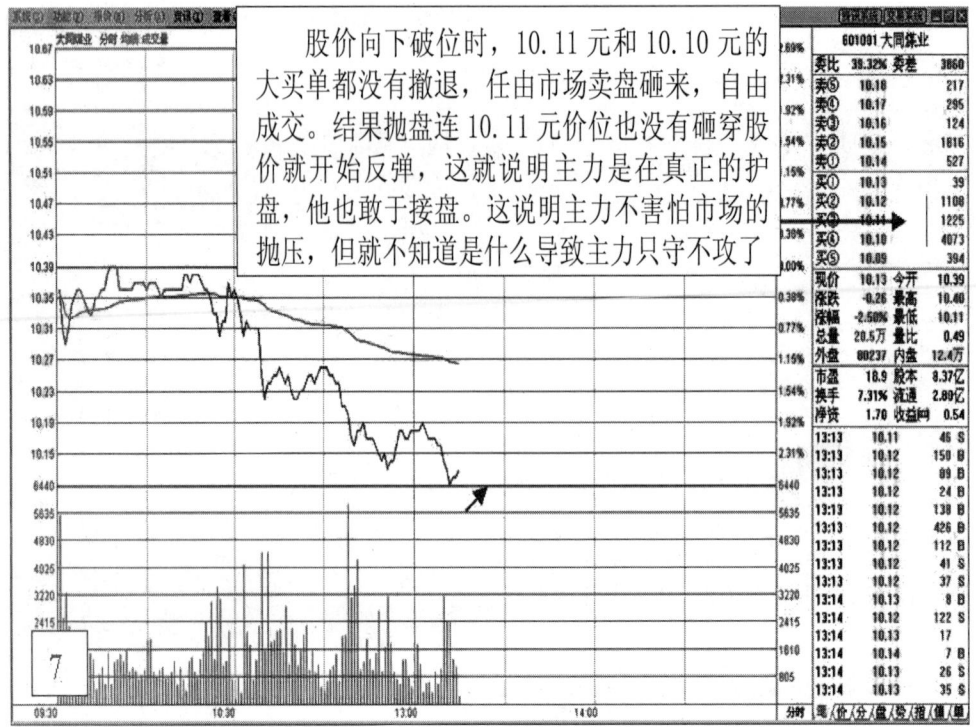

图 4-122

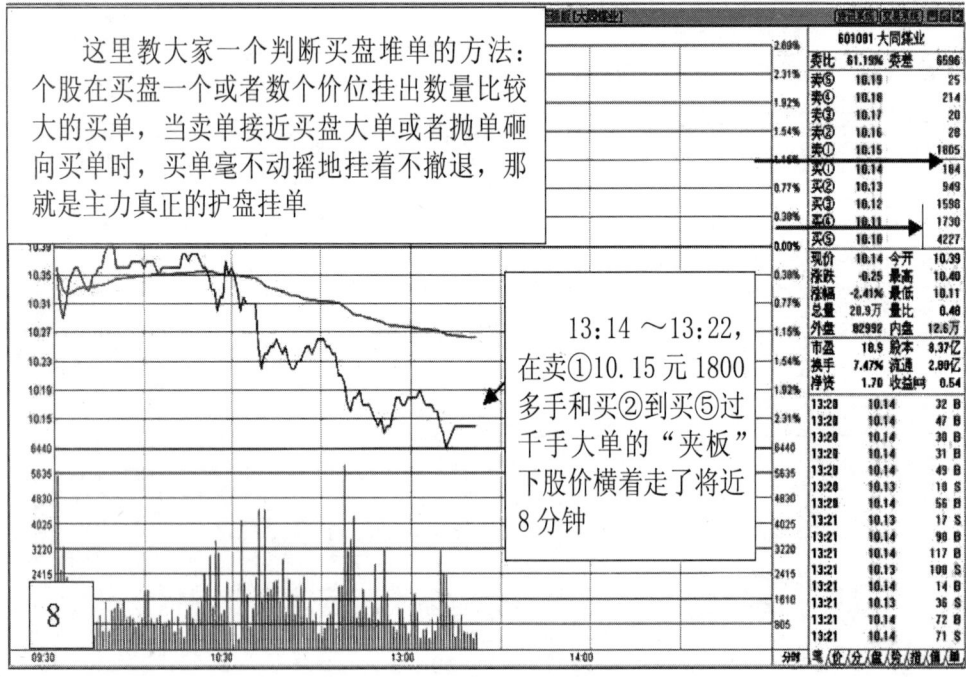

图 4-123

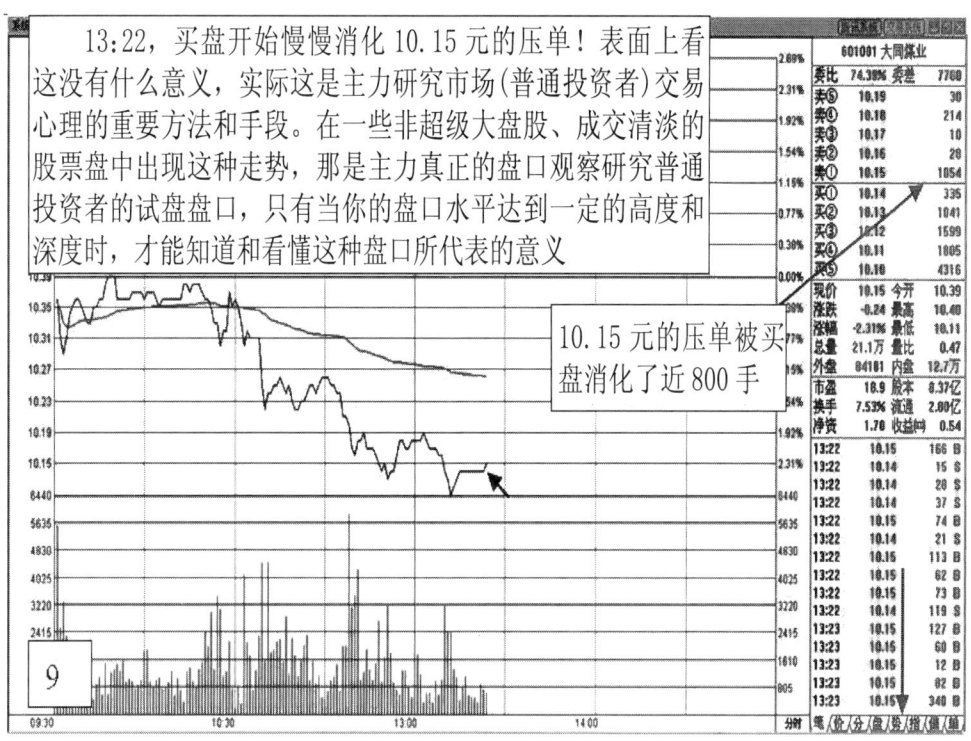

图 4-124

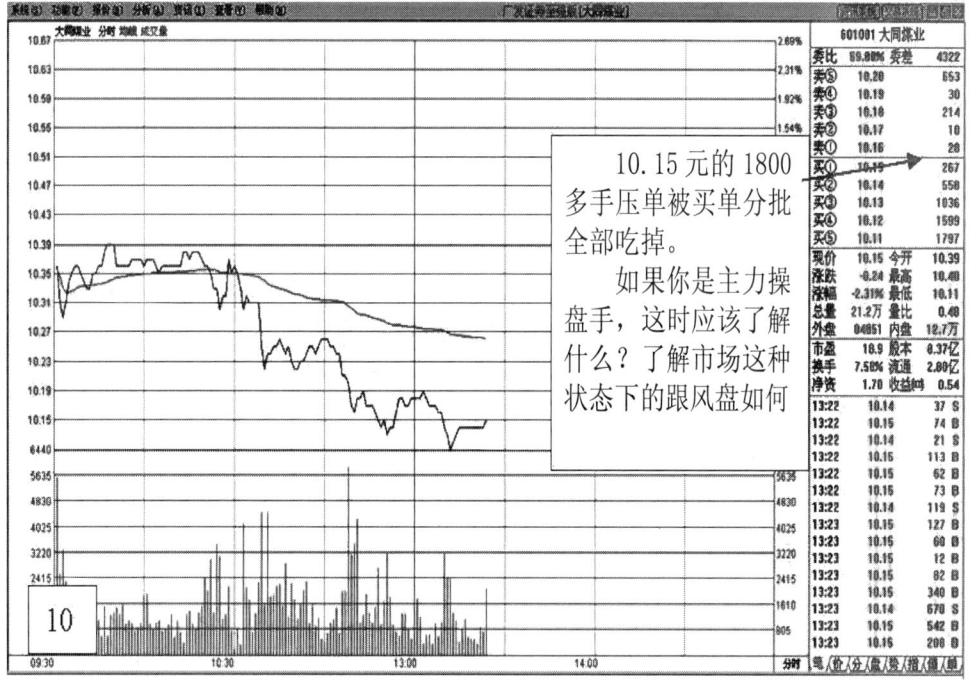

图 4-125

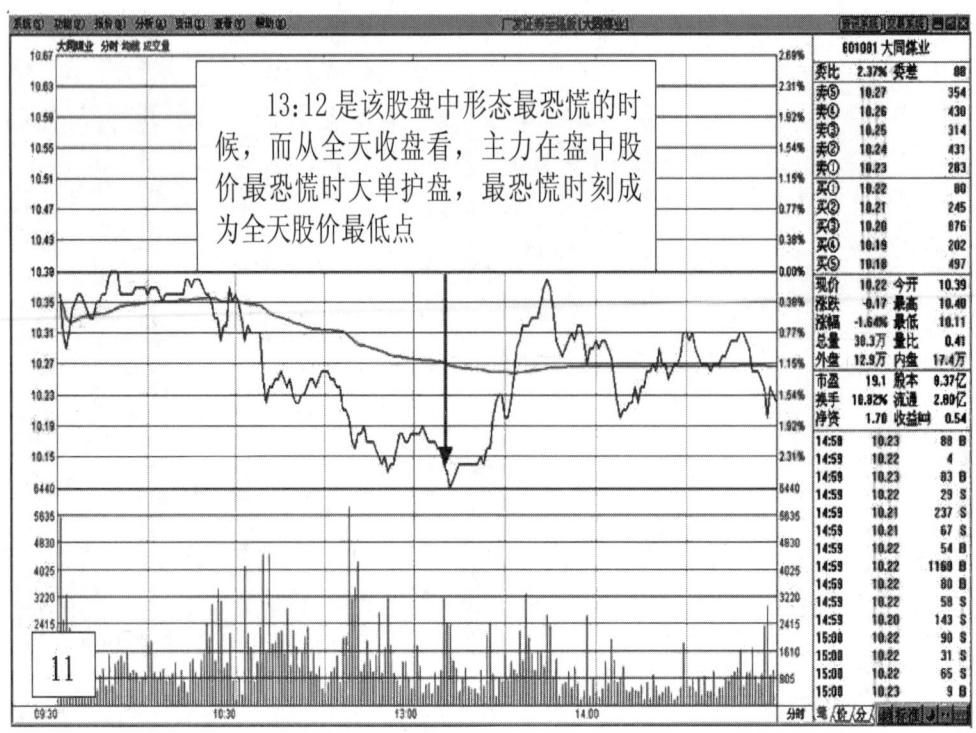

图 4-126

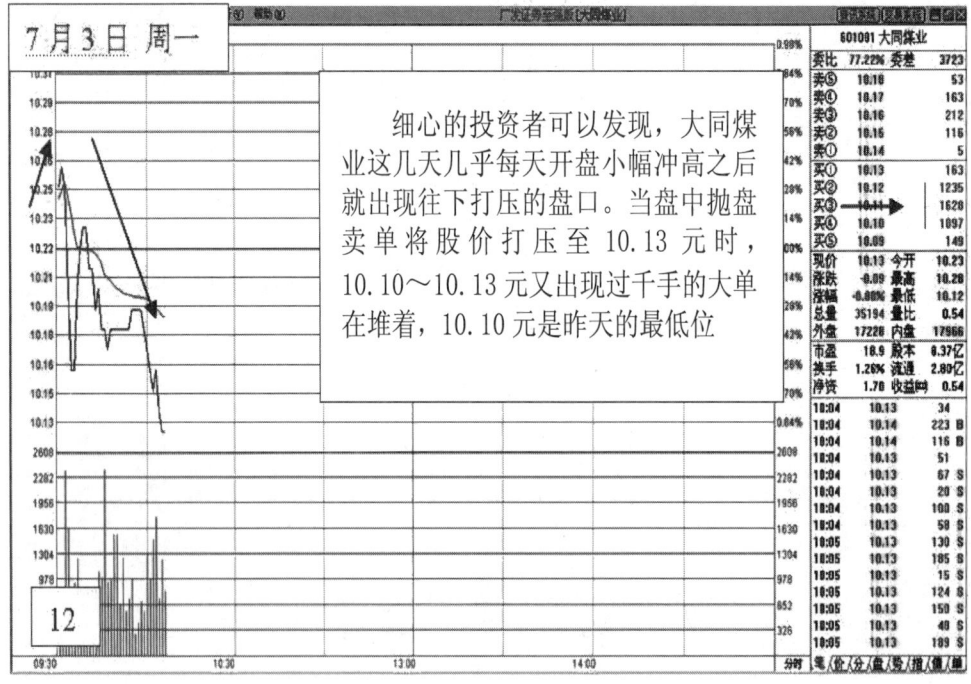

图 4-127

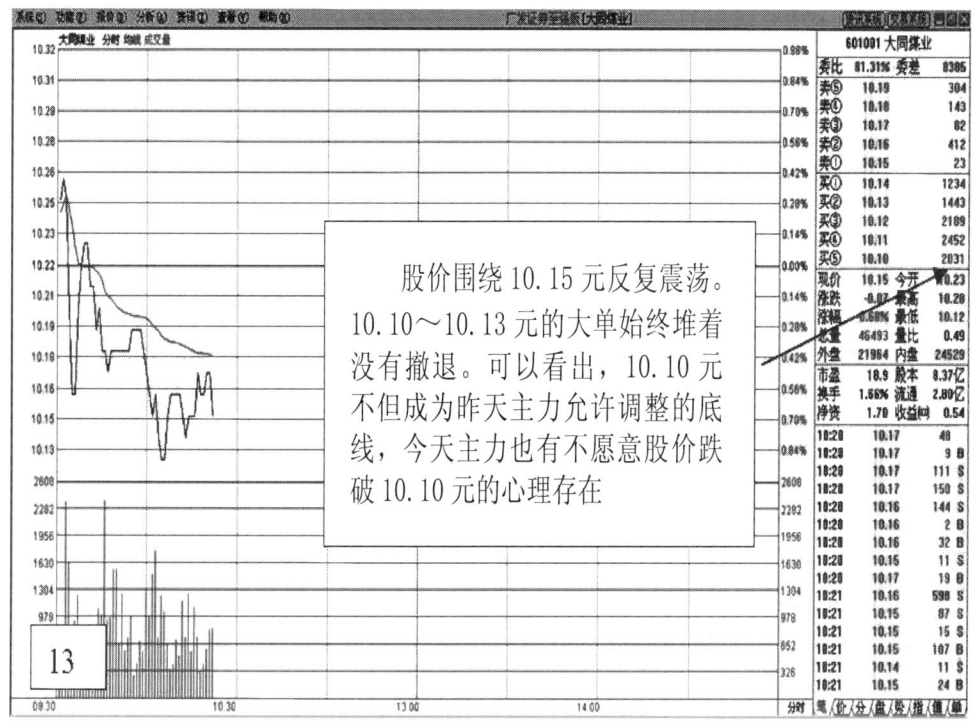

图 4-128

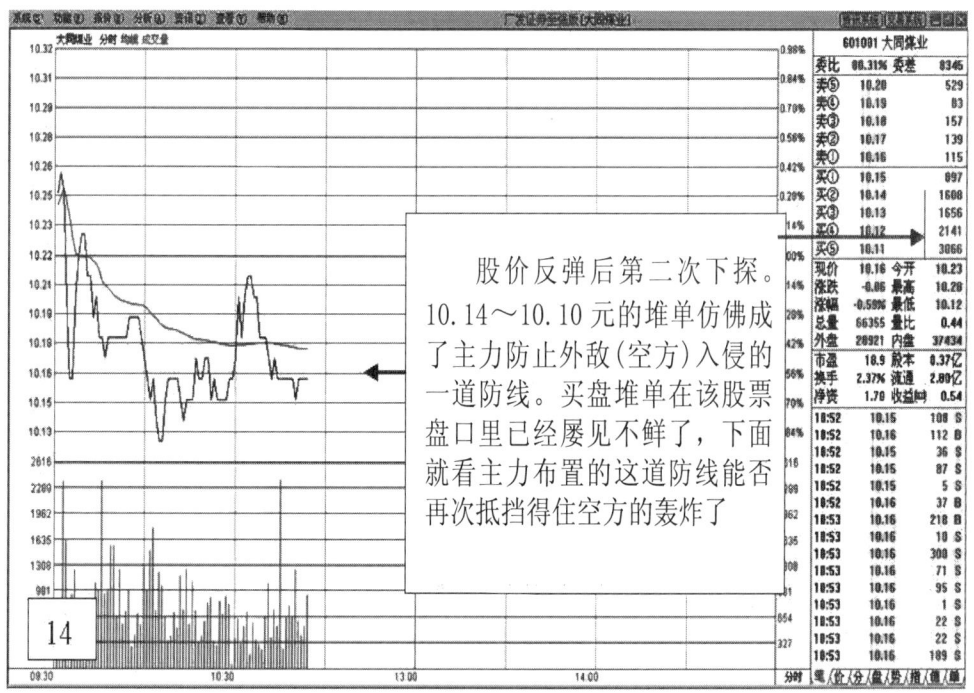

图 4-129

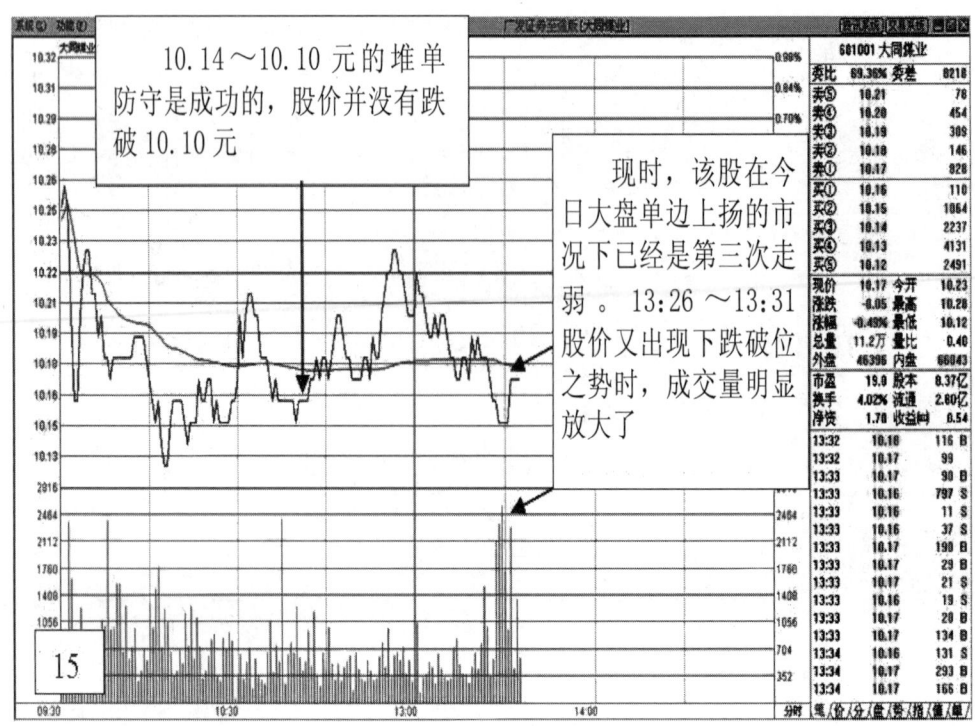

图 4-130

图 4-131

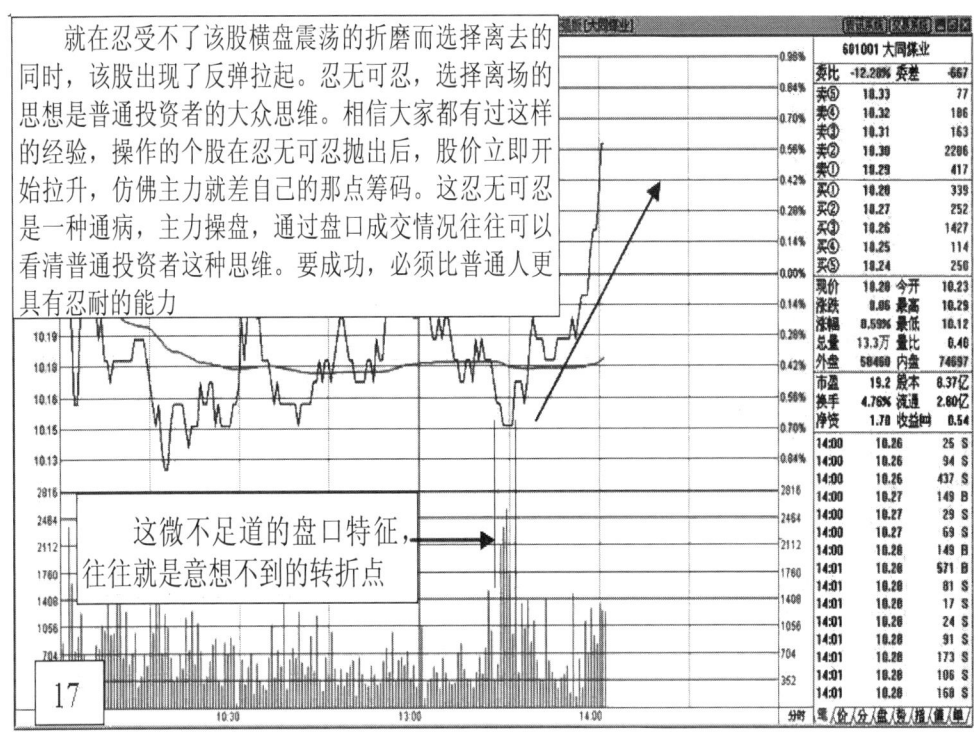

图 4-132

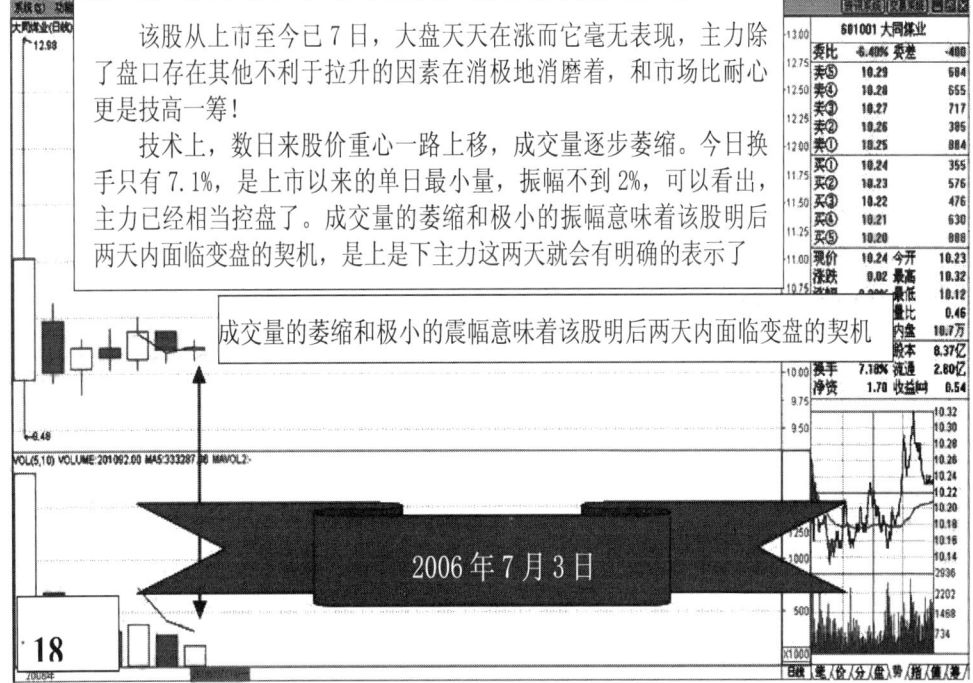

图 4-133

大同煤业主力运作盘口（五）

见图 4-134、图 4-135。

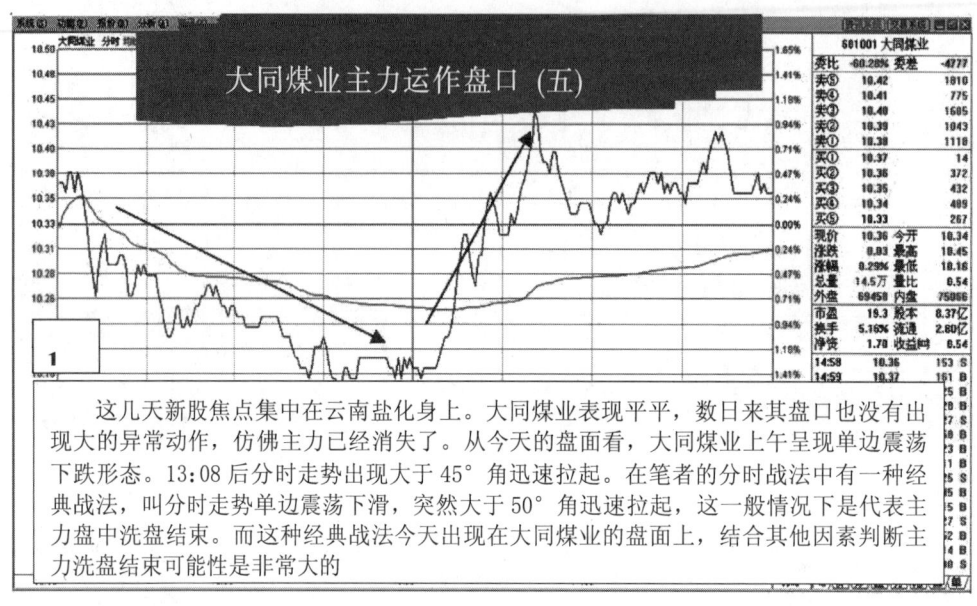

图 4-134

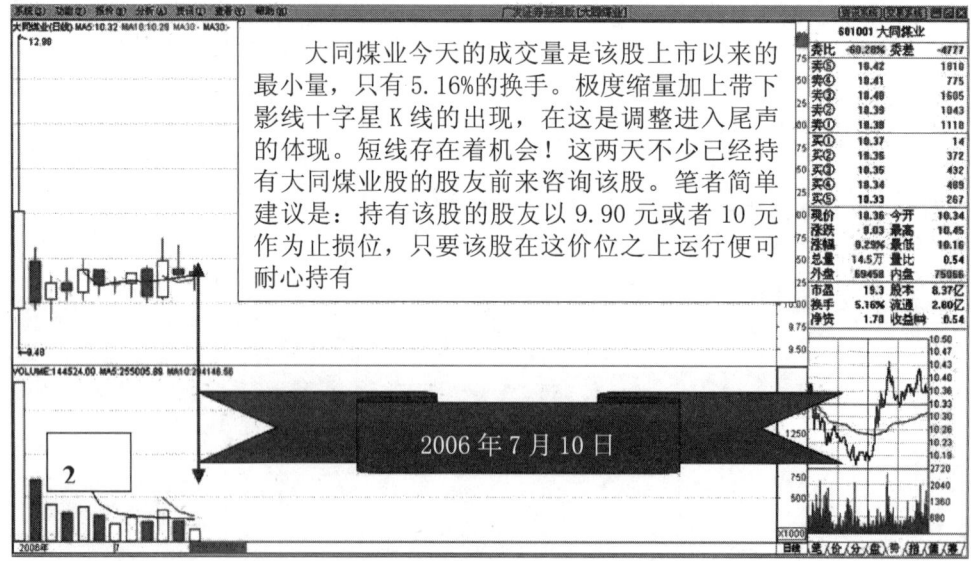

图 4-135

大同煤业主力运作盘口（六）
——从盘口分析到实战

见图4-136至图4-141。

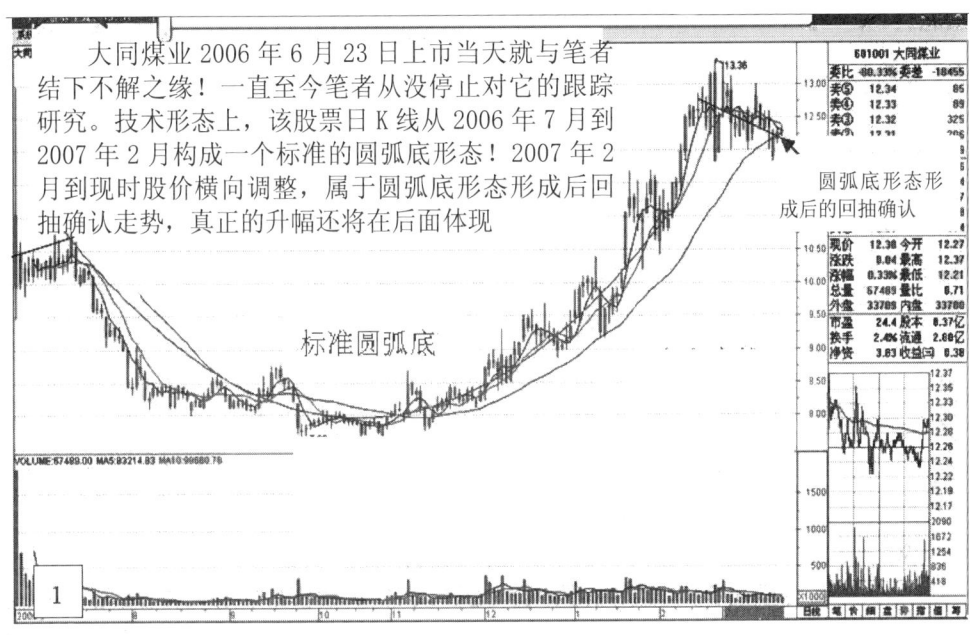

图4-136

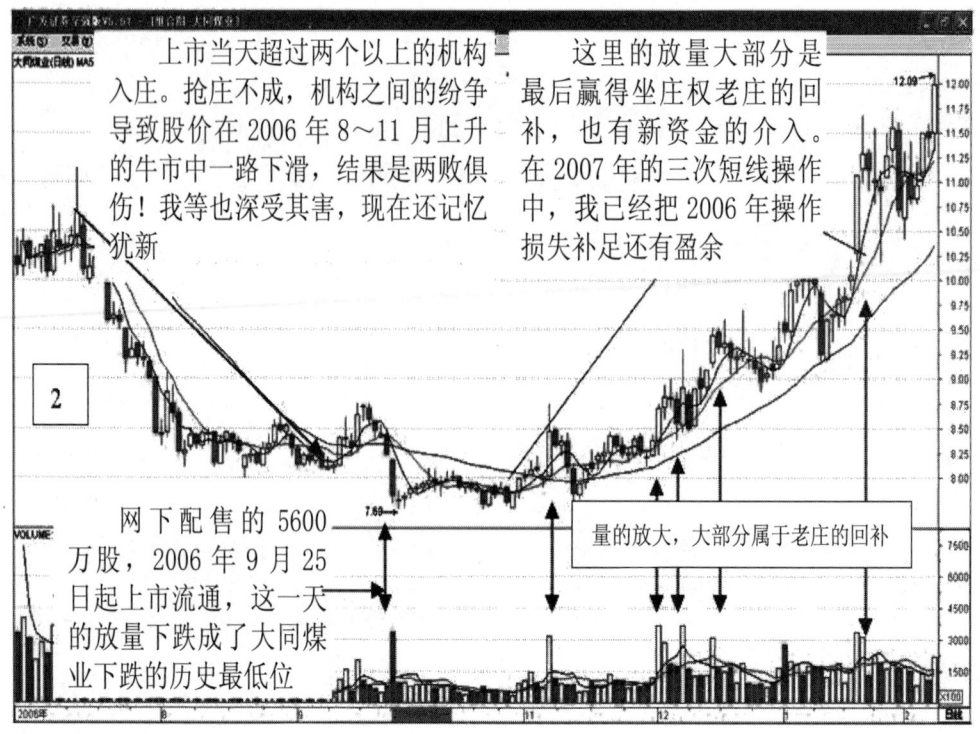

图 4-137

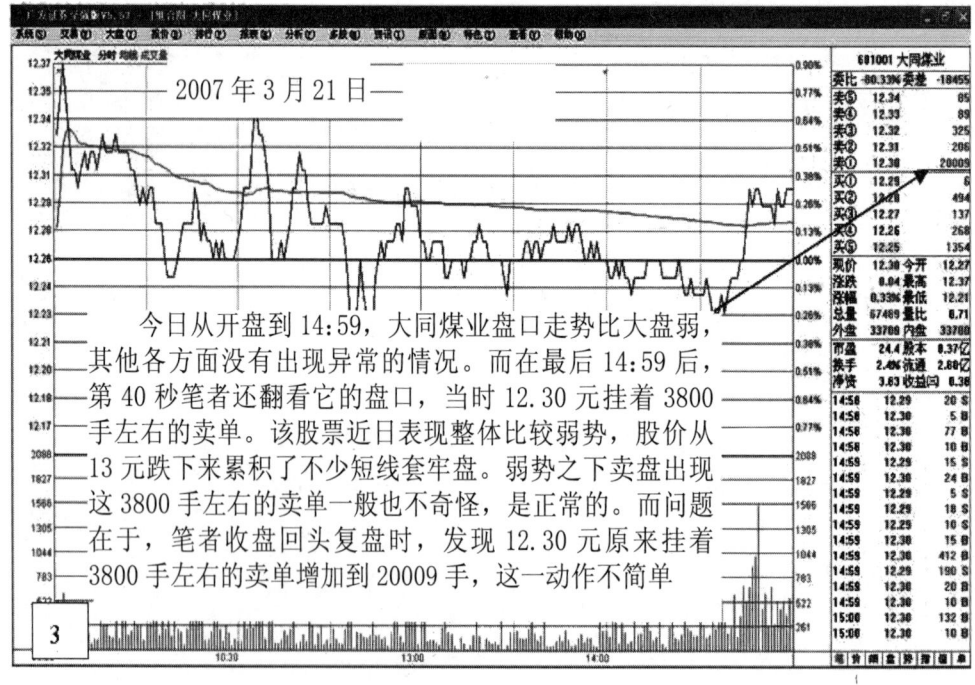

图 4-138

卖①12.30元3800手左右的卖单增加到20009手，这里面16000多手是在14:59离收盘最后不到20秒的时间里挂上去的。因为笔者积极跟踪该股票，也刚刚碰上在今天14:59，第40秒笔者还翻看它的盘口，所以发现了这一不简单的盘口变化。

到最后收盘才在卖①12.30元补上这16000多手，令卖①12.30元的卖单增加到20009手。这是谁的动作？目的是什么？可以肯定这不是一般投资者行为。判断的方法很简单：计算挂单的市值。我们不计算20000手×12.30元市值是多少，因为之前12.30元原来就有3800手左右的卖单在挂着。我们计算在最后20秒钟内补挂上去的：20000手-3800手≈16000手，这一异常动作挂单的市值是多少，从而去判断是谁有这样的能力，16000手×12.30元≈1950万元。

1950万元不是小数目，而且这是筹码的市值，想在卖盘挂这样的卖单是必须已经持有这个股票的筹码才能做到。从卖单的市值推断，这不是普通机构的挂单，更不是一般投资者的挂单。99.9%的情况下普通机构或者大户如果是想出货也不会这样去操作。这16000手卖单在最后20秒钟挂出来，很明显，按照常理这是肯定成交不了的。所以从这一点我们又可以推断这16000手卖单挂出来的目的不是想真正地卖出。这样就解决了两个疑问：①这不是普通机构或者一般投资者的挂单；②大卖单挂出的目的不是想卖出。这样操纵的目的是什么？实践中我们可以用排除法去分析。

因为笔者长期跟踪研究大同煤业的盘口，比较了解大同煤业现主庄的手法。笔者认为大同煤业今日出现这种特殊的盘口是之前留下来的主庄的操纵行为。以大同煤业近一个月以来慢慢震荡重心下移的调整，之前的短线客已经基本洗得一干二净。这尾盘压上大单的目的在于最后临收盘时挂出大卖单，制造股价受到强大的卖压，欺骗一些没有时间看盘和一些上班族到晚上才有时间看看个股盘面的特殊群体。以笔者之见，这可以理解为主力拉升之前最后不痛不痒恐吓式洗盘！恐吓的群体是没有时间看动态盘口，只能看看收盘盘口的特殊群体。近期此招最为经典的为600130波导股份2006年12月5日的收盘盘口，历史现在在大同煤业今日的盘口中重演。

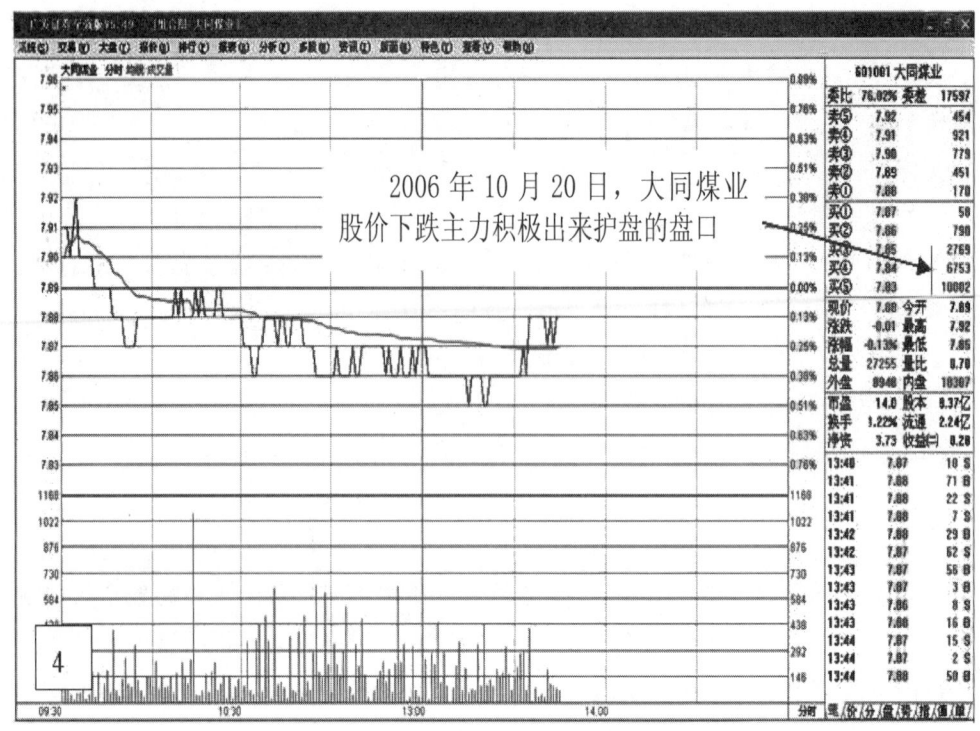

图 4-139

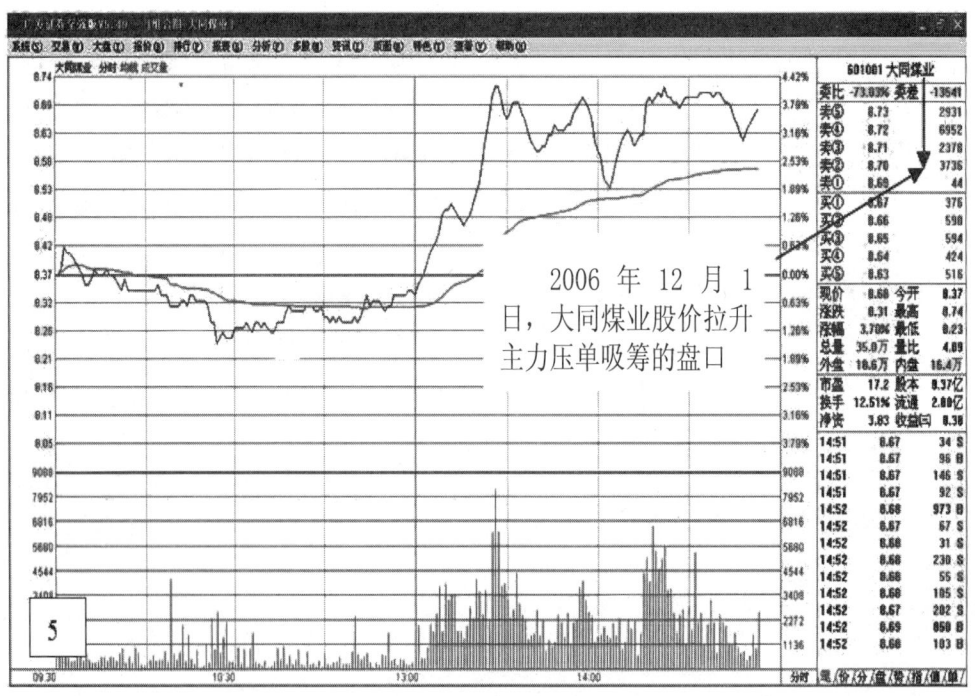

图 4-140

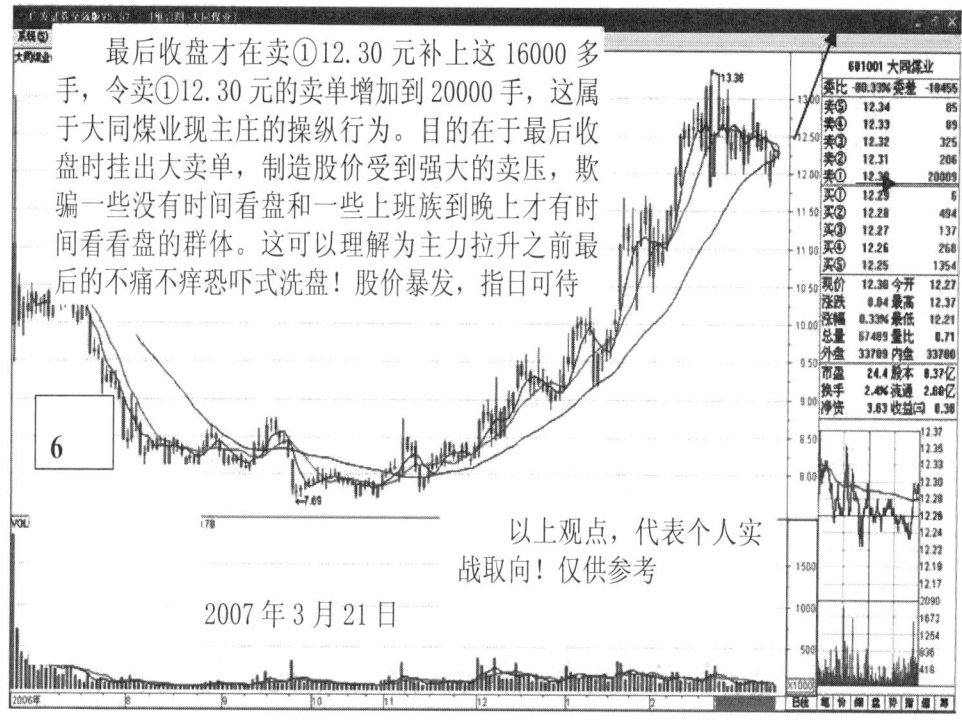

图 4-141

大同煤业主力运作盘口(七)
——看盘高手思维技巧实践培训

见图 4-142 至图 4-158。

大同煤业主力运作盘口（七）

之前在3月21日发表了大同煤业的实战盘口分析，近日大同煤业的上升到现在是主力的行为导致还是市场行为导致，我们应该了解这个问题。如果是主力行为导致，行情有机会强势延续；如果是市场行为，股价未来不一定有好的表现

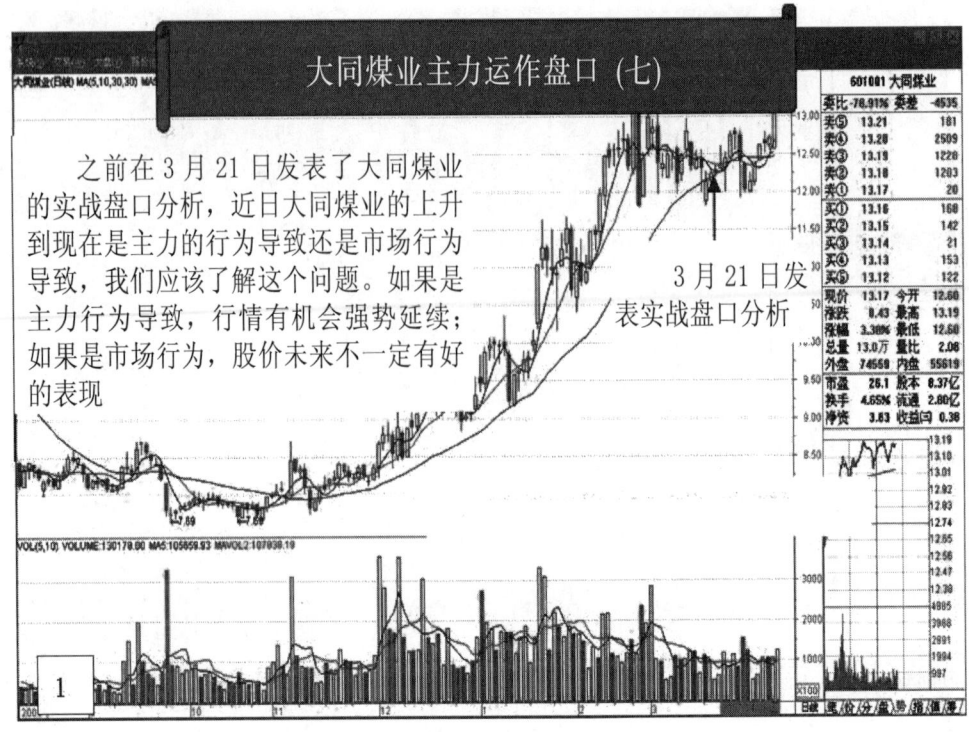

图 4-142

在历史高位附近，今日分时走势形成三重顶，要考虑卖盘的压单到底是真正的压力还是其他行为

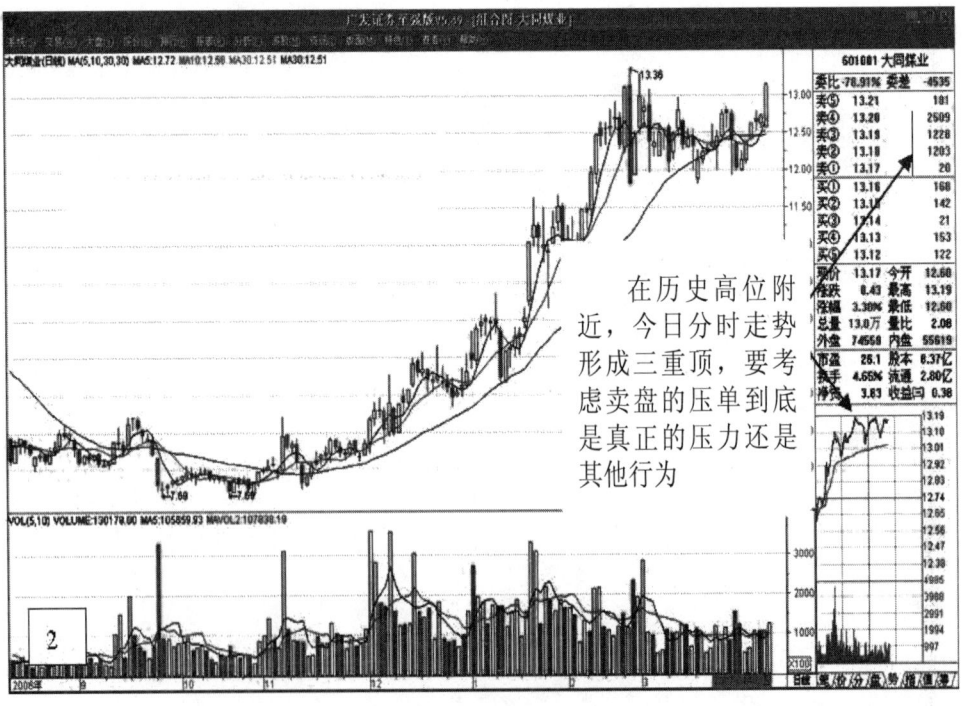

图 4-143

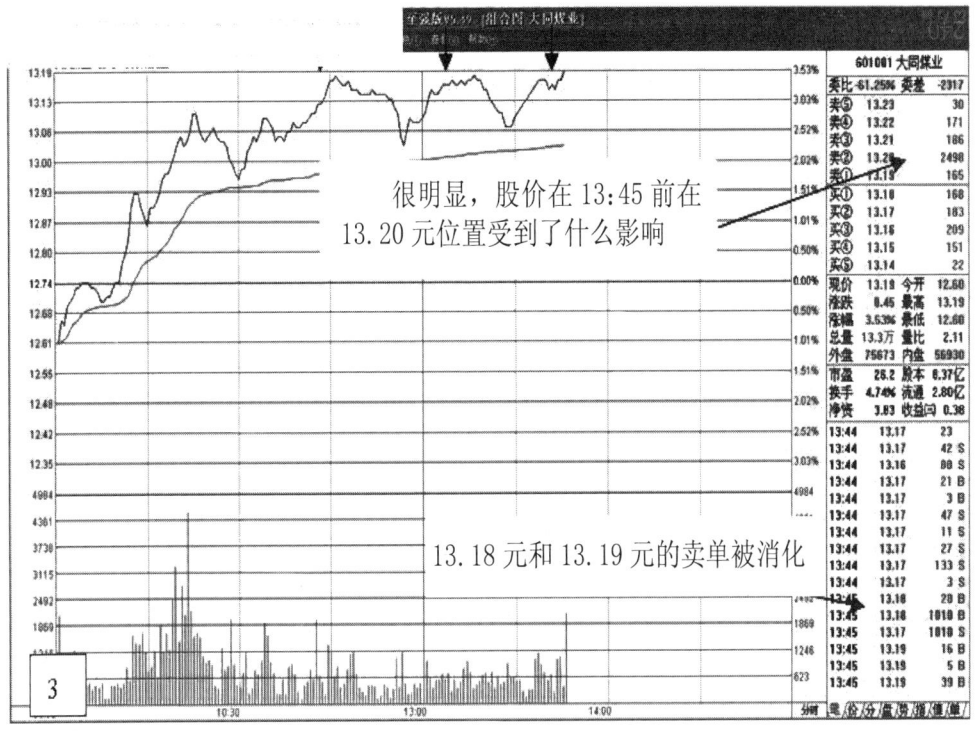

图 4-144

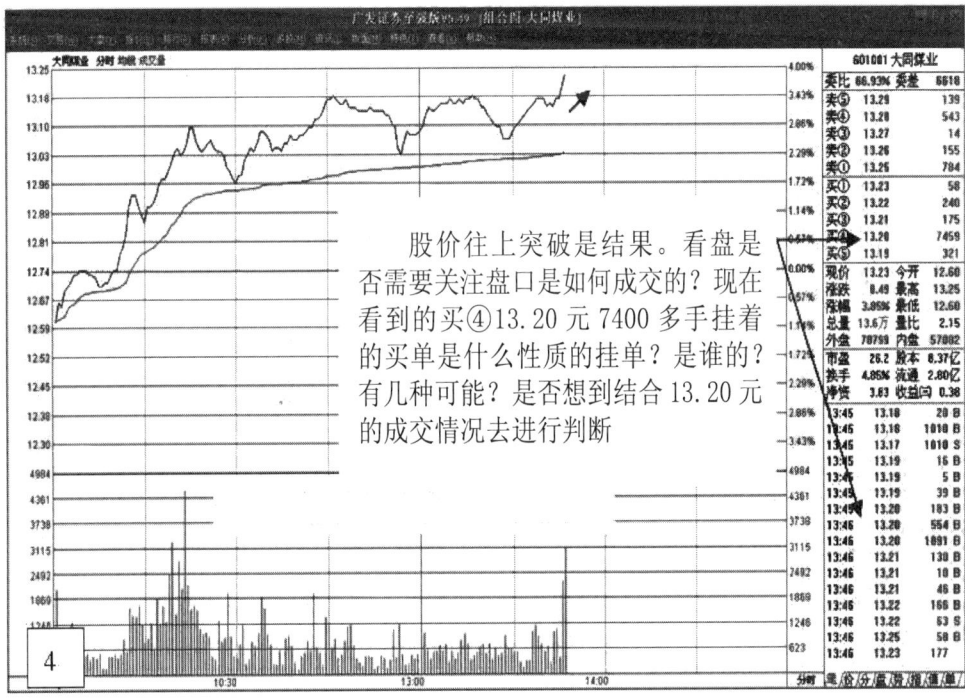

图 4-145

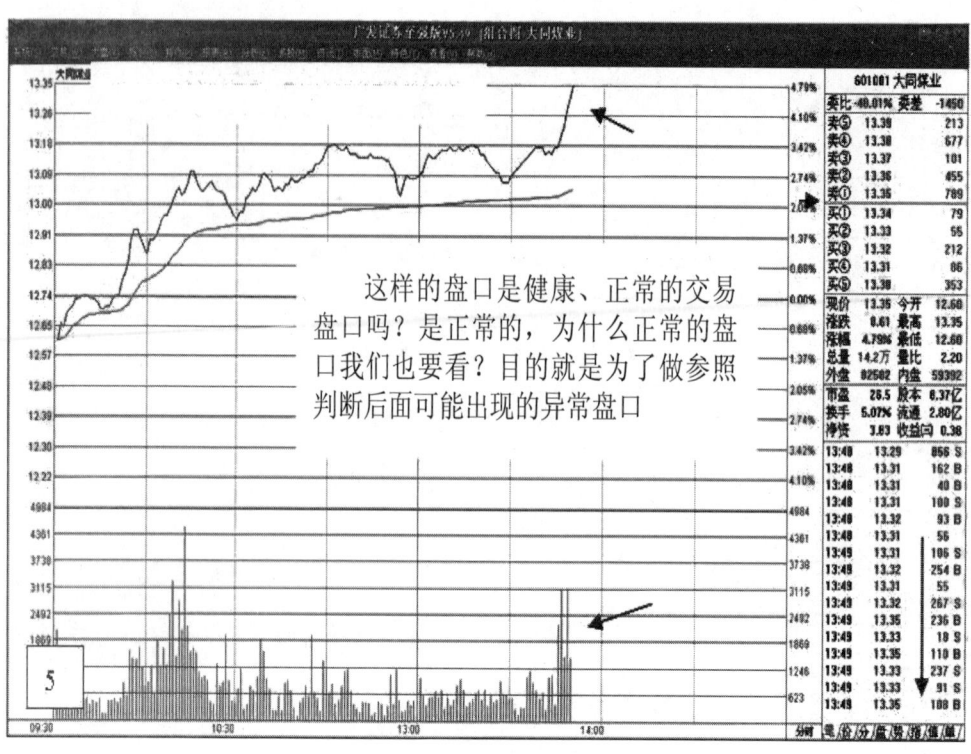

图 4-146

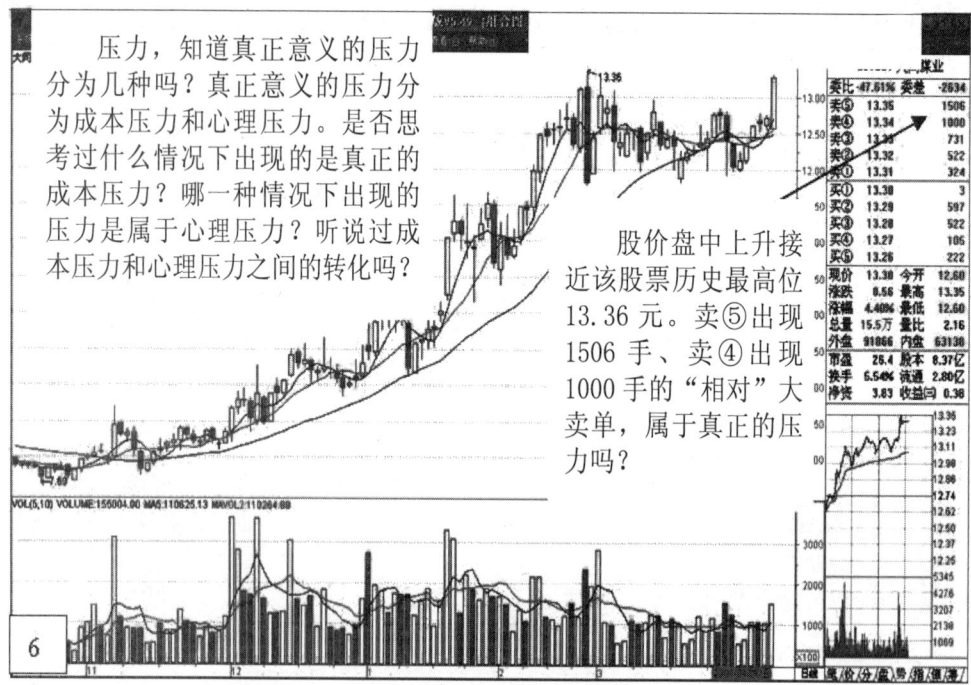

图 4-147

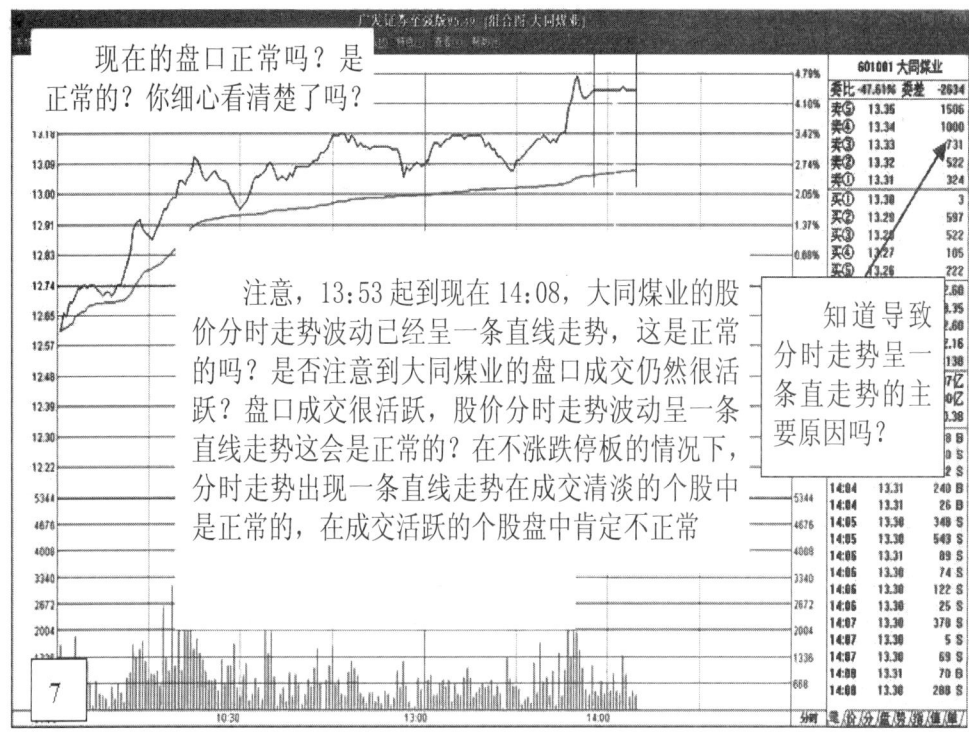

图 4-148

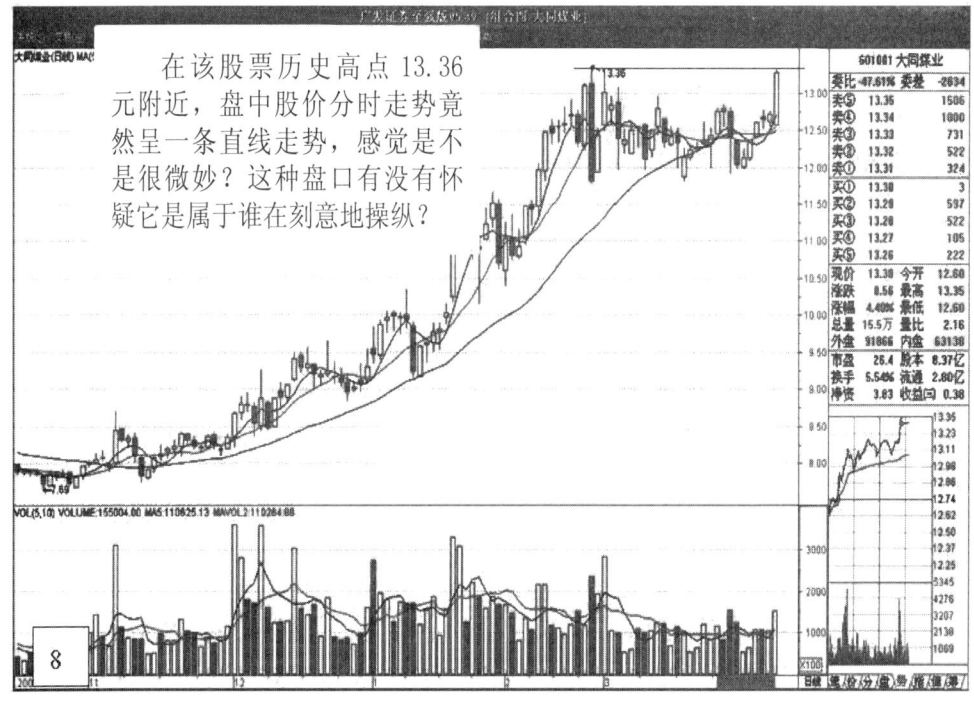

图 4-149

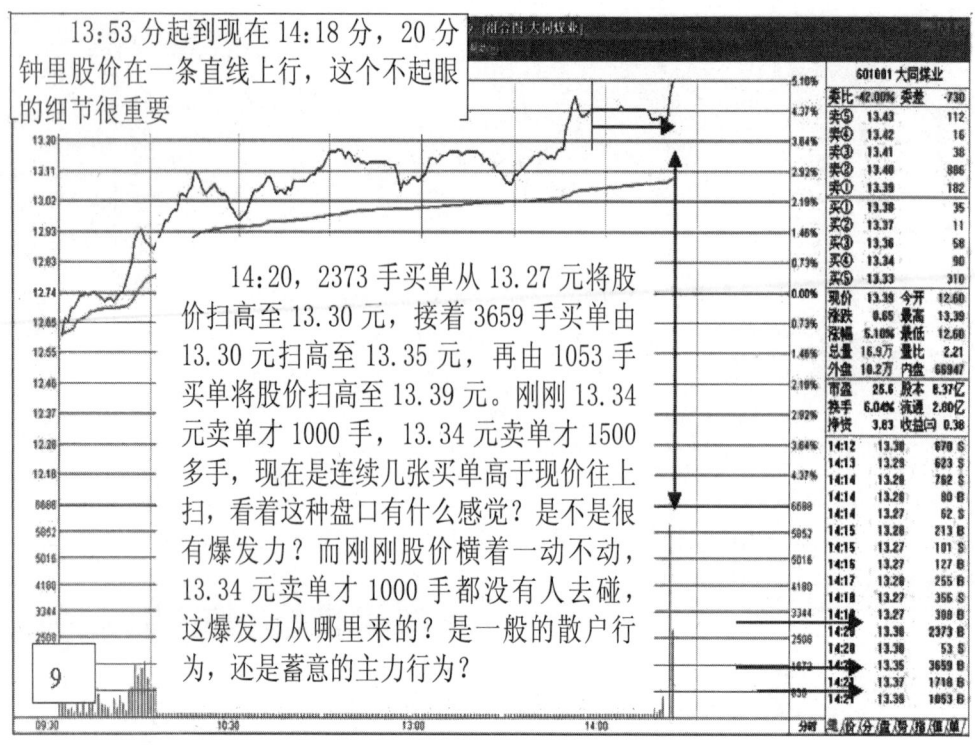

图 4-150

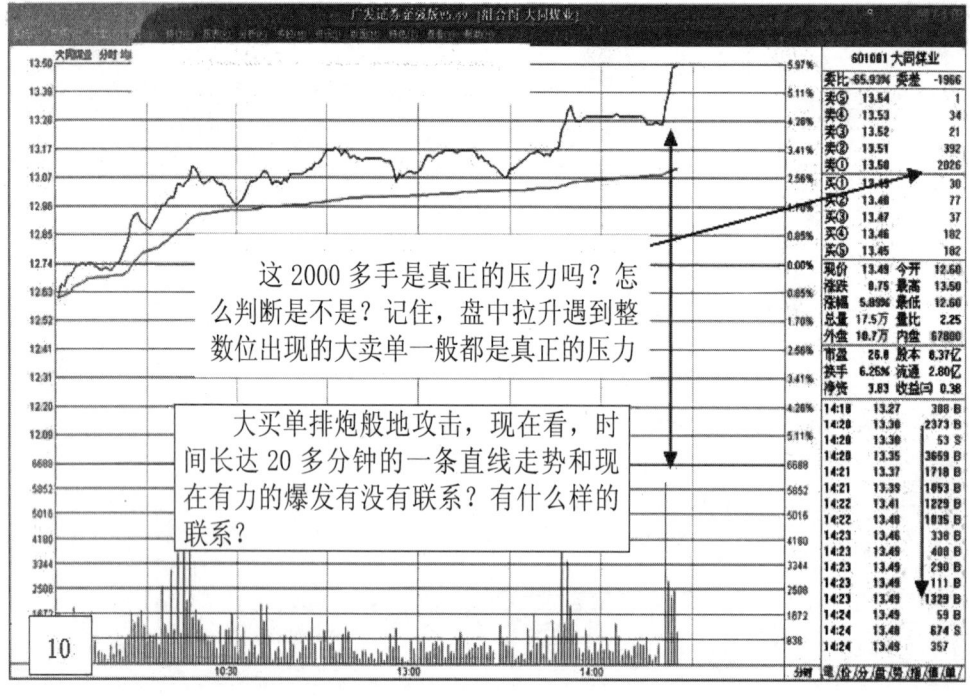

图 4-151

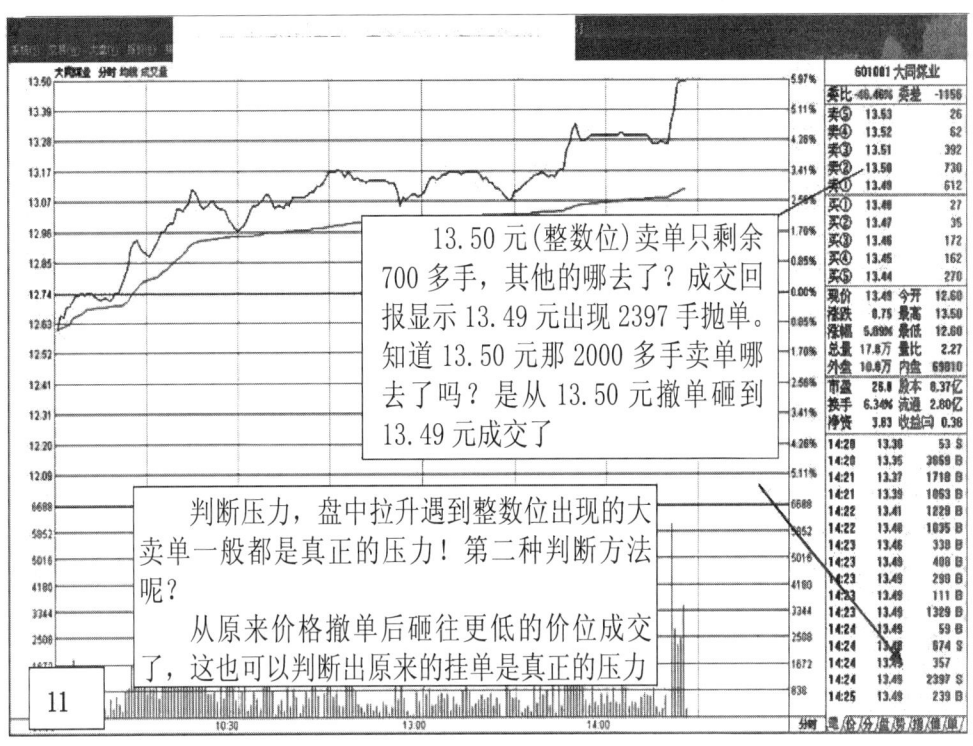

图 4-152

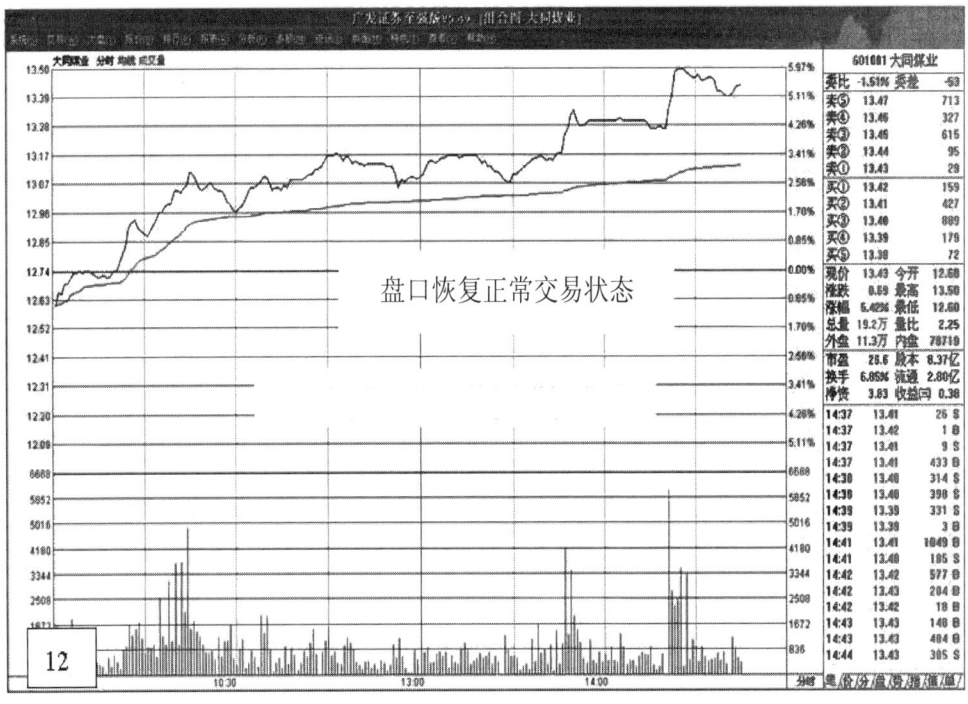

图 4-153

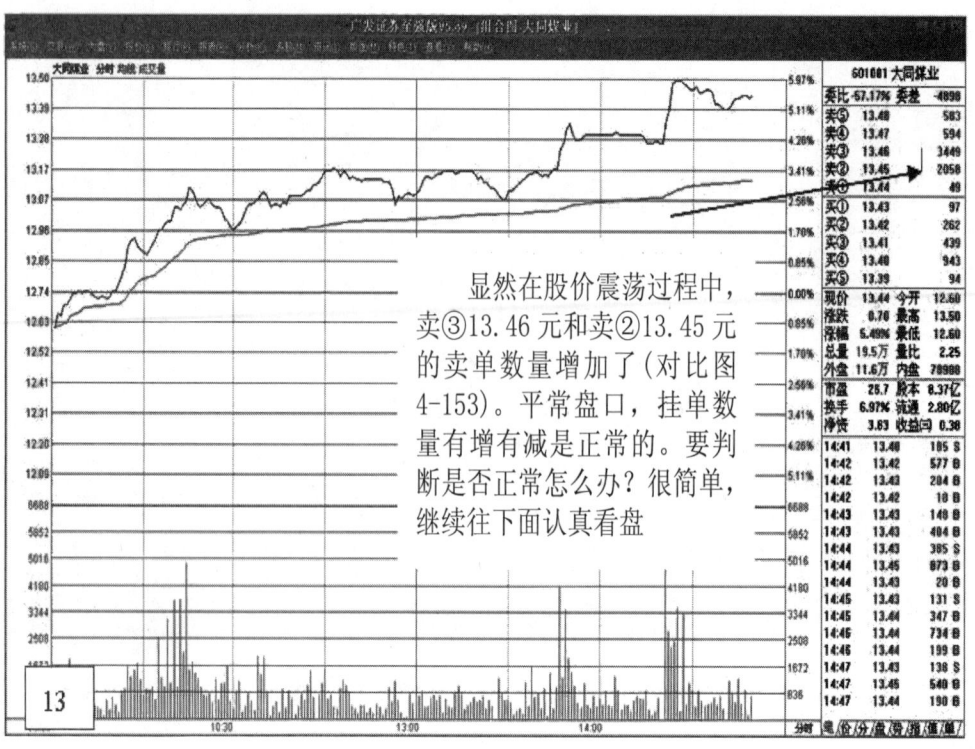

图 4-154

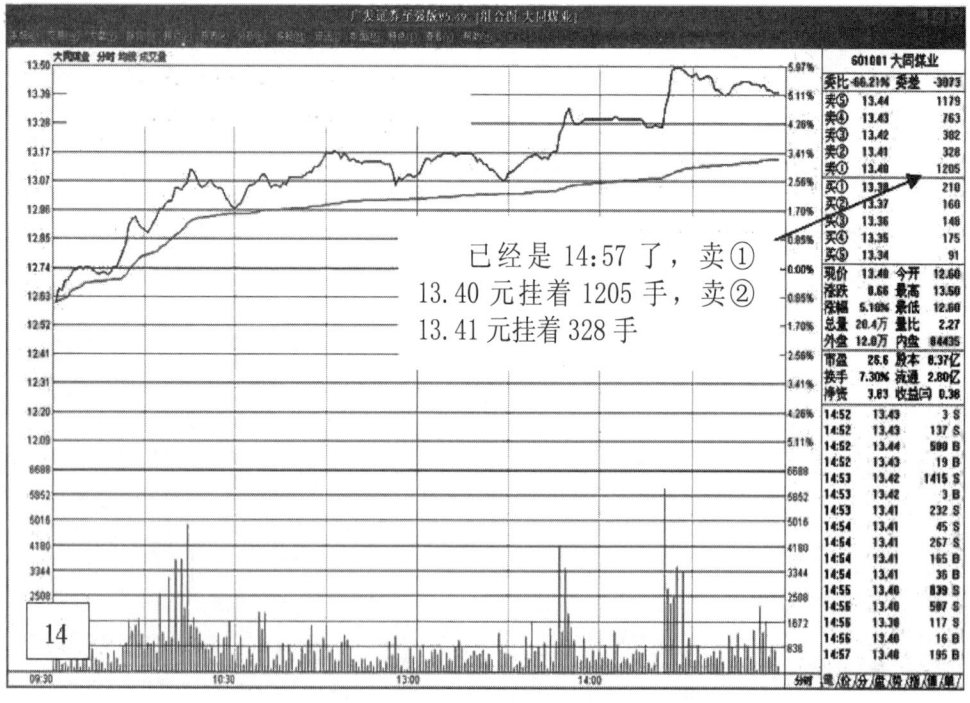

图 4-155

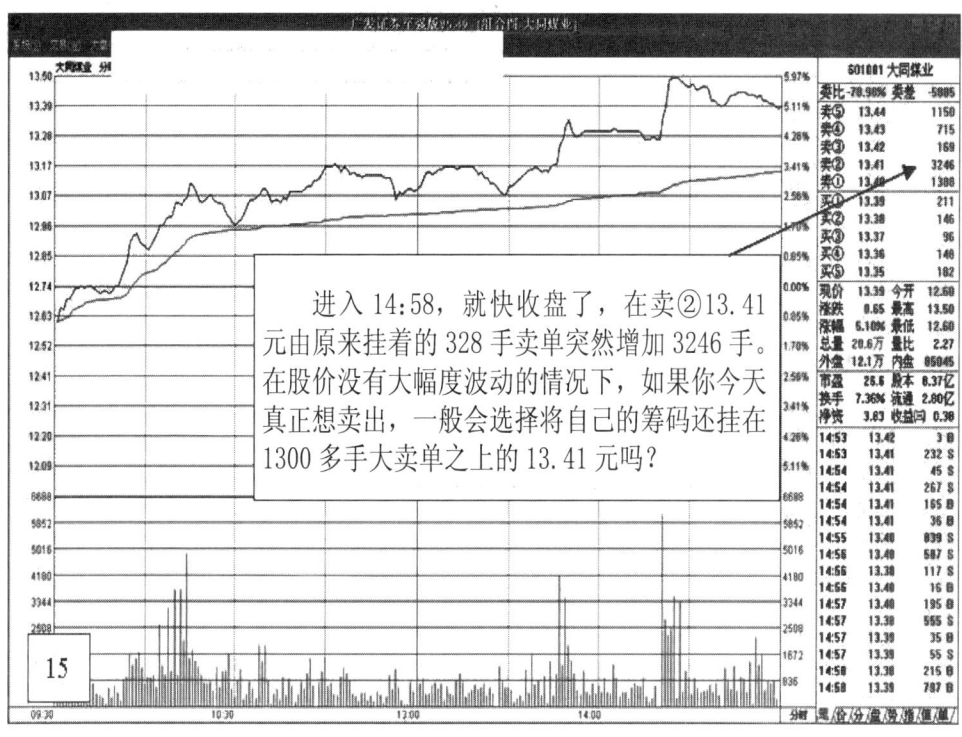

图 4-156

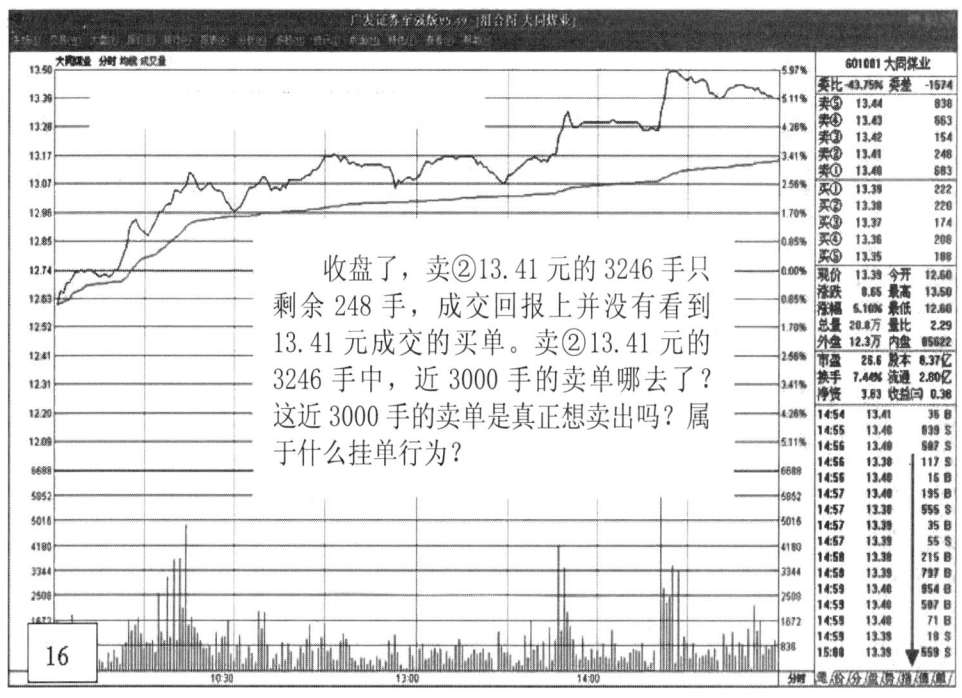

图 4-157

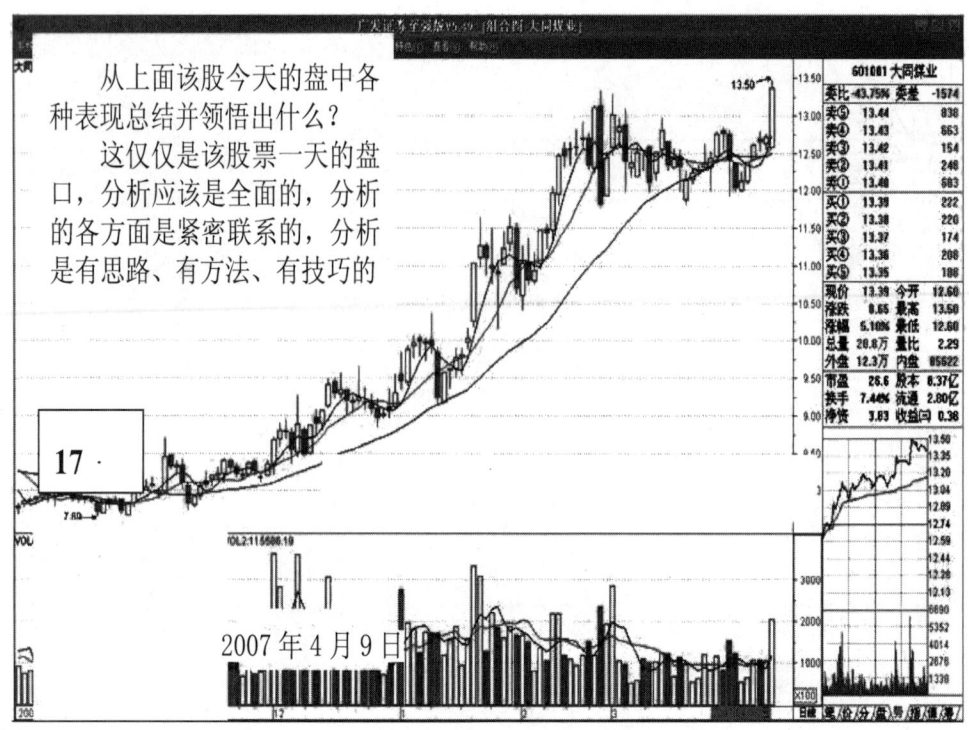

图 4-158

大同煤业主力运作盘口(八)
——从实战回到盘口分析

见图 4-159 至图 4-160。

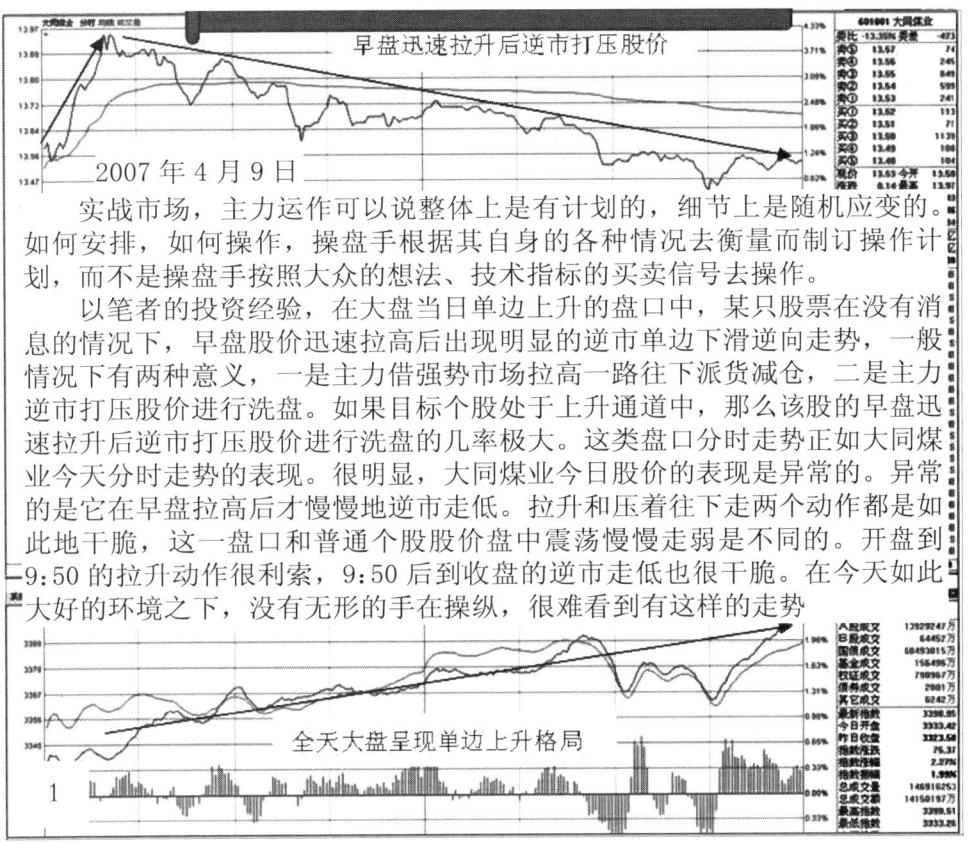

图 4-159

实战市场，主力运作可以说整体上是有计划的，细节上是随机应变的。如何安排，如何操作，操盘手根据其自身的各种情况去衡量而制订操作计划，而不是操盘手按照大众的想法、技术指标的买卖信号去操作。

以笔者的投资经验，在大盘当日单边上升的盘口中，某只股票在没有消息的情况下，早盘股价迅速拉高后出现明显的逆市单边下滑逆向走势，一般情况下有两种意义，一是主力借强势市场拉高一路往下派货减仓，二是主力逆市打压股价进行洗盘。如果目标个股处于上升通道中，那么该股的早盘迅速拉升后逆市打压股价进行洗盘的几率极大。这类盘口分时走势正如大同煤业今天分时走势的表现。很明显，大同煤业今日股价的表现是异常的。异常的是它在早盘拉高后才慢慢地逆市走低。拉升和压着往下走两个动作都是如此地干脆，这一盘口和普通个股股价盘中震荡慢慢走弱是不同的。开盘到9:50的拉升动作很利索，9:50后到收盘的逆市走低也很干脆。在今天如此大好的环境之下，没有无形的手在操纵，很难看到有这样的走势

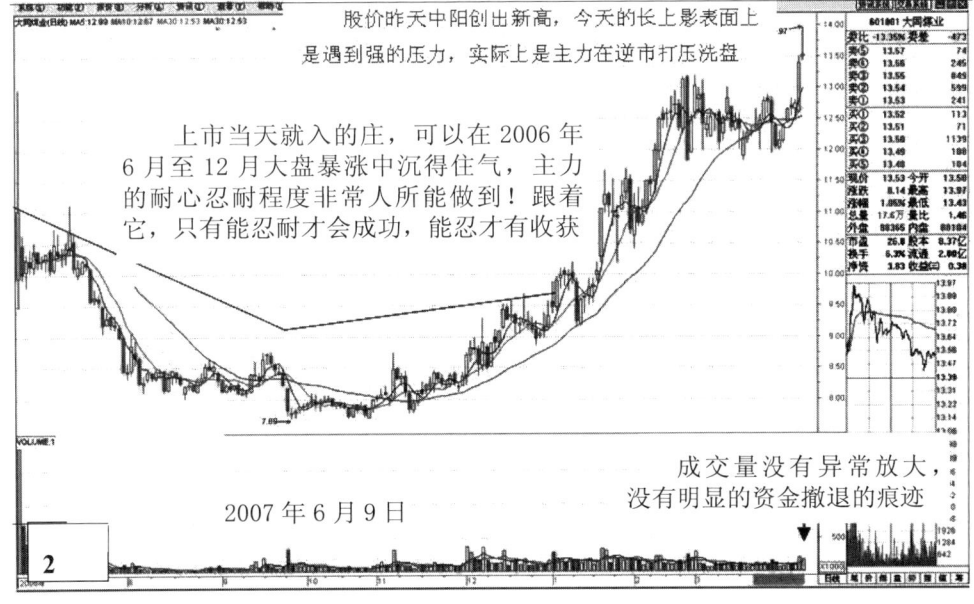

图 4-160

大同煤业主力运作盘口（九）
——从实战中再回到盘口分析

见图 4-161 至图 4-162。

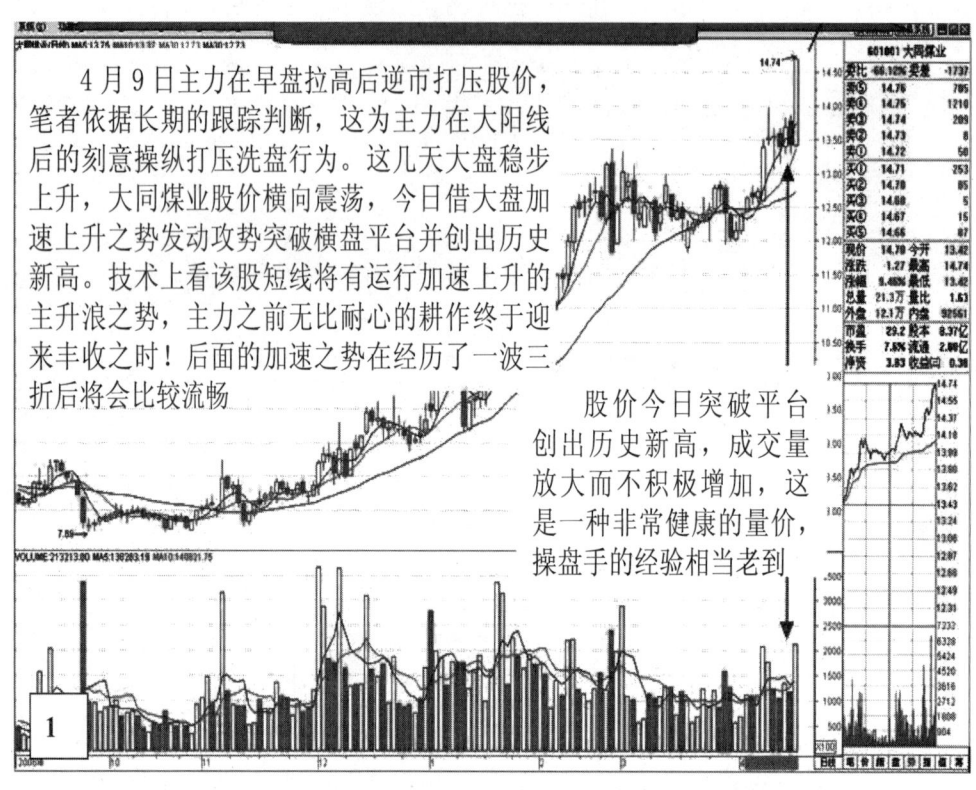

图 4-161

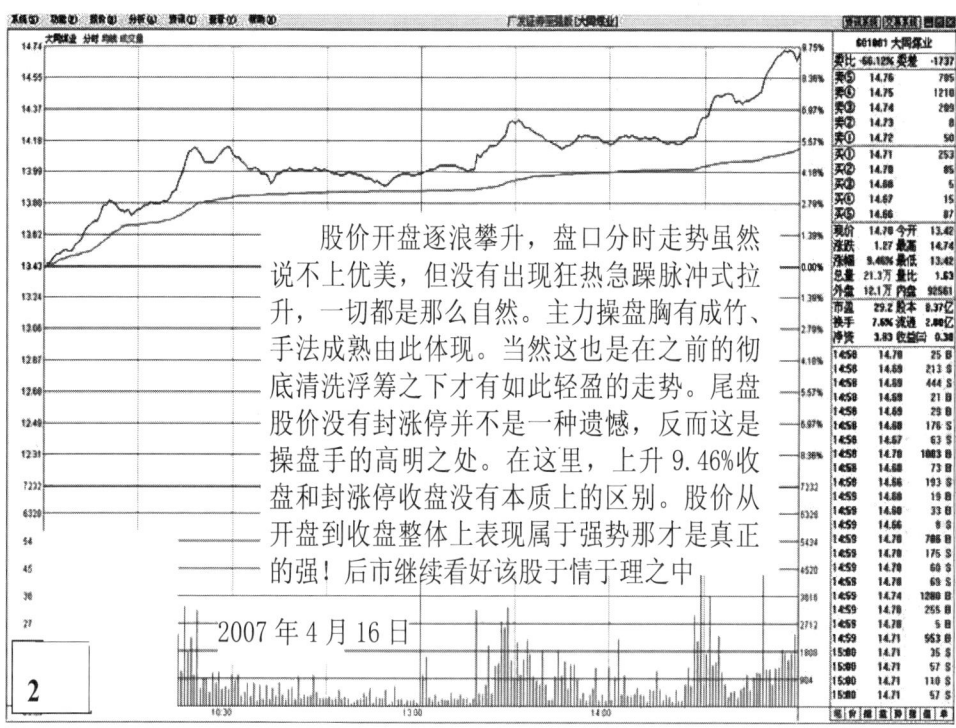

图 4-162

大同煤业主力运作盘口(十)
——再上一台阶之大同煤业

见图 4-163 至图 4-164。

主力行为 盘口解密(二)

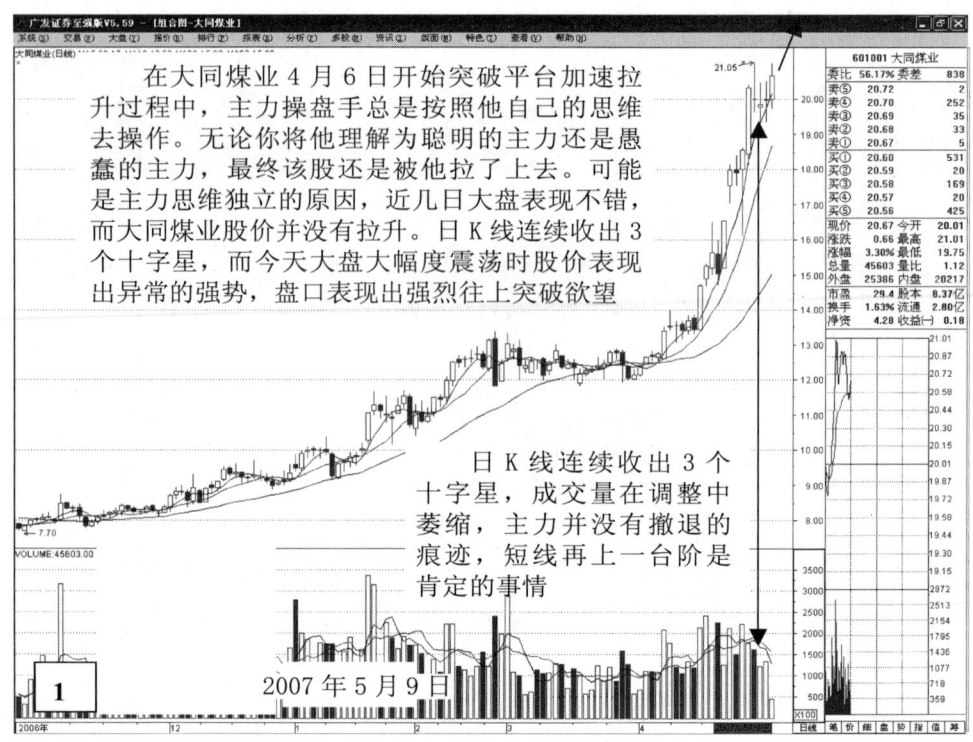

图 4-163

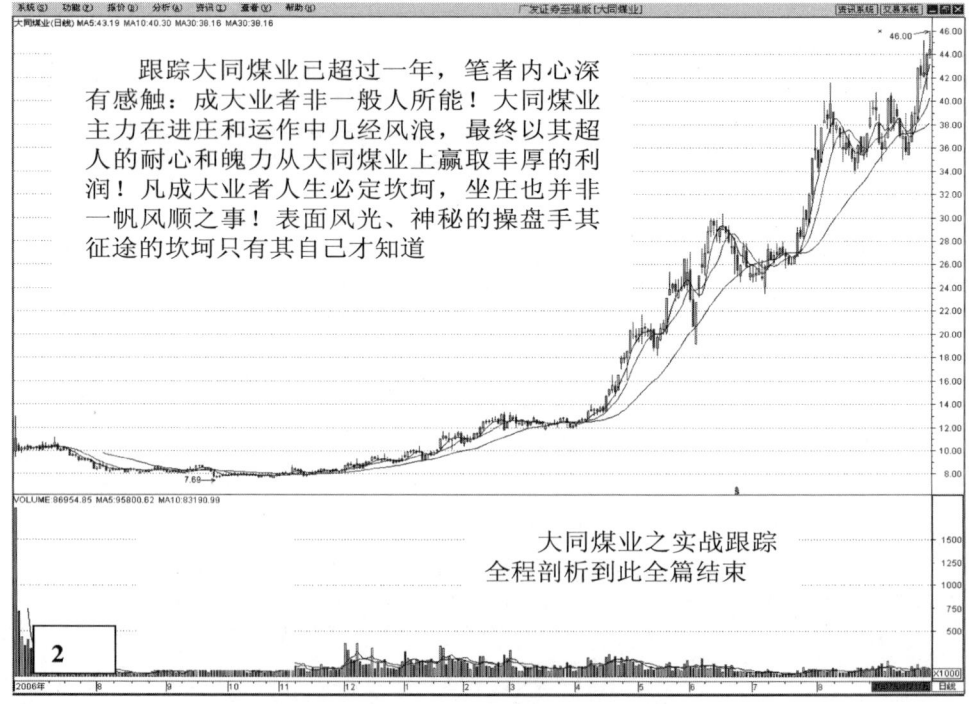

图 4-164

大同煤业后记

对大同煤业的关注已经停止了相当一段时间，2008年1月7日是一则公告《证监会查处首个虚假申报操纵市场案》再次让笔者的目光回到大同煤业股票之上。

证监会查处首个虚假申报操纵市场案公告内容如下（下面内容摘录于上交所网站）：

日前，中国证监会依法查处了周建明利用虚假申报手段操纵证券市场的案件，没收周建明违法所得176万余元，并处以罚款176万余元。中国证监会已于近日向周建明发出《行政处罚决定书》。

利用虚假申报操纵证券市场，是指通过频繁申报和撤销申报的手段，影响证券的正常价格或交易量，误导其他投资者对相应股票的供求和价格走势的判断，诱导其跟进买入或卖出，以牟取不正当利益的行为。在我国，这种行为属于一种新型的操纵证券市场形式。

根据证监会《证券市场操纵行为认定办法》的规定，行为人在同一交易日内，在同一证券的有效竞价范围内，连续或者交替进行3次以上的申报和撤销申报，可认定为频繁申报和撤销申报。如行为人频繁申报和撤销申报，申报笔数或申报量占统计时段内总申报笔数或申报量的20%以上，能够从中直接或间接获取利益的，可认定为虚假申报操纵。周建明案件是中国证监会首次查处利用虚假申报操纵证券市场的案件。

据调查，2006年6月26日，周建明通过徐某账户，在10:41～11:02的21分钟内连续挂出61笔买单，申报买入"大同煤业"4009万股，是申买前期已订单簿上待成交买入委托总量的14.77倍，是已订单簿上前5档价位总量的859.92倍，是前10档价位的239.45倍，占该期间进入交易所主机买入委托申报总量的81.71%。申报价格从第1笔的10.22元提高到第61笔的10.59元，并分别在10:42～11:04全部撤单，平均每单驻留时间1～2分钟，最短驻留时间为31秒，在最后一笔撤买的8秒钟后，便以10.36元卖出99.9万股，但在10秒钟后，又以10.29～10.31元挂出买单90万股，11:08前全部撤单，最短的买单驻留时间仅为25秒，在11:05～11:08的3分钟内以10.36元卖出330万多股。

另外，周建明在2006年1～11月期间还以同样方法，先后在：

2006年7月10日 操纵600039四川路桥股票价格

2006年7月27日 操纵600846 G同科股票价格

2006年8月17日　操纵600026 G中海股票价格
2006年1月17日　操纵600622 嘉宝集团股票价格
2006年6月7日　 操纵600061 中纺投资股票价格
2006年6月15日　操纵600849 上海医药股票价格
2006年6月19日　操纵600622 G嘉宝股票价格
2006年4月12日　操纵600872 中炬高新股票价格
2006年4月21日　操纵600569 安阳钢铁股票价格
2006年1月16日　操纵000707 彩虹股份股票价格
2006年6月6日　 操纵600207 安彩高科股票价格
2006年7月27日　操纵600459 G贵研股票价格
2006年1月24日　操纵600767 *ST运盛股票价格
2006年11月13日 操纵600109 成都建设股票价格

共获取违法所得176万余元。

周建明在交易上述15只股票的过程中，以逐笔升高的价格大量申报买单，造成相关股票买入申报量很大、价格逐渐上升的假象，然后迅速撤单，最短的买入申报驻留时间仅有数秒钟，最多在二十几分钟之内有61笔撤买发生。其频繁大量买入申报的目的显然是人为地造成相关股票交易极度活跃、价格迅速上扬的假象，以影响其他投资者对相应股票供求和价格走势的判断，吸引、诱导其跟进买入，推高股价，随后再以相对较高的价格卖出所持有的股票，为自己获取不正当利益。这种行为违反了《中华人民共和国证券法》的有关规定，构成了操纵证券市场，严重扰乱证券市场秩序，损害投资者的利益。

证监会有关人士表示，近来，随着证券市场行情的变化，操纵股票价格行为有所增加，其手段也与以往有所不同，通过频繁申报和撤销申报的虚假申报手段操纵证券市场的行为屡有发生，影响十分恶劣。本案就是一起典型的利用虚假申报操纵证券市场案例。证监会坚决维护"公开、公平、公正"的市场秩序，及时研究证券市场的新形势、新变化，不断加强证券市场的监管和执法的力度。

对于利用虚假申报等新的手段操纵证券市场的违法违规行为，证监会将会同证券交易所进一步加强日常监管，完善监控系统，加强监控与防范。同时，证监会将加大对此类案件的查处力度，对操纵证券市场的违法行为，发现一起、查处一起，切实保护投资者权益，保障证券市场的健康稳定发展。

（以上文字记述来自于网络）

下面就《证监会查处首个虚假申报操纵市场案》这则公告剖析周建明在大同煤业之中的操作。

笔者的日常看盘笔记详细完整地记录了周建明操作大同煤业这一经典盘口。下面就以动态盘口形式进入了解周建明操作大同煤业的过程！图4-165至图4-215均为笔者记录周建明在买盘堆单操纵大同煤业价格过程的回放。

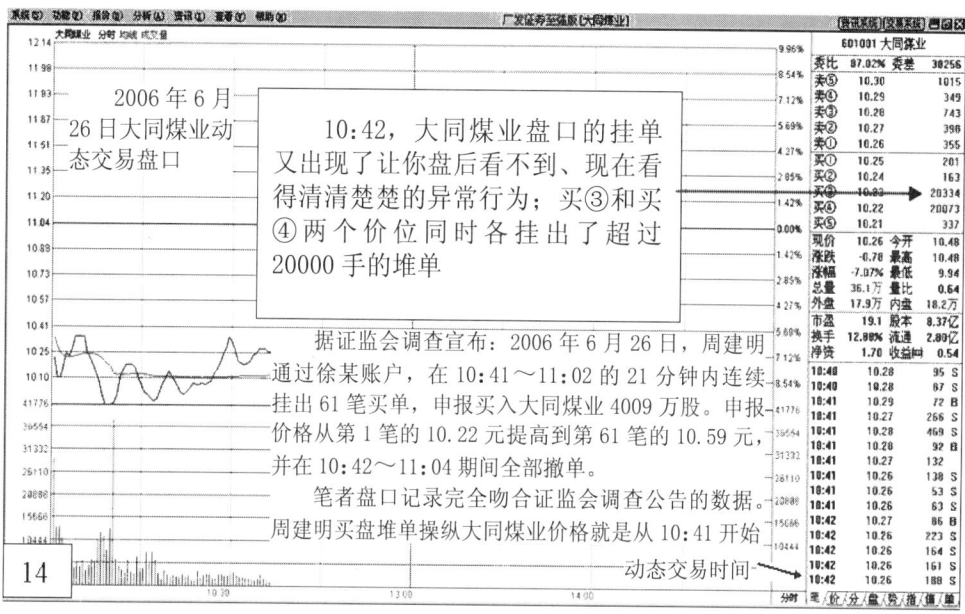

图 4-165

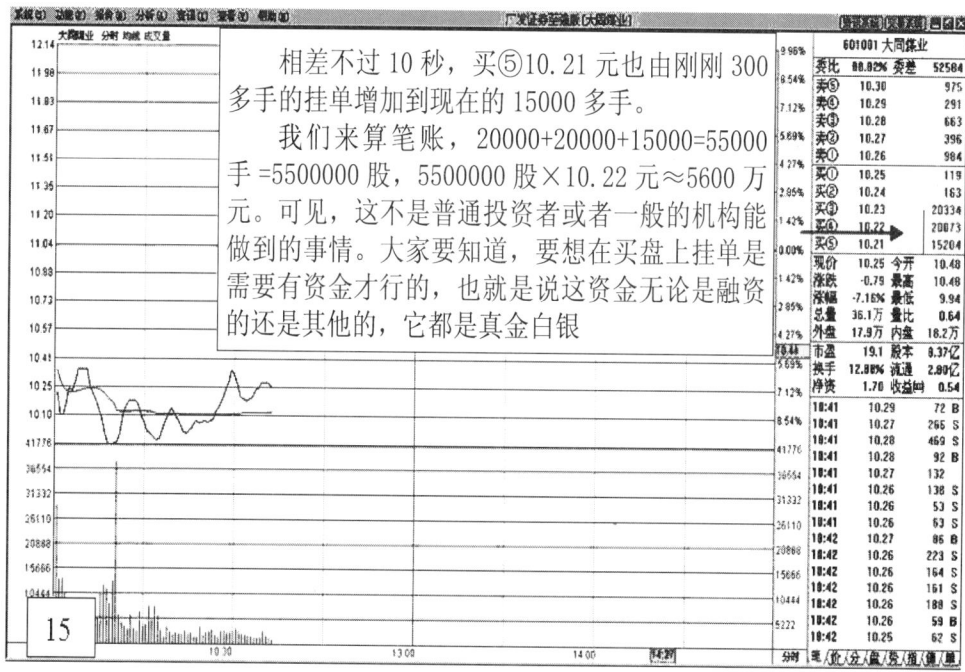

图 4-166

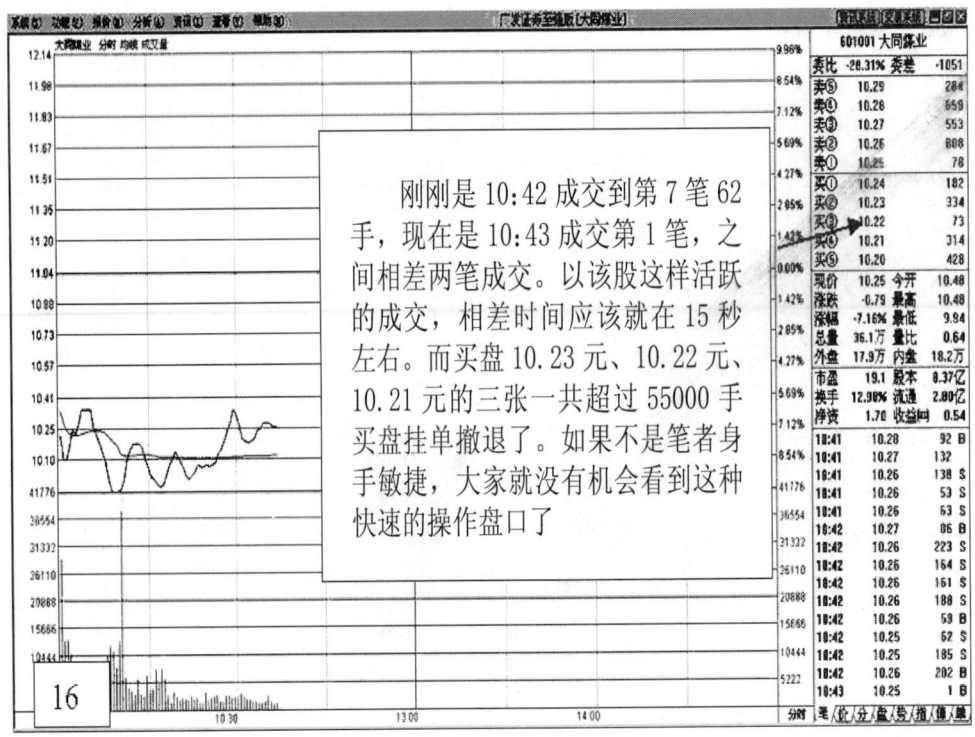

图 4-167

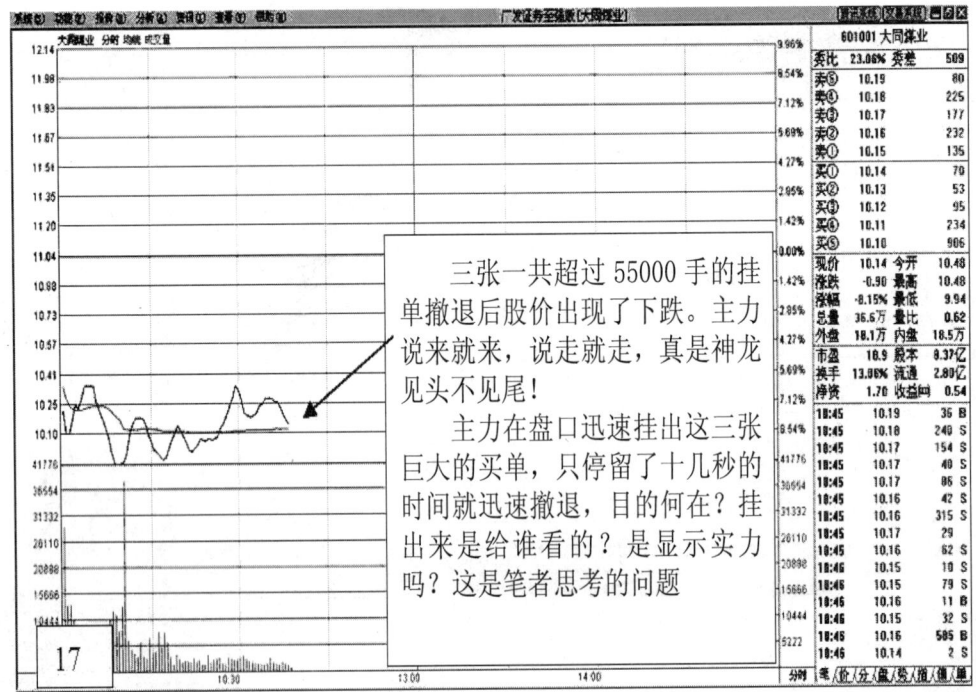

图 4-168

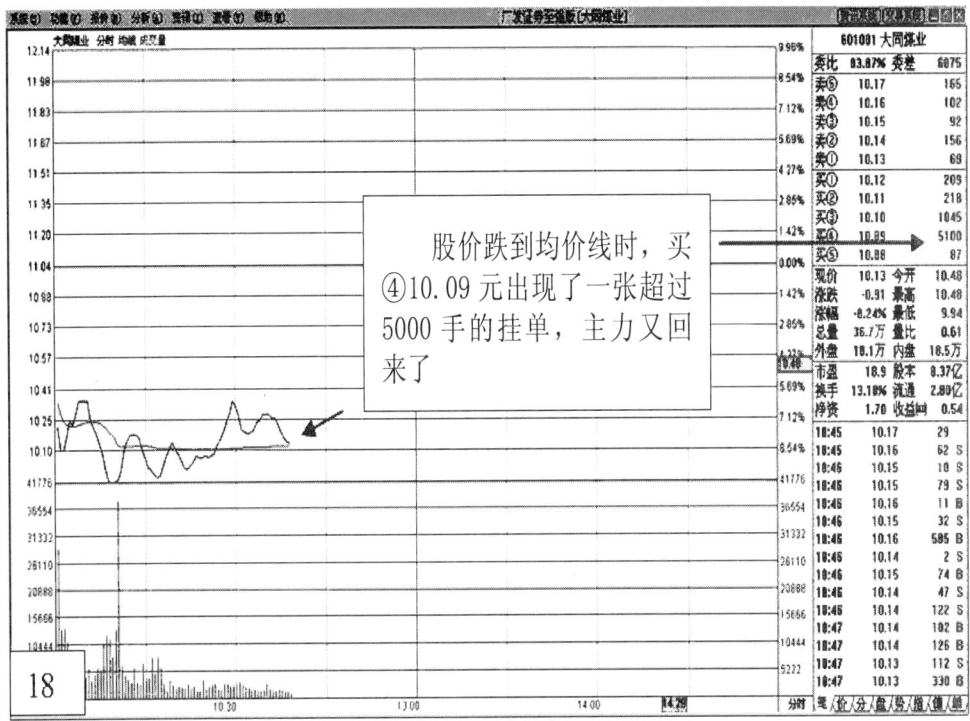

图 4-169

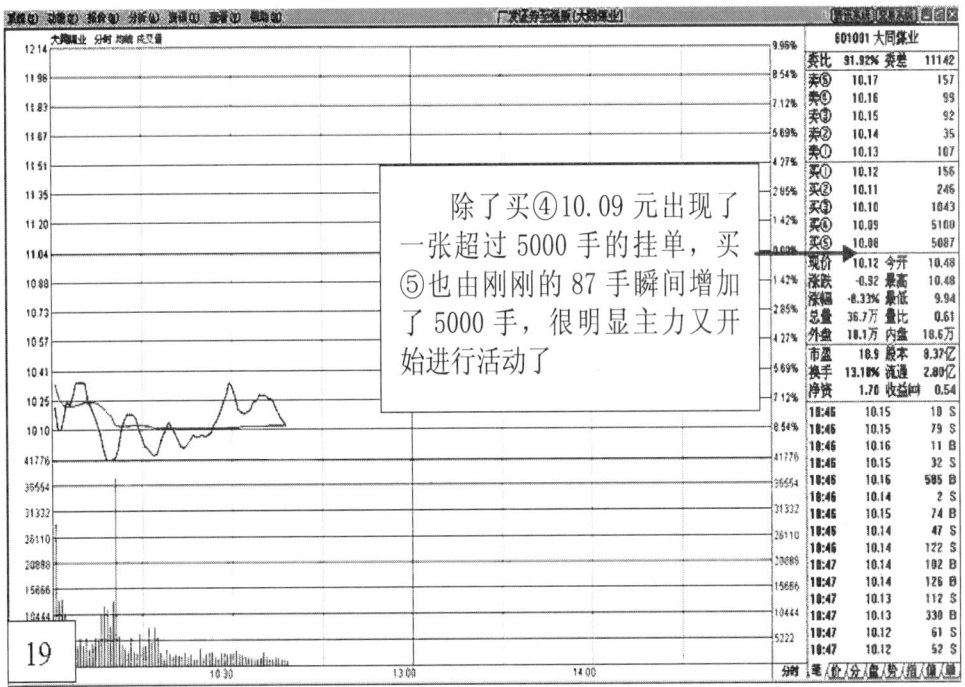

图 4-170

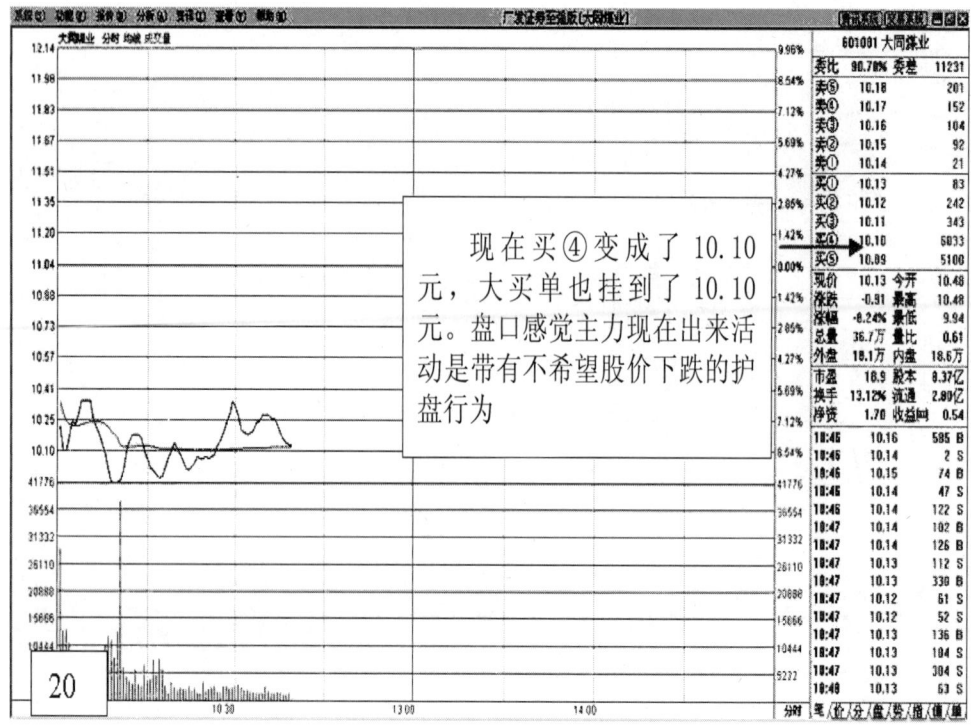

图 4-171

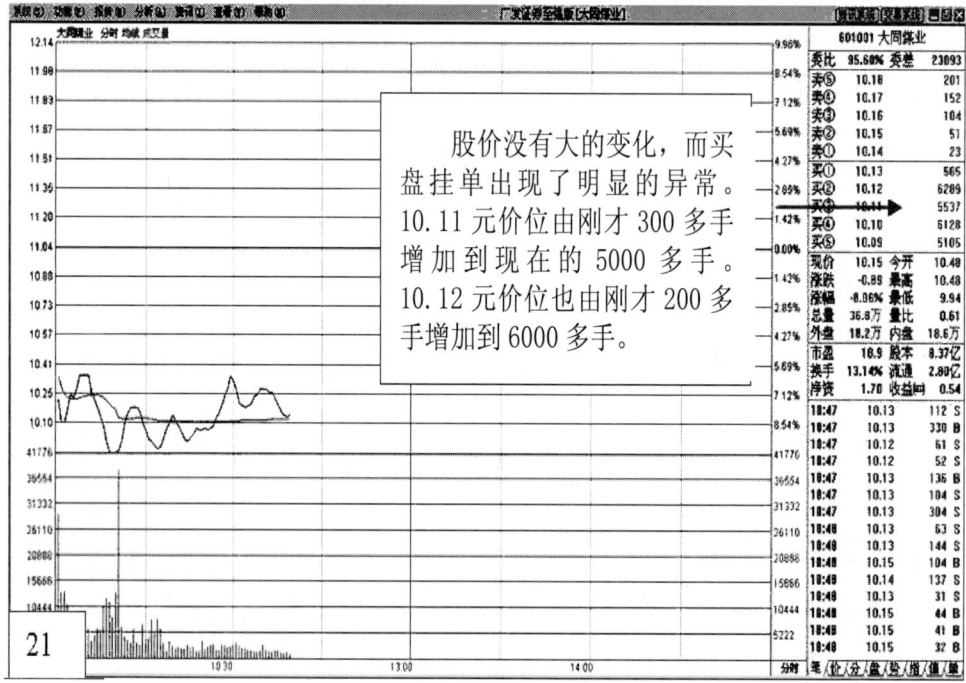

图 4-172

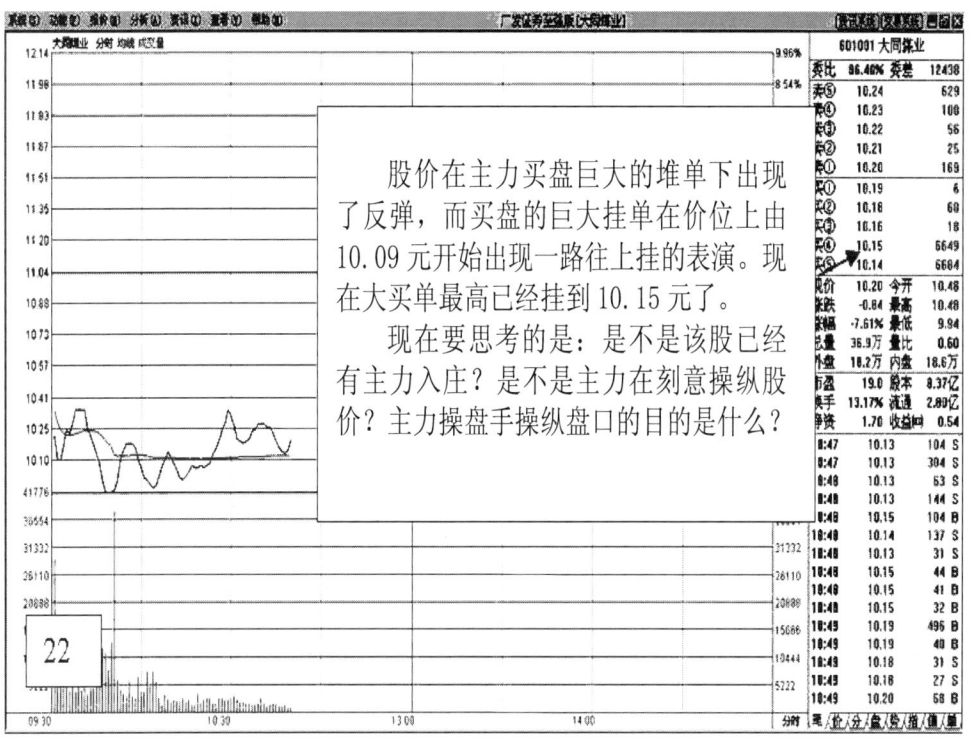

图 4-173

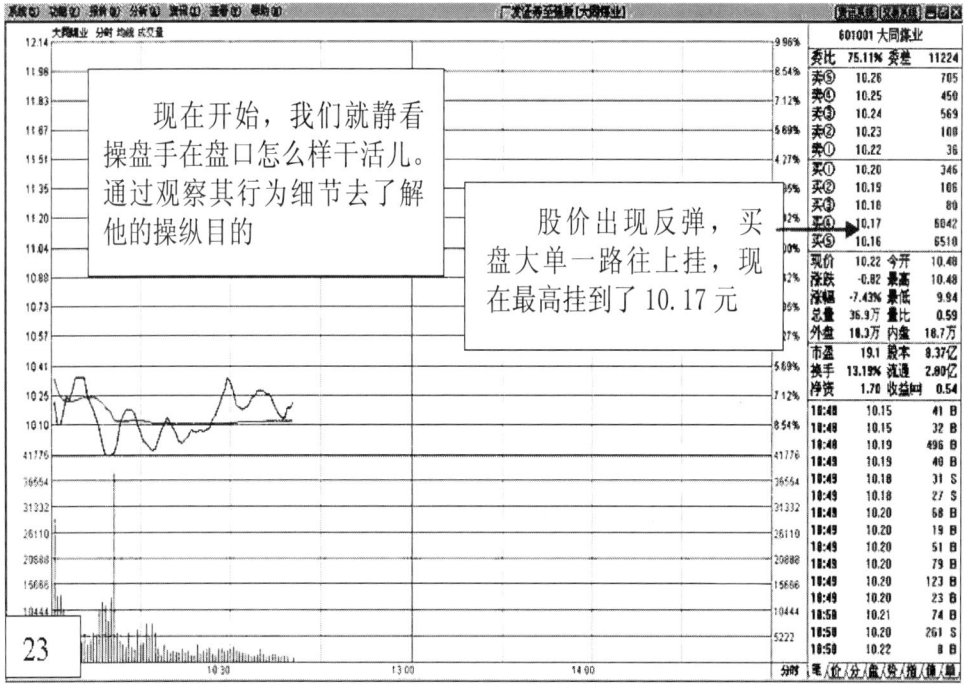

图 4-174

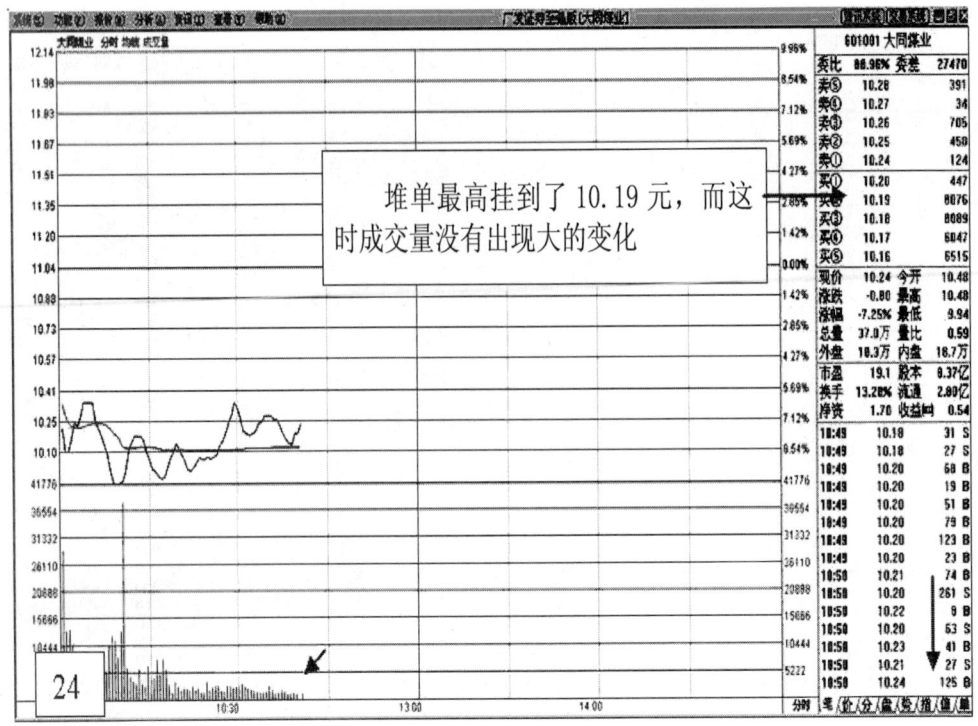

图 4-175

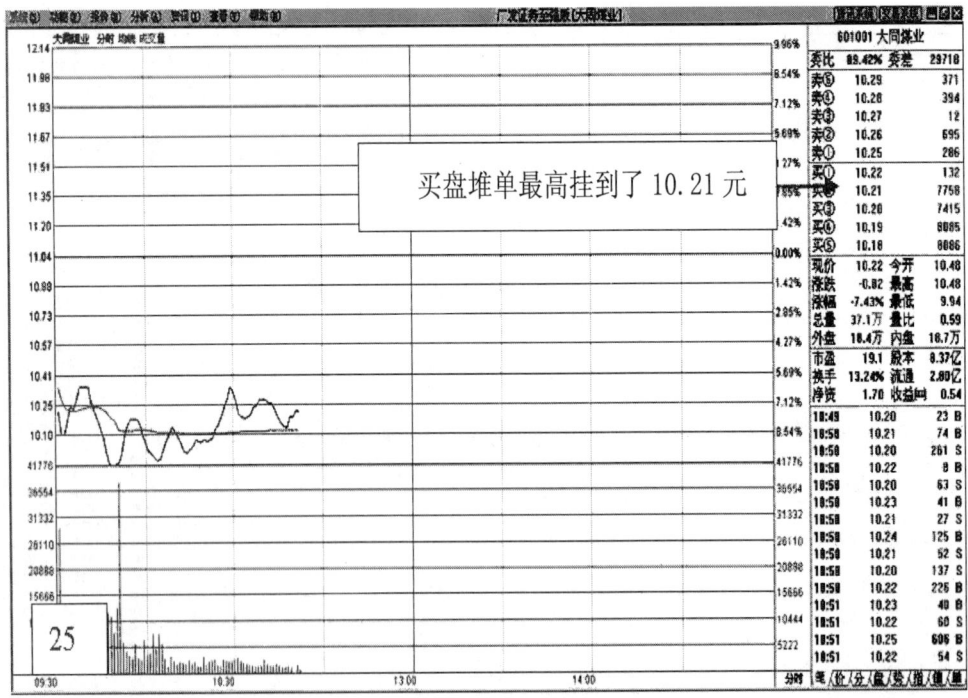

图 4-176

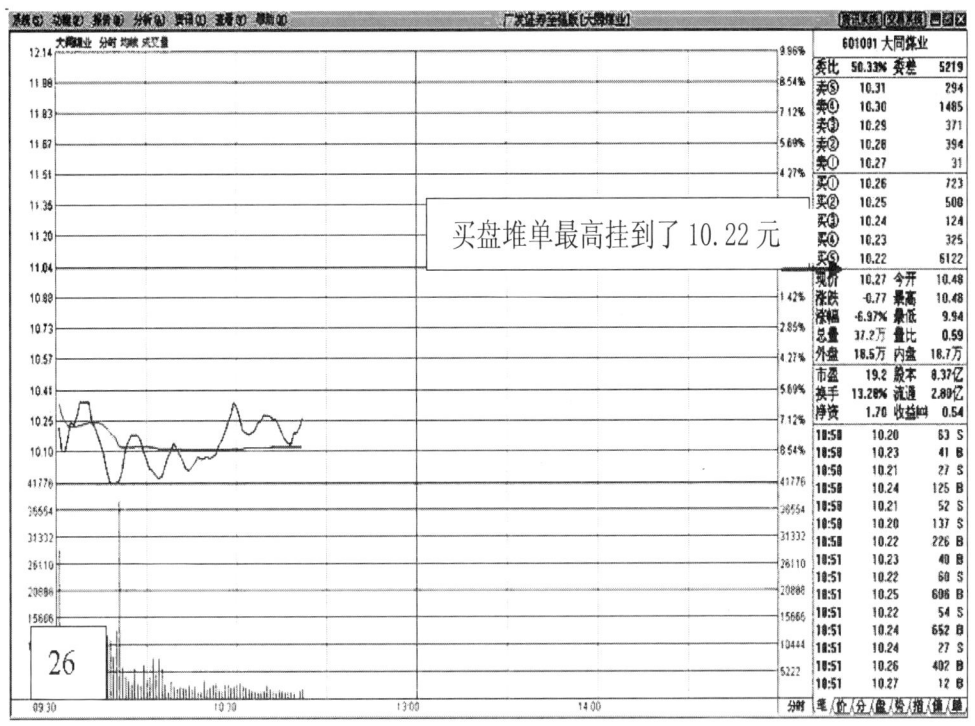

图 4-177

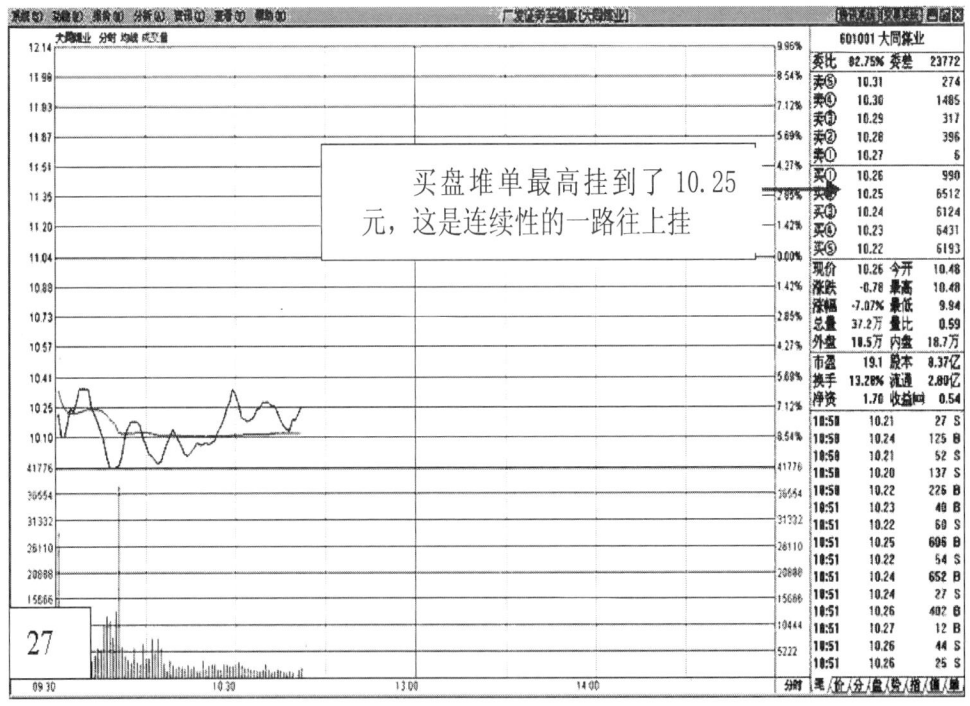

图 4-178

主力行为盘口解密(二)

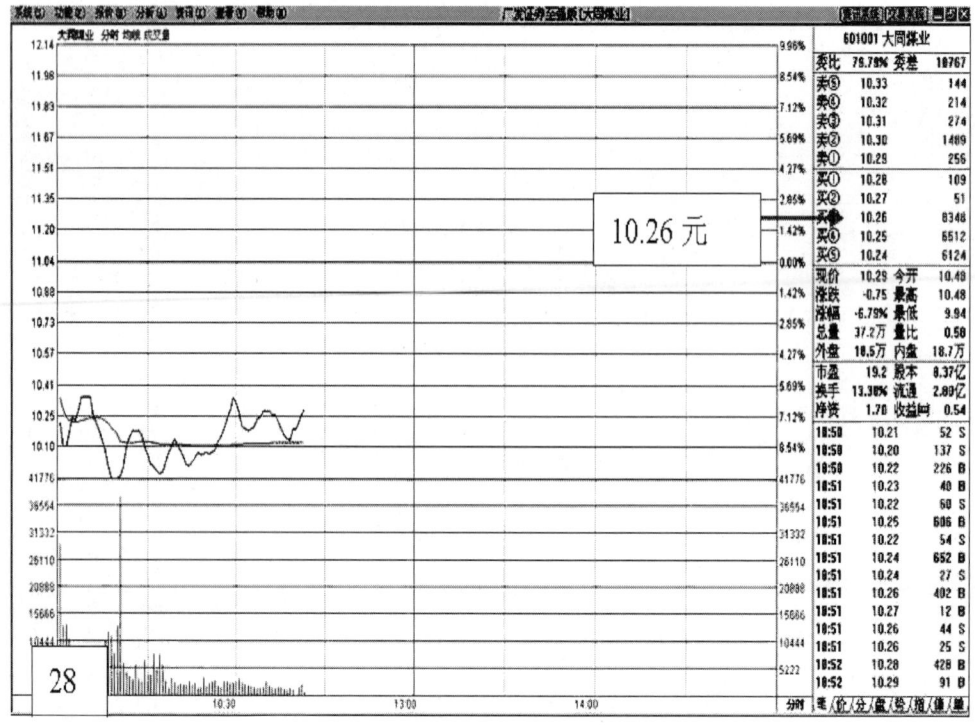

图 4-179

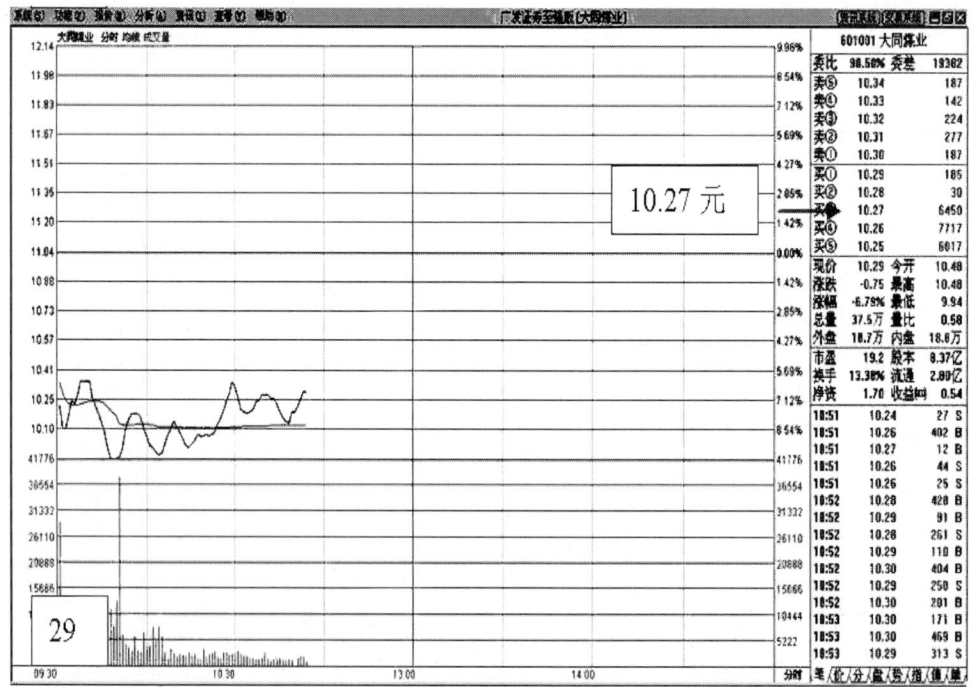

图 4-180

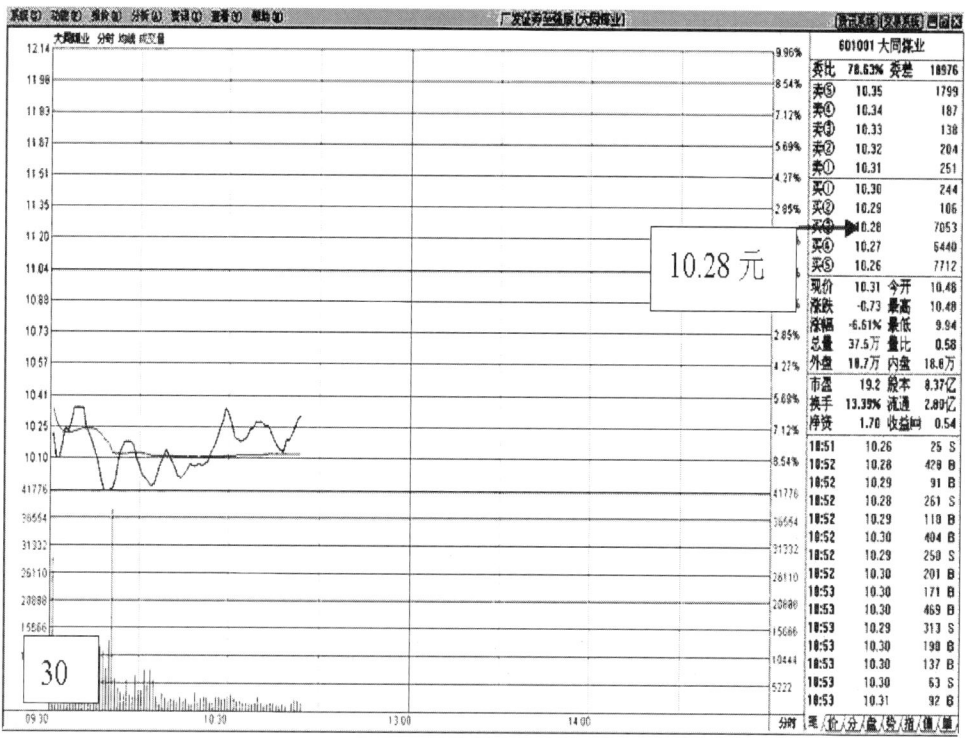

图 4-181

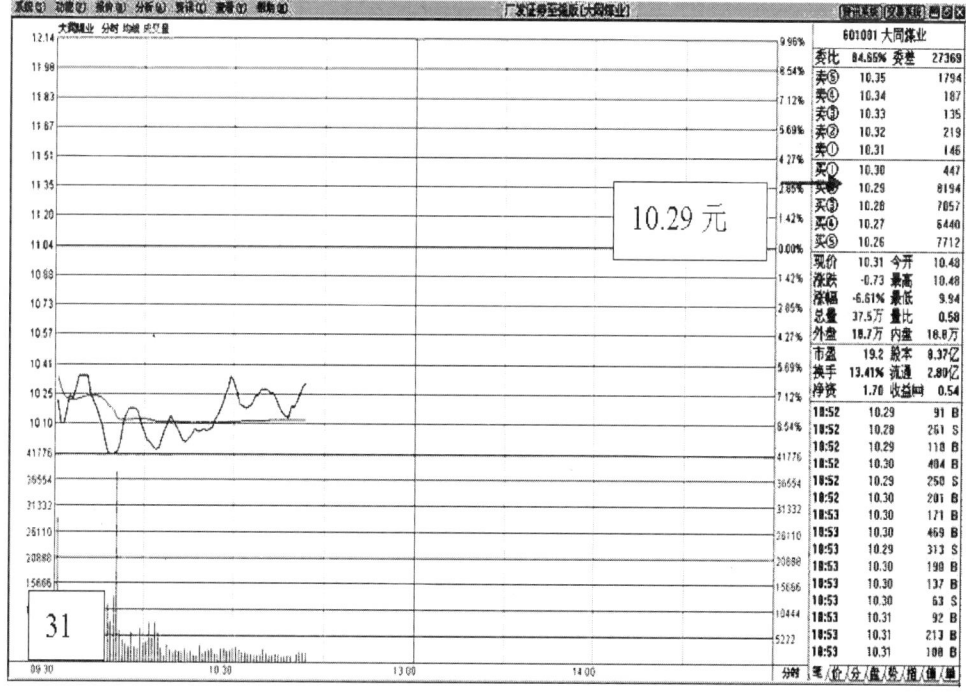

图 4-182

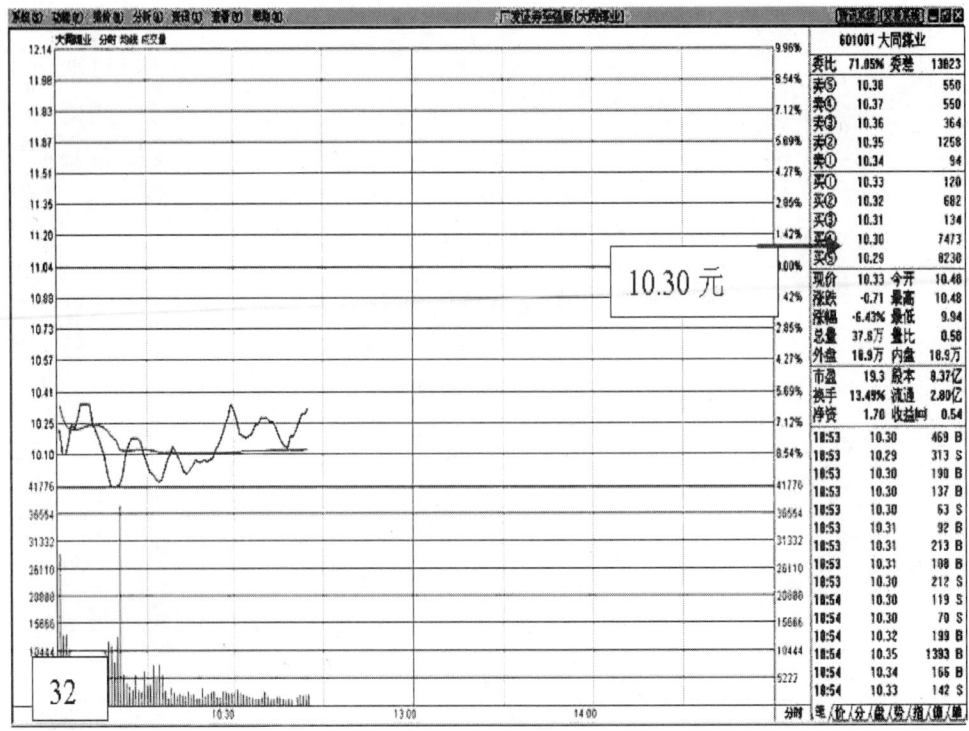

图 4-183

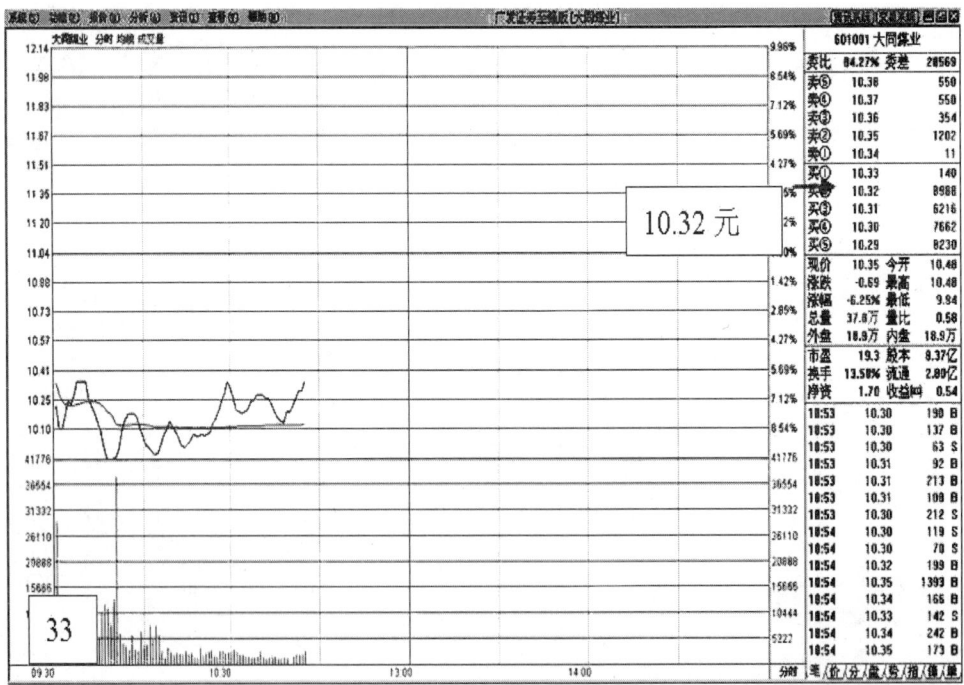

图 4-184

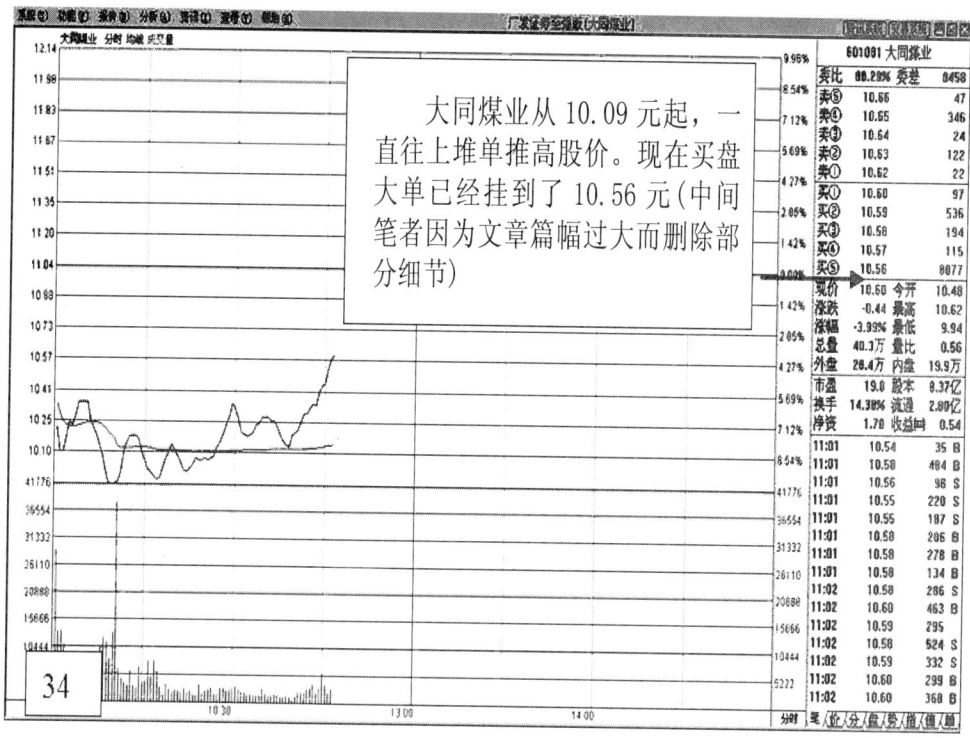

图 4-185

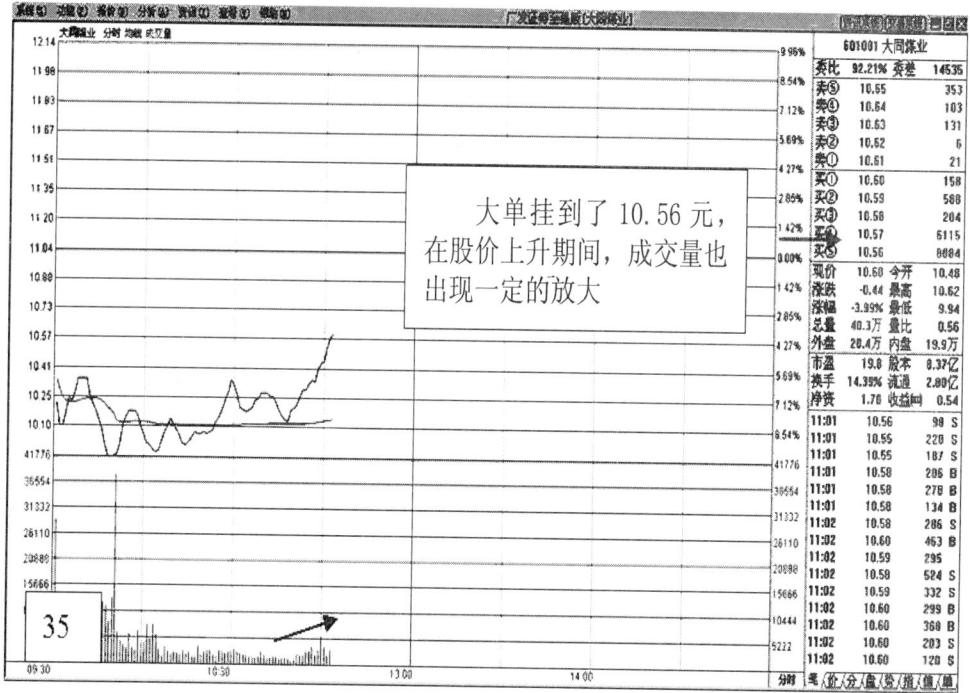

图 4-186

主力行为 盘口解密(二)

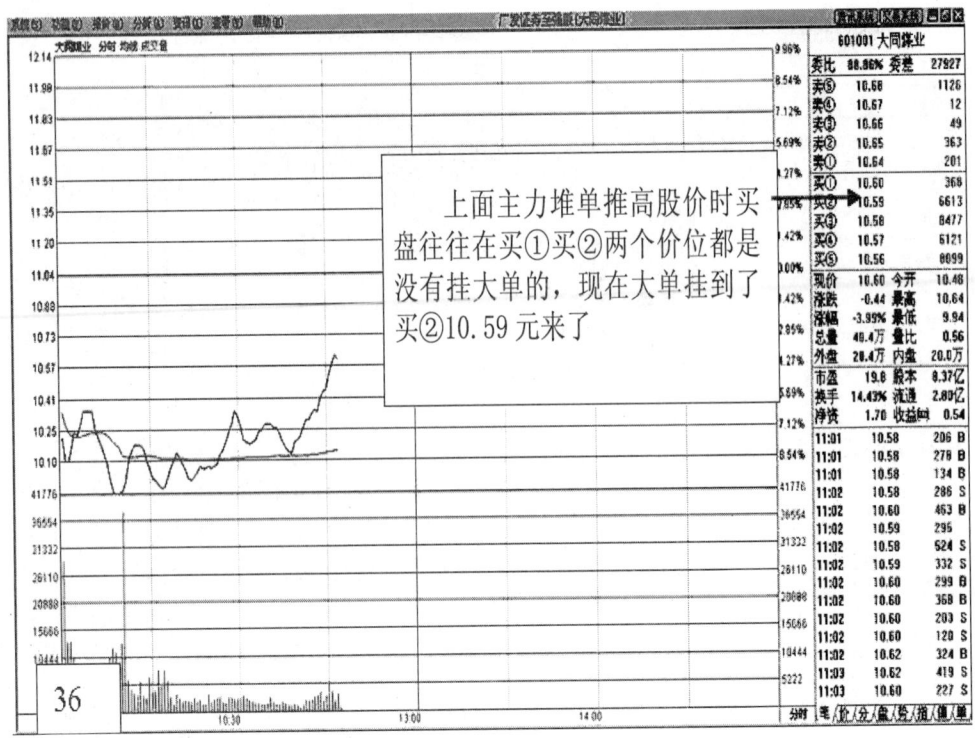

图 4-187

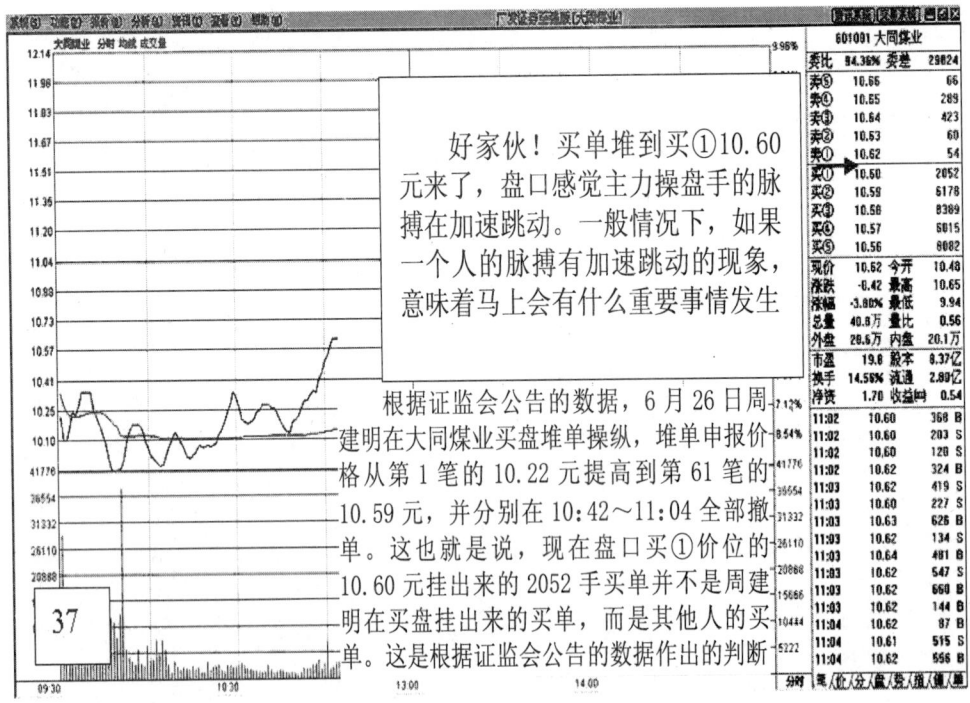

图 4-188

为什么周建明的堆单申报价格从第1笔的10.22元提高到第61笔的10.59元，中间没有撤单然后砸盘出货，现在才看到在连续推高股价后此时迅速退掉自己的大买单？笔者认为，很可能是周建明在推高大同煤业股价过程中买盘没有多少挂单跟进挂出，这过程中一直没有找到有大资金进来接盘的好机会。从推高股价到现在，他终于看到10.60元价位有其他人挂了2000多手的买单(图4-189)。这应该算是他做盘过程中除了自己的买单之外最大的买单了，他认为撤单砸盘出货的机会来了，迅速把属于他自己在10.60元价位下挂出来的所有买单撤下，准备砸盘出货。现在在盘口五个价位上所能看到的所有买单都是其他人挂出来的买单。

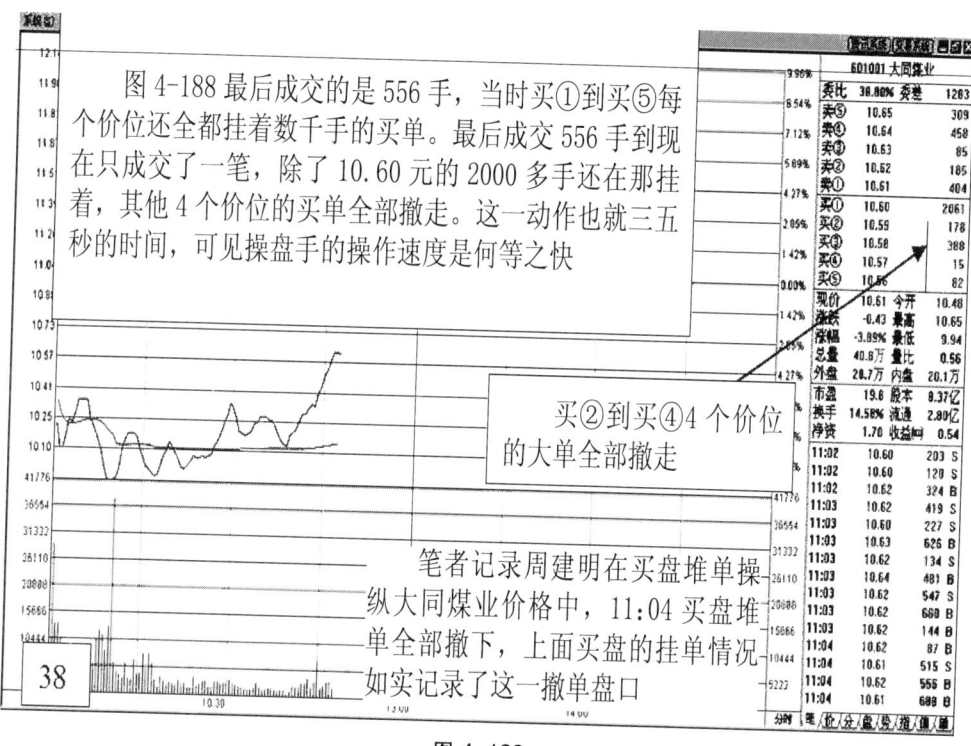

图4-189

上面 2006 年 6 月 26 日大同煤业动态交易盘口如实记录了证监会公告的：2006 年 6 月 26 日，周建明通过徐某账户，在 10:41～11:02 的 21 分钟内连续挂出 61 笔买单，申报买入大同煤业 4009 万股。申报价格从第 1 笔的 10.22 元提高到第 61 笔的 10.59 元，并在 10:42～11:04 分期间全部撤单。在最后 1 笔撤买的 8 秒钟后，周建明以 10.36 元卖出 99.9 万股的事实。

在证监会的公告中另外一点是：周建明随后又在 3 分钟内以 10.36 元卖出 330 多万股。

那么下面再来看周建明是如何在 11:04 后的 3 分钟内以 10.36 元卖出 330 多万股的。由图 4-190 可以看到，在过万手卖单由 10.60 元砸往 10.36 元，砸盘时成交了 6408 手，这时是 11:04，大同煤业今天到此时的成交总量是 415000 手。

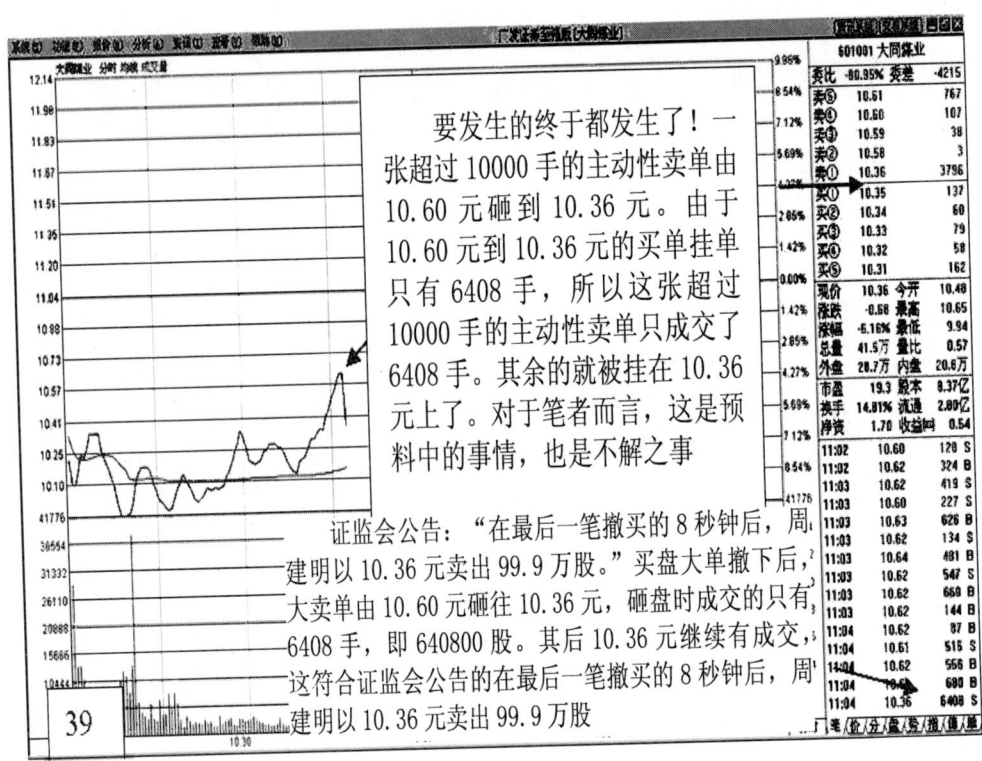

图 4-190

下面为大家回放周建明在 11:04 后的 3 分钟内以 10.36 元卖出 330 多万股的过程。

这种堆单推高股价然后大单砸盘的主力操作方法，笔者是比其操盘手自己还要熟悉。一般情况下这是出货的一种手法！问题是，昨天该股上市平均成交价在 11 元左右，也就是说主力入庄成本也在 11 元左右，现价出货是亏本的买卖。主力有可能做这样的事情吗？如果主力发现该股票有什么问题或者另有主力也进入其中等做不成庄的因素存在，不是没有因亏损而弃庄的可能。问题是现在出货弃庄的可能性有多大？另一点，早盘明显是主力在制造恐慌盘口吸筹，盘中就决定出货吗？存不存在做差价的可能？后面挂出来的还是另有其他的目的？

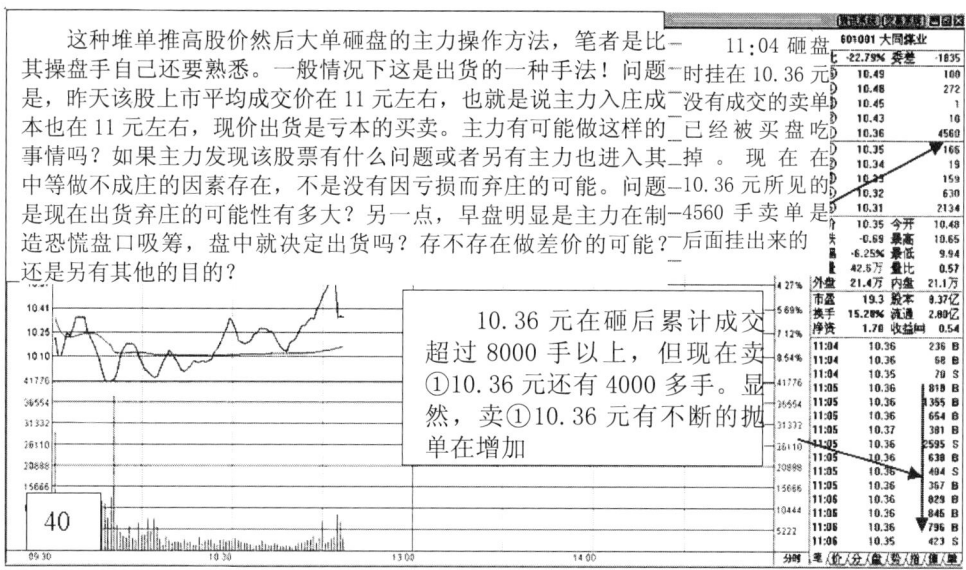

图 4-191

判断现在在 10.36 元所见的 4560 手卖单是后面挂出来的方法很简单。现在是 11:06，此时成交总量是 426000 手，减去 11:04 时成交总量 415000 手，11:04～11:06，近 2 分钟时间里成交了 11000 手。这也就是说，刚刚 11:04 砸盘时挂在 10.36 元没有成交的 3700 多手卖单已经被买盘吃掉。现在在 10.36 元所见的 4560 手卖单是在 3700 多手卖单已经被买盘吃掉后又挂出来的。

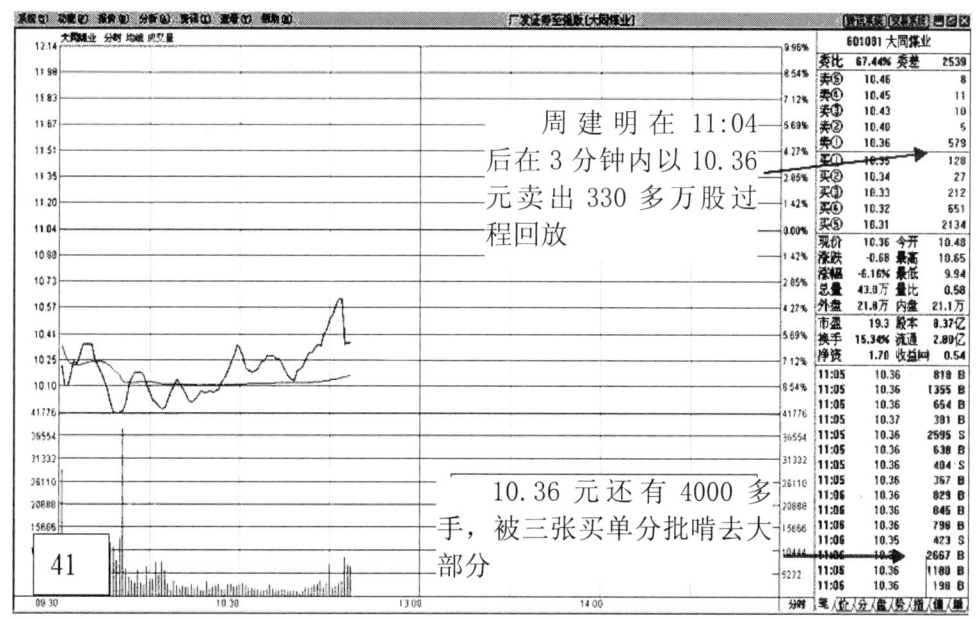

图 4-192

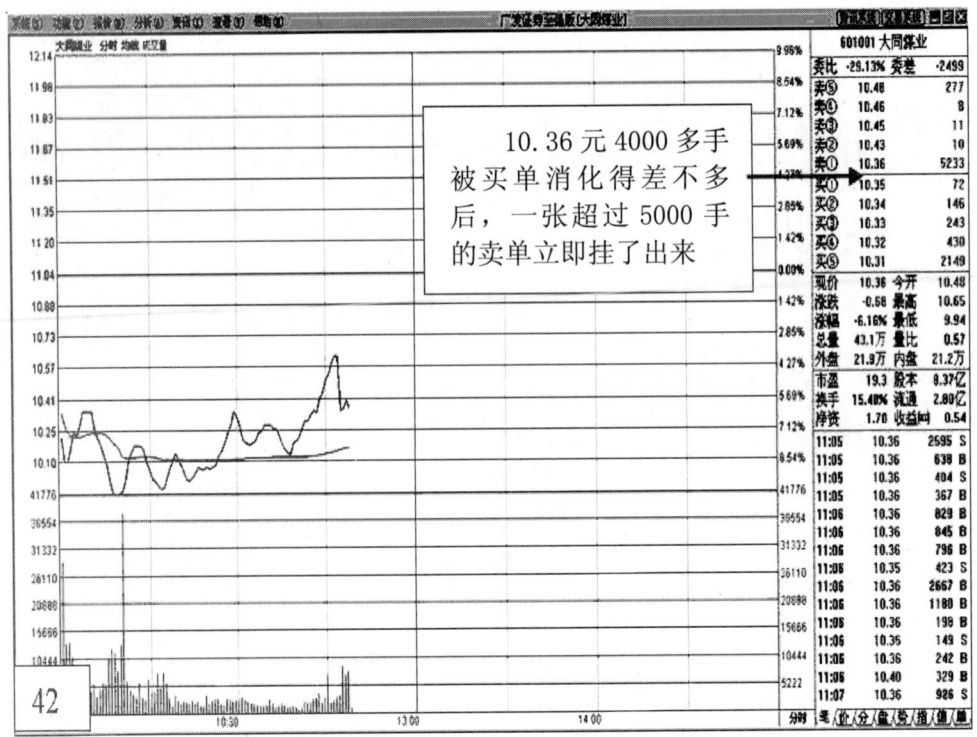

图 4-193

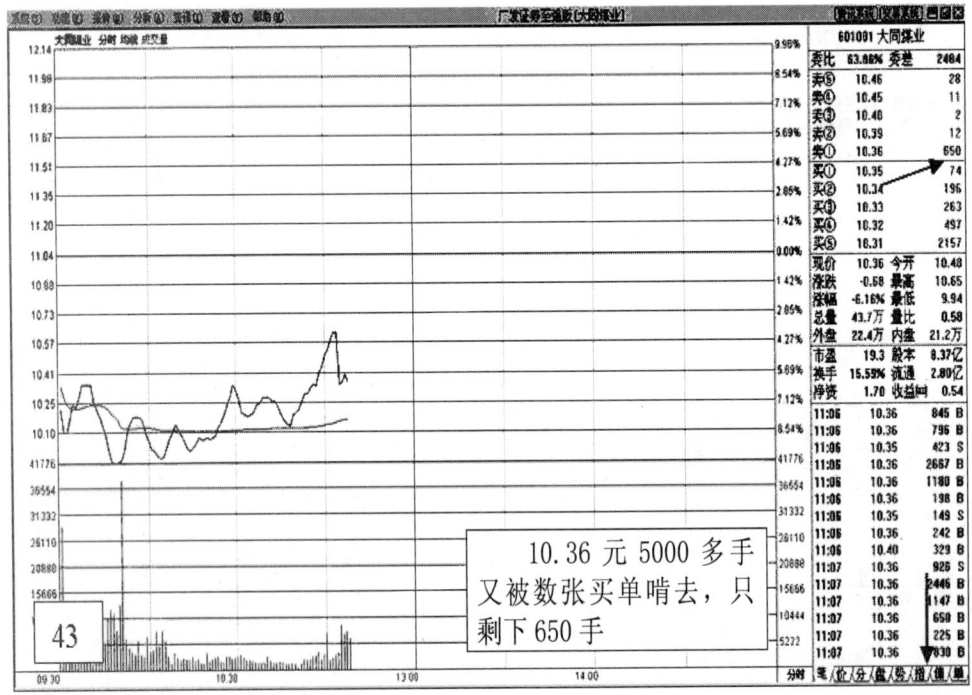

图 4-194

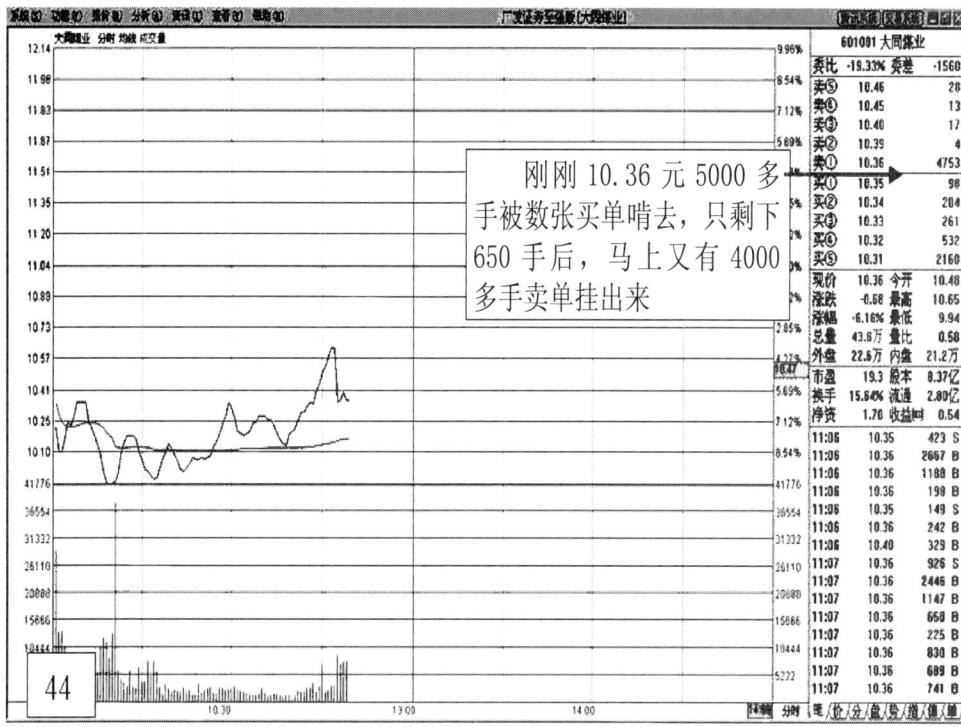

图 4-195

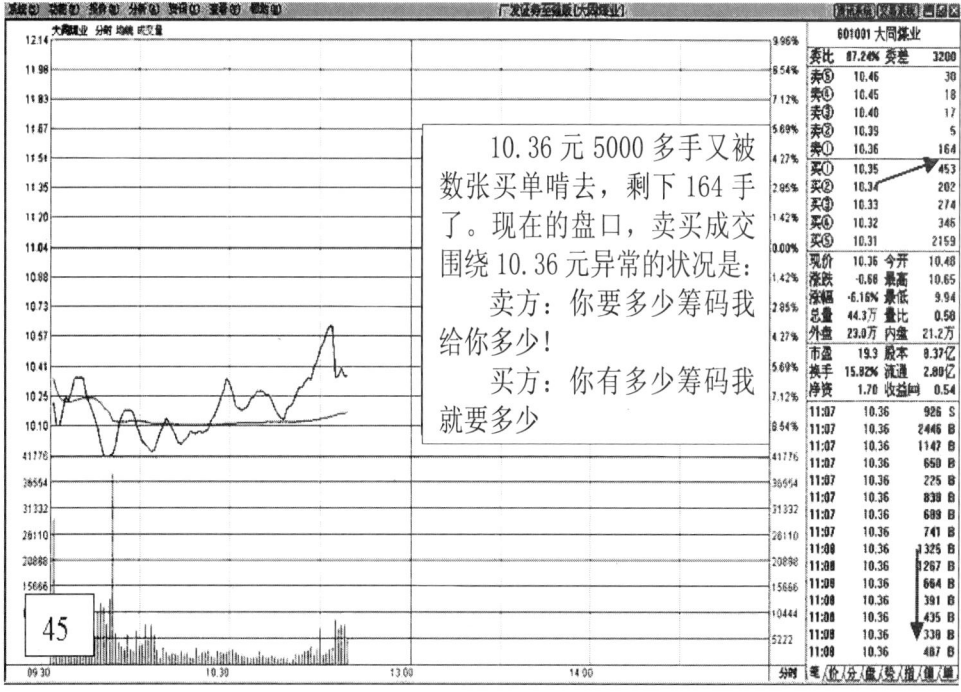

图 4-196

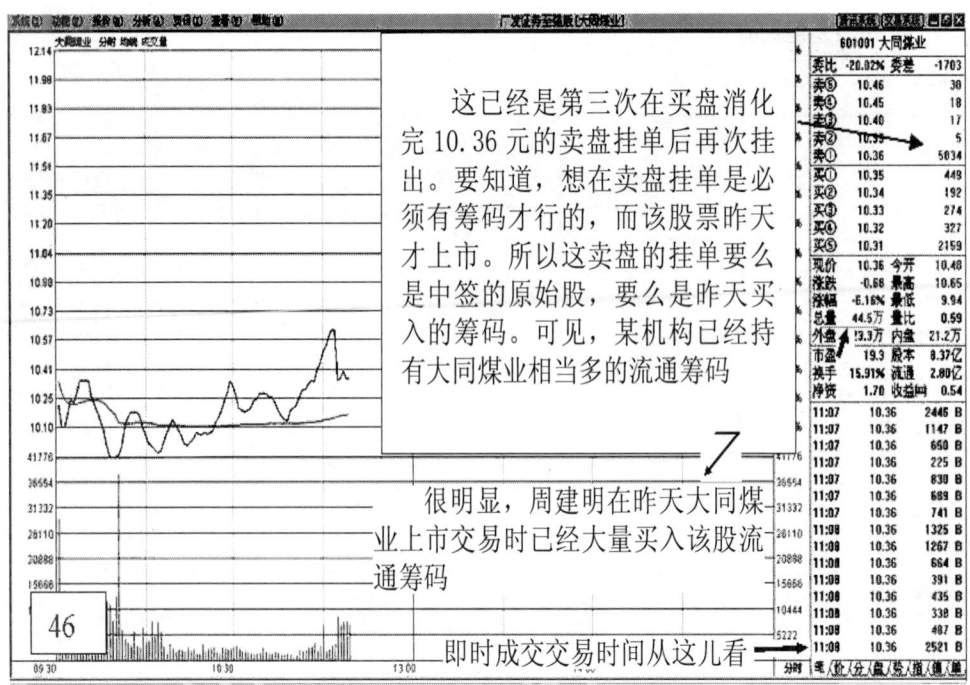

图 4-197

至11:04，周建明在买盘挂出的大买单全部撤单。在最后一笔撤买的8秒钟后，周建明以10.36元卖出99.9万股，随后又在3分钟内以10.36元卖出330多万股，这是证监会的公告。

如果按照证监会的公告计算，在11:04成交第5笔之后，在3分钟内以10.36元卖出330多万股，那么准确的时间是在11:07结束，周建明通过徐某账户卖出330多万股。

过万手卖单由10.60元砸往10.36元，砸盘时成交了6408手，此时大同煤业的总交易量是41.5万手。

41.5万手+330多万股(3.3万手)=44.8万手，也就是说最迟到11:07结束，大同煤业这时的总交易量最少要超过44.8万手才符号上面证监会的公告。在这3分钟时间内，其他投资者也肯定有买卖操作成交。

在笔者的记录中(图4-197)，到11:08第8笔成交2521手时，大同煤业这时的总交易量是44.5万手。从11:04～11:07结束，大同煤业这时的总交易量小于按照证监会公告的"随后又在3分钟内以10.36元卖出330多万股，时间是在11:04～11:07"。 在这因为证监会的公告只说个大概，没有办法详查，这样小小的误差可能是由笔者电脑上时间的设置或者是证券公司软件的行情数据发布引起。

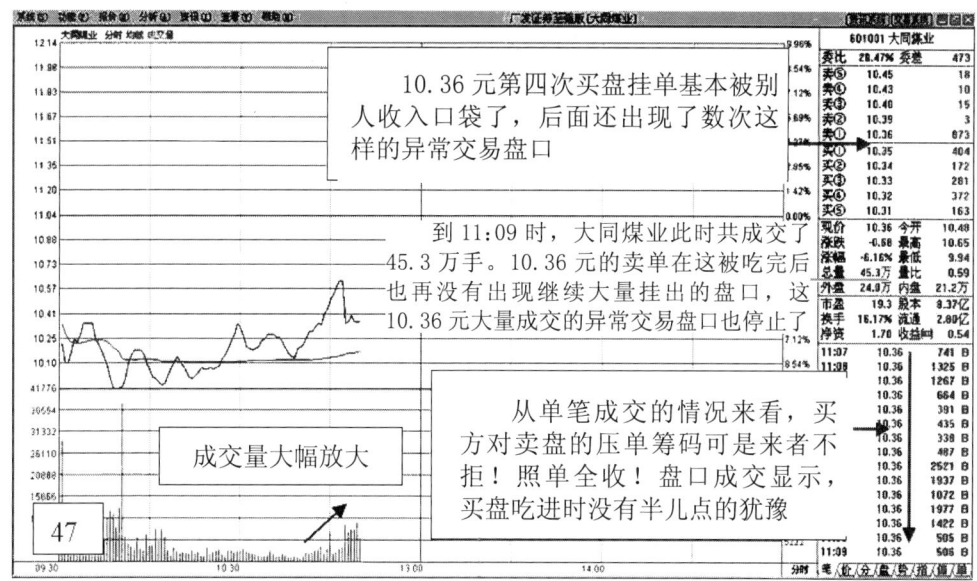

图 4-198

到 11:09，大同煤业此时共成交了 45.3 万手。10.36 元的卖单在这被吃完后也再没有出现继续大量挂出的盘口，10.36 元大量成交的异常盘口也停止了。

下面计算一下这前后 3 分钟内的总成交量就可以知道证监会的公告数据是否正确了。

（到 11:09 交易结束时止的成交总量：45.3 万手）-（11:04 撤单砸盘后第 6 笔开始计算的成交总量：41.5 万手）≈3.8 万手，3.8 万手 =380 万股。

380 万股 -330 多万股 ≈50 万股，属于非周建明通过徐某账户之外的账户和其他投资者的卖出成交量。

这在成交数量上基本符合证监会公告的：周建明通过徐某账户在 11:04 后的 3 分钟内以 10.36 元卖出 330 多万股。在时间上稍和笔者的记录有误差。但这样小小的误差可能是由笔者电脑上时间的设置或者是证券公司软件的行情数据发布引起，不影响对周建明通过徐某账户在 11:04 后的 3 分钟内以 10.36 元卖出 330 多万股真实性的判断。

由于证监会只大概性公告了周建明在 2006 年 1~11 月期间频繁申报和撤销申报手段操纵四川路桥等十多只股票价格，违法所得为 176 万余元，具体在哪一只股票上盈利多少没有公告具体的数据，所以周建明在 2006 年 6 月 23 日大同煤业上市当天什么时间什么价格区间买入大同煤业就难以确认。周建明在 6 月 26 日于 10.36 元大量卖出大同煤业，这操作是亏损的还是盈利的就更难以判断了。

在这一事实情况下，我们应该思考的是：周建明在 2006 年 6 月 26 日所卖出的筹码(证监会公告的周建明以10.36元卖出99.9万股,随后又在3分钟内以10.36元卖出330多万股,一共430多万股,这仅仅是证监会公告的数据)被谁接走了?特别是"随后又在3分钟内(11:04～11:07)以10.36元卖出330多万股"是被谁接走了?

通过上面图4-191至图4-198可以看到,当10.36元卖单吃掉了马上又挂出来,挂出来又连续不断地被主动性买单收下。这段时间里买盘如此地疯狂,这肯定不是一般投资者或者一般机构所为。如果这是大同煤业在2006年6月23日上市当天就大量买入的另外一个机构在继续买入,那么这个机构的实力远远在周建明之上,6月23日上市当天买入大同煤业的筹码数量比周建明更多。后面一年多时间里把大同煤业股价由最低7元多做到40元之上的,就是这个接货主力。

笔者当时一直怀疑大同煤业在2006年6月23日上市时就有至少两个以上机构同时大量买入。从周建明出事证监会公告的信息可以看到,公开的信息周建明就已经拿有大同煤业流通股430多万股,这就是笔者之前所认为的其中一个"机构"。当然,证监会对周建明的调查仅仅是周建明在2006年6月26日(11:04～11:07)的交易筹码,周建明其他时间内的交易或者没有交易不动的筹码有多少谁也不知道,或者没有了或者还有远远比这430万更多的筹码。

再从下面的图4-199至图4-202看大同煤业在2006年6月26日盘口交易的另外一个重要细节,大同煤业在2006年6月23日上市后第二日即6月26日价格打到跌停板时的神秘行为。

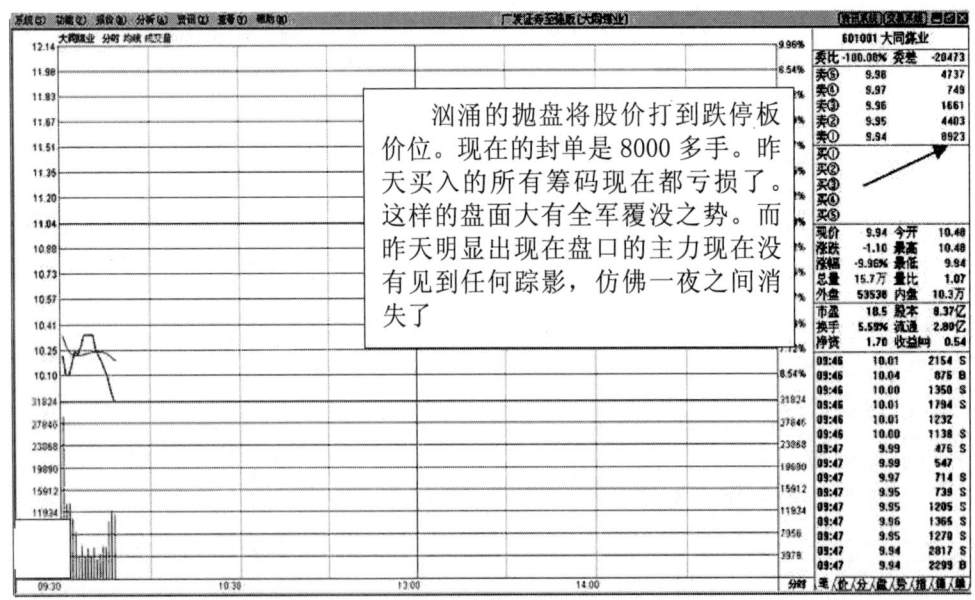

图4-199

第四章

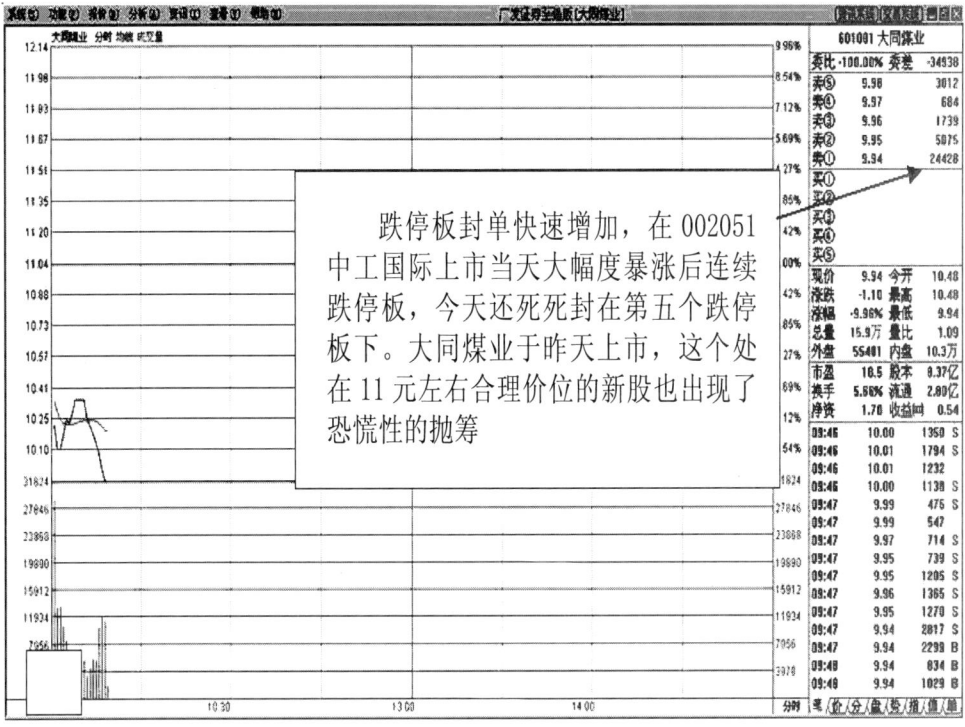

图 4-200

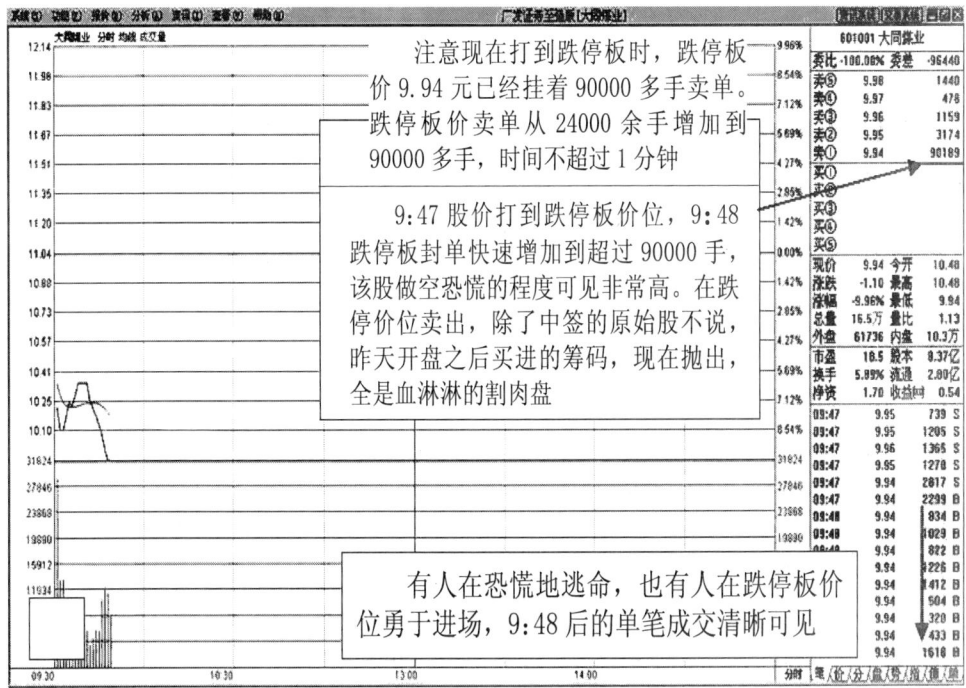

图 4-201

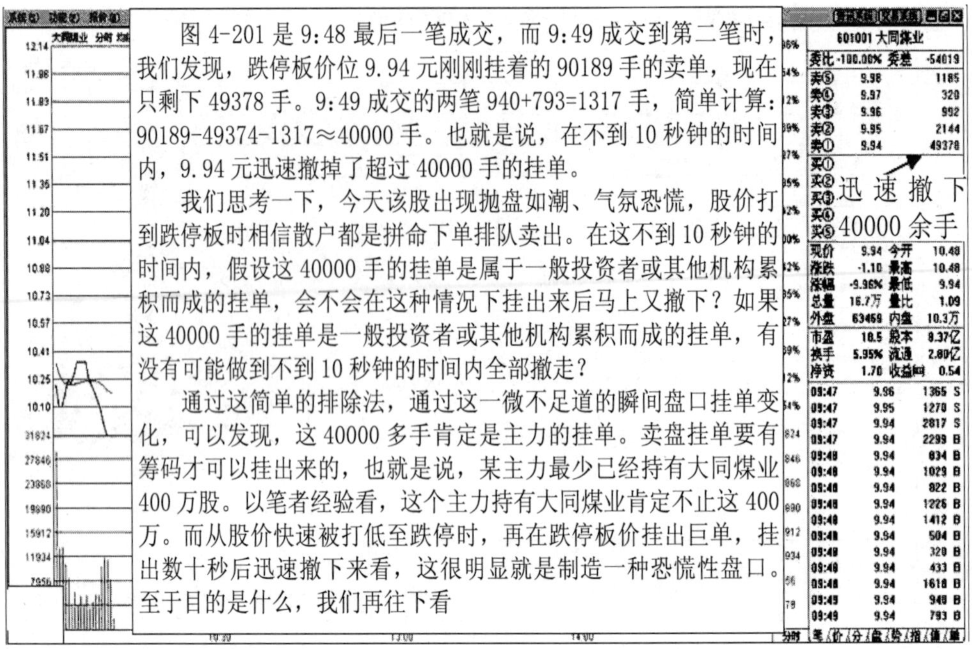

图4-201是9:48最后一笔成交,而9:49成交到第二笔时,我们发现,跌停板价位9.94元刚刚挂着的90189手的卖单,现在只剩下49378手。9:49成交的两笔940+793=1317手,简单计算:90189-49374-1317≈40000手。也就是说,在不到10秒钟的时间内,9.94元迅速撤掉了超过40000手的挂单。

我们思考一下,今天该股出现抛盘如潮、气氛恐慌,股价打到跌停板时相信散户都是拼命下单排队卖出。在这不到10秒钟的时间内,假设这40000手的挂单是属于一般投资者或其他机构累积而成的挂单,会不会在这种情况下挂出来后马上又撤下?如果这40000手的挂单是一般投资者或其他机构累积而成的挂单,有没有可能做到不到10秒钟的时间内全部撤走?

通过这简单的排除法,通过这一微不足道的瞬间盘口挂单变化,可以发现,这40000多手肯定是主力的挂单。卖盘挂单要有筹码才可以挂出来的,也就是说,某主力最少已经持有大同煤业400万股。以笔者经验看,这个主力持有大同煤业肯定不止这400万。而从股价快速被打低至跌停时,再在跌停板价挂出巨单,挂出数十秒后迅速撤下来看,这很明显就是制造一种恐慌性盘口。至于目的是什么,我们再往下看

图 4-202

正如笔者在图4-202中所解释的,跌停板价9.94元挂着的90000多手卖单在不到10秒钟时间内撤下近40000手。如果这不是周建明的操作,那么这个动作就可以肯定是昨天其他某个已经大量买入大同煤业的机构所为。40000手不到10秒钟时间内撤下,这属于市场或者其他多个机构的行为的可能性是非常小的,40000手的市值是4000万元。

如果这是周建明之外已经大量买入大同煤业的另一机构所为,那么这种行为应该就不是卖出的操作。如果真正想卖出,那就不会在40000多手挂出来后不到10秒钟时间内撤下。笔者判断这是周建明之外已经大量买入大同煤业的另一机构在顺势制造恐慌性盘口。

为什么要顺势制造恐慌性盘口?在40000手不到10秒钟时间内撤下后,立即出现连续性的巨大买单往跌停板价9.94元挂着的50000多手卖单发起非比寻常的大规模攻击。从9.94元还在挂着50000多手卖单到9:51两分多钟内,买单将9.94元50000多手卖单全部吃掉。这个动作反过来说明,顺势制造恐慌的盘口的目的是欺骗更多的筹码挂单卖出。同时,昨天有别的机构(周建明旗下的账户)大量买入大同煤业,这机构应该是觉察到的。顺势制造恐慌的盘口也有可能是为了把这些筹码洗出去。

图4-203至图4-205的盘口就是在40000手不到10秒钟时间内撤下后所出现的买盘"抢劫"式买入过程!

第四章

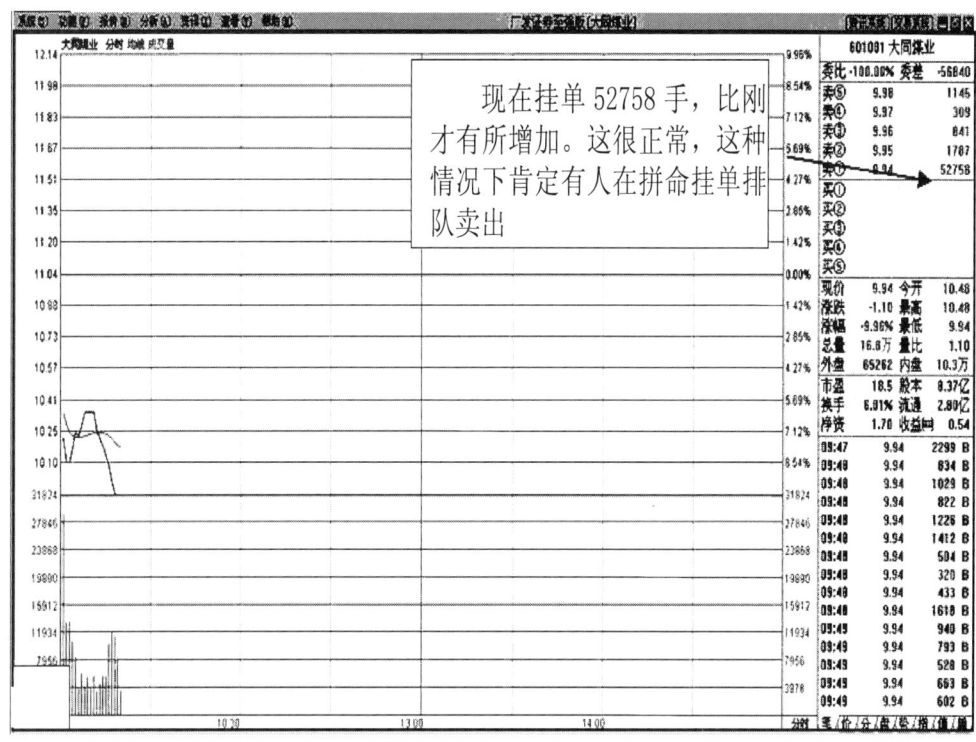

图 4-203

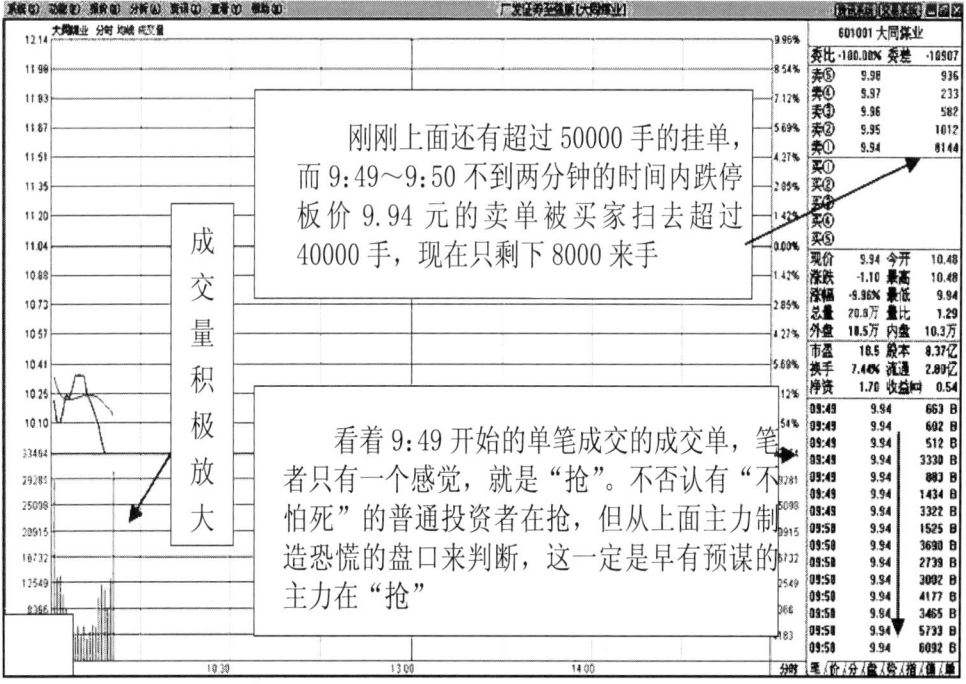

图 4-204

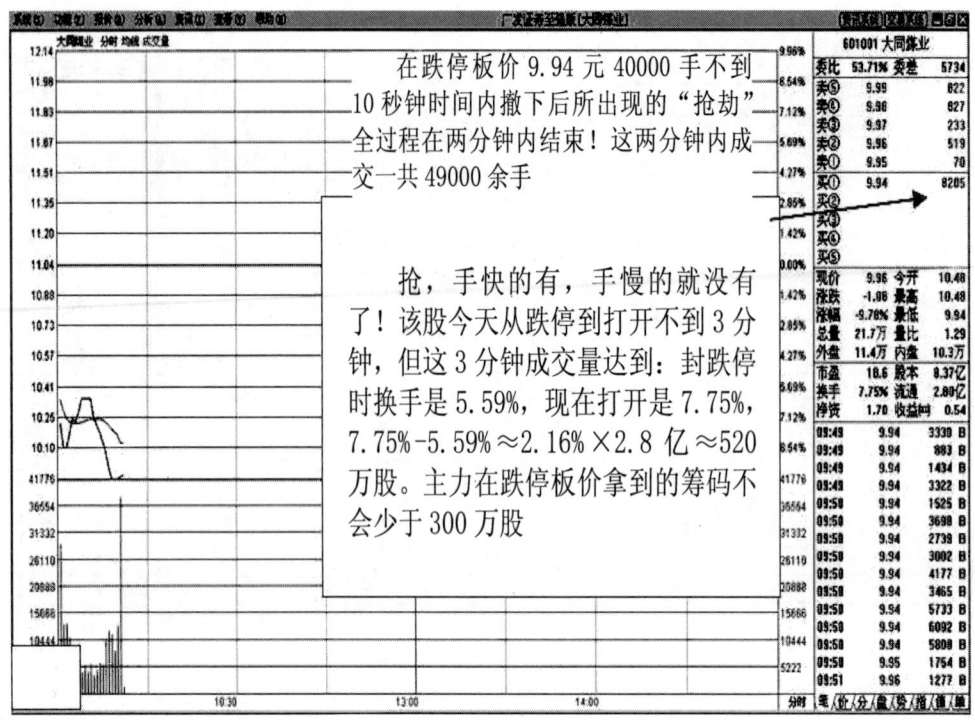

图 4-205

在大同煤业价格打到跌停板时有如此庞大资金介入,从这一点可以看出该股今天仍然有机构在大量吸筹。这吸筹的机构和盘中在大同煤业价跌停板价 9.94 元已经挂着 50000 多手卖单的情况下再挂出 40000 多手卖单,使跌停板价 9.94 元的卖单瞬间超过 90000 多手顺势制造恐慌盘口的机构是同一机构。这机构在大同煤业跌停板价敢于大量买入,那么在后面(11:04~11:09)周建明以 10.36 元卖出的 330 多万股无疑是被这机构接走了!

大同煤业真正的主力并不是周建明,是在 2006 年 6 月 23 日大同煤业上市当天大量买入大同煤业的一个比周建明更具有实力的机构,周建明在大同煤业中遭遇比他更强的对手!

图 4-206 节选于大同煤业主力运作盘口(六)——从盘口分析到实战。

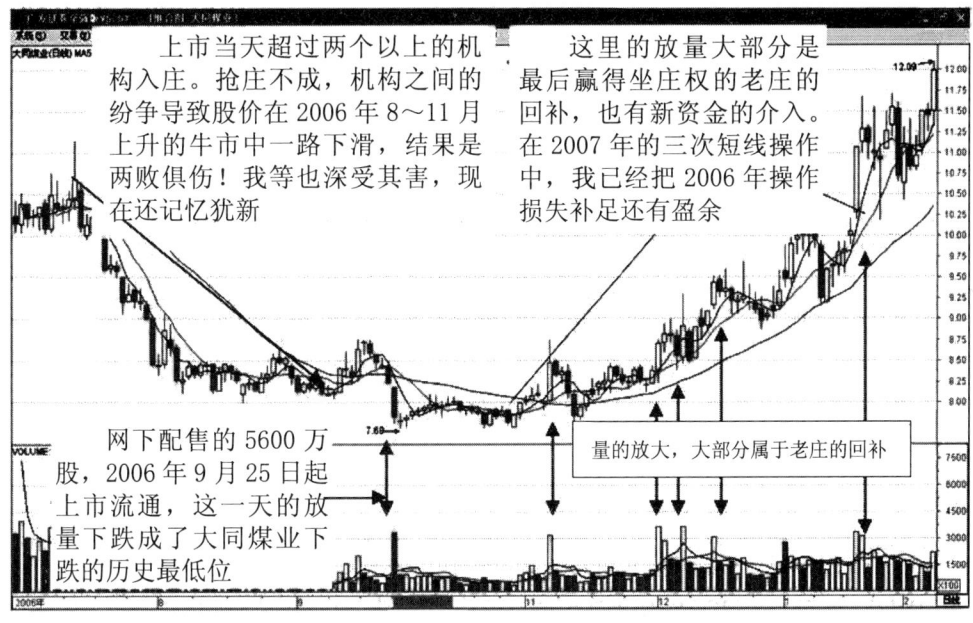

图 4-206

当时笔者分析大同煤业之所以在 2006 年 8～11 月大盘一路牛市上升之时出现逆市下跌，最重要的原因是机构和机构之间的斗争导致，事后证明这分析是正确的。证监会对周建明的调查结果仅仅是周建明在 2006 年 6 月 26 日(11:04～11:07 的交易筹码，周建明其他时间内的交易或者没有交易不动的筹码有多少谁也不知道。或者没有了，或者远远还有比这 430 万元更多的筹码。

这样看，2006 年 8～11 月大同煤业在大盘一路牛市上升之时出现逆市下跌属于机构和机构之间的斗争导致是有道理的。另外一个就是大同煤业网下配售的 5600 万股要在 2006 年 9 月 25 日才上市。主力不愿意做高股价为这 5600 万股网下配售股持有者抬轿也是该股一路杀跌的另一个因素。

从大同煤业前前后后一年多的表现上可以看出：

① 坐庄并不是件容易的事情；

② 机构与机构之间斗争是常有的事情，有时机构与机构之间斗争导致股价下跌，两败俱伤；

③ 主力入庄后并不是一定就会马上拉升，在各方面因素的影响下主力有足够的耐心潜伏很长的时间；

④ 真正实力主力入庄的个股中长期升幅巨大。

拿着数亿甚至更庞大的资金坐庄都难确保一定成功，一般投资者靠 F10 里的点点摘录资料做所谓的基本面研究，靠 KDJ、MACD、波浪理论等看似非是的指标遨游于这水深无底的股市更难。

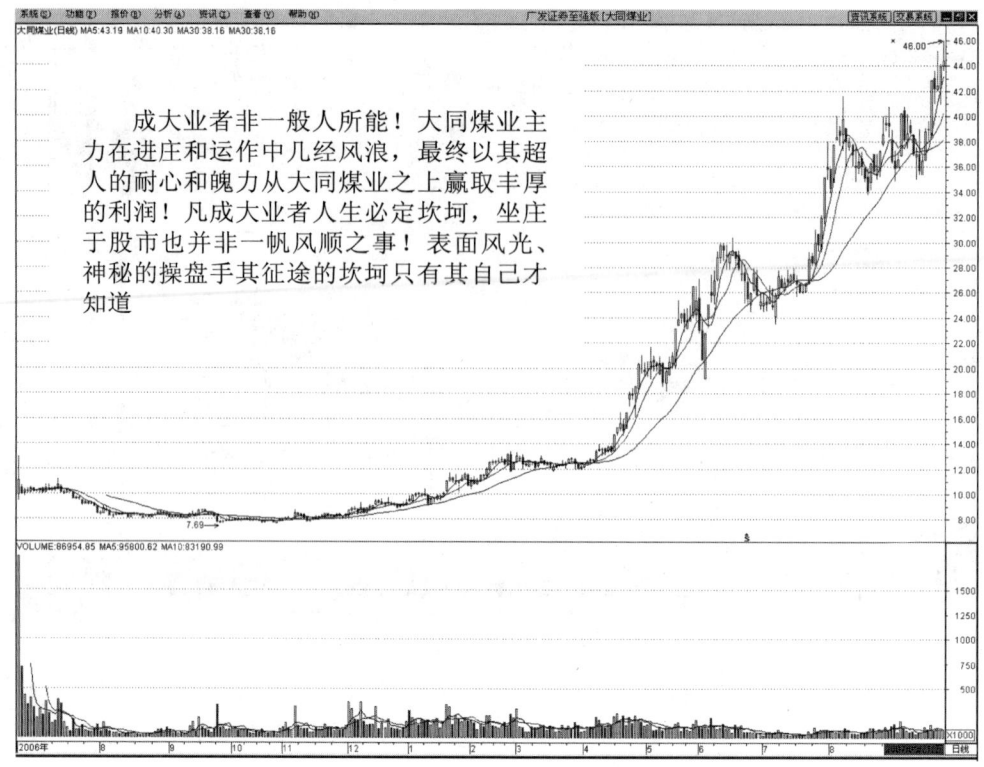

图 4-207

后 记

本书所有经典实例都是采自笔者长期看盘实战实时保存的动态盘口资料，笔者期望通过这些实时动态资料为各位展现主力盘中人为操纵个股股价的动态盘口全过程！看完本书，你方知道什么是真正的主力操纵行为，什么是真正的盘口语言！

笔者开创主力行为学的先河。主力操盘手具有"惯性思维或者说固定思维"，这是跟踪研究主力操盘手行为的最基本原理之一！正是因为主力操盘手在操作中具有惯性思维，这样我们就可以通过研究目标股票以往的表现来总结目标股票操盘手在操作这只股票时常用到的招式、手法和其性格、风格等，从而为我们后面跟庄分析研究做好充分的应对策略，做好事前的准备。完成这样的工作，跟庄操作赢的几率将会大大提高！

本书中笔者分析主力，不仅仅是教各位如何捕捉机会，在主力机构出货方面也做了大篇幅介绍。了解认识这些主力出货招数可以在实践中规避主力布下的诱多出货骗局，为盈利提供更高的保障。一般投资者基本没有能力提前获得国家政策、消息和动向，但我们有条件看盘、研究盘口，从盘口语言获得股市涨跌的信息，因为盘口中已经包含了国家政策、消息动向、主力的行为动向。

广义的盘口语言并不是指单纯的动态盘口语言，它同样包括静态盘口分析，日K线及其成交量的分析同样是盘口语言分析的一部分。动态盘口分析包括盘口挂单、单笔成交、分时走势等，这些都是构成更高一级别"日K线及其成交量等"的基本要素。对日K线及成交量真正意义的分析是盘口语言分析的另一区域。静态盘口分析和动态盘口分析之间对与错之分，也并不矛盾，很多时候两者结合在一起分析能起到更好的效果。

主力行为学分析的是主力已发生的行为动作，预知的是未来的发展方向！主力行为学分析并没有只适用于短线或者中长线分析操作之局限！

更多精彩内容，请继续留意笔者后续的《主力行为盘口解密》系列新书！

金印联系方式：邮箱：YWFW888@163.COM，金印助手QQ：306881188。

金印投资网：http://jy1008.com。 欢迎光临，这是金印独家发布最新股票分析文章，股票解盘视频等的官网。